동아시아 전통문화와 현대한국

East Asian Cultural Tradition and Contemporary Korea

이동희 지음

계명대학교 출판부
Keimyung University Press

일러두기

* ‘理’는 ‘철학적 용어’로 나올 때는 한글 표기의 경우 특별히 ‘리’로 표기하였다.
* 주자, 퇴계 등 성리학자의 경우 이름 표기가 원칙이나 호나 존호를 쓰기도 하였다.
* 현대 중국인과 일본인의 경우 그 나라말로 읽되, 우리말 한자 읽기도 병기하였다.
* 제1부 제1장의 ( ) 속 숫자는 주자집주본 『논어』의 편-장을 나타낸다.
* <색인>은 인명·서명·사항으로 크게 구분하였는데, ‘지명’, ‘기구(기관)명’ 등은 편의상 ‘사항’에 넣었고, ‘서명’에는 「 」로 표시된 편명·작품명·신문명도 함께 포함하였다.
* <인명색인>에서 전통적으로 많이 인용되고 잘 알려진 사람은 ( ) 속에 호를 적어 두었다.

머리말

동아시아 전통문화와 현대 한국

계명대학교에 부임하고부터 최근에 이르기까지 그동안 연구업적을 위하여 또는 학회 활동이나 위촉 받아 쓴 논문이 제법 모여 체계적으로 정리할 필요가 생겼다. 그리하여 1999년『한국의 철학적 사유의 전통 – 화이트헤드와 성리학의 만남』를 시작으로『동아시아 주자학 비교연구』(2005),『조선조 주자학의 철학적 사유와 쟁점』(2006),『주자 –동아시아 세계관의 원천』(2007) 등으로 최근까지 몇권의 책으로 간행한 바 있으나, 그래도 조금 남은 것이 있어 이와 같이 정리하여 다시 한권의 책으로 내게 되었다. 특별히 이 책은 학교에서 전공이나 교양용으로도 쓸 만한 약간 쉬운 동아시아 유교 문화에 관한 내용을 담고 있다.

동아시아 전통문화라고 하지만, 일본의 유교 전통은 미처 다루지 못했다. 일본의 경우 한국이나 중국과 유교 전통의 색깔이 다르다. 그것은 인재 등용 시험인 과거제도가 없었기 때문이다. 중국과 한국의 유교 전통 역시 색깔이 조금 다르다. 한국이 더 철저하다고 할 수 있다. 사상으로서 지식인이 받아들인 것도 그렇고, 생활 관습으로 받아들인 양상도 그렇다. 역시 이것은 풍토의 차이라고 보인다. 앞으로 이런 문화적 비교가 좋은 연구 주제가 될 것 같다. 한국의 경우 또 하나의 특성은 오늘날도 여전히 사회의식이나 생활관습으로 유교적인 것이 많이 남아 있다는 점이 한국 유교 전통을 더 연구해야 하는 이유이다. 인구센서스 조사에서 유교인구가 종교소속감으로는 적지만, 국민의 전반적 의식이나 관습 차원에서 유교적이라고 볼 수 있는 면이 많다. 조선조 사상을 논하더라도 이 유교전통을 떠나서 말할 수 없다. 그러므로 여기서 우선 중국과 한국을 중심으로 동아시아 유교 전통을 논하였다. 앞으로 한·중·일 삼국을 함께 논하는 일이 과제로 남아 있다. 이것은 과거 연구가 아니고 미래와 연결된 문제이다.

이 책은 **모두 4부**로 구성하였는데, 총 12편의 논문을 각 부별로 안배하였다. **제1부**는 공·맹·순의 유교, 즉 유교의 원형을 탐구하였다. 특히 **제1장** 공자의 사상은 교양총서 『논어』의 해설을 그대로 옮겨 왔음을 부기해 둔다. 계명대학교에서는 10여년 전부터 1학년생들을 위한 교양 교육의 일환으로 동서양의 고전을 읽히고 있다. 그 총서의 4번째 책이 『논어』인데, 젊은이들이 읽기 쉽게 학문, 교육, 종교 등으로 분류 편집하여 현대어로 번역하여 놓았다. 그때 역서의 해설로 쓴 것이 이 글이다. 그다음 **제2장**에서는 공자 사상을 계승한 맹자와 순자의 도덕론을 논하였다. 아울러 그들의 도덕론과 연관되는 세계관이나 사상적 배경도 함께 고찰하였다. 원시 유가 사상은 후일 송대 신유학에서 계승 전개되기 때문에 매우 중요하다. 예를 들면 맹자의 성선설과 주자의 '성즉리(性卽理)'는 명제 형식은 다르지만 내용은 같고, 주자의 격물치지설(格物致知說)은 순자의 인식론과 유사한 점이 많다.

제2부는 조선조의 주자학을 주로 다루었는데, 유교의 종교성을 다룬 내용도 있어 제목이 한국의 주자학과 유교사상이 되었다. 먼저 **첫장(제3장)**은 주자학이 한국(조선조)에 들어와 퇴계사상과 율곡사상으로 분파된 근본 원인을 탐구하였다. 그 원인을 주자학 자체에 있다고 보고 그 성격 규명을 통하여 시도해보았다. 그 연구의 한 방법으로 화이트헤드(A. N. Whitehead)의 과정철학(process philosophy)을 빌려와 분석하였다. 왜냐

하면 주자학의 세계인식의 틀이나, 퇴계와 율곡의 그것 또한 리기론이라는 형이상학이므로 과정철학과의 비교가 매우 유효하였다.

이 논문은 아직 화이트헤드의 『과정과 실재』(Process and Reality)가 번역되기 전이어서 깊이 천착하지 못한 필자의 초기 비교연구의 원형 그대로이다. 그후 필자의 논문이 계속 나왔으므로 필자의 다른 논저와 오영환 역본의 『과정과 실재』(민음사) 및 기타 과정철학에 대한 그간의 많은 연구 논문을 함께 참고해주기 바란다. 이 비교연구를 원용하면 조선후기 및 한말의 유기론, 유리론과 같은 리기론의 출현 배경도 어느 정도 알 수 있다. 리기론은 이러한 방법이 아니면 그 철학적 함축이나 그 확장으로서의 문화적 응용(비유, 혹은 기호학적 성격)에 대해 정확하게 인식할 수 없다고 생각된다.

제4장은 조선조 주자학을 양면으로 평가하고 싶은 필자의 의도를 나타낸 논문이다. 즉 조선조 주자학의 연구는 지나친 관념성과 동어반복이 많았던 것이 사실인데, 이는 부정적인 면이다. 우리 선조들이 뛰어난 두뇌를 가지고 있었으나, 주자학이라는 도그마와 한자한문이라는 올가미에 씌어 사유의 창의성을 크게 발휘하지 못한 점이 있다. 그러나 한편 이를 문화사적인 면에서 보면 조선조 학자들이 주자학을 하나의 사유 수단으로(크게 보면 문화의 기반으로) 자기 나름으로 사유의 문화를 이루고 철학자로서의 진지한 삶을 살아간 궤적을 살펴볼 수 있다. 이런 것을 한국사상의 주체성 탐색이라는 시각에서 정리해 보았다(실천이나 삶 보다 사상에 치우쳤지만).

제5장은 유교의 종교성을 종교학적으로 고찰하였는데, 역시 유교는 현세적 가르침, 생활 윤리의 성격을 강하게 가지고 있음을 알 수 있었다. 그러나 불교와 도교의 영향을 받은 송대 성리학에 오면 종교적 영성을 논할 수 있을 것 같다. 즉 그것은 우주종교로서의 영성이라고 할 수 있다. 우선 주자가 주렴계의 『태극도설』을 해석한 것에서나 장횡거의 「서명西銘」을 풀이한 데서, 또는 자신의 저작 「인설仁說」 등에서 그러한 자취를

엿볼 수 있다. 이런 전통을 계승한 것이 퇴계의 『성학십도』이므로 이것을 하나의 표본으로 삼아 조선조 성리학자의 종교적 영성의 일단을 약간 엉성하게 살펴보았다.

그러나 이 문제는 아직 연구가 더 필요하다. 기독교와 같은 유신론 대 불교의 범신론, 그리고 성리학의 태극론 및 리기론이 가지고 있는 과정철학적인 범재신론의 성격과의 비교 등이 좀 정치하게 종교학적으로 고찰되어야 한다. 또 유교 문명권에서는 왜 서양 처럼 교권이 세속 왕권과 세력을 다투면서 오늘날까지 남아 있는 것과는 대조적으로 유교가 왕조의 몰락과 더불어 쇠약해졌는지, 그 배경의 탐색 같은 것도 정치사회적 측면에서 고찰하여 유교의 종교성을 한층 명료하게 할 필요가 있다.

제3부는 근대 한국의 비극을 역사와 사상을 아우르면서 다루었다. 먼저 **제6장**에서 한말 국내외적인 상황을 스크린하고 주자학의 척사위정 사상과 자각적인 초기 개화사상의 의의를 비교하여 논하였다. 특히 당시 식민지 침략의 양상을 서술하여 우리의 대외인식 및 대응을 단선적으로 보지 않고 국제관계의 시각에서도 함께 살펴 보도록 하였다. **제7장**도 제7장과 연관된 주제의식으로 당시 국제정세를 논하고, 일제 침략에 대한 당시 유림의 의병운동을 고찰하였다. 유교를 삶의 지표로, 혹은 하나의 종교적 믿음으로 갖고 살아온 유림들이 당시 국가적 위기에 처하여 어떻게 활동했는지, 유림 의병장과 평민 의병과의 갈등 등을 살펴보았다. **제8장**은 일제 강점에 대하여 본격적으로 항일운동을 일으킨 유림의 활동을 영남지역을 중심으로 구체적으로 살펴 보았다. 국가적 위기에 처한 사회 지식인의 고뇌를 볼 수 있음은 물론 직접 전투를 벌인 당시 유림의 활약상도 함께 볼 수 있다.

제4부는 현대 한국사회에서의 유교적 전통을 다루었다. **제9장**에서 유교의 본령인 가족윤리가 오늘날 산업사회를 거쳐 후기 공업사회에 이

르기까지 전통적 가족 관계가 큰 변화를 일으키고 있음을 살펴 보았다. 유교적 가족관이 현대사회에 맞지 않는 가족이기주의로 변해가는 한국사회의 병폐를 논하면서도 한국인의 가족의식이 아직도 강고하게 남아 있음과 그것의 긍정적인 면을 문명사적으로 조망하였다. 오늘날 전세계적으로 가족 형태와 가족관계가 급변하고 있다. 그러나 필자는 현대사회의 비정상적인 가족의 형태에 대해서는 바람직하지 않다고 생각하고, 가족 원래의 의미와 정상적 가족 형태를 당위로서 강조하고 싶다. 물론 국가의 가족에 대한 정책이나 불우한 사람들에 대한 사회복지학적 배려는 필요하다. 한국사회에서 아직도 가족은 큰 의미를 가지고 있고, 이것이 전통에서 연유한다면 그 철학적, 윤리적 의미를 묻고 싶은 것이다.

제10장은 몇 년전 한국사회의 전근대성을 비판하면서 어느 교수가 공자가 죽어야 나라가 산다고 하여 사회적 이슈가 된 적이 있는데, 그것에 대하여 동양철학자의 입장에서 또 한국사회윤리를 강의하는 교수로서 냉정히 생각해 본 것이다. 아울러 이 이슈가 나온 당시 사회 발전 단계를 회상해 보기도 하고, 한편으로는 우리 사회의 유교에 대한 여론도 한번 살펴볼 수 있는 자료가 될 것이다. 뿐만 아니라 우리사회의 담론문화, 토론문화의 업그레이드를 위해서는 지금도 참고하고 싶다. **제11장**은 윤리교육론의 입장에서 바람직한 시민윤리의 정립을 강조하려고 하였다. 윤리학회의 발표회에서 나온 논문이어서 제목이 좀 이상하지만, 그 목적은 역시 한국의 사회적 병폐를 치유하기 위한 것이다.

마지막 **제12장**은 현재의 시점에서 유교의 이모저모를 논한 것이다. 필자의 전공과 유관하고, 또 한국 사회의 사고방식이나 삶의 기반(생활관습)인 유교의 현상황에 대해 전공자의 입장에서 일반인에게 알리는 일이 중요하다고 보기 때문에 여기 실었다. 앞으로 유교인이라고 자처하는 분들의 자기 반성이나 종교간 대화에서 유교의 정체성을 말하는 데 있어서도 약간 참고가 될 것이다.

이상 장황하게 각 장별 내용을 요약하여 보았는데, 이는 지난 논문을 보면서 필자의 생각도 정리하면서 이 책을 왜 이런 모양으로 출판하려고 하는지 그 의미를 분명하게 말하고 싶었기 때문이다. 대학에서 소위 한국의 사회윤리를 가르치다 보니, 동양 고전학을 깊이 천착하기 보다 동양철학의 현대 보편철학적 의미가 무엇일까, 또는 고전의 현대적 의미는 무엇일까 하는 식으로 현대와 고전을 접합시켜 논하려던 그간의 노력이 이런 결실로 나온 것으로 생각된다.

그러나 이렇게 모아놓고 보니 충분하지 못하다는 생각이 든다. 많은 사람들의 연구 성과를 원용하여 이렇게 책 한권을 만들었지만, 책을 세상에 내놓을 때마다 항상 미흡함을 느끼고, 동시에 철학자로서의 나의 철학, 최소한 나의 이론이 있는지 묻고 또 묻는다. 역시 쫓기면서 논문 실적에 치중한 면이 많음을 고백하지 않을 수 없다. 오늘날 사회와 학교가 그것을 요구하니까 하고 변명해서는 학자적 양심이라고 할 수 없을 것 같다.

언젠가 때가 오면 동양철학자로서 고전을 재해석하고, 학제적 연구를 통하여 이 사회의 문제에 대해 옛 선비 처럼 지식인의 책무나 봉사를 조금이나마 하려고 한다. 그러는 사이 창조적 사유나 나만의 철학적 (해석)이론이 나온다면 더욱 바람직하겠지만, 그것은 하나의 희망일 뿐 기약하기는 어려울 것 같다. 마지막으로 부언하면, 이 책에서 부족한 것은 필자의 다른 논저를 꼭 참고해 주기 바란다.

그리고 한 가지 첨언할 것은, 각 장별로 내용이 독립되어 있어 더러 중복되는 내용이 나오는데, 이 점 독자 제현의 양해를 바란다. 또한 내용 중에는 집필 당시의 시대상을 언급한 것도 있다. 현 시점에서 보면 조금 어색할 수 있으므로 이 점도 양해를 바란다.

2008. 8
솔바람 이 동 희

목차

제❶부 유교의 원형과 그 이념

제❷부 한국의 주자학과 유교사상

제④부 현대 한국과 유교 전통

1

유교의 원형과 그 이념

제 1 장

『논어』와 공자의 사상

01 서 설

1) 『논어』의 편집자와 그 연대

『논어』는 공자가 그의 제자와 당시 사람들에 대해 응답한 내용이나 제자들이 공자에게 들은 가르침을 기록해 놓은 소위 대화록 종류의 책이다. 이렇게 기록한 내용을 공자가 죽고 난 뒤 제자들이 서로 의논하여 편찬한 것이라는 뜻에서 『논어』라고 이름을 붙였다('語'는 공자의 말, '論'은 제자의 토론). 『논어』 판본은 당시 3종류가 있었다(노 나라의 『논어』, 제 나라의 『논어』, 옛 『논어』—공자 집에서 나온 것). 『논어』는 「학이편學而篇」 등 모두 20편으로 구성되어 있다.

『논어』는 한 사람에 의하여 이루어진 것이 아니고, 공자가 죽은 뒤 그의 제자들이 기록을 모아 만들어 놓았던 것을 근거로 하여 전국시대를 통하여 여러 곳에서 여러 사람들의 손에 의해 더 보태지고 다듬어진 끝에 우리가 지금 보는 것과 같은 『논어』가 한 대(漢代)에 완성된 것이다. 『논어』란 이름이 붙여진 것도 한나라 초기라고 보면 크게 틀리지 않는다.

2) 『논어』의 원 모습과 끼어들어간 것

중국 고전에는 원형의 처음 편집된 것과 후대에 그것을 토대로 부연, 부기하여 원본에 잘못 끼어들어간 부분, 두 부분으로 된 경우가 많다. 『논어』의 경우도 뒷 부분 5편은 그러하다. 앞 부분 15편 중에서도 3-8편까지가 비교적 오리지널에 가깝고, 그 외는 약간 후대의 작품으로 본다.

즉 20편 중 앞의 10편은 먼저 편찬되고, 뒷 10편은 나중에 편집되었다. 끝 5편은 앞 15편과 문체가 두드러지게 다른 점으로 보아 더욱 후세에 만들어진 것을 알 수 있다.

3) 『논어』의 내용과 그 가치

『논어』의 편차를 나눈 것과 편명을 붙인 것에는 별다른 의미가 없다. 『논어』 전체의 내용은 대략 다음과 같이 분류할 수 있다.

① 개인의 인격 수양에 관한 교훈
② 사회의 윤리에 대한 교훈
③ 정치에 대한 이야기
④ 철학적인 홍취가 있는 이야기
⑤ 제자들과 옛 사람 및 당시 사람들에 대한 공자의 비평
⑥ 공자의 벼슬 살이와 일상적인 삶의 여러가지 모습
⑦ 공자 개인의 신상에 관한 발언
⑧ 공자에 대한 제자들의 칭찬과 당시 사람들의 공자에 대한 비평
⑨ 공자 제자들의 말이나 행동에 관한 기록

이 중에서 앞의 두 항목이 내용의 과반을 차지하고 있다.

02 『논어』의 시대배경

공자의 생애를 서술하기에 앞서서 공자의 시대에 대해서 일별할 필요가 있다.

공자가 탄생한 시기는 춘추시대(기원전 770-403)의 중기에 해당되는데, 이 시기는 기원전 11세기 이래의 주 나라의 봉건제도(혈연 중심의 귀족 봉건제, 즉 종법사회)가 급격히 붕괴되고 비귀족적 평민 엘리트(士; 처음에는 戰士였음) 중심의 중앙집권적 관료제가 태동하는 시기였다. 8세기 이래 과학 기술의 발달로 철제 농기구가 등장하고, 이에 따라 농업생산력에 혁명을 가져왔다. 그리하여 황하 유역의 토지가 개간되고 그것을 경작할 노동력, 즉 민(民)의 확보가 봉건귀족들의 큰 관심이었다. 수공업도 서서히 전업화되어 갔고, 이에 따라 상업도 발전하였다. 이 시기는 역사적으로 노예제에서 봉건제로 변화되는 때였다.

이러한 때에 대소 봉건귀족들은 중앙권력을 강화하기 위해 약소 봉건 세력을 병합하는 한편 비귀족적 전문 지식인으로서의 전문가, 즉 '사(士)'를 개인 관료로 기용하였다. 북부 중원 지역에는 대소 제후 국가들이 여럿 있었는데, 이들은 명목상으로는 주 나라의 봉건 속국이지만 반자주적인 독립국이었다. 사회·경제의 발전과 더불어 각국의 제후, 경(卿), 대부(大夫)라고 불리었던 귀족들은 끊임없는 침략 전쟁을 일으키고 있었다. 이로 인해 많은 나라가 멸망하고 많은 귀족이 몰락하였다.

이러한 가운데 귀족이 아니었던 자가 전쟁에 이긴 귀족에게 투신하여 그 지위를 높이기도 하였다. 몰락귀족, 하층귀족 출신 및 지위를 상승시킨 사람들은 사(士)라는 사회 계층을 형성하기에 이르렀다. 이들은 빈번한 전쟁 속에서 군사·외교·정치 등의 활동을 통해서 그 재능을 발휘할 기회를 가졌다. 그들은 노예제에서 봉건제로의 이행 과정에서 매우 큰 역할을 하였다.

공자는 바로 이러힌 사 계층의 최초의 중요한 대표적 인물이었다. 그는 전통적인 교육인 육예(六藝)를 열심히 습득하여 당시 성장하는 자율적인 사회 계층에게 보편적인 대중교육을 실시한 위대한 교육자 중의

한 사람이었다.

노 나라는 주 나라 무왕(武王)이 그의 네째 아우 주공 단(周公旦)을 봉한 나라여서 당시 수도 곡부는 주 나라 수도 낙읍과 버금가는 문화 중심지였고, 특히 예악에 관한 문물은 뛰어났었다. 공자가 유가(儒家)를 이룰 수 있었던 것도 이러한 환경 덕분이었다.

노 나라의 사회 구조는 제후－경(卿)－대부(大夫)－사(士)의 지배계급과 국인(國人)이라고 불리는 서민(庶民) 및 노예가 있었다. 노공(魯公) 밑의 경은 최고관직으로서 군 지휘관이 되며, 제사와 연회를 주관하였고, 그 밑의 대부는 사(士)－ 또는 부(夫)라고 불리었음－라는 무사들을 지휘하였고, 사는 귀족 계급의 최하위로서 전차를 타고 전투에 참여하는 것이 큰 임무였다.

노 나라의 경 직책은 삼환씨(三桓氏; 맹손씨 · 숙손씨 · 계손씨)가 세습적으로 독점하였고, 춘추 중기에는 계손씨(季孫氏)가 가장 강력하였다. 이들은 채읍(采邑)에서 사병을 기르고 사신(私臣)에게 충성 서약을 받아 주 봉건제하의 군주권을 무력하게 만들었다.

공자는 당시 사회의 변화, 즉 주례(周禮; 주 나라 문화)를 파괴하는 것이 바로 사회적 위기라고 생각하였다. 또 그 파괴의 주원인이 귀족들의 공리주의적인 사고에 있다고 보았다. 그는 주례를 이상적인 제도로 보고 그것을 회복하여 주(周) 천자(天子) 중심의 구귀족 통치의 천하통일을 염원하고 있었다. 이는 당시 사회 변혁의 현실과는 모순되는 것이었다. 이 점에서 그는 보수적이었다. 그러나 그는 자율적 계층, 즉 지식인 계층의 도덕적 각성에 의해 덕치(德治)를 펼치고, 그것에 의해 민생의 안녕과 복지를 도모하고자 하였다. 이것은 춘추시대에 나타난 인본주의 사상의 맹아를 계승 발전시킨 것이다. 귀족의 착취와 침략 전쟁 중지를 촉구한 것도 서민의 입장을 대변한 것이다. 이 점에서 공자는 진보적이었다.

참고로 당시 역사적 상황을 알기 위해 간단히 시대구분을 적으면 다음과 같다. 중국 역사에서 하(夏; B.C 2205-1767) · 상(商=殷; B.C 1766-1123) · 주(周; B.C 1122-256)를 삼대(三代)라고 한다. 주 나라는 평왕이 도읍을 동쪽의 낙읍으로 옮긴 해(B.C 770)를 기점으로 그 이전을 서주(西周), 그 이후를 동주(東周)라고 한다. 서주 350년, 동주514년이다. 동주는 다시 춘추시대와 전국시대로 나누어진다. 춘추시대는 평왕이 도읍을 옮긴 해(B.C 770)로부터 진(晉) 나라가 한(韓) · 위(魏) · 조(趙) 세 나라로 갈라지기 전 해(B.C 403) 까지의 367년간으로 본다. 그리고 그 다음해부터 주 나라가 망할 때(B.C 256)까지의 147년 동안이 전국시대이다.

03 공자의 생애

1) 공자의 탄생과 가계

공자는 기원전 551년 노(魯) 나라 창평향(昌平鄉) 추읍(陬邑)에서 태어났다. 추읍은 지금의 산동성 남쪽 22 Km 지점에 있는 추현(鄒縣)이다. 공자의 이름은 구(丘)이고, 자는 중니(仲尼)인데, 부모가 이구산(尼丘山)에 올라가 기도를 올려 아들을 얻었으므로 이름을 그렇게 지었다고 한다. 그에게는 이복형이 있어 자에 '중'(仲)을 붙였다고 한다. 당시에 선생의 존칭으로는 '자'(子) 혹은 '부자'(夫子)라고 성에다 붙였는데, '孔夫子'(쿵푸즈)라는 중국음이 와전되어 오늘날 서양 번역어로 'Confucius'가 되었다.

공자의 아버지는 숙량흘(叔梁紇; 이름이 흘, 자가 숙량)인데, 노 나라의 시씨(施氏) 집안에 장가들어 딸 아홉을 낳고, 첩을 얻어 아들 하나를 얻었는데, 온전치 못하여 걱정하던 중 나이 60에 젊은 여자 안징재(顏徵在)를 얻어(정식 결혼이 아니고) 공자를 낳았다. 공자가 3살 때 숙량흘은 죽었다. 공자의 조상은 은(殷) 나라의 후예인 송(宋) 나라의 왕실의 한 사람인 불보하(弗父何)인데, 이로부터 공자까지는 11세(10대)이다. 공자의 5대조 자목금보(子木金父)부터 6대조 공보가(孔父嘉)의 '공보(孔父)'에서 '공(孔)'자를 따서 정식으로 '공'이라는 성을 쓰고, 노 나라로 피난와서 살게 되었다.

공자의 아버지 숙량흘은 당시 벼슬할 수 있는 신분 중 가장 낮은 계급인 '사(士)' 로서 조그만 단위의 부대 병력을 거느리는 낮은 계급의 장교였다. 그는 매우 건장한 체격의 소유자였다고 한다. 공자 역시 아버지의 이러한 골격을 타고나 용모에 있어서 당시 사람들에게 비범하게 보였던 것 같다. 그러나 공자는 어릴 때 보통 아이들과는 달리 제사 흉내를 곧잘 내었다고 한 기록으로 보아 취미는 아버지와 달랐던 모양이다.

공자 아버지가 속한 사 계급은 귀족 계급으로서는 최하위로서 위로는 귀족인 대부들이 있고, 아래로는 서민과 상공 계급들이 있는 중간 계급이었다. 군대에 있어서는 작전활동의 핵심을 이루고, 정치에 있어서는 중하급 관리 노릇을 하며, 문화적으로는 고금의 지식을 배워 지니고 있고, 경제적으로는 사유의 전택과 생업을 가지고 있어서 사회적으로 매우 중요한 계급이었다. 공자가 '군자'(君子)를 강조하는 이유도 이러한 아버지의 신분과 무관하지 않다.

2) 젊은 시절

공자는 평생을 회고하면서 "나이 15세에 학문에 뜻을 두었다."고 하였다(2-4). 또 공자는 『논어』 첫머리에서 "배우고 때로 그것을 익히면 즐겁지 않은가?"하면서 배움을 말하고 있으며(1-1), 그 밖에도 제자들에게 배움의 중요성을 강조하고 있다. 공자가 스승을 모시고 공부하였다는 기록이 없는 것으로 보아서 사 계급으로서 애써 배우지 않으면 안 되는 가난한 처지였을 것이며, 또한 '유(儒)'라는 신분의 집안 출신으로서 어려서부터 예(禮)의 실행에 대해 보고 들었으므로 그것이 학문 내용의 중요 부분이 되었을 것이다. 당시 은(殷) 나라 유민들은 은의 예를 보존하면서 부자집의 예를 돌보거나 아이들을 가르치며 생활하였는데, 이 유민이 '유가(儒家)'의 연원이었다. 당시 학문은 육예(六藝)였는데, 그것은 예(禮)·악(樂)·사(射)·어(御)·서(書)·수(數)였다. 즉 예절과 음악과 활쏘기와 수레 몰기와 글쓰기와 셈하기였다. 당시 사 계급으로서 꼭 필요한 것이었다(9-2, 6/3-7)

공자는 아버지가 안 계신 상황에서, 또 사 계급으로서 먹고 살기 위해서 자기 신분에 맞는 일자리를 찾아 벼슬을 하였다. 그리하여 19세 때 위리(委吏; 회계)라는 벼슬을 하였고, 송 나라 계관씨(丌官氏)집안에 장가들어 다음해 아들 리(鯉)를 낳았다. 21세 때는 승전리(乘田吏)가 되어 가축의 관리를 맡았다. 24세 때 어머니가 돌아가셨다. 20세 이후 40세에 이르기까지 위의 벼슬 말고는 별다른 벼슬을 하지 않았다. 그러나 이 사이 그의 학문은 날로 발전하여 차차 명망이 높아갔다. "삼십에 자립하였다"고 한 것(2-4)은 학문적으로 사회적으로 이러한 공자의 발전 모습을 말하여 주는 것이다.

30세를 전후하여 명망과 함께 예를 돌보아 주는 것만으로도 점차 생활을 꾸려갈 수 있게 된 것 같으며, 동시에 제자들이 몰려들자 이들을 가르치는 한편 새로운 유가의 건설에 착수한 것으로 보인다.

3) 벼슬살이

당시의 정치적 상황은 주 나라의 봉건제가 무너지고 각 지역의 제후들이 패권 다툼을 할 때였는데, 제후간의 다툼에 그치지 아니하고, 제후 아래 대부가 참람하게 제후를 몰아내거나 죽이기도 하였으며, 더 나아가 대부 아래 계급이 대부에게 덤벼드는 소위 하극상의 참극이 비일비재하였다.

그리하여 당시 노 나라에서도 정권은 삼환씨(三桓氏; 맹손씨 · 중손씨 · 계손씨)의 손아귀에 넘어가 있었다. 계손씨 집안의 세력가 계평자(季平子)가 방자하게 굴자 노 나라 소공(昭公)은 그를 제거하려 하였다. 이 때 세 집안이 힘을 합쳐 반격을 하게 됨으로써 소공은 오히려 이들에 쫓겨 제 나라로 피신하는 불상사가 일어났다. 공자는 노 나라에 대한 희망을 버리고 35세 되던 해에 제 나라를 찾아갔다. 제 나라 역시 진환(陳桓)이라는 자가 군주를 위협하고 있었다. 제 경공이 정치에 대해 물었을 때 공자는 "인군은 인군 답고, 신하는 신하 답고, 아버지는 아버지 답고, 아들은 아들 다워야 합니다."라는 당시 시대를 풍자한 말을 남겼다(12-11). 공자는 그곳에서 벼슬하지 못했으나 태사(음악장)에게 순 임금의 음악을 배우기도 하고(7-13), 많은 견문을 넓히고 1년여만에 돌아왔다(37세).

제 나라에 피신하였던 임금 소공은 돌아오지 못하고 죽고, 정공(定公)이 뒤를 이었다. 그러나 노 나라의 정치는 여전히 계손씨의 손에서 놀아났다. 공자는 그런 상황에서 벼슬을 할 수가 없어 교육에 전념하였고, 그리하여 각지에서 제자들이 모여들었다.

계손씨는 다시 가신(家臣)인 양호(陽虎; 일명 陽貨)에게 견제를 당하였는데, 계손씨의 계환자(季桓子)의 노여움을 산 양호는 마침내 반란을 일으키고 나중에는 제 나라로 쫓겨났다. 얼마 뒤 계손씨의 가신인 공산불요(公山弗擾)도 양호를 충동하여 반란을 일으키는(17-5) 등 몇년 동안 노 나라의 정치는 극도로 혼란하였다. 공자는 양호나 공산불요가 벼슬을 주겠다는 청을 받았으나 거절하였다(17-5). 이를 계기로 공자는 계환자의 추천으로 벼슬을 하게 되어 중도(中都)의 읍재(邑宰)가 되고(51세), 다시 사공(司空; 건설국장)을 거쳐 사구(司寇; 법무부장관)에 올랐다(이 때 정공과의 문답은 3-19, 4-48 참조). 이 때 제 나라가 노 나라에 대해 협곡에서 회합할 것을 요청하였는데, 공자는 정공을 도와 강대한 제 나라와의 외교에 성공을 거두었다(52세).

당시 삼환씨는 세 군데에 성을 쌓고, 그곳을 거점으로 세력을 유지하고 있었는데, 공자는 정공에게 이 세 성을 헐어버릴 것을 건의, 용감한 제자 자로를 계손씨의 가신으로 삼아 성을 헐어버리려 하였다. 그러나 정공의 군대는 두 성을 허무는 데 그치고 말았다. 이 때 공자는 천하에 도가 없음을 개탄하였다(16-2, 3).

공자에 의해 노 나라가 잘 다스려지자 제 나라는 계환자와 공자 사이를 이간하기 위하여 미녀 가무대와 명마를 선물로 노 나라에 보내었다. 그리하여 정공과 계환자가 정사를 돌보지 않자 공자는 노 나라를 떠날 결심을 하게 되었다(55세/18-4). 사구 벼슬 한 지 3개월 만이었다. 이후 13년 동안 공자는 여러나라를 돌아다니게 된다.

4) 고난의 주유열국

공자가 먼저 간 곳은 위(衛) 나라였다. 위 나라는 은 나라의 옛 땅이어서 문화의 중심지였다.

위 나라 역시 왕손가가 군권을 쥐고 있어 공자에게 자기에게 아부하여야 벼슬을 할 수 있다고 하자 공자는 하늘에 죄를 지으면 빌 데가 없다고 하였다(3-13). 그러므로 공자는 위 나라 역시 노 나라와 다름 없다고 여기고(13-7), 위 영공이 죽자 위 나라를 떠났다(7-14). 이 때 위 나라에서 국경을 지키는 자가 공자를 만나보고 제자들에게 이 세상이 공자를 목탁(木鐸)으로 삼을 것이라 말해 준 일이 있다(3-24).

10개월만에 위 나라를 떠나 진(陳) 나라로 가려고 하다가 광(匡) 지방에서 화를 당하였다(56세). 광 지방 사람이 그전에 양호의 군대가 행패를 한 일이 있어 경계하던 중 공자를 양호로 오해하여 일어난 일이었다. 이 때 공자는 "문왕이 돌아가셨으니 주 나라 문화는 나에게 남아 있지 않느냐? 하늘이 이 문화를 버리려 하시지 않는다면 광 지방 사람이 나를 어떻게 하겠는가?"라고 하였다(9-5). 다시 위 나라로 되돌아 왔다.

공자는 다시 위 나라를 떠나 조(曹) 나라, 송 나라를 지나고, 다시 정(鄭) 나라를 거쳐 마침내 진(陳) 나라에 이르렀다(60세). 송 나라를 지날 때 환퇴(桓魋; 송 나라의 대장군)의 행패로 수난을 당하였다. 이 때 공자는 "하늘이 나에게 덕(德)을 주셨는데, 환퇴가 어떻게 하겠는가?"라고 하였다(7-22).

당시 오(吳) 나라와 진(晉) 나라는 진(陳) 나라를 자주 침범하여 진(陳) 나라는 혼란하였다. 공자는 진 나라에서 다시 초(楚) 나라로 가서 섭공(葉公)을 만나려던 참이었다 마침 그 때 진 나라가 병란을 당하였다. 그리하여 공자는 진 나라에서 아무런 성과를 거두지 못하고 3년만에 채 나라로 갔다(61세). 채 나라는 더욱 작고 어지러운 나라였다.

이듬해 다시 채 나라를 떠나 섭(葉)이란 작은 나라를 찾아갔다. 섭 나라는 본래 채 나라 땅이었는데, 초 나라가 빼앗아 대부인 섭공에게 다스리게 하고 있던 고장이었다. 이 때 섭공이 공자에게 정치에 대해서 물었다(13-16). 그러나 섭공과도 의견 차이가 있어 공자는 다시 채 나라로 돌아왔다(62세).

채 나라를 떠나 (초 나라로 가던 중) 진 나라와 채 나라 사이에서 오 나라와 초 나라의 교전 지대를 지나다가 식량이 떨어진 큰 수난을 당하였다(63세; 15-1). 이 때 초(楚) 나라 소왕(昭王)이 공자를 초빙하려 하였으나 실패하였다. 다시 위 나라로 돌아왔다.

공자가 진 나라에 있을 때 "돌아가자! 돌아가자! 우리 고장 젊은이는 뜻도 커서 훌륭한 인재의 자질을 갖추었으나 그것을 재단하여 써먹을 줄을 모르는구나!"라고 하며 노 나라로 돌아갈 뜻을 비추기도 하였다(5-21).

공자가 여러 나라를 돌아다니면서 은자를 더러 만나기도 하였는데, 그들의 공자에 대한 풍자는 당시의 공자의 행세를 잘 말해주고 있다(14-42, 34, 41 /18-5, 6).

5) 만년의 삶

위 나라에서는 공자가 더 머물기 어려운 일이 생겼고(출공 부자의 왕위 다툼), 또 노 나라의 계강자(季康子)가 폐백을 갖추어 공자를 정중히 초빙하므로 공자는 위 나라에 있은 지 5년만에, 노 나라를 떠난 지 13년만에 고국으로 돌아오게 되었다(68세). 당시 노 나라는 정공의 뒤를 이어 애공(哀公)이 즉위하여 있었고, 집정은 계씨네의 계강자가 계환자의 뒤를 이어 맡고 있었다.

그러나 공자는 계강자의 탐욕과 부정에 대해서는 못마땅하게 생각하고 있었다. 계강자가 세금을 더 거두어들이자 그 밑에서 벼슬하고 있던 염유에게 비난의 화살이 날아갔다(11-16). 계강자가 정치에 대해 물었을 때 공자는 "정치란 바르게 하는 것이다. 그대가 먼저 바르게 한다면 누가 감히 부정을 하겠는가?"라고 하였다(2-20 /12-17, 18, 19). 공자는 예로써 나라를 다스려야 한다는 소신에는 변함이 없었다. 그러므로 노 나라에서는 공자를 초빙하였지만, 진정으로 공자를 등용하지 못하였다. 공자가 노 나라로 돌아온 이후 정치적 활동은 크게 한 것이 없지만, 그의 제자들의 활동은 더욱 활발하였다(6-3, 6, 7, 12).

공자는 만년에 황급히 고국으로 돌아왔지만 뜻대로 되지 않았다. 그리하여 남은 여생을 교육에 전념하기로 하였다. 그러는 한편 공자는 시(詩)와 서(書)와 음악을 정리하였다(9-14). 공자는 예술적 정감이 매우 풍부한 사람이었다. 제 나라에서 순의 음악을 듣고 3개월 동안 고기맛을 잊어버릴 정도였고(7-13), 제자들의 기본 교양으로 시와 음악을 중요시하여 "시에서 감흥을 일으키고, 예로써 규범을 삼고, 음악으로 완성시킨다."라고 하기도 하였다(8-8). 서는 제왕의 조칙을 모아놓은 것인데, 당시는 아직 체계적인 것이 아니었고, 다만 교육용으로 사용하였다.

또 공자는 『춘추春秋』를 지어 당시 펴지 못한 포부를 역사서로 남겨두려 하였다. 당시 삼환씨로 대표되는 호족이 대신을 세습하여 독재적인 정치를 행하고 있는 것에 대한 통렬한 비판과 군주권의 회복이라는 이상을 담았다. 그러므로 공자는 "나를 이해해 주는 것도 『춘추』이며, 나를 벌주는 것도 『춘추』라고 말했던 것이다(『맹자』「등문공하」-9). (이 『춘추』는 『역』과 더불어 당시 제자들에게는 설명되지 않은 것으로 공자 사후 한참 뒤에 발견되어 교과서로 채택된 것으로 추정되고 있다).

공자는 "나를 알아주는 사람이 없구나! … 나를 알아주는 것은 하늘일 것이야!"라고 만년의 비통한 심사를 표현하였다(14-37). 또 "나를 써 주는 사람이 있으면 3년 정도면 좋은 정치를 볼 수 있을 것이다."라고 하기도 하였으며(13-10), 또 "나는 (아름다운 옥을 팔듯이) 팔리기를 기다리는 사람이다."라고 하기도 하여(9-12) 세상이 알아주지 않는 마음을 토로하였다. 또 세상에 도가 행해지지 않으므로 뗏목을 타고 바다로 가고 싶다고 하기도 하였으며(5-6), 동쪽의 구이(九夷) 족이 사는 곳에 가서 살고 싶다고 하기도 하였다(9-13). 또 공자는 시냇가에 앉아서 시냇물이 흘러가는 것을 보고는 "가는 것은 이와 같구나!"하고 인생무상을 읊기도 하였다(9-16). 또 "상서로운 새인 봉황이 오지 않고 황하에서 하도(河圖)가 나오지 않으니 나는 이제 끝장인가 보다!"라고 탄식하기도 하였다(9-8).

공자 만년의 인간적인 불행도 그치지 않았다. 69세 되던 해에 아들 리(鯉)가 50세로 죽었고, 이듬해에 수제자 안연(顔淵)이 죽었다. 공자는 "하늘이 나를 망치는구나!"하고 통곡하였다(11-8/11-9). 또 72세 되던 해에는 자로가 제 나라의 내란에 휩쓸려 비명에 죽기도 하였다.

6) 공자의 죽음

죽음을 앞두고 공자는 "다시는 주공을 꿈에 볼 수가 없구나!"라고 하였다(7-5). 이는 자기 생의 종언을 예언한 것이기도 하다. 『예기』「단궁」의 기록에 의하면, 공자는 아침 일찍 일어나 지팡이를 끌면서 문 앞을 거닐며 노래를 하기를 "태산이 무너지려는도다! 대들보가 부러지는도다! 철인이 시들으려는도다!"라고 하고는 방에 들어가 7일 동안 앓아누워 계시다가 돌아가셨다고 한다. 공자가 서거한 날은 기원전 479년(노 애공 16년) 이른 봄(4월)으로, 그 때 공자 나이 73세였다.

공자는 노 나라 성 북쪽 사수(泗水) 가에 묻혔는데, 제자들은 모두 상복은 입지 않았으나 부모상처럼 삼년 동안 상을 치루었다. 그 후에 공자의 덕을 흠모하는 제자들이 공자 무덤 곁으로 이사와 사는 사람이 100여호 되었는데, 사람들이 그곳을 '공리(孔里)'라고 불렀다. 공자의 무덤은 현재는 산동성 곡부성 북쪽의 사천현(泗川縣) 부근, 공림(孔林)이라 부르는 숲속에 남아 있다.

공자가 죽자 노 나라에서는 애공이 덕을 추모하는 제문(祭文)을 지어 보냈다. 그후도 노 나라에서는 대대로 공자 무덤에 제사를 지냈고, 선비들은 그곳에 모여 예를 연습하기도 하고 의식을 거행하기도 하였다. 공자가 살던 집은 후세에 사당을 짓고 공자의 의관과 거문고·수레·책 등을 보관하였는데, 한대(漢代)에 이르기까지 200여년 동안 잘 보존되었다고 한다.

04 공자의 사상

1) 공자 사상의 기본 — 인(仁)·의(義)·예(禮)

공자 사상의 기본은 인·의·예 세 개념이다.

공자 이전에는 예는 천도(天道)에 의거해야 된다고 생각했다. 이러한 생각은 공자에 이르러 근본적인 개혁을 하였다. 공자는 예(禮)를 의(義)

에다 포함시켰고, 나아가 예를 인(仁)에다 포함시켰다. 이는 예의 기초가 천에 있지 않고 인간의 도덕적 자각에 있다는 것을 말한다. 즉 인간의 가치의식의 자각에 의해 과거의 원시신앙의 관습에서 벗어난 것을 의미한다. 그리하여 공자는 주 나라 문화정신에 도덕적 자각을 부여하여 마침내 인문문화로서의 유교(儒教)를 개창한 것이다.

공자가 어릴 때 제기를 벌여놓고 예(禮)를 갖추는 장난을 하였다고 한 것(『사기』「공자세가」)은 공자가 사(士)에 속하는 유(儒)라는 신분 출신이었기 때문이다. '유'는 은 나라의 '사'에 속하던 유민 중의 한 계층으로서 그들은 은례(殷禮)의 보존자이며, 공자의 유가(儒家)도 여기에서 나온 것이다. 이들은 부잣집의 예를 돌보아 주는 것으로써 생계를 유지하였다. 그러므로 공자가 예를 극히 중요시한 것은 이러한 신분적 조건과 유관한 것이다.

공자가 말한 예는 크게 말하면 은(殷) 나라의 유민으로서 보존한 은 나라의 여러가지 문화형식이며, 작게 말하면 인간 행동의 기준을 총칭하는 것이다. 행동 기준으로서의 예는 다시 말하면 한 인간을 자립하게 하여 남 앞에 나설 수 있게 하는 데 있다(8-8 /16-13). 문화형식으로 말하면 예는 유가의 '치인(治人)'을 위한 정치경제적 기능을 하는 것이다. 공자는 또 예의 형식은 바꿀 수 있으므로 예는 그 정신을 실현하는 것이 가장 중요하다고 생각했다(3-4 /9-3).(「팔일편」에 예에 관한 언급이 가장 많고, 「향당편」에는 공자 일상생활상의 예법이 실려 있다)

의(義)란 『논어』에서 마땅함, 올바름(정의), 도리(道理)를 의미한다. 공자가 "의를 보고도 행하지 않으면 용기가 없는 것이다."라고 할 때의 '의'는 '올바름'을 의미한다(2-24). 번지가 '지(知)'를 물은 데 대하여 공자가 "사람이 마땅히 해야 할 일(의)을 해야 하고, …"라고 할 때의 '의'는 '도리'(책임을 포함하여)를 말한 것이고(6-20), 공자가 "의를 듣고도 실천할 수 없고, …"라고 할 때의 '의'는 '올바른 이치'란 뜻의 도리를 말한 것이다(7-3). 공자는 인을 실현하는 데 의가 있어야 한다고 생각했다. 공자는 그리하여 "군자는 이 세상에 처하는 데 있어서 어느 한가지를 고집하지도 또는 부정하지도 않고 오로지 의를 좇아 행할 뿐이다."라고 하였다(4-10). 그 밖에도 공자는 군자는 의에 밝고, 소인은 이익에 밝다고 하고(4-16), 이득을 보거든 의를 생각하라 하기도 하고 (16-10), 의롭지 못한 부귀는 나에게는 뜬 구름과 같다고 하기도 하였다 (7-15).

공자가 "군자는 의로써 바탕을 삼고 예로써 이를 실천하며, …"라고 한 것(15-17)은 예를 의에 귀속시킨 것을 잘 나타낸다. 예의 근본으로서 의를 생각하였으므로 공자는 예의 형식 문제는 바꿀 수 있다고 생각한 것이다. 즉 전통에 구애될 필요도 없고 세속에 따를 필요도 없다고 생각했다(9-3). 또 공자는 "군자가 용기만 있고 의가 없으면 난을 일으키고, 소인이 용기만 있고 의가 없으면 도둑질을 한다"고도 하였다(17-23).

이와 같이 예는 의라고 하는 가치의식 위에 세워졌으므로 하나의 문화질서이다. 그러므로 의를 바탕으로 하고 예의 형식을 실천함으로써 이제는 천도에 의존할 필요도 자연을 모방할 필요도 없는 인간 주체에 의한 문화 건설이 가능하게 된 것이다.

'인(仁)'이란 공자 학설의 중심이며, 이후 유교 사상의 핵심 개념이 된 것으로 매우 중요한 개념이다.

인이란 남을 자기 처럼 여기고, 사사로운 감정의 얽힘을 깨끗이 제거한 경지이다. 이는 도덕적 자각의 경지이며 자아의 도덕적 주체이기도 하다. 인은 자기의 사심을 극복한 공심(公心)의 경지이다. 이 공심에 서면 반드시 올바름(의)을 추구하게 된다. 그러므로 인이 도덕적 자각이라면 의는 그것의 실천이라고 할 수 있다. 그러므로 공자는 '극기복례(克己復禮)'를 인이라고 하였다(12-1). 여기서는 물론 인의 구현을 위해서 예의 실천을 말하였다. 그러나 예 역시 인으로 돌아가야 한다. 그러므로 공자는 "사람이 인하지 못한데 예가 무슨 소용이 있겠는가?"라고 하였다(3-3).

공자는 인의 실천에 있어서 '충서(忠恕)'라는 방법을 구체적으로 제시하였다. '충(忠)'은 자신의 진심을 다 발휘하는 것, 즉 생각마다 사욕을 벗어나 구차스럽지 않은 것이다. '서(恕)'는 남을 자기 마음으로 미루어 보아 남을 침해하지 않는 것이다. 그러므로 공자는 중궁(仲弓)이

인을 물은 데 대하여 "자기가 원하지 않는 것을 남에게 베풀지 마라."라고 하였다(12-2). 또 자공이 평생 행할 만한 한마디 말씀을 해 달라고 하자 공자는 "그것은 서(恕)이다! 자기가 원하지 않는 바를 남에게 베풀지 마라."라고 똑같이 말하였다(15-23). 뿐만 아니라 공자는 "인이란 자기가 서고자 하면 남을 먼저 세우고, 자기가 달성하고자 하면 남을 먼저 달성하도록 해야 한다."라고 하였다(6-28). 그리하여 공자는 "나의 도(道)는 하나로 꿰뚫었다."라고 하였고, 증자(曾子)는 그 하나를 '충서'로 해석하였다(4-15). 공자에 있어서는 이 인에 의해 도(道)에 뜻을 둘 수 있고, 도를 실천할 수 있다. 그러므로 공자는 도를 논하면서 인을 항상 근본으로 삼았다(4-5, 9).

공자는 인의 실천을 설명하면서 또 여러가지 다른 덕목을 말하였다. 먼저 가정에서의 '효(孝)'와 '제(悌)'를 말하였다(1-2). 또 자장이 인을 물은 데 대하여 공자는 공(恭)·관(寬)·신(信)·민(敏)·혜(惠) 다섯 가지를 말하여 주었다(17-6). 또 번지가 인을 물었을 때에는 공자는 공(恭)·경(敬)·충(忠) 세가지를 말하여 주었다(13-19). 공자는 또 인을 지(知)·용(勇)과 함께 말하였다(9-29).

이와 같이 공자는 인간 덕의 총칭으로서의 인의 덕을 한마디로 말하기 어려웠으므로 여러가지 덕과 연관하여 말하였다. 한편으로는 실천에 있어서 인의 실천 태도나 방법을 가지고 인의 덕을 다양하게 설명해 보기도 하였다. 예를 들면 인자(仁者)는 말보다 실천이 앞서야 하고(12-3), 겉으로 꾸미는 자는 솔직하지 못하므로 인하다고 할 수 없고(1-3), 인자는 이득 보다는 자기가 어려움을 솔선수범해야 하고(6-20), 인자라야 진실한 마음을 가지고 있으므로 좋아하고 미워하는 일도 올바르게 할 수 있으며(4-3), 진정한 인자는 잠시 인을 행하는 것이 아니라 자기의 생명성과 더불어 인 그 자체를 실천해야 하며(4-5 / 8-7), 그리하여 경우에 따라서는 인을 위하여 목숨을 내놓을 수 있어야 한다고 하였다(15-8). 목숨을 바쳐 인을 이룬다는 것은 종교적 차원의 삶의 태도라고 말할 수 있다.

이상에서 본 바와 같이 공자의 인은 우리가 일반적으로 '사랑' '인자함' '관대함' 등 인정이나 사랑과 관계가 깊은 마음가짐이나 행위를 나타내는 것으로 알고 있으나 그것만으로 다 설명할 수 없는 포괄적인 덕목이다. 즉 공자의 인은 '영웅적인 성격, 남자다움, 비범한 인물'이라는 전인적인 우수성, 또는 우월성을 의미하고 있다. '우수한 인격'에는 애정이나 친절도 필요하지만, 나아가서는 정치적으로 유능하다든가 고독을 이겨내는 기개, 실행력, 강한 절의(節義) 등 이상적인 남성적 미덕을 필요로 한다. 그것은 공자가 관중(管仲)을 평가한 말에서 단적으로 나타나 있을 뿐만 아니라 인에 대한 문답에서 여실히 나타나 있다.

뿐만 아니라 인이란 미칭이 여성에게는 제외되어 있고, 우수한 남자에게만 쓰는 점에서나, 공자의 인이 교육목표인 '군자 양성'과 밀접하게 연관되어 있는 점을 보아서도 인이 일반적인 의미가 아닌 것을 알 수 있다. 그러므로 공자가 "인자(仁者)라고 할 만하다"라고 하는 경우 그것은 "군자라고 할 만하다"라고 하는 것과 같은 의미가 되는 것이다.

2) 교육사상

공자의 교육목표는 그의 정치 이상인 봉건질서의 회복, 즉 귀족적인 사회질서의 재건을 담당할 이상적인 지배계급(귀족)—군자—의 양성에 있었다. 그러나 교육에 있어서는 공자는 모든 계급적 한계를 무시했다. 그것은 누구나 올바른 교육을 받아 덕을 닦고 학문을 이루기만 하면 지배계급으로 오를 수 있었음을 의미한다. 그러므로 공자는 "가르침에는 유별이 없다."라고 하고(15-38), 또 "간단한 예물을 갖춘 사람에게는 가르치지 않은 적이 없다."라고 하였다(7-7). 실제로 공자의 제자 중에는 천민 출신도 있었다.

공자는 아무리 훌륭한 덕이 있어도 사람이 학문을 하지 않으면 제값을 발휘하지 못한다고 하여 '육언육폐(六言六弊)'에 대하여 말하였다(17-8). 그러나 공자는 한편으로 '향원(鄕原)'에 대해서는 격렬히 비난하였다(17-13). '향원'이란 속인들 사이에서 원만하다고 칭송 받는 사람인데, 이들은 학식이나 지혜만 있고, 도덕적 수양이 결여된 사람으로 공자는 이들이 세상에 오히려 해를 끼친다고 보았다. 그리하여 심지어 공자는 과격한 자나 고집장이 처럼 진취적 기상이 있거나 나쁜 짓을 절대로 하지 않는 사람이 더 낫다고 하기도 하였다(13-21). 그러므로 공자의 교육 목표는 군자를 길러내는 것이었고, 군자는 지식과 더불어 도덕적 수양이 잘 된 사람을 의미하였다.

3) 종교사상

공자의 사상을 유교라고 후세에 부르지만 종교로서 유교라고 한 것은 아니다. 실제로 오늘날의 종교 관념으로 보면 내세관이라든가 인격신(창조주)이라든가 하는 것을 상정하고 있지 않으므로 공자의 사상은 종교적 색채가 희박하다. 그러나 그의 하늘(天)에 대한 언급을 보면 운명적인 것과 연관된 그의 종교적 마음을 볼 수 있다. 뿐만 아니라 예의 실천과 인륜적 책임 의식을 강조한 점에서도 그의 종교적 경건성을 읽을 수 있고, 또한 인간의 도덕적 노력에 의해 자신의 인간적 성취와 사회 문화를 건설하려는 집념에서는 깊은 종교적 믿음과 같은 것을 볼 수 있다.

그러나 공자의 입장은 종래의 미신적인 종교적 분위기에서 벗어나 인간의 이성에 의한 인문 문화의 건설을 목표로 하고 있었으므로 자로가 귀신에 대해서 묻자 "사람도 아직 잘 섬기지 못하는데, 어찌 귀신을 섬기겠는가?"라고 하고(11-11), 또 죽음에 대해서 묻자 "삶도 아직 모르는데 죽음을 어찌 알겠는가?"라고 하였다(11-11). 또 공자는 평소에 괴이한 것 · 힘에 관한 것 · 난동 · 귀신에 대해서 말씀하지 않았다고 한다(7-20).

4) 정치사상

공자의 정치사상은 첫째 덕치(德治) 사상이다. 공자는 "덕으로 정치를 하는 것은 마치 북극성은 일정한 장소에 있으나 여러 별들이 그 주위를 도는 것과 같다."라고 하였다(2-1). 또 "백성들을 법령이나 형벌로 다스리면 법망을 피하려만 하고 도덕심이 없어지지만, 덕과 예로써 다스리면 바로잡힐 뿐만 아니라 도덕심도 생겨난다."라고 하였다(2-3). 덕치는 결국 지도자가 솔선수범해야 되는 것은 말할 것도 없다. 그러므로 공자는 '정치(政)'란 '바로잡는 것(正)'이라 하고(12-17), 위정자 자신의 모범을 강조하였다(12-18, 19 /13-6, 13).

둘째는 예치주의(禮治主義)이다. 예는 개인의 행동이나 외모를 규제하는 규칙일 뿐만 아니라 사회와 국가의 질서를 유지하는 규칙이기도 하다. 공자가 예를 중요시한 것은 예란 자연의 섭리와 통하는 것으로 생각했기 때문이다. 공자가 그 이전 시대의 예를 연구한 것은 그것이 세상을 올바로 다스리는 바탕이 된다고 보았기 때문인데, 이 때의 예는 그 시대의 문화를 총칭하는 것이다. 그 이전 시대의 예로서 공자는 특히 주 나라의 문물제도를 이상적으로 보았다(3-14). 유가가 복고적인 이유인 것도 공자의 이러한 고전적 예를 존중한 때문임은 물론이다.

세째로는 정명주의(正名主義)이다. '정명'이란 명분(혹은 명칭)을 바로잡는 것을 말한다. 자로가 위 나라 임금이 선생님께 정치를 맡긴다면 무엇부터 하시겠습니까 한 데 대하여 공자는 "명분을 바로 잡겠다."라고 하였다(13-3). 명칭을 바로 잡는 것이란 제각기 주어진 명칭(직분, 또는 인간관계)에 들어맞는 모양과 행동을 한다는 것이다. 이것은 앞의 예치주의와도 연관이 깊다. 모든 사물이 주어진 명칭이나 명분과 꼭 맞는 올바른 상태에 있다는 것은 질서의 극치를 뜻히는 것이다. 공자가 "임금은 임금다워야 하고, 신하는 신하다워야 하고..."라고 한 것(12-11)은 정명주의를 쉽게 표현한 것이다.

5) 윤리사상

유교가 고대 중국의 대가족 제도 하의 인간관계를 이론화한 것이므로 그 윤리의 성격이 가정(가족)윤리이며, 그것의 기본이 '효'이다. 공자 역시 『논어』에서 '효'를 매우 강조하고 있다. 공자가 '효'를 강조한 것은 부모와 자식 사이의 관계야말로 모든 훌륭한 인간감정의 바탕이 된다고 생각했기 때문이다. 공자는 "효도와 우애는 인을 이룩하는 근본이다."라고 하였다(1-2). 당시는 가족공동체의 연장선상에 국가공동체가 있었으므로 효도와 우애의 감정을 더욱 잘 발휘하여 가정 바깥에서도 인을 이룰 수 있다고 한 것이다.

공자가 말한 이 효는 부모 자식간의 소박하고 일차적인 감정을 포착하여 공경과 사랑의 도덕을 말한 것이다. 후세 전제군주 통치의 강화와 더불어 나타난 일방적인 복종과 의무를 말하고자 한 것은 아니다. 효행의 방법으로 공자는, 수고로와도 원망하지 말아야 하고(4-18), 부모가 계시면 먼 길을 떠나지 말며, 집을 떠날 때는 반드시 향방을 알려야 하며(4-19), 부모는 자식의 병을 제일 걱정하니 몸을 잘 보존해야 하며(2-6), 부모에게 음식 봉양 잘 하는 것만이 효가 아니며(2-7), 부모에게 얼굴빛을 언제나 밝게 가지고, 일이 있으면 그 노고를 자기가 대신하고, 음식이 있으면 부모에게 먼저 드리는 것이 효도이며(2-8), 부모 생전이나 사후나 항상 예로써 섬기는 것이 효도라고 하였다(2-5).

공자의 이러한 말 속에서 동양윤리의 원천인 효의 가정윤리를 볼 수 있는데, 이는 동양의 농경사회와 밀접한 관련이 물론 있지만, 인간관계의 가장 기본적이고 소박한 부모-자식 관계를 말한 것이므로 오늘날 가족윤리의 재건에 경청할 부분이 많다. 그러나 사랑은 이것만으로는 부족하고 역시 앞으로는 이것과 아울러 평등 박애의 정신이 병행되지 않으면 안된다.

6) 예술사상

공자 시대에는 오늘날 의미의 '예술'은 없었다. 공자 이전 부터 내려왔던 귀족의 교양으로서의 '육예'도 여섯가지의 '기예'에 해당되었고, 오늘날 의미의 예술을 지칭하는 것은 아니다. 다만 그 육예 중에 시와 음악은 예술의 범주에 들어간다고 할 수 있다. 그러나 공자가 이야기한 시와 음악은 단순히 예술적인 관점에서만 말한 것이 아니고, 시는 윤리, 음악은 예와 연관시켜 말하였다(활쏘기도 예와 연관시켜 말하였다). 즉 인간의 인격완성을 위하여 시와 음악을 말하였다. 오늘날의 순수 예술과는 거리가 있는 것이다.

공자는 분명 도덕적 관점에서 시를 보았다. 그러므로 그는 시상(詩想)의 순수함을 좋아하여 "시 삼백편을 한마디로 말하면 그 시상에 사악함이 없다는 것이다."라고 하였다(2-2). 그리하여 공자는 시와 음악으로써 제자들을 교육하였다. 공자는 말하기를 "시로써 흥기하고, 예로써 일어서고(행동기준을 확립하고), 음악으로써 인격을 완성한다."라고 하였다(8-8). 심지어 자기 아들에게도 시를 배우지 않으면 사람이 담벼락을 대하고 선 것처럼 답답한 인간이 된다고 하였다(17-10).

공자의 악은 당시의 중요한 의식에서 연주하던 의식의 음악, 즉 '예악'이었다. 그러므로 이 때는 음악이 예와 완전히 일치되어 있었다. 더구나 앞에서 말한 시도 이 때 연주되던 음악의 가사였으므로 시·예·악은 삼위일체가 되어 있었다고 할 수 있다. 오늘날 우리나라에 전해오는 소위 '아악'(雅樂)-궁중 음악-이 그것에 해당된다. 공자는 이 '예악'을 인간의 인격 함양에 매우 중요한 역할을 한다고 믿었다.

공자에 대해 다음과 같이 현대적 평가를 내릴 수 있다.

(1) 공자는 노예제에서 봉건제로 넘어가는 과도기에서 봉건 사회 통치에 일정한 기초를 부여했는데, 그의 이러한 사상에는 보수적인 면과 진보적인 면이 동시에 있어서 일도양단하기가 어렵다.
(2) 공자 사상이 엄밀하고 완벽한 사상 체계를 가지고 있는 것은 아니다. 공자 자신은 "나의 도는 하나로 꿰뚫었다"라고 하지만, 당시 사상 수준에서는 그렇지 못하였다. 그러므로 공자 사상과 후세 공자 사상을 연역한 체계적인 유가 사상을 동일시해서는 안된다.
(3) 공자가 당시에 펼친 교육 사업과 역사의 편찬이나 시와 음악의 정리 등은 중국 문화사에 큰 공헌을 한 것이다.
(4) 공자를 역사적 인물로 평가해야지 교주나 초인으로 보아서는 안된다. 당시 그보다 선배인 정치가 자산(子産)이나 안영(晏嬰)도 뛰어난 재주를 가지고 있었고, 또 은자들도 있었으며, 그와 의견은 달랐지만 사(士)라는 계층이 널리 활약하고 있었다.
(5) 그러나 그의 인생의 지혜와 경험에 대한 이야기, 그리고 그의 생에 대한 진지한 태도와 불굴의 정신은 현대인에게도 공감을 주기에 충분하다.

05 공자의 제자

『사기』「공자세가」에는 공자의 제자가 3천명이었고, 그 중 육예에 통달한 사람이 72인이었다고 하였다. 같은 책 「중니제자열전」에는 77명의 전기를 쓰고 있다(간단한 내용이고, 이름만 기재된 경우도 여럿이다). 이 열전 중 사적이 얼마간이라도 전해지고, 또 『논어』에 이름이 나오는 사람을 추리면 도합 26명이다.

안 회(顔回)

자는 자연(子淵). 보통 성과 자의 끝자를 따서 '안연(顔淵)'이라 부름. 성과 자를 합하여 부를 때도 있음. 노 나라 사람. 공자의 수제자. 공자 보다 30세 연하. 41세로 공자 보다 먼저 죽음. 어질고 덕행이 있는 제자로 그에 대한 칭찬은 『논어』 곳곳에 많이 나온다. 후세에 '복성'(復聖)이라고 불렸고, 중국 곡부(曲阜)에 '복성전(復聖殿)이 있어 그를 제사 지낸다. 공자 사당 안에서는 동쪽편 제일 첫번째 자리를 차지하고 있다. 아버지 안로(顔路)도 공자의 제자이다.

민 손(閔損)

자는 자건(子騫). 노 나라 사람. 공자 보다 15세 연하. '공문(孔門) 10철(哲)'의 한 사람. '덕행'(德行)의 과에 들어 있고, 효행으로 이름이 났음. 맹자(孟子)도 안연(顔淵) · 염우(冉牛)와 더불어 소성인(小聖人)의 한 사람으로 보고 있음(『孟子』「公孫丑上」-2). 과묵하고 온화한 인품의 군자로서 정의심이 강하였다.

염 경(冉耕)

자는 백우(伯牛). 노 나라 사람. 공자 보다 7세 연하. 상세한 것은 알 수 없음. 공자가 노 나라 사구(司寇)가 되었을 때 그는 노 나라 중도(中都)의 읍재가 되었다고 한다. '공문 10철'의 한 사람. '덕행'의 과.

염 옹(冉雍)

자는 중궁(仲弓). 노 나라 사람. 공자 보다 29세 연하. 염 경(冉耕)의 아들. 인품이 중후하고 과묵하여 '덕행'으로 '공문 10철'에 들어 있음. 말 솜씨가 조금 없었던 모양이다. 한 때 계씨의 영지의 읍재를 하기도 하였다(13-2).

염 구(冉求)

자는 자유(子有). 흔히 염유(冉有)라고 부른다. 노 나라 사람. 공자 보다 29세 연하. 그 성격은 온화 겸손하였던 것 같다. 그의 행동은 다소 소극적이었던 것 같으나 정치에는 염유와 계로 라고 한 것을 보면(11-2) 자로와 함께 정치에 소질이 있었던 모양이다. 그리하여 한 때 노 나라 세도가 계씨의 가신이 된 적이 있었는데, 계씨가 참람하게 태산에 제사를 지내므로 공자가 그것을 염구에게 말릴 수 없느냐고 하자 자기는 불가능하다고 하여 공자로부터 힐책을 받은 적이 있다(3-6). 『논어』에 '자'를 붙여 존경을 나타낸 제자가 네 사람인데, 그 중의 한 사람이다.

중 유(仲由)

자는 자로(子路), 혹은 계로(季路)라고 하기도 함. 노 나라 사람으로 공자 보다 9세 연하. 용감한 성격의 소유자로 공자는 그 사람됨을 좋아하였다. 정직하면서 용감하였으나, 사태를 속단하는 폐단이 있었다.

재 여(宰予)

자는 자아(子我). 노 나라 사람. 언변이 좋았음. 그러므로 '공문 10철'에 '언어(言語)'의 과(科)에 들어 있음. 나이 불명. 자공과 비슷한 나이. 그러나 낮잠을 잔다고 공자로부터 꾸지람을 받기도 하였고(5-9), 부모상에 삼년상이 너무 길다고 하여 역시 공자로 부터 질책을 받기도 하였다(17-21). 또 한번은 노 나라 애공이 '사(社)의 나무[社木]'에 대해 물은 데 대하여 잘 모르면서 멋대로 대답했다 하여 공자로 부터 꾸지람을 듣기도 하였다(3-21).

단목 사(端木賜)

자는 자공(子貢). 위 나라 사람. 공자 보다 31세 연하. 재아(宰我)와 더불어 '언어(言語)'의 과에 들어 있는 '공문 10철'의 한 사람. 말솜씨가 있었고, 재주가 총명하고 뛰어났던 것 같다. 노 나라와 위 나라에 벼슬하여 외교 담판에 성공을 거두었다. 또 이재(理財)에도 능하여 부를 이루었다고 한다. 『논어』 중에 자공의 말이 매우 많은데, 그것을 통하여 볼 때 공자 제자 중 중요한 인물이었던 것 같다.

언 언(言偃)

자는 자유(子游). 오(吳) 나라 사람. 공자 보다 45세 연하(『사기』). 노 나라 무성(武城)의 읍재(邑宰)가 되어 예악으로 정치를 하려 하였음(17-4). 학문을 잘 하여 자하(子夏)와 더불어 '문학(文學)'의 과로 '공문 10철'에 들어 있음.

복 상(卜商)

자는 자하(子夏). 위 나라 사람으로 공자 보다 44세 연하. 공자의 제자 중 학문에 뛰어나 유가의 많은 경전(經典)들을 전승하는 데 큰 공을 세움. 문인이 많았고, 보기 드물게 장수하였다(108세).

전손 사(顓孫師)

자는 자장(子張). 공자 보다 48세 연하. 진(陳) 나라 사람. 『논어』나 기타 문헌을 보면 자장은 당당한 태도를 가지고 있었던 것 같으나 인물의 내용이 좀 공허하게 보이는 것은 그가 젊었을 때 공자가 죽었으므로 그의 젊은 시절에 공자로 부터 받은 몇가지의 가르침이 얼마 되지 않았기 때문이다. 그러므로 이러한 자료만으로 그를 단적으로 평가해 버릴 수는 없다.

증 삼(曾參)

자는 자여(子輿). 노 나라 사람. 공자 보다 46세 연하. 그의 성품은 노둔하다고 공자가 평하였으나(11-17), 공자의 도를 전하는 데 제일인자였다. 효로 이름이 났었고, 『논어』에 '자(子)'라는 존칭을 붙인 네 사람(증자 · 염자=염옹 · 유자 · 민자) 가운데 한 사람이다.

◎ 담대 멸명(澹臺滅明)

자는 자우(子羽). 노 나라 사람. 공자 보다 39세 연하. 매우 추남이었으나 인품은 공정하였다.

◎ 복 부제(宓不齊)

자는 자천(子賤). 노 나라 사람. 공자 보다 40세(혹 30세) 연하. 공자 만년의 문인.

◎ 원 헌(原憲)

자는 자사(子思). 노(혹은 송) 나라 사람. 공자 보다 36세 연하. 과욕청정한 인품의 소유자. 공자가 노 나라 사구(司寇)가 되었을 때 집사(執事)로 일했다(6-3).

◎ 공야 장(公冶長)

자 자장(子長). 제(혹 노) 나라 사람. 공자 보다 30세 연하.

◎ 남궁 괄(南宮括)

이름을 도(縚)라 하기도 함. 자는 자용(子容), 시호는 경숙(敬叔). 남궁(南宮)에 살았고, 맹의자(孟懿子; 노 나라 대부)의 형이다. 남용은 '남궁자용'(南宮子容)의 약칭이다. 노 나라 사람이다. 나이 불명. 공자가 다른 데서 그를 평하기를 "그는 나라에 도가 있을 때는 등용되고 나라에 도가 없을 때라도 형벌은 면할 만한 신중한 사람이다."라고 하고, 질녀(형의 딸)을 그에게 시집 보냈다(5-1).

◎ 증 점(曾點)

자 자석(子晳). 노 나라 사람. 증삼의 아버지. 나이 불명.

안 무유(顔無繇)

이름을 유(由)라 하기도 함. 자는 로(路), 혹은 계로(季路). 노 나라 사람. 공자 보다 6세 연하. 안회의 아버지. 최초의 제자 중 한 사람이었던 것 같다.

고 시(高柴)

자는 자고(子羔). 공자의 제자. 공자 보다 30세 연하. 키도 작고 추남이었으나 지나치리 만큼 소박한 인간미를 가진 사람이었다. 계씨(季氏)의 가신(家臣)이 된 적도 있고, 위(衛) 나라에서 벼슬한 적도 있다. 공자가 그의 소박함은 지나치다고 하여 "시(柴)는 어리석다[愚]"라고 한 적도 있다(11-17).

칠조 개(漆雕開)

자 자개(子開). 채 나라 사람. 공자 보다 11세 연하(?).

사마 경(司馬耕)

이름을 이(犁)라고 하기도 함. 자 자우(子牛). 송 나라 사람. 환퇴(桓魋)의 동생. 연령 불상. 그는 성질이 조급하여 말이 많고, 가벼웠던 것 같다.

번 수(樊須)

자 자지(子遲). 노(혹 제) 나라 사람. 공자 보다 46세(혹 36세) 연하.

유 약(有若)

자는 자유(子有). 노 나라 사람. 공자 보다 43세 연하였다. 유약의 용모가 공자와 비슷하여 공자 사후에 제자들이 공자를 너무 사모한 나머지 유약을 공자 대신으로 삼아 스승의 예를 행하자고 한 적이 있는데, 그러나 증자가 공자는 그 누구도 대신할 수 없다고 하여 반대하였다고 한다(『맹자』「등문공상」-4). 『논어』에서 '자(子)'자를 써서 존칭을 나타내는 사람은 유자와 증자와 염자(冉子; 冉求)와 민자(閔子) 네사람이다. 그러므로 이 『논어』의 편집이 증자와 유자(유약)의 제자들에 의해 이루어진 것이 아닌가 보기도 한다.

◎ 공서 적(公西赤)

자 자화(子華). 노 나라 사람. 공자 보다 42세(혹 32세) 연하. 의식 예법에 정통하여 공자 장례에 장례위원장의 직책을 맡았다.

◎ 무마 시(無馬施)

자 자기(子期; 혹 子旗). 국적 불명. 공자 보다 30세 연하.

(이상 『史記』「仲尼弟子列傳」의 순)

공자의 제자는 공자가 노 나라를 떠나기(56세) 이전부터 제자가 된 선배 그룹과 공자가 노 나라로 돌아온(68세) 뒤에 공자를 찾아온 후배 그룹으로 나뉜다. 선배 그룹은 공자의 실제 정치 활동에 따라다니며 참여하였기 때문에 정치·군사·외교 등에 대해 많은 일을 하였고, 후배 그룹은 공자가 만년에 전통 문화와 경전 연구에 힘쓸 때였으므로 학술 사상 방면에 많은 업적을 올렸다.

자로·염유·재여·자공·민자건·염백우·중궁·원헌·자고 등이 선배 그룹이고, 자유·자하·자장·증자·유약·번지·칠조개·담대멸명 같은 사람들이 후배 그룹에 속한다.

『논어』「선진편」(2장)에서 공자가 거명한 10명의 제자—사과십철(四科十哲) 이라 부름—는 이들 중에서도 뛰어난 제자들이다. '덕행'에는 안연·민자건·염백우·중궁, '언어(言語)'에는 재아·자공, '정사(政事)'에는 염유·계로, '문학(文學)'에는 자유·자하가 그들이다(후세 사람들이 유학 발전에 공이 큰 증자가 빠진 것은 불합리하다고 말하기도 한다).

※ 여기 인용된 『논어』 원전은 주자집주본 『논어』(우리나라 내각본, 성균관대에서 『경서』로 영인)를 기준으로 하였다. ( )속의 숫자 표시는 편-장(학이편-1장)의 형식이다.

제 2 장

맹자와 순자의 도덕론

01 서 언

중국 고대의 경우 인간에 대한 이해는 '인간의 성(人性; Human Nature)'에 대한 탐구로 나타났다. 그러나 이 인성을 다만 하나의 사실, 즉 인간의 자연적 사실로 받아들이기 보다는 인간이 이를 어떻게 처리해야 되느냐 하는 식의 인간 도덕의 실천 문제와 연관시켜 바라보았다. 맹자의 경우 이 인간의 자연적 사실로서의 인간의 성 중에서 도덕적인 부분은 선하다고 하여 이를 어떻게 발휘해야 되느냐 하는 방법, 즉 도덕적 수양의 문제와 연관시켜 논의하였다.[1)]

1) 순자의 경우 인간의 사회적 속성을 강조하여 인간의 후천적 노력을 강조한 나머지 성악설을 주장했지만, 그 역시 인간이 후천적 노력에 의해 도덕적으로 될 수 있는 가능성 자체를 부정하지는 못하였다. 그리하여 순자도 맹자와는 다른 방식이지만 후천적 노력의 성패를 가름하는 선천적 가능성을 인정하지 않을 수 없었다(인의나 법규를 알고 행할 수 있는 소질이 인간에게 갖추어져 있다고 하였다. 『순자』「성악편」).

맹자 당시 그와 의견을 달리한 고자(告子)의 경우 인성(人性)을 인간의 자연적 사실로 보려는 자연주의적 입장을 취하였다. 그후의 성삼품설(性三品說) 같은 것은 인간을 세가지 고정된 유형으로 고정시켰으므로 인간 보편성을 말하기에는 부족한 이론이었다. 맹자의 성선설은 인간의 도덕적 근원을 천(天)이 아니라 인간 내면, 즉 인간 주체에서 찾으려 하는 점에서 인본주의로서의 유가(儒家)의 이념을 철학적으로 정초한 데 의미가 있고, 또 인성의 보편성을 강조하여 중세적인 인간 평등론을 수립한 데도 의미가 있다고 할 수 있다. 그러나 그것은 인간의 욕망과 같은 부정적인 인간의 자연적 본성을 도외시한 것이어서 인간의 악을 설명하기에는 부족한 이론이었다.[2)] 그러므로 송대 유학의 철학적 전개인 성리학(新儒學)에 와서는 맹자의 이러한 점을 보완하기 위하여 '기질지성(氣質之性)'이라는 것을 창안하였다.[3)]

맹자는 어디까지나 인간이 도덕적으로 될 수 있다는 가능 근거를 인성에서 찾아내려 하였으므로 인간 욕망 부분을 제외하고 도덕적인 부분만 강조하여 '성선(性善)'이라고 하였다. 그러므로 맹자의 성선설은 입론으로서는 불충분하다고 할 수 있다. 그러나 이것을 다른 각도에서 보면, 그의 인성론은 인간의 착한 본성의 확충이 필요하다는 소위 확충론과 함께 보아야 그 뜻을 잘 이해할 수 있고, 또한 윤리학적으로 볼 때 그 입론의 형식은 역시 '가치적 입론'(평가적 발언)으로서 발언자의 주관적 신념이 무르녹아 있는 '권유적 (commending) 발언'이라는 점을 살펴야 그 입론의 취지를 충분히 이해할 수 있다. 물론 맹자 성선설의

2) 맹자는 사악한 세상을 어떻게 바로 잡느냐 하는 실천적 문제에 몰두하였지 악이 무엇인가 하는 이론적 형이상학적 문제를 제기하지는 않았다. 이것은 유가사상이 자연법 사상으로서 악에 대해 낙관적인 신념을 가졌기 때문이다. 순자 역시 악의 근원을 선천적이라는 가정하에 후천적 교화가 필요하다는 매우 실천적 문제를 다루었지 악의 문제에 대해 이론적으로 탐구하지 않았다. 따라서 맹·순의 성설은 오늘날 이 세상의 악을 어떻게 할 것인가 하는 사회적 문제를 해결하기에는 미흡하다. 김형효, 『맹자와 순자의 철학사상』, 서울: 삼지원, 1990, pp.16-22 및 이영호, 『변증법적 윤리학』, 서울: 자유사상사, 1994, pp.51-79 참조.

3) 그리하여 송대 성리학은 이 '氣質'의 보완으로 문제가 다 해결된 듯이 맹자의 성선설을 가지고 중세적인 절대론적 윤리설을 수립하였다. 다만 송대 성리학에서 진보적인 점은 인간 본성의 실현에 있어 '天理-人欲'의 관계를 '절대선-절대악'으로 대립시키지 않고, 천리와 인욕을 '상호길항' 관계로 파악함으로써 인욕을 절대악으로 규정하지 않은 점이다. 그러나 성리학의 전체적인 주조는 인간 본성은 절대선이라는 절대론적 윤리설이었으므로 금욕적이고, 나아가 형식적 예법주의에 빠지고 말았다. 그 연원이 실은 맹자에게 있다고 할 수 있다.

중요한 근거는 천의 내재성과 합목적성에 있다고 할 수 있다. 즉 천의 내재로서의 성이므로 선하지 않을 수 없는 것이다.4)

맹자의 성선설을 그의 정치사회론과 연관시켜 말해보면 다음과 같다. 그는 공자를 계승하는 것을 자임하였는데, 공자는 주(周)의 봉건제도 회복을 그의 정치적 이념으로 하고 있었으므로 맹자 역시 공자의 이 이념을 계승하였다. 그러나 정치 현실은 공자 당시 이미 주의 제도를 유지하기 어려웠고, 맹자 보다 약간 시대가 앞서는 상앙(商鞅)에 의해 변법(變法; 제도개혁)이 행해지고 있었다. 맹자는 이에 반대하고 주의 봉건제도를 지지하였다. 이러한 때에 그의 성선설은 제후·대부 등을 배후에 가지고 있는 봉건세력에게 도덕의 가능근거를 제시하고, 군주의 교화의 필요성을 분명히 해주었다. 그러나 전국(戰國) 시대 중기 왕도(王道)는 실현 불가능하였다. 거기에서 맹자는 왕도의 근거를 인성에서, 천에서 이상적으로 구하였던 것이다.

『논어』에 의하면 공자(孔子)는 일찌기 성을 말하지 않았던 것 같고, 따라서 성선설은 맹자의 독창적인 것 같이 생각되지만, 실제로는 맹자는 공자의 천명설(天命說)을 개조하여 성선설로 만든 것에 지나지 않는다. 공자의 천명은 천에서 부여된 것이라는 의미로서 주관적으로는 우리들 인간의 마음 속에 선천적으로 타고난 도덕심을 의미하나 객관적으로는 우리들이 봉착하는 운명도 의미한다. 맹자는 공자의 이 명을 나누어 두개의 개념으로 구별하였다. 즉 주관적 방면 즉 천명의 의미를 나타낼 때는 성이라는 글자를 쓰고, 객관적 방면, 즉 운명을 나타낼 때는 명이라는 글자를 썼다. 따라서 맹자의 성은 공자의 명을 약간 국한시킨 것이다. 따라서 맹자의 성선설을 이해하기 위해서는 그의 성명관(性命觀; 천명관·운명관)을 살펴볼 필요가 있다.

---

4) 맹자의 성선은 天의 내재로서의 성을 말하였으므로 당연히 선할 수 밖에 없는데, 이 때 선은 상대적인 선이라기 보다 성과 천을 규정하고자 하는 절대적인 선의 의미가 있다. 그러므로 맹자의 성선설은 그의 천명설과 같이 보아야 한다. 그의 성설이 악의 문제에 대해 이론적으로 다루지 않은 것도 이러한 종교관(천명관)과 관련이 있다. 악은 존재의 결핍으로 보는 유가사상의 연원이 여기에 있다. 그러므로 이러한 낙관적 천명관을 가진 유가사상은 도덕적 인간의 불행이나 인간사회의 악의 문제에 대해 별로 대안이 없는 것이다. 악을 존재의 결핍으로 보는 것은 마치 성 아우구스티누스의 신학과 비교된다. 김형효, 전게서, pp.17-18 참조.

맹자는 '성(性)'과 '명(命)'을 논하면서 '이목(耳目)의 관(官)'(눈이나 귀 같은 감각기관)이 쾌락을 바라는 것은 인간의 성에 속하지만 이 쾌락의 대상 획득 여부는 운명에 의해 좌우되는 경우가 적지 않으므로 군자는 이것이 본래는 성에 속한다는 것을 알지만, 그것을 '성'이라고 단정하지 않는다 하고, 또 인의예지(仁義禮智)의 실현이나 성인(聖人)의 왕도에 의한 천하 통치에 운명의 요소가 다분히 작용하고 있기 때문에 그것을 '명'에 속한다고 할 수는 있지만, 그 본질적인 면에서 보면 인의예지의 덕은 인간의 성에 내재하기 때문에 비록 실현이 '명'에 의해 좌우된다고 하더라도 이것을 명이라고 부르지 않는다고 하였다.

원래 성과 명은 다 천에서 부여된 것으로 근원에 있어 동일한 것임에도 현실에 있어서는 양자가 서로 용납되지 않고 대립되어 나타나는 일이 적지 않다. 이 성과 명의 대립을 명확히 최초로 인식한 자가 맹자였다. 그러므로 맹자의 성선설을 이해하기 위해서는 맹자의 이러한 성과 명의 변증법적 상충관계를 잘 이해하지 않으면 안된다. 그렇게 함으로써 그가 굳이 인간의 자연적 사실로서의 욕망을 제외하고 성선을 강조한 이유와 그렇게 입론한 성선설의 윤리학적 명제(입론)로서의 성격 및 그 명제가 나타내는 참뜻과 한계를 명확히 알 수 있다. 그리하여 더 나아가 원시유가의 인간이해의 장점과 한계까지 잘 알 수 있게 될 것이다.

즉 성선설로 대표되는 맹자의 인간관은 인간의 정치적 권위나 사회적 명예보다 인간의 도덕적 성숙과 종교적 감응(感應)이 더욱 중요하다고 보았으며, 나아가 모든 사회적 선한 행위가 도덕적 자각에서 나오고, 이 도덕적 자각은 인간의 본성이 근원하고 있는 '천도'(하늘의 도)에 대한 깊은 체험(感應)에서 비롯된다는 것을 설파하였다.

02 맹자 당시의 인성 논쟁

맹자의 인성론을 이해하기 위하여 맹자 당시의 인성론을 한번 살펴볼 필요가 있다. 당시의 맹자의 격렬한 비판의 대상이 되었던 고자(告子, 사적 미상)는 인성을 인간의 '자연적 사실'로서 보려 한 점이 특이하다.

맹자 이전에 이미 성에 대해 논하는 풍조가 있었음은 『논어』를 통하여서도 엿볼 수 있다. 공자의 제자 자공이 "선생님이 성과 천도에 대해서 말씀하시는 것을 거의 들을 수 없었다."(공야-12)라고 한 말의 이면을 생각해 보면 당시의 공자가 성이나 천도를 말하지 않은 것이 오히려 제자들에게 기이하게 여겨졌다고 하는 것이 된다. 이렇게 보면 공자 당시 또는 자공의 시대에 이미 성이나 천도를 논하는 풍조가 있었음을 상상할 수 있다.

『맹자』「고자 상」편에 다음과 같은 글이 있다.

> 공도자(公都子)는 맹자에게 "고자는 '성이 선한 것도 없고 선하지 않은 것도 없다'라고 하였고, 어떤 사람은 '성이 선하게 될 수도 있고 선하지 않게 될 수도 있다. 그렇기 때문에 문왕(文王)과 무왕(武王)이 천하의 왕이 되었을 때는 백성이 선을 좋아하였고, 유왕(幽王)과 려왕(厲王)이 천하의 왕이 되었을 때는 백성이 포악한 것을 좋아하였다'하고 말하고, 또 어떤 사람이 '성이 선한 이도 있고 성이 선하지 않은 이도 있다. 그러므로 어진 요(堯)를 임금으로 하였으나 나쁜 아우로 상(象)이 있었고, 나쁜 고수(瞽瞍)를 아비로 하였으나 어진 아들로 순(舜) 임금이 있었고, 주(紂)를 형의 아들로 하고, 또 임금으로 하였으나, 미자계(微子啓)와 왕자(王子) 비간(比干)이 있었다'라고 말합니다. 그런데 선생님은 이제 성은 선하다고 말씀하시니, 그렇다면 그 사람들이 한 말은 다 그르다는 것입니까?"라고 물었다.[5]

이는 맹자 문인 공도자가 맹자에 대하여 성의 선악에 관하여 여러 학설을 들어 질문한 말인데, 이 가운데 맹자의 성선설을 포함하여 네 종류의 성론(性論)이 거론되고 있다. 그러므로 선진(先秦)의 고대에 있어서의 성의 선악에 관한 설은 여기서 순자의 성악설까지 포함하여 다섯 종류의 성설이 있는 셈이 된다. 맹자·순자의 성설 이외의 세 종류에 대해 다음에 예비적으로 간략하게 살펴 본다.

---

5) 『맹자』,「고자 상」-6.

1) 성에는 선도 없고 불선도 없다는 설[性無善無不善說]

이는 맹자 당시 그의 논적이었던 고자의 설로서 성에는 선도 없고 악도 없다는 것이다. 다시 말하면 성은 가치중립적인 것으로 백지상태라고 하는 것이다. 맹자와의 논쟁에 나타난 고자의 설을 보면,

성을 기류(버들 종류)에 비하면 의(義)는 배권(버들로 만든 그릇)에 비할 수 있습니다. 사람의 본성으로 인과 의를 행하는 것은 마치 버들(기류)을 가지고 버들 그릇(배권)을 만드는 것과 같습니다.[6]

> 성은 마치 빙빙도는 물과 같습니다. 동쪽으로 물길을 트면 동으로 흐르고 서쪽으로 물길을 트면 서로 흐릅니다. 인성에 선과 불선의 구분이 없는 것은 마치 물에 동서의 구분이 없는 것과 같습니다.[7]

라고 말하고, 또

> 생긴 그대로[生]를 성이라고 합니다.[8]

라고 하였다. 그의 설에 의하면 사람의 타고난 그대로의 본성에는 선도 악도 없다는 것이다. 또,

> 식색(食色)이 성입니다. 그리고 인(仁)은 내심(內心)에 있는 것이지 외부에 있는 것이 아니며, 의(義)는 외부에 있는 것이지 내심에 있는 것이 아닙니다.[9]

라고 하였다. 위 글의 전반 부분인 "식색이 성입니다"라는 것은 고자가

6) 『맹자』, 「고자 상」-1.
7) 『맹자』, 「고자 상」-2.
8) 『맹자』, 「고자 상」-3.
9) 『맹자』, 「고자 상」-4.

타고난 본능인 식색의 욕망이 성의 중요한 부분이라고 생각하고 있었던 것을 나타낸다. 그리하여 그는 이러한 욕망은 인간의 자연적인 사실이므로 선과 악으로 규정할 수 없다고 생각한 것이다. 이와 같이 고자는 타고난 그대로의 본성은 선도 아니고 악도 아니라고 하였다.

위 글의 후반 부분의 "인은 내심에 있고 의는 외부에 있다"[仁內義外]는 설은, 애정은 사람에게 내재하고 있으나 도덕은 내재하고 있지 않다는 주장으로서, 이러한 '도덕 외재설'은 성이 선도 아니고 악도 아니라는 사고방식과 관련이 있다고 보여진다. 다시 말하면 고자가 말하는 인은 선악으로서가 아니고 자기를 중심으로 밖으로 발산되는 '자연의 정'으로서 보았기 때문에 식색의 욕과 다르지 않는 것이며, 의는 도덕성으로서 의의 대상이 되는 것이 항상 나의 밖에 있으면서 자아를 외부로부터 제약하는 것이기 때문에 도덕성으로서의 의의 내재를 인정하지 않은 것이다.

결론적으로 말하여 고자는 선악이란 후천적인 것이고, 생득의 성에 있어서는 백지상태로서 어디로 향할 것인가의 경향성을 가지지 않았다고 보았다. 그리고 또한 도덕의 근거는 인간 자신에게 생득의 성으로서 내재하지 않는다고 생각하였다.

이 고자의 설은 상식적으로는 이해하기 쉬운 성설이기는 하나 사람의 행위에는 분명히 선과 악이 있고, 그 선악이 전연 성에 근거하고 있지 않다고 생각하기에는 다소 납득하기 어려운 점이 있어서 그런지 그 후에 그의 성설을 계승한 자는 보이지 않는다.10)

2) 성에는 선도 있고 불선도 있다는 설[性有善有不善說]

성에는 선도 있고, 악도 있다. 즉 각인의 성 가운데는 선악의 양 요소

10) 북송의 王安石은 '情'에 있어서 비로소 선악이 나타나지만, 性에 있어서는 선악을 말할 수 없다는 설을 세웠고, 또 역시 북송의 蘇軾(蘇東坡)은 선악은 성을 근본으로 하여 성립하지만 성에 갖추어져 있는 것은 아니라고 말하고 있다. 이 두 사람의 성설은 '성무선무불선설'의 유형에 속하는 듯하지만, 성 그것에 선악은 없다고 하면서도 선악에의 경향성은 인정하고 있는 듯하여 실은 다음의 '性有善有不善說'에 속하는 것으로 볼 수 있다. 赤塚 忠 외, 『중국문화총서 ②』(사상개론), 동경: 大修館書店, 소화 51, p.121 참조.

가 공존한다는 설로서 앞에 인용한 맹자의 문장 속에 '누가 말하기를'(或曰)로서 인용되고 있는 것이다. 그 내용은 사람이 선을 행할 것인가 악을 행할 것인가는 모두 후천적인 경험이나 환경에 의해 정해진다고 하는 사고방식이다. 이 점에 있어서는 앞서의 '성무선무불선설'과 같으나 '성유선유불선설'에서는 생득의 성은 후천적인 선악의 어떤 경향을 본래 공유하고 있다고 하는 것이 다른 점이다. 두 경향이 공존하기 때문에 어떤 조건 아래에서는 선에의 경향이 현실화되어 선한 행위가 되어 나타나고, 또 어떤 조건 아래에서는 악에의 경향이 현실화되어 악한 행위가 되어 나타난다고 생각한 것이다.

이 '성유선유불선'의 견해는 '성무선무불선'의 설보다는 더 상식적으로 이해하기 쉽고, 따라서 이러한 설을 말한 사람은 그 후에도 계속 많이 있었다.[11)]

3) 성이 선한 사람과 성이 악한 사람이 있다는 설[有性善有性不善說]

성이 선한 사람과 성이 악한 사람 두 종류의 인간이 있다고 하는 설로서 앞의 설과 마찬가지로 『맹자』 중에 '누가 말하기를'로서 인용되고 있다. 그 기재된 바에 의하면 요 임금과 같은 성천자(聖天子)의 시대에도 상(象; 순 임금의 아우)과 같이 난폭한 자가 나타나고, 고수와 같이 우매하고 무도한 자를 아버지로 가지고도 순 임금과 같은 성인이 태어나고, 주와 같이 잔악한 폭군 밑에서도 일족 중에 미자·비간과 같은 인

11) 後漢 王充의 『論衡』 「本性篇」에 "周 나라 사람 世碩은 人性에는 선한 요소(善性)와 악한 요소(惡性)가 있는데, 선성을 기르면 선이 자라나고, 악성을 기르면 악이 자라난다고 하였다"라는 문장이 실려 있다. 세석은 전기 미상이나 그의 설은 상기 『맹자』 속의 '혹왈(누가 말하기를)'과 동류의 설로 생각된다. 다만 선악의 현실화에 있어서 '혹왈'의 입장은 "문왕 무왕이 일어나면....유왕·여왕이 일어나면...."이라고 하여 외적 환경이 결정적인 요인이 된다는 데 대하여 세석의 경우 선성이나 악성을 기른다고 하는 자기의 내적 원인을 들고 있는 것이 약간 다를 뿐이다. 前漢의 董仲舒는 性은 선하나 情은 악하다(그는 정은 성의 일부로 본다)라고 하는 형태로써 '성유선유불선설'을 주창하고, 前漢末의 揚雄은 "사람의 본성은 선악이 섞여 있다. 그 선을 닦으면 선인이 되고 그 악을 닦으면 악인이 된다"(『法言』 「修身篇」)라고 말하고 있다. 양웅의 '善惡混說'은 세석의 설과 거의 같다. 晉初의 부현(傅玄)은 사람에게, 영예를 탐하고 利를 중요시하는 성과 선을 좋아하고 악을 숭상하는 성이 있다고 하였다. 이도 역시 같은 종류의 성설이다. 이 성설에서는 선성을 펴고 악성을 억제하는 것이 과제이므로 학문·교육·예의 등을 중시하는 것이 특색이다. 赤塚 忠 외, 전게서 p.122 참조.

자(仁者)가 나온다고 하는 데서 앞의 설과 같이 후천적인 경험이나 환경 여하에 의해 선인이 되느냐 악인이 되느냐가 결정된다고 하는 것과는 정반대의 사고방식이다. 즉 선인인가 악인인가는 태어날 때 이미 그 어느 쪽인가로 결정되어 있어서 어떠한 환경에서 생활하든 어떠한 경험을 쌓든 그 생애는 선인이나 악인임에 변함이 없다고 하는 것이다.

이 성설의 특색은 사람의 성은 똑같지 않다는 점, 선은 선, 악은 악으로 날 때부터 고정되어 변하지 않는다고 보는 점에 있다. 이 설 이외의 다른 성설은 맹자의 성선설, 순자의 성악설을 포함하여 모두 만인의 성은 같은 것으로 일단 취급하고, 그 다음에 그 선악을 논하며, 또 실제 선악의 실현에는 후천적인 경험이 얼마간의 작용을 미치는 것으로 생각하나 이 설은 이와 달리 약간 특이하다. 이와 같이 만인의 성을 똑같은 것으로 보지 않고, 성에 차등을 두는 것은 궁극적으로는 합리적이며 현실적인 생각이라고 할 수 있지만, 선악의 두 종류로 성을 대별해 버리는 것은 너무 단순하고, 또 선악을 각각 고정불변의 것으로 본다는 것은 분명 상식에 위배된다. 여기에서 성을 세 종류로 나누고, 또 앞의 '성유선유불선설'을 도입한 절충적인 성설이 나타났다. 그 대표적인 것이 당한유의 '성삼품설(性三品說)'인데, 한유 이전부터도 성을 삼단계로 나눈 설이 이미 있었다.[12)]

이상으로써 보면 맹자 당시의 인간 이해는 대체로 그 시대를 반영하여 그야말로 백가쟁명의 자유로우면서도 혼란된 인간관을 보여주고 있다. 특히 인성을 선하다고 한 맹자에 비해 볼 때 '도덕 주체의식' 같은 것이 매우 희박함을 알 수 있다.

---

12) 전한의 동중서가 '성유선유불선설'을 주창하였다고 하였는데, 실은 그는 사람의 성을 상중하 삼단계로 구분, 상과 하는 성이라고 보지 않고, 중만을 성이라고 하여, 그 중등의 성에 대해 상기의 성설을 수립한 것이다. 후한의 왕충도 사람을 極善의 사람(성선)·중인(양웅이 말하는 선악혼)·極惡의 사람(성악)의 삼단계로 나누었다. 다만 왕충는 선한 성, 악한 성을 가진 사람도 각각 악선으로 바뀔 수 있는 것이라 하였다. 동상 참조.

03 맹자의 인성론

앞에서 논술한 맹자 당시의 인성론과 대비하여 맹자의 인성론을 다음에 살펴보기로 한다.

1) 성의 내용으로서 사단의 덕

맹자는 성의 구체적 내용으로서 '사단(四端)'을 들었다.

> 옛날 성왕(聖王)은 불인인지심(不忍人之心; 차마 남에게 잔인하게 하지 못하는 마음이나 또는 차마 남을 그냥 보지 못하는 동정심)이 있어서 남에게(백성에게) 잔인하게 하지 못하는 정치, 소위 불인인지정(不忍人之政)이 있게 되었다. 불인인지심으로 불인인지정을 행한다면 세상을 다스리는 일은 천하를 손바닥 위에서 움직이는 것 처럼 쉬운 것이다.
>
> 그런데 사람이 누구나 다 남에게 대하여 불인인지심이 있다고 하는 것을 어떻게 알 수 있는가? 그 방법은 이러하다. 지금 어떤 사람이 어린 아이가 우물에 빠지려고 하는 것을 별안간 보았다고 하자. 그 때 그 사람은 놀라고 측은(惻隱)한 마음이 생겨 곧 가서 그 아이를 붙든다. 이런 행동은 그 아이의 부모에게 교제를 맺기 위한 것도 아니요, 동네 사람들과 벗들에게 칭찬을 받기 위한 것도 아니요, 또 그냥 내버려 두었다고 나중에 원망하는 말을 듣기 싫어서 그렇게 한 것도 아니다.
>
> 이런 것에 의해서 살펴 보면 사람치고 측은지심(惻隱之心)이 없으면 사람이 아니요, 수오지심(羞惡之心)이 없으면 사람이 아니요, 사양지심(辭讓之心)이 없으면 사람이 아니요, 시비지심(是非之心)이 없으면 사람이 아니다. 측은지심은 인(仁)의 단서요, 수오지심은 의(義)의 단서요, 사양지심은 예(禮)의 단서요, 시비지심은 지(智)의 단서이다.
>
> 대개 사람이 사단을 확충시킬 줄 알면 이것은 마치 불이 타서 번져나가고〔火之始然〕, 샘물이 솟아서 흘러가는 것〔泉之始達〕과 같은데, 정말 이것을 잘 확충만 시킨다면 천하[四海]를 보존할 수가 있을 것이요, 만약에 이것을 확충시키지 못한다면 부모도 제대로 섬기지 못할 것이다.[13)]

여기에서 성이란 말은 나오지 않지만 사단이 성의 내용이라고 말하고 있는 것은 분명하다. 또 맹자는 말을 바꾸어,

> 측은지심은 인이요, 수오지심은 의요, 공경지심은 예요, 시비지심은 지인데, 인·의·예·지는 밖에서부터 나에게 들어온 것이 아니라 내가 본래부터 지니고 있는 것이다. 다만 그것을 생각하지 아니하였을 뿐이다.[14)]

라고 말하였다. 이에 의하면 측은·수오·사양·시비의 심이 바로 인·의·예·지가 된다. 즉 인·의·예·지라는 완전한 미덕이 생득(生得)의 성으로 갖추어져 있다고 생각한 것 같다. 그러나 엄밀히 말하면 이는 정확한 표현이라고는 할 수 없다. 맹자의 생각은 사단을 확충하면 인·의·예·지라고 하는 사덕(四德)으로 완성되는 것이므로 사덕이 성으로서 갖추어져 있다고 한 것일 것이다. 그러므로 정확히 말하면 사단은 소질이라고 보아야 할 것이다.

또 맹자의 위의 사단 설명에서 인의 단서로서의 측은지심만 자세히 설명하고 예·의·지 세가지 단서에 대해서는 말하지 않았다. 인의 단서로서의 측은지심의 예는 우리가 상식적으로 이해하기 쉬운 점이 있어서 긍정이 가지만, 다른 단서의 예를 든다면 어떨지 알 수 없는 일이라 생각된다. 맹자의 논리에는 왕왕히 비약이 있다고 생각되는데, 여기에서도 다소 그런 점을 느낄 수 있지만, 맹자에게서 오늘날과 같은 논리적 치밀함을 요구하는 것은 무리일 것 같다. 왜냐하면 맹자는 이론이 문제가 아니라 성이 선하다는 것을 주장하려는 실천적 요구에 따라 논의를 하고 있기 때문이다.

또 맹자는 사람에게 '양지(良知)' '양능(良能)'이 있다고 말한다. '양(良)'이란 나면서부터 가지고 있는 좋은 것이란 뜻이다. 즉 "배우지 않고서도 능한 것이 양능이고, 생각해 보지 않고서도 아는 것이 양지이

13) 『맹자』, 「공손추 상」-6.
14) 『맹자』, 「고자 상」-6.

다"(「진심 상」-15)라는 것이다. 이 양지·양능에 의해 사람은 어릴 때부터 육친을 사랑하고 연장자를 공경할 줄 안다고 한다. 맹자는 이것을 또 '양심(良心)' '본심(本心)'이라고도 불렀는데, 내용은 사단과 역시 같은 것이다.[15] 이와 같이 사단·양능·양지·양심·본심이라고 부르는 '좋은 소질'이 모든 사람들에게 갖추어져 있으므로 맹자는 인성은 선하다고 한 것이다.

2) 선의 실현과 악의 근원

그런데 맹자는 "대저 사람이란 자기의 정(情)에 따르기만 하면 선해질 수 있는 것이다. 이것이 소위 성선이다"(고자 상-6)라고 말하고 있다. 이는 거꾸로 말하면 성은 선하고, 즉 사단·양능·양지 등의 좋은 소질이 갖추어져 있기 때문에 거기에 따르면 선행위가 실현 가능하다는 것이다. 그리하여 사람이 그 성에 의하여 선을 행하는 것은 물이 그 본성에 따라 낮은 곳으로 흐르는 것과 같이 필연적이다. 그런데 사단의 설명에는 "불이 처음 탈 때는 작으나 그 불씨가 큰 불이 되는 것과 같고 작은 샘물이 흘러나와 나중에 강과 바다에 이르는 것과 같다"고 한 것과 같이 '확충'을 기다려 비로소 완성되는 것이고, 사람이 성으로서 갖추고 있는 것은 선에의 소질이고, 성 그것이 완전히 선이라는 것은 아니다. 확충하지 않으면 "부모마저 잘 섬길 수 없다"는 것이다. 또 맹자는 '존심(存心)'이라는 말을 자주 입에 올리는데, 존심이란 '본심(本心)'을 잃지 않게 보존한다는 뜻이다. 맹자는 본심을 잃으면 금수와 같이 되고, 학문이란 다른 것이 아니라 '방심(放心)'을 구하는 것이라고 말하고 있다. 또 존심하는 법으로 '과욕(寡欲)'이라든가 '지언(知言)'이라든가 '양기(養氣)'라든가 하는 여러가지 방법[16]을 제시하고 있다. 이것은 결국

---

15) '양심'은 「고자 상」-8에 "사람의 본성엔들 어찌 양심이란 것이 없을소냐? 사람이 양심을 잃어버리는 일은 도끼로 나무를 날마다 찍어내는 일과 흡사한 것이니, 아름다울 수가 있으랴!"라고 한 데서 보이고, '본심'은 「고자 상」-10에 "이것을 일러 그 본심을 잃는다고 한다"라고 한 데서 보인다

16) '과욕'은 맹자에 있어서 본심의 放失을 막는 소극적 방법인데, 종래 유가에서 보이지 않던 것이다. 그리하여 오히려 도가의 설에 가까운 듯하여 그가 혹 도가의 설을 참작하지 않았나 보기도 한다. 武內義雄, 이동희 역, 『중국사상사』, 서울: 여강출판사, 1987, p.63 참조. '知言'이란 남이

'좋은 소질'을 그대로 가지고 있는 것만으로는 '좋게' 완성되지 않고 '선'이 실현되지 않는다는 뜻이다.

그러나 맹자는 "만일 불선을 행한다 해도 그것은 '재(才)'의 잘못이 아니다"(고자상-6)라고 하여 악의 근원은 '재'에 있지 않다고 한다. 맹자의 설을 유추해 보면 정(情)이란 성(性)이 나타난 것, '재'란 사람에게 성으로서 갖추어져 있는 '재질'이나 또는 기능·소질을 의미하므로,[17] 결국 악의 근원은 성에 있지 않다는 것이 된다. 그러므로 기본적으로 '본심'을 잃는 데 악의 근원이 있다. 이 본심을 잃는 원인으로서는 여러 가지가 있겠으나 먼저 본심을 보존하고 기르는 데 노력을 태만히 하거나, 욕심이 많거나, 또 오관(五官)의 감각에 뿌리를 둔 욕망이 외물에 이끌려지거나 하기 때문이다. 이러한 여러 원인이 본심을 잃게 하는 원인이 되나 본심은 한편으로 생장력·회복력이 있기 때문에 단순히 이러한 원인만으로 한번에 상실되어 버리는 것은 아니다. 그러나 이런 일이 계속 반복되면 결국 회복력의 한계를 넘게 되어 본심은 전혀 없어지고 만다는 것이다.

3) 성과 욕망과의 관계

그런데 이와 같이 다욕(多欲)이나 오관의 욕망이나 외물에의 유인이 본심 상실의 원인이라고 하면 '욕망'은 당연히 '본심'과 별개의 것이 되지 않으면 안된다. 사실 맹자는 욕망의 근원인 이목(耳目) 등의 오관과 사려(思慮)의 능력을 가진 심(心)의 기관과는 구별한다. 그리하여 오관은 사려의 능력을 갖지 않은 까닭에 욕망이 외물에 유인되는 것이므로 심에 있어서 성을 인정하고 이목 등은 성에서 분리된 형식으로 성선을 생각한 것임에 틀림없다. 그러나 욕망과 성에 관한 맹자의 생각에는 실로 매우 미묘한 점이 있다.

하는 말의 시비곡직을 분명히 이해하는 것으로, 자세한 것은 「공손추 상-2」 참조. '養氣'는 기를 기른다는 뜻인데, 여기서 말하는 기는 혈기를 바탕으로 하되 거기에 거듭된 도덕 실행으로 말미암아 내적으로 축적된 긍지와 자신감을 말한다. 역시 「공손추 상-2」에 자세하다.

17) 맹자에 있어서 性·情·才의 용어가 나오는데, 분명하게 구분되어 쓰이지는 않아 개념이 불명확하나, 구분하면 다음과 같다. 즉 성과 재는 거의 동의인데, 재는 성의 내용을 구체적으로 가리키는 말이고, 성은 생래적인 의미로서 여러 가지 재를 총칭하는 말이라고 구분할 수 있다.

맹자는 모든 사람의 입·귀·눈이 똑같이 좋은 맛·좋은 소리·좋은 빛깔을 좋아함을 근거로 하여 모든 사람의 심이 똑같이 리의(理義; 올바른 도, 즉 선)를 긍정한다는 것을 논한 말이 있는데,[18] 그 가운데서 "만약 우리들 미각이 각각 달라 동류가 아닌 사람과 동물처럼 차이가 있다면……"[19]라고 한 말이 있다. 이것을 보면 입이 좋은 맛을 좋아하는 욕망도 성이라고 보고 있는 것 같이 생각된다. 그런데 또 다음과 같은 말도 있다.

> 체모(體貌)와 안색(顔色)의 자연스러운 것은 천성(天性)인데, 오직 성인(聖人)이라야 자연스러운 그대로 해나갈 수 있다.[20]
>
> 입이 좋은 맛을, 눈이 좋은 빛깔을, 귀가 좋은 소리를, 코가 좋은 냄새를, 사지 육체가 편안함을 바라는 것은 사람의 본성이기는 하나 여기에는 자기 마음대로 안 되는 천명이 있으므로 군자는 이런 것을 본성이라고 하지 않는다. 그런데 부자간에 베풀어지는 인(仁)과 군신간에 지켜지는 의(義)와 주객간(主客間)에 행해지는 예(禮)와 현자(賢者)에게 발현되는 지(智)와 성인(聖人)에게 실현되는 천도(天道)는 마음대로 안되는 운명이기는 하나 여기에는 사람의 본성이 관여되어 있으므로 군자는 이런 것을 또한 마음대로 안 되는 운명이라고 해버리지는 않는다.[21]

이 두 장의 의미는 분명히 이해되지 않는 점도 있으나 대략 다음과

18) "입이 음식을 맛보는 데도 다 같이 좋아하는 것이 있으며, 귀가 소리를 듣는 데도 다 같이 듣기 좋아하는 것이 있으며, 눈이 색을 보는 데도 다같이 아름답게 보는 것이 있는데, 하필이면 사람의 마음에만 모두가 좋아하는 공통되는 본질이 없겠는가? 마음의 공통되는 본질이 다름 아닌 理요 義이다." 「고자 상」-7.

19) "사람이 입으로 음식을 맛보는 데도 다 같이 좋아하는 것이 있다. 역아(易牙)는 일찌기 우리들 입맛에서 좋아하는 것을 알아낸 사람이다. 만약 우리들 미각이 각각 달라 동류가 아닌, 사람과 동물 처럼 차이가 있다면 세상 사람들이 어째서 좋아하는 음식을 다들 역아의 입맛에 따라가겠는가? 음식 맛에 있어서는 온 세상이 다 역아에게 기대하니, 이것은 온 세상 사람들의 입맛이 모두 서로 비슷해서 그런 것이다." 「고자 상」-7.

20) 『맹자』, 「진심 상」-38.

21) 『맹자』, 「진심 하」-24.

같이 이해된다. 즉 —사람의 신체와 거기에 근본한 색욕은 하늘로부터(선천적으로) 얻은 성이다. 그러나 성인이어야 비로소 자기 몸을 바르게 가질 수 있다. 또 '입·눈·귀·코와 수족이 각각 좋은 미색성취(味色聲臭)나 편안함을 좋아하는 욕망은 성이다. 다만 천명(천의 도덕적 명령)이라고 하는 것이 있기 때문에 군자는 이것을 성이라고 하지 않는다. 다시 말하면 천명에 의해 욕망을 억제하지 않으면 안되는 면이 있기 때문에 군자는 욕망이 생래적인 성이니까 라고 하여 그것을 욕망대로 펴려고 하지 않는다는 것이다. 그리고 부자간의 인, 군신간의 의, 주객간의 예, 현자에 있어서의 지, 성인에 있어서의 천도는 모두 천명에 의해 성립되는 것이나 사람에게 성으로서 갖추어져 있는 면이 있기 때문에 군자는 이것을 천명이라고 해버리지 않는다. 다시 말하면 인의예지나 천도를 성으로서 고유한 것으로 생각하여 그 완성에 노력한다.—라고 이해된다.

물론 오관의 욕망도 성인 것이다. 성이지만 성이라고 말하지 않는 데 매우 어려운 점이 있는데, 그것은 욕망이 악과 연관되는 면이 있기 때문에 욕망을 성에 포함시키면 성은 선이라고 말할 수 없게 되는 것이다. 그렇게 보면 맹자는 결국 욕망을 성에서 제외시켜 사단·양지·양능·양심 등이라고 불리우는 '선의 근원'만을 성으로 보아 '성선'이라고 입언한 것이라 할 수 있다.22)

4) 윤리주체의 강조

이상에서 본 바와 같이 맹자의 성선설에 있어서 악에 연관되는 욕망이 성으로서 존재하는 것을 인정하면서도 일부러 그것을 제외시켜, 선에 연관되는 면만을 들어 성은 선하다고 한 것임을 알 수 있다. 그러나 선이라고 한 성은 완전히 선한 것이 아니고, '확충(擴充)' 등의 노력을 기다려 비로소 선이 실현되는, 선의 맹아로서 존재하고 있는데 지나지

---

22) 맹자의 이와 같은 관점에 서면 성에 있어서는 만인평등하고, 선인이 되느냐 악인이 되느냐 하는 것은 성에 의해 결정되는 것이 아니고, 오직 각자의 수양 노력의 여하에 달린 것이 된다. 맹자에게 이 수양에 관한 교훈이 매우 많은 것도 그 때문이다.

않는다. 결국 맹자는 '선에의 경향성'이 사람의 성 가운데 존재한다는 사실을 인정, 그것을 '성선'이라고 말한 것이다. 맹자는 성이 선하다고 관련되는 주장을 많이 하고 있지만, 왜 성이 선하다고 말할 수 있는가에 대해서는 논증이 불충분하다. 이런 의미에서 맹자의 성선설은 객관적으로 보아 불충분하다고 할 수 있다. 그러나 맹자는 '사람의 성은 선하다'라고 하는 신념은 매우 강해서 그러한 주장의 태도는 매우 격렬하다.

맹자 자신이 자기의 성선설의 내용이나 그 입언의 방식이 불완전함을 의식하고 있었는지는 알 수 없지만 맹자에 있어서 그 문제는 처음부터 일차적으로 중요한 문제가 아니었다. 맹자는 사람의 성에 대해서 냉정하게 정밀한 고찰을 가해서 성에 관한 완전한 학설을 수립하려고 한 것이 목적이 아니었다. 먼저 성이 선하다는 신념이 있고, 그런 다음에 그런 주장을 할 필요가 있었다고 생각된다. 더 소급해서 말하자면 맹자에게는 성에 관한 관심보다도 먼저 자기의 인격완성과 사회·정치적 상황 개선에 대한 실천적 관심이 더 있었던 것이다. 그 위에 공자 이래의 '도덕주의'의 입장이 맹자 사고의 근저에 있었다.

맹자의 성선설은 공자 사상과의 연계선상에 있다. 즉 공자의 충서(忠恕)의 법을 정초하기 위해서 맹자는 성선설을 주창했다고도 말할 수 있다. 공자는 인을 완성하기 위하여 충서의 법을 가르쳤는데, 맹자 역시 이 설을 계승하여 "서(恕)를 행하는 것이 인을 구하는 데 더 가까운 것이 없다"라고 하였다(「진심 상」-4). 맹자에 의하면 악은 외물에 의해 욕망이 유인될 때 생기는 것이기 때문에 심의 본성이 아니다. 심의 본성에는 선악을 판단하는 양지와 악을 버리고 선을 따르려고 하는 양능이 구비되어 있다. 그러므로 사람은 스스로 반성에 의해 선악을 직각할 수 있고, 그 직각한 바를 미루어 나가 인을 완성하는 일이 가능해지는데, 이것이 충서의 방법이다. 그러므로 맹자는 공자의 충서의 방법을 정초하기 위해서 성선설을 주창한 것이다. 여기에 공자의 중요한 도덕주의의 입장이 계승되고 있는 것이다.

맹자는 그 도덕주의에 기초하여 자기의 인격적 수양, 즉 인의예지 등 여러 덕의 완성에 노력하며, 대인관계에 있어서는 도덕적 선의 실천에 노력하고, 더 나아가 도덕이 이 세상에서 확립되어지기를 염원하면서 그 실현에 정열을 경주하였던 것이다. 그리하여 그것이 가능하기 위해서는 사람의 성이 선하지 않으면 안되었고, 또 그것을 가능하게 하기 위해서는 모든 사람의 성이 선하다는 것을 세상 사람들을 향하여 말하지 않으면 안 되었던 것이다. 그러므로 맹자의 성선설은 이와 같이 그의 이상 실현을 위한 불가결의 요건으로서 말해진 것이라고 할 수 있다. 그러므로 맹자에게 있어서 이상의 구현자로서의 '성인'이 묘사되는 것도 이러한 맥락이다.

맹자의 성선설은 이와 같이 자기수양이나 사회개선의 이상실현을 위하여 세워졌다. 따라서 그것은 철학적 이론으로서 형성된 학설이라기보다 실천적 입장에서 그렇지 않으면 안 된다고 하여 세워진 '신념'이었다고 말할 수 있다. 그러므로 앞에서 인용한 것처럼 그의 '사단'의 설도 선왕의 '불인인지정'(不忍人之心으로 행하는 愛民정치)이나 '보사해'(保四海; 천하를 잘 다스려 보호하는 것)의 근거로서 말해진 것이다. 또 고자와의 논쟁에 있어서도 고자가 성을 버들에 비유한 것에 반박한 후에 "천하 사람을 거느리고 인의를 해칠 자는 반드시 그대의 말일 것이다"(「고자 상」-1)라고 그를 맹렬히 비난하였다. 객관적으로 볼 때 고자의 설이 특별히 도덕을 해치는 것으로는 생각되지 않는데도 그를 그처럼 심하게 비난한 것은 역시 앞에서 말한 바와 같이 그의 도덕실천자로서의 입장이 그렇게 만든 것으로 보여진다. 다시 말하면 맹자에게는 고자와 같은 객관적 방관자의 입장이 참을 수 없었기 때문에 그를 도덕 파괴자로 지목하게 된 것이다.

이렇게 보면 맹자의 성선설은 도덕 실천 주체자의 주관적 의도, 즉 신념이 많이 반영되고 있는 도덕적 입론으로서 윤리학적으로 볼 때 '가치명제'로서의 성격의 일단을 여실히 볼 수 있는 것이다.

04 맹자의 정치사회관과 성명관

맹자는 사람에게는 선천적으로 도덕심이 있어서 이것을 직각하여 실천하는 것이 인간의 도라고 믿었던 사람으로 정치도 역시 이 도덕에 바탕을 두어야 한다고 생각하였다. 또한 맹자의 성선설은 공자의 천명설을 개조하여 만들었다고 할 정도로 그 연계성이 강하다. 즉 공자의 천명은 주관적으로 말하면 인간 마음 속에 갖추어진 도덕심을 말하나 객관적으로 말하면 우리가 봉착하는 운명도 의미하는데, 맹자는 공자의 명(命)을 나누어 '인간 도덕심'을 말할 때는 성(性)이라 하고, '운명'을 나타낼 때는 명(命)이라고 하였다.

1) 정치사회관

맹자는 양묵(楊墨)을 배척하고 공자의 문도로서 자임하였다. 공자는 원래 주의 봉건제도와 예(문화)를 지지하였으므로 이러한 봉건제도와 예를 타파하고 강력한 군주권의 수립을 추구한 패자나 아니면 예(문화)의 세계 또는 군신 관계에서 탈락한 은자(隱者)나 일민(逸民)들을 예를 문란시키고 인륜을 어지럽히는 자로 배척하였다. 묵자는 형법사상에 있어 패자와 상통되는 점이 있었고, 양주는 은자나 일민에 통하는 점이 있었기 때문에 맹자는 공자의 입장을 계승하여 '유가'로 자임하면서 그들을 비판하였던 것이다.[23]

그러나 공자 시대에 이미 주의 봉건제도나 예를 유지하는 것이 곤란하여졌다. 그렇기 때문에 맹자보다 약간 시대가 앞서는 상앙에 의해 변법(제도 개혁)이 이미 행하여지기 시작하여 주 이래의 봉건제도에서 군현제(郡縣制)로 점차 변화되어 갔던 것이다. 그러나 맹자는 상앙의 변법과는 달리 주의 봉건제도를 지지하였다. 그리하여 그의 혁명설[放伐說]·정전법(井田法)·효제(孝悌)의 도·성선설 등이 맹자의 이러한 정치사회관과 매우 밀접한 관련을 갖고 있다.

그리하여 그의 성선설은 제후·대부 등 일족을 배후에 가지고 있는 봉건세력에게 필요한 도덕의 가능근거를 제시하고 군주의 교화의 필요성을 아울러 분명히 한 것이라면, 혁명설은 봉건세력이 왕(군주)에 대하여 그를 비판하고 제약하는 주체성·독립성을 그들에게 인정해 준 것이

23) 『맹자』, 「등문공 상」-5 및 「진심 상」-26 참조.

며, 또 정전법은 이러한 봉건세력의 경제적 기초를 안정시키려는 계획이었다고 할 수 있다. 즉 맹자는 봉건제도상에서 왕(군주)의 밑에 있으면서 일정한 독립성을 가진 제후·대부 등의 봉건세력을 인정하는 형식으로 주의 봉건제도를 지지하는 입장이었으며, 또한 이 제후·대부 등의 봉건세력을 대변하는 자였다고 할 수 있다.[24)]

그러나 그가 지지한 봉건적 종법(宗法) 체제를 넘어 새로운 체제가 진전되고 있었던 전국 중기에 있어서는 종법 체제를 유지하고 왕도를 실현하려는 것은 실로 불가능한 일이었다. 그러므로 그의 주장은 현실사회에서의 실현이 불가능하였고 정치적 효과도 사실 거둘 수 없었다. 이와 같은 상황에서 맹자는 그가 유지하고자 했던 종법 체제 위에서 실현해야 할 왕도를 '관념상'에서 '고대'에서, 또한 그 가능근거를 '인간의 근저'에서, 더 나아가 그 근원이 되는 '천'에서 구하게 되지 않을 수 없었다. 그가 왕도를 주 문왕에서 또 삼대의 성왕에서 더 나아가 요순에서 구하고, 요순의 도라는 도통에 집착한 것도 그 때문이다. 그리하여 이러한 그의 태도는 인간 본성의 탐구에 있어서도 인간의 성이 천과 관련되고 유래된 것으로 파악하게 한 것으로 보여진다.

그리하여 그는 유가로서 정치와 교육, 권세와 도덕을 불가분의 것으로 보면서도 정치보다는 교육을 중시하였으며, 현실사회에서 발휘되어야 할 정치적 효과나 권위보다 도덕적 효과나 가치를 더 중시하였다. 또 수기치인(修己治人), 즉 인격주의에서는 유가로서 사회적인 것 보다는 자기를, 외적인 것보다는 내적인 것을 중요시하였다. 따라서 인간적·후천적인 것 보다는 인간의 근저에 있는 것으로 생각한 천부적인 것, 선천적인 것을 중시하려고 하였다.

맹자는 사람에게 선천적으로 도덕성이 있어서 이것을 직각하여 실천하는 것이 인간의 도라고 믿었으므로 정치도 역시 이 도덕에 바탕을 두어야 한다고 생각하였다. 그러므로 그는 위정자의 심성 도야가 중요하다고 보아 양혜왕(梁惠王)을 만났을 때에도 리(利)를 버리고 인의(仁義)를 따라야 한다고 했으며(「양혜왕 상」-1), 제환진문(齊桓晉文; 제나라

24) 板野長八, 『中國古代における人間觀の展開』, 東京: 岩波書店, 1972, pp.69-70 참조.

환공, 진나라 문공)의 패도(霸道; 힘으로 하는 정치)를 배격하고 왕도(王道)를 누누히 강조하였다(「양혜왕 상」-7). 더 나아가 구체적으로 왕도의 시행 내용까지 언급하였다. 즉 정전법 · 학교 제도 · 조세법 · 여민동락(與民同樂) 등을 제시하였다. 그의 이러한 정치론은 물론 당시의 상황에서 볼 때 매우 비현실적이었지만, 정치철학으로서 볼 때 그의 이러한 이상주의적 정치 이념은 그후 동양 정치사상사에 큰 영향을 미쳤다.

2) 성명관

위에서 말한 바와 같이 맹자의 성선설은 넓은 의미에서 그의 정치론의 요청에서 나온 것임은 부인할 수 없다. 그의 정치론이란 소위 '왕도정치'로서 덕치에 의한 정치를 중심으로 하고 있다. 그런데 왕도정치는 사람의 성이 선하다는 것을 전제로 해야만 성립하기 때문에 여기서 성선설이 요청되기에 이른 것이다. 특히 중국의 사상가는 넓은 의미에서 소위 정치의 문제에 밀착하면서 제반문제를 논하기 때문에 이러한 관련성을 인정하지 않을 수 없다.

그런데 이것을 다른 관점에서 살펴보면 맹자의 성선설은 그의 '철학적 세계관'의 논리적 발전으로서 나타난 것이라고도 볼 수 있다. 이 측면에서의 관찰은 정치론적 관찰과 상호 보완 관계를 이루는 것이다. 그러나 무엇보다 가장 중요하고 근원적인 것은 그의 세계관이다. 그렇다면 맹자의 성선설의 근저가 된 세계관은 과연 무엇인가. 그것은 물론 그의 '천(天)'에 대한 사고방식으로서 소위 '범신론적 세계관'[25]이라고 할 수 있다.

25) 범신론적 세계관이란 존재론처럼 신과 자연과의 관계를 질적으로 다른 것이라 보지 않고, 자연의 모든 것이 신이라 하고, 그 속에서의 대립을 인정하지 않는 것인데, 종교가 품고 있는 신비적 경향을 이론화하려 할 때에는 범신론의 형태를 취한다. 여기에는 자연이나 세계를 '보편적인 신'이라는 원리로 통일하려는 그리이스 사상이나 불교의 형태가 있는가 하면, 이와는 달리 모든 것에 통하는 것이 신이라 보고 자아와 신의 일치를 주장하는 베에다나 브라흐만의 종교와 같은 두 형태가 있는데, 맹자의 범신론적 세계관은 후자에 가깝다. 『세계철학대사전』, 서울: 교육출판공사, 1980, p.393 및 森三樹三郎, 『上古より漢代に至る性命観の展開』, 東京: 創文社, 1971, p.51 참조.

맹자가 말하기를,

> 자기의 마음, 즉 사단의 심정을 완전 발현하면 성이 선하다는 것을 알게 되고, 성이 선하다는 것을 알아야 이것이 천부적인 것이라는 것을 직각할 수 있다. 자기의 마음을 보존하여 자기의 성을 기르는 것이 천을 섬기는 방법이다.[26]

라고 하여 '심·성·천' 삼자가 연속적 관계에 놓이도록 하고 있다. 즉 천이 인간에 내재하는 것이 성이고, 성을 간직하고 있는 것이 심이다. 다시 말하면 성이란 나의 심에 간직되어 있는 천 이외의 다른 것이 아니다. 그러므로 만약 천이 최고의 선이라고 한다면 나의 심에 있는 천, 즉 성도 선하지 않을 수 없게 된다. 이렇게 보면 성선설은 그의 천도관(天道觀)으로부터의 필연적 귀결이라고 할 수 있다.

그 천도관, 즉 범신론적 세계관이 이 성선설과 결합되어 있음은 맹자가 최고의 덕의 하나로 보는 '성(誠)'의 설명에도 잘 나타나 있다.

> 만물의 이치는 다 나에게 갖추어져 있다. 자신을 반성하여 성실[誠]히 해나가면 즐거움이 이보다 더 큰 것이 없다. 자신의 마음을 미루어 남을 헤아려 나가는 일[恕]에 힘쓴다면 인을 구하는 일이 이보다 더 가까운 것이 없다.[27]
>
> 자신을 성실[誠]하게 하는 데는 방법이 있으니, 그것은 선(善)에 밝지 아니하면 자신을 성실하게 하지 못할 것이다. 이런 까닭으로 성실[誠] 그 자체는 天道요, 성실해지기를 생각하는 것[思誠]은 인도(人道)이다.[28]

---

26) 『맹자』, 「진심 상」-1.
27) 『맹자』, 「진심 상」-4.
28) 『맹자』, 「이루 상」-12.

앞의 인용문에서 성과 서가 대칭적으로 사용되고 있는 것은 『논어』에서 '충서'라고 말한 것과 같은 의미로 성은 곧 충의 의미이다. 따라서 성이란 스스로 자기 마음을 내성하여 거짓이 없는 것을 말한다. 맹자는 인간 도덕의 법칙은 모두 나의 주관에 갖추어져 있다고 생각하고 있으므로 사람은 스스로 반성하여 성실함[誠]으로써 선악을 직각할 수 있다고 믿었던 것이다. 그리하여 이 도덕성은 천에서 부여된 것이므로 천이 나의 몸에 깃드는 인간에 있어서는 진실로 만물이 내 몸에 갖추어져 있다고 하는 사실이 실감되고, 그리하여 천의 도인 '성(誠)'이 나의 몸에 있음을 즐거워한다는 의미이다. 이와 같이 맹자에 있어서의 도덕성의 자각이란 자기 속에 있는 천을 의식하는 것이었다.

맹자의 경우 성과 명은 구별되고 있고, 명이라고 하는 경우 항상 '운명'을 의미하고 있다고 보아도 좋다.

> 군자가 좋은 사업(나라를 창업하는 일 같은 것)을 일으켜 그 실마리가 뻗어나가면 자손이 그 뒤를 계승해 나간다. 그러나 성공 여부는 천명에 달려 있다.29)
>
> 가는 데도 그 무엇이 가도록 하여 주어 그렇게 되는 것이고, 그만두게 하는데도 그 무엇이 그만두게 하여서 그렇게 되는 것이다. 그러니 가게 하고 그만두게 하는 것은 사람의 능력으로 어찌할 수 없는 것이다. 내가 노후(魯侯; 노 나라 임금)를 만나지 못하게 된 것은 천명이다. 장씨(臧氏) 집 자식이 어찌 나로 하여금 만나지 못하도록 만들 수 있겠느냐.30)
>
> 순(舜)·우(禹)와 익(益)이 그들 임금을 보좌한 햇수의 오래고 짧음과 임금의 아들이 잘나고 못난 것은 다 천명이라 사람의 힘으로는 어찌할 수 없는 일이다. 하려고 하지 않아도 그렇게 되는 것은 천명이요, 부르려고 하지 않아도 저절로 닥쳐오는 것은 명(命)이다.31)

29) 『맹자』, 「양혜왕 하」-14.
30) 동상.
31) 『맹자』, 「만장 상」-6.

여기에서 천명 또는 명이라고 하는 것은 인위를 넘어선 것으로 '운명'을 의미하고 있는 것이다. 이 운명은 인간의 도덕성의 근원인 성과 달리 인간의 의지로 어떻게 좌우할 수 없는 것으로 맹자는 이것을 성은 재아자(在我者)로 명은 재외자(在外者)로 구분하여 설명하고 있다.

> 구하면 얻고 놓으면 잃어버린다. 여기서 구하는 것은 얻으면 유익한 것이니, 그것은 내게 있는 것〔재아자〕, 즉 도덕심을 구하기 때문이다. 반면에 구하는 데 방법이 있고 얻는 데는 명이 있는 경우 여기서 구하는 것은 얻어도 무익한 것이니, 그것은 밖에 있는 것〔재외자〕, 즉 부귀영화 같은 것을 구하기 때문이다.[32)]

인의의 덕은 내 몸에 내재하는 것이기 때문에 획득 여부가 나의 의지의 자유에 의해 결정되는데 반해, 작록(爵祿; 벼슬)과 같은 것은 그것을 구하는 데 도가 없는 것은 아니나 그 획득 여부가 명에 의해 지배되는 것이기 때문에 그것을 추구하는 것이 무익하다는 뜻이다. 그 차이는 맹자에 의하면 성은 인간에 내재하여 의지에 따르는 것인데 반하여 명은 인간의 밖에 외재하여 의지로써 좌우할 수 없기 때문이라고 한다.

이 명(命)이 어떠한 것인가는 맹자가 이러한 인위(人爲)를 초월한 명에 직면한 경우 어떠한 태도를 취하는가를 살펴봄으로써 더욱 분명해진다.

> 사람이 요수(夭壽; 夭折長壽)에 의심을 두지 않고 자신의 덕을 닦아서 천명을 기다리는 것[修身以俟之]이 천명에 순종하는 방법이다[立命].[33)]
>
> 요 임금 순 임금은 본성대로 하고, 탕왕(湯王)과 무왕(武王)은 본성을 회복하였다. 그들의 기거동작이 자연스럽게 예에 적중되는 것은 덕의 극치이다. 그들이 죽은 사람을 곡하며 슬퍼하는 것은 산 사람을 위한 것이 아니며, 덕을 행하여 어기지 않는 것은 작록을 구하기 위한 것이 아니며, 말을 하여 반드시 믿음이 있는 것은 행실을 꼭 바르게 하기 위한 것이 아니다. 그것은 자기 본성대로 한 것이니, 그러므로 군자는 이것을 표준삼아 행하고 명(천명)을 기다릴 뿐이다[行法以俟命].[34)]

32) 『맹자』, 「진심 상」-3.

위 인용에서의 '수신이사지(修身以俟之)', '행법이사명(行法以俟命)'이라고 하는 것이 맹자의 운명에 대한 최후의 태도로서 소위 인사(人事)를 다하고 천명을 기다린다고 하는 유가 일반의 운명관의 선하를 이루는 것이다.[35] 유가의 운명관은 개인적인 차이는 조금씩 있지만 근본에 있어서 맹자의 이 입장을 벗어나지 않는다.

동시에 여기서 주목해야 할 것은 맹자가 몸을 운명에 맡긴다는 뜻의 소위 '입명(立命)'(위의 인용문; 「진심 상」-1)이라고 하는 일종의 종교적 경지에 대해 말하고 있는 점이다. 여기에 대한 주자(朱子)의 주는 "요수는 명이 짧거나 긴 것이다. '이(貳)'는 의심하는 것이다. '의심하지 않는다'는 것은 하늘의 지극한 이치를 알고 몸을 닦아서 죽음을 기다린다는 것이니, 곧 하늘을 섬기면서 생을 마치는 것이다. '입명'은 하늘이 준 것 즉 본성을 온전히 하여 사람으로써의 조건 즉 욕망에 의해 해가 거기에 미치지 않도록 하는 것이다."라고 말하고 있는데, 이는 맹자의 본의를 얻은 것이다. 천이 인간에게 부여하는 명에는 두 종류가 있는데, 그 중 하나는 도덕성으로서 인간에 내재하는 것이다. 이 도덕성을 실현하는 것이 천으로부터 받은 인간의 사명이다.

그러나 도덕성을 완성하였다고 하더라도 그것으로 천의 명이 끝났다고는 할 수 없다. 왜냐하면 또 하나의 명이 남아 있기 때문이다. 그것은 '요수의 명', 즉 '생사의 운명'이다. 이와 같은 명에 대한 경우, 그것은 인간의 밖에 있고 인간을 지배하는 것이기 때문에 인위는 공허한 것이 된다. 그러므로 남는 것은 오로지 일체를 버리고 운명에 몸을 맡기는 것 뿐이다. 이 경지가 소위 '입명'이다. 이 입명의 경지에 이를 때 거기에는 자기를 버리고 천에 몸을 맡기는 자만이 체험하는 '안심(安心)'이 있을 것이다. 이와 같은 것은 종교적 경지라고 말해도 괜찮을 것이다. 이러한 관점은 도가, 즉 노장의 입장과 동일하다.

그러나 맹자는 성과 명을 논하면서 '이목의 관'이 향락을 바라는 것은 인간의 성에 속하지만 이 쾌락의 대상 획득 여부는 운명에 의해 좌

---

33) 『맹자』, 「진심 상」-1.
34) 『맹자』, 「진심 하」-33.
35) 森三樹三郞, 전게서, pp.52-56 참조.

우되는 경우가 적지 않으므로 군자는 이것이 본래는 성에 속한다는 것을 알면서도 그것이 성이 된다고 말하지 않는다 하고, 또 인의예지의 실현이나 성인의 왕도에 의한 천하 통치에 운명의 요소가 다분히 작용하고 있기 때문에 그것을 명에 속한다고 할 수 있지만, 그 본질적인 면에서 보면 인의예지의 덕은 인간의 성에 내재하기 때문에 비록 실현이 명에 의해 좌우된다고 하더라도 그것을 명이라고 부르지 않는다고 한다(「진심 하」-24).

원래 성과 명은 다 천에서 부여된 것으로 근원에 있어 동일한 것임에도 현실에 있어서는 양자가 서로 용납되지 않고 대립되어 나타나는 일이 적지 않다. 이 성과 명의 대립을 명확히 최초로 인식한 자가 맹자가 아닌가 한다.

공자의 천명은 천에서 부여된 것이라는 의미로서 주관적으로는 우리들 인간의 마음 속에 선천적으로 타고난 도덕심을 의미하나 객관적으로는 우리들이 봉착하는 운명도 의미한다. 맹자는 공자의 이 명을 나누어 두개의 개념으로 구별하였다. 즉 주관적 방면 즉 천명의 의미를 나타낼 때는 성이라는 글자를 쓰고, 객관적 방면, 즉 운명을 나타낼 때는 명이라는 글자를 썼다. 따라서 맹자의 성은 공자의 명을 약간 국한시킨 것이다. 공자가 "명을 알지 못하면 군자가 될 수 없다"라고 한 경우(『논어』「요왈」-3)의 명은 도덕심을 의미하나, 자기의 뜻대로 되지 않았을 때 탄식하여 "명이로다!"라고 한 경우(『논어』 여러 곳에서 보인다)에는 운명을 의미한다. 그러므로 맹자의 성선설과 운명관은 공자의 천명 사상을 계승하여 체계화한 것이라고 할 수 있다. 여기서도 맹자의 성선설은 공자의 천명사상을 계승한 그의 성명관과 상호 연관되어 있음을 알 수 있다.

05 순자의 성악설과 그 배경

1) 성(性)과 위(僞)

맹자의 성선설에 반대하여 제창된 것이 순자(荀子)의 성악설(性惡說)이다. 『순자』「성악편」에 다음 과 같은 말이 있다.[36)]

> 인간의 타고난 그대로의 본성은 악한 것이고, 그것이 선함은 후천적인 교정, 즉 위(僞)에 의한 것이다. 그런데 인간의 본성에는 나면서부터 이익을 추구하는 경향이 있다. 그것을 그대로 해 나가면 타인과 쟁탈하게 되어 사양함이 없게 된다. 또 사람은 나면서부터 질투하거나 미워하는 성향이 있다. 그것을 그대로 해 나가면 타인을 해치게 되어 성의와 신뢰가 없어진다. 또 사람에게는 날 때부터 아름다운 것을 보고 듣고 하고 싶은 감각적 욕망이 있다. 그것을 그대로 해 나가면 무절제하여 방종이 되어 예의나 도리(道理)를 잃고 만다. 그러므로 인간의 타고난 그대로의 성질에 따라 감정이 가는대로 행동한다면 반드시 서로 쟁탈하게 되어 세상의 규범이나 도리를 파괴하고 마침내는 세계 전체를 혼란에 몰아넣고 마는 것이다. 여기에서 인간은 반드시 선생에게 가르침을 받은 규범이나 예의를 지키는 교화지도가 있어서 비로소 서로 사양하여 규범이나 도리에 맞게 되어 결국 세계 전체가 평화롭게 다스려지는 것이다. 이러한 관점에서 보면 인간의 타고난 그대로의 본성은 악한 것임이 명백하다. 선한 것은 후천적인 교정에 의한 것이다.

여기서 순자가 말하는 '위(僞)'는 인위를 말하는데, 후천적 교정(교육·학문·수양 등)으로서 사람의 성은 본래는 악하지만 이 인위적 노력에 의해 선이 생긴다는 것이다.

순자의 입론은 꽤 정밀성이 보인다. 그는 인성을 논하면서 성(性)·선(善)·악(惡)등의 개념규정에서 시작하고 있다. 순자에 의하면 성은 위

36) 『순자』, 「성악편」.

에 대한 반대 개념이다. 그에 의하면 성은 말하자면 날 때부터 자연적으로 사람에게 갖추어져 있는 것으로 노력해서 얻어지는 것이 아니고, 위는 어떠한 노력의 결과 사람이 획득하는 것을 말한다. 또 그는 선이란 '정리평치(正理平治)'이고 악이란 '편험패란(偏險悖亂)'이라고 한다.[37] 결국 선은 세상이 올바른 도에 맞아 평화스럽게 다스려지는 것, 악은 세상이 도를 떠나 문란하게 되는 것을 말한다. 그리하여 사람의 성은 악하여 인위를 가하지 않으면 '정리평치'에 이르지 않고, 반드시 '편험패란'이라는 결과를 낳는다는 것이다.

그리하여 순자는 위, 즉 인위를 매우 중요시한다. 위 중에서도 가장 중요한 것은 예, 즉 예의(사회적 규범)라고 한다. 『순자』 속에 「권학勸學」·「수신修身」 두 편이 있는데, 거기에서 그는 학문·수양의 중요성을 강조하고 있지만 가장 중요한 문제로 취급되고 있는 것은 역시 예이다. 그는 "학문은 예에 이르러 그친다. 이것을 도덕의 극치라고 말한다."라고 까지 말하고 있다.[38] 순자에 의하면 사람의 성은 악하여 그대로 방치하면 세상이 혼란에 빠지기 때문에 이것을 방지하기 위하여 성인(聖人)이 예의를 정하여 사람들로 하여금 지키도록 가르쳤다고 한다. 사람들은 이 예의를 배워 그것에 따르지 않으면 안되며, 동시에 성을 억제하고 교정하지 않으면 안된다고 한다. 예의에 따르지 않고 성정에 내맡겨 멋대로 하는 것이 소인(小人)이며 선생의 가르침을 받아들여 학문에 힘써 예의를 따르는 것이 군자(君子)라고 순자는 말한다.

그런데 악한 성을 가진 인간이 어떻게 인위를 쌓아 선을 행할 수 있는가 하는 것이 문제이다. 순자에 의하면 사람이 선을 행하려고 하는 것은 성이 악하기 때문이라고 한다. 그러므로 그는 말하기를

37) 이 말을 荀子의 善과 惡의 정의로 유명한 것이다. '正理平治'는 잘 다스려져 안정된 상태를 말하고, '偏險悖亂'은 기울어져 혼란된 상태를 말한다. 더 자세히 말하면 '正理…'은 四字 幷列同意로서 中正· 條理· 平靜· 治定의 뜻이 합한 것으로 인간 관계가 상호 원만한 상태로, '偏險…'도 마찬가지로 사자 병열동의로서 偏頗 · 險危 · 悖戾 · 擾亂의 뜻이 합한 것으로 인간관계가 모순 충돌하는 상태를 말한다. 『荀子』, 「性惡篇」.

38) 여기서 禮는 물론 禮에 관한 전래의 경전을 말한다.

대개 덕망이 적은 사람은 이것이 많을 것을 원하고, 추한 사람은 아름답게 되고 싶어 하고, 약간의 토지 밖에 갖고 있지 않은 자는 광대한 토지를 소유하고 싶어 하고 빈곤한 자는 돈을 갖고 싶어 하고, 신분이 낮은 자는 고귀하게 되고 싶어 한다. 이런 때문에 자기 자신에게 갖추어져 있지 않은 것이 있다면 반드시 외부에서 그것을 구하려고 한다. 따라서 돈을 가지고 있는 자는 재산을 바라지 않고, 고귀한 자는 권세를 바라지 않는다. 이런 관점에서 보면 인간이 선을 행하려고 하는 것은 타고난 본성이 악하기 때문이다. 그런데 인간의 타고난 그대로의 본성에는 처음부터 예의가 갖추어져 있지 않다. 따라서 노력하고 학습하여 그것을 몸에 익히려고 하는 것이다.

라고 하였다.[39] 만약 성이 선하다면 순자에 있어서는 성왕도 예의도 무용하게 되는 것이다.

2) 성인과 보통 사람

순자 성악설에 있어서 하나의 큰 문제점은 예의를 정한 성인의 성은 보통 사람의 성과 같은가 다른가 하는 점이다. 성인도 성이 만일 보통 사람과 같이 악하다면 어떻게 예의를 정할 수 있었겠는가 하는 점이 의문이기 때문이다. 더욱이 성은 성인도 보통 사람도, 악인도 군자도 소인도 모두 동일하다고 순자는 명언하고 있기 때문이다. 동일하다는 것은 모두 악하다는 것임은 물론이다. 한편 악인에 대해서는 "악인은 인간의 타고난 본성을 변화시켜 교정하기 위한 규범을 정하고, 그것을 집성하여 예의를 만들고, 예의가 만들어지면 또 법규를 제정하였다. 따라서 예의나 법규라고 하는 것은 성인의 창작인 것이다."라고 말하고 있다.[40] 보통 사람은 성인이 정한 예의를 배워 그것을 따름으로써 성을 변화시키는 것인데 이것을 인간의 후천적 노력[僞]이라고 하고 있으므로 자연히 '화성기위(化性起僞)'하여 예의와 법규를 만드는 성인의 성은 보통

39) 『荀子』, 「性惡篇」.
40) 동상.

사람의 성과는 다른 면이 있는 것이다. 그 점에 대한 설명이 순자에는 보이지 않는다. 또 순자는 말하기를 "성인은 사려(思慮)를 거듭하여 과거의 문화유산을 충분히 습득한 뒤에 의례를 만들고 법규를 제정하였다."는 등의 표현[41]도 있지만, 결국 성인이 '화성(化性)', 즉 본성을 변화시키거나 '사려를 거듭하거나' 하는 것에서 출발하고 있을 뿐, 성인의 성과 위와의 관계는 해명되어 있지 않다.

순자에 의하면 보통 사람은 성인이 정한 예의를 배워 선을 실현할 수는 있지만 단순히 그렇게 되는 것만은 아니다. 오랫동안 노력을 전심전력 계속해야 비로소 성인에까지 이를 수 있다고 한다. 그러나 실제로 성인이 된 사람이 없는 것은 인간이 그 노력을 하려고 하지 않기 때문이라는 것이다. 따라서 그에 의하면 모든 사람은 성인이 될 수 있는 가능성은 있지만, 실제로는 되는 것이 불가능하다는 것이다.

그러나 모든 사람은 성인에까지 이르지는 못했다 하더라도 그 가능성은 누구라도 가지고 있기 때문에 적어도 "인의(仁義)나 규범을 습득할 수 있는 소질이 있고, 또 인의나 규범을 실천할 수 있는 능력이 있다."고 말하였다.[42] 그렇다면 순자의 이 말을 증거로 '인간의 성은 선하다'라고 말하는 것도 가능할 것이다. 더욱이 여기서 말하는 '인의나 규범[仁義法正]'은 앞에서 말한 '예의·법규·사법(師法)'과 같은 것이기 때문에 이것은 성인의 인위[僞]의 소산이고 性은 아닌 것이며, 보통 사람에 있어서도 어디까지나 '소질'[質]이나 할 수 있는 '능력'[具]은 성 아니라고 할 수 있겠는가. 만약 아니라고 한다면 순자의 성의 정의에 비춰 보아 매우 모순된 논리임이 분명하다. 그럼에도 불구하고 순자의 성악설은 맨 앞의 예문에서 본 바와 같이 그것을 아무 이유도 없이 성에서 제외시켜 성악설을 입론하고 있다. 여기에서 성악설의 결함이 있고, 최소한 불철저한 점이 있다고 말하지 않을 수 없다.

---

41) 동상.

42) 然而途之人也, 皆有可以知仁義法正之質, 皆有可以能仁義法正之具. 『荀子』, 「性惡篇」.

3) 순자와 맹자

이제 이 순자의 성악설과 맹자의 성선설을 비교해 보자. 두 사람 다 인간의 관능적인 욕망에 악의 근원이 있다고 생각한 점은 공통된다. 그리하여 순자는 당연히 이 욕망을 성의 실체로 보고 성은 악하다고 하였다. 맹자는 욕망이 성이라는 것을 인정하면서 일부러 그것을 성에서 제외시켰다. 또 맹자가 말하는 심(心)에 대해서 순자는 여기에서도 이익을 구하는 욕망이나 사람을 미워하는 감정 등 악에 관련되는 요소들을 인정하고 그것을 성에 포함하였다. 그러나 맹자는 그런 것은 무시하였다. 예를 들면 똑같은 '증오'의 감정이라도 맹자는 악을 부끄럽게 여기며 싫어하는 쪽의 감정을 성으로 인정하였다. 그리하여 맹자는 심의 사고 능력을 특히 중시하고,[43] 또 인의예지의 미덕에 관련되는 사단(四端)이나 양지(良知)·양능(良能) 등을 성의 내용으로 하였다.

거꾸로 순자는 이러한 것을 무시하였다. 그러나 한편으로 순자는 인의나 규범을 알고 행할 수 있는 '소질'이 인간에게 갖추어져 있음을 인정하였다. 여기서 맹자의 양지·양능과 순자의 인의·규범을 '알 수 있는 소질'과 '할 수 있는 능력'은 전적으로 같은 것은 아니라고 하더라도 매우 비슷한 것이라고 볼 수 있다. 다만 순자는 이것을 성으로 인정하지 않았을 뿐이다. 그렇게 보면 사람이 나면서 타고난 소질로서 가지고 있는 것이 무엇인가에 대해서는 순자와 맹자는 거의 차이가 없다고 할 수 있다. 두 사람이 각각 그 중에서 다른 면을 들어 그것을 성이라고 한 것 뿐이다. 즉 맹자는 성의 선에 관한 면만을 들어 성은 선하다고 하고, 순자는 악에 관한 면만을 들어 성은 악하다고 했을 뿐이기 때문에 성선설과 성악설이 학설로서는 정반대의 형식을 취하고 있는 것이다. 그러나 양자의 인간 본성에 대한 관점에는 형식에서 보는 만큼 그 정도의 차이는 없는 것이다.

선·악의 개념은 맹자의 경우 분명한 설명은 되고 있지 않고 보통 상

43) 맹자 뿐만 아니라 순자도 心을 매우 중요시했다. 다만 맹자는 도덕적인 면에서 心의 기능을 강조하지만 순자의 경우는 그보다 지식적인 면에서 心의 기능을 강조한 차이가 있다. 전게 森三樹三郎, 『上古より漢代に至る性命觀の展開』, p.64 및 板野長八, 『中國古代における人間觀の展開』, p.196 참조.

식적인 용법으로 쓰고 있다. 그러나 순자가 말하는 '정리평치·편험패란'은 그의 독자적인 사고로서 맹자의 선·악의 의미와는 분명 다르다. 그렇지만 정리평치나 편험패란이라고 하는 상태를 당연한 결과로 가져올 심(마음)이나 행위의 상태는 맹자도 역시 각각 선·악으로 인정할 것이기 때문에 양자가 그렇게 심하게 다르지는 않을 것이다. 또 순자가 선·악의 용어를 사용할 때 상식적인 의미로 사용한 예도 있어 결국 선·악의 사고에 양자가 그렇게 큰 차이가 있다고는 볼 수 없다. 양자의 결정적인 차이는 무엇을 성으로 간주하느냐 하는 그 구체적 내용에 있는 것이 된다.

또한 두 사람 다 성을 그대로 방치해서는 안된다고 생각하기 때문에 후천적인 학문 수양의 노력을 매우 중요시 하였다. 그 경우 후천적인 노력을 맹자는 본래의 성을 확대 발휘하는 '확충(擴充)'으로서 생각하고, 순자는 본성을 교정하는 인위적 노력, 즉 위(僞)로서 생각하는 점에 차이가 있다. 또 도덕의 근원을 맹자는 성 그 가운데 내재한다고 생각한 반면에 순자는 외재적인 성인의 인위에서 생긴 예의에 있다고 생각한 점에 차이가 있다.[44] 이런 것은 두 사람의 성에 관한 학설의 상위에서 파생된 견해의 차이이다.

4) 욕망 긍정

그런데 순자는 사람의 여러 가지 욕망을 성으로 보고 그것을 악하다고 단정은 하였으나 욕망을 부정하여 무욕(無欲)하라고 말한 경우는 절대로 없다. 순자가,

44) 순자는 天人의 구분, 性僞의 구분을 분명히 함으로써 聖人과 君主의 僞에 의한 禮에 준거하여 행동함으로써 善이 이루어지므로 가치는 僞의 세계에서 구해지고, 性은 가치의 밖에 두어지지 않으면 안되었다. 즉 性은 가치가 없는 것, 善도 아니고 惡도 아닌 것, 아직 善하지 못한 것이었다. 그리하여 人僞의 세계, 가치의 세계에서는 聖人· 君主 및 그의 敎· 禮가 일차적이고 결정적인 것이었다. 그러므로 이것에 의해 교화되어야 하는 인간의 性은 가치 없는 것, 순자의 표현을 빌리면 惡 이외의 것이 될 수 없는 것이었다. 전게 板野長八, 『中國古代における人間觀の展開』, p.193.

예(禮)의 기원은 어디에 있는가. 여기에 대해 말한다. 인간은 나면서부터 욕망을 가지고 있다. 욕망이 있는데 그것이 달성되지 않으면 오히려 점점 더 추구하지 않으면 안된다. 이와 같이 추구하여 거기에 일정한 범위나 한계가 없으면 어디까지라도 그것을 추구하게 되어 타인의 추구와 충돌하게 되어 어떻든 싸우지 않으면 안된다. 그리하여 싸우게 되면 사회는 혼란하고, 결국 막다른 골목에 이르러 어찌할 수 없게 된다. 고대의 성왕은 이 사회적 혼란을 미워하였던 것이다. 거기서 예의, 즉 사회규범을 제정하여 사회를 분별 있게 질서 위에 서도록 하였다. 이 질서 위에 사람들의 욕망이나 욕구를 충분히 기르게 하여, 욕망의 대상이 되는 물질이 쟁탈의 결과 부족하여 욕망이 충족되지 않는 일이 없도록 하였다. 또 욕망을 하고 싶은대로 하여 물질이 없어져 버리는 일도 결코 없도록 하였다, 그리하여 욕망과 물질이 상호 평균적으로 증대하도록 하였다. 이것이 예가 시작된 기원이다.

라고 논하는 것[45]에 의하면 욕망은 결코 부정되어서는 안되는 것이다. '예의를 정하여 사회를 분별있게 질서지우는 일'에 의해 욕망을 억제, 제한하는 것을 말하고 있으나 오히려 욕망을 신장시키는 것을 주안점으로 삼음으로써 결국 욕망을 기르기 위해서 제한을 말하고 있는 것이다. 욕망이 무제한으로 물질을 추구하면 그것이 없어지게 되어 거꾸로 욕망을 고갈시키는 결과를 가져온다는 것이다. 그렇게 되지 않기 위해서 욕망을 제한하며, 한편으로는 물질도 그 양을 증가시켜 항상 욕망의 요구에 부응되도록 하여, 욕망과 물질 양자가 균형을 취하면서 신장되도록 계획하는 것이 예의 작용이라고 순자는 본 것이다. 위 문장의 바로 뒤에 "예란 인간의 욕망을 가득차게 기르는 기능을 갖고 있다"라고 하여 예가 정감이나 욕망을 기르는 것임을 그는 지적하고 있다. 이러한 논의를 보면 이는 오히려 일종의 '욕망긍정론'인 것 같이도 생각된다. 일견 재미있는 사고방식으로서 경제론으로서 보면 매우 훌륭한 견해로 보이지만, 성악론으로서는 오히려 적절하지 않은 것 같다.

45) 『荀子』, 「性惡篇」.

5) 도덕 실천자로서의 주장

그런데 앞에서 본바와 같이 맹자의 경우 그 성선설은 불비한 점이 많으나 그의 '성은 선하다'라는 신념은 매우 견고하였다. 그것은 맹자의 실천자로서의 입장이 그렇게 만들었다고 볼 수 있다. 순자의 경우도 또 맹자와 같이 그의 성악설은 불철저한 점이 많으나 맹자 비판의 태도가 과격하고, 46) 또 그 주장 역시 집요하리만큼 강렬하였다. 이것도 순자의 도덕 실천자로서의 입장에서 나온 것이라 보여진다. 순자도 자기의 수양을 목표로 하여 선을 동경하였다고 할 수 있는데, 그러나 어떻게 하든지 실천이라는 노력에도 불구하고 목표의 실현은 꽤 어렵다. 악에 흐르기 쉬운 경향을 어떻게 하기 어렵다. 따라서 순자의 경우 자기의 본성이 악하다는 것을 탄식하지 않을 수 없다. 그러나 성이 악하다면 더욱 강하게 선을 구하지 않으면 안된다. 세상을 보더라도 악만이 많은 것이 현실의 모습이다. 선을 행하는 데는 나도 남도 모두 성을 교정하는 끊임없는 노력만이 필요하다. 그 노력 중 좋은 것이 성인의 가르침, 즉 예의이다. 이와 같이 생각한 것이 순자의 성악설이다.

맹자는 인격(덕)의 완성과 도덕 성립의 가능성과 나아가 도덕 중심의 정치의 실현 가능성을 믿고 그 근거로서 성선설을 말하고, 그것에 의해 사람들로 하여금 인격의 완성과 도덕성립의 가능성을 믿게 함으로써 사람들의 마음을 고무격려하는 바가 있었다. 그러나 한편 순자는 도덕적인 선이나 세상의 평화의 실현을 위하여는 욕망 그대로의 자연의 욕구를 억제하며 예의를 따르는 것이 불가결한 요건인 점을 중시하여 성악설을 주창, 자기도 세상 사람도 경계하고 질책하는 바가 있었다. 따라서 순자에 있어서 말하면, 성이 선하다고 말하면 예의의 가르침도 성인도 불필요한 것이 되고 사람은 성에 내맡겨져 악에 빠지게 되고마는 것이다. 그러나 순자는 성이 악하기 때문에 인간에 대해 절망한 것은 아니었다. 맹자와 같이 사람은 누구나 성인이 될 수 있는 가능성을 가지고 있

46) 순자는 「성악편」에서 맹자를 비난하기를 "맹자는 인간이 학문을 하는 것은 그 본성이 착하기 때문이라고 하지만, 나는 이 설이 틀렸다고 생각한다. 그와 같은 설을 세우는 것은 인간의 본성을 충분히 이해하지 않고, 선천적인 성질과 후천적인 성질을 구분하지 못한 것이라고 말하고 싶다."라고 말하였다. 그리고 「성악편」 자체가 맹자의 성선설을 겨냥하여 입론한 것이다.

음을 믿고 있었고, 그 때문에 성을 억제하여 예의에 따라야 한다고 말한 것이다.

순자 후에 성악설을 주창한 사람은 보이지 않는다. 순자의 문인이었던 법가의 한비자(韓非子)는 순자의 성악설을 자기의 법치주의 속에 끌어들여 이용하였다고 볼 수 있다. 그러나 한비자나 다른 법가사상가도 인간의 성이 악하다고 특별히 지적하지는 않았다. 그러나 맹자나 순자뿐만 아니라 욕망을 악의 근원으로 본 사람은 많다. 거의 모든 사람이 다 그렇게 보았다고 할 수 있다. 그러므로 욕망이 사람에게 태어날 때부터 갖추어진 것은 부정할 수 없는 사실이다. 그런데도 사람의 성을 악하다고 말하는 것은 어두운 사고방식이 될 것이라 싫어해서인지, 아니면 인간의 존엄을 손상시키는 것이 두려워서인지 성악의 주장은 순자 이후 나타나지 않았다.

6) 순자 성악설의 배경

맹자의 성선설이 그의 천도관과의 연계를 내적으로 가지고 있는 것과 같이 순자의 성악설도 그의 천도관(天道觀)과의 상관성에서 이해해야 할 점이 있다. 순자의 천도관은 유가의 전통에서 일탈하고 있다고 해도 좋을 정도로 바뀌었다. 그것은 그가 천(天)을 맹목적인 자연으로 보고 인간 행위와는 전연 무관계한 것으로 강조하고 있기 때문이다. 그는 말하기를 "천도(하늘의 도)는 일정불변하다. 요 임금이 나타났다고 해서 존재하고 걸 임금이 나타났다고 해서 소멸하는 것이 아니다. 농업생산에 힘쓰고 비용을 절약하면 하늘[天]이 그 사람을 빈곤하게 만들 수 없고, 양생(養生)이 충분하여 운동도 적시에 하고 있으면 천이 그 사람을 병들게 하지 못하고, 사람으로서의 도에 따르고 배반하지 않으면 천이 그 사람에게 재해를 줄 수 없다. 그러므로 천·인의 구분에 밝으면 그 사람을 지인(至人)이라고 할 만하다. 군자는 내 손안에 있는 것에 대해서 신중히 노력하고 인간의 힘을 초월한 천에 속한 것을 구하지 않지만 소인은 내 손안에 있는 것을 버리고 노력하지 않고 인간 힘을 초월한 천에 속한 것을 추구한다."라고 하였다.[47] 여기서는 맹자에 보여지는 것과 같은 천인합일(天人合一) 사상은 완전히 부정되고 천·인(天人) 분리가 강조되고 있다. 더 나아가 순자에 있어서는 천·인이 분리되는데 그치지 않고 하늘[天]을 하나의 자연물로서 정복하여 이용하라고 하였다.[48] 이러한 입장은 천에서 인간행위의 규범을 구하려고 하는 유가의 전통과는 결별을 고하는 것이다.[49]

순자가 천인의 구분을 분명히 하여 성악설을 제창한 것은, 인간을 천에 복귀시키는 노자(老子), 인간을 천에 의해 가리워지게 한 장자(莊子) 등은 물론 천인의 연속선상에 선 맹자에 비하여 인간의 주체성, 인간 능력을 더욱 잘 자각하고 있었다는 것을 말해 준다. 이와 같은 인간 능력의 대표적인 것으로서 지식에 관한 강한 관심을 순자는 갖고 있었다. 인위·인도를 배제하고 천도에 복귀해야 된다고 하거나 또는 천에 부합해야 된다고 한 노자·장자가 지(知; 지식)의 배제, 지(知)의 결여에 귀착하고, 더 나아가 심(心)의 움직임이나 감각을 배제하려고 한 데 반하여 순자는 오관(五官)을 통하여 얻어진 감각을 심이 끌어옴으로써 지(知)가 성립한다고 하는 일종의 지식의 모사설(模寫說)을 갖고 있었다.[50]

순자의 성악설의 사상적 배경으로서 또 다음과 같은 정치 사회적 사정도 고려해 볼 필요가 있다. 순자 당시 한편에서는 봉건제도와 예(禮)에 입각한 왕도에 대항하여 패도(힘의 정치)가 진행되고 있었는데, 이 패도를 추진한 진(秦) 나라를 중심으로 하여 봉건제도에서 군현제도로 변혁이 행해지고, 관료제와 병행하여 법술(法術)에 의한 중앙집권·군권강화의 실효가 거두어지고 있었다. 이러한 권력은 신비적·주술적인 권위를 천도에서 구하고 있었다. 또 한편으로는 인위(人爲)·인도(人道)·예를 배제하고 천도에 복귀해야 한다고 주창한 노자, 예의 동요와 더불어 가치 표준이 동요하여 지(知)나 판단의 신빙성이 약해졌으므로 회의론으로

---

47) 『荀子』, 「天論篇」.

48) "天, 즉 자연의 생산력을 위대하다고 찬탄하고 그 은혜를 생각하는 것과 자신이 物을 蓄積하여 쓸모있게 처리하는 것, 어느 것이 더 낫겠는가. 또 天, 즉 自然 그대로에 따라가며 그 盛德을 칭찬하고 있는 것과 자연의 결정으로 주어진 것[天命]을 자주적으로 처리하여 쓸모있게 하는 것, 어느 것이 더 낫겠는가." 동상.

49) 전게 三森樹三郎, 『上古より漢代に至る性命觀の展開』, p.58.

50) 전게 板野長八, 『中國古代における人間觀の展開』, p.196

향한 혜시(惠施), 혹은 개념의 정확을 기하여 반대로 궤변에 빠진 공손룡(公孫龍) 및 인위·예·판단·지를 배제하고 보성전진(保性全眞; 인간 본성을 보존)하여 방외(方外; 탈속한 세계)에서 소요해야 한다고 한 장자 등이 활약하고 있었다. 순자는 이들이 활약한 뒤를 계승하여 그래도 유가이기 때문에 인도·예를 더욱 확인하지 않으면 안되는 입장이었다. 그리하여 그는 예를 중시하고, 천 아래에서이지만 인간의 책임과 그 수행능력을 확인하여 천·인의 구분을 강조하였다. 맹자의 성선설이 봉건세력을 지지하고 또 그 봉건세력을 규율하기 위한 교학이었다면 순자의 성악설은 종족(宗族)들에게 자기 권력과 권위를 침투시켜 봉건 세력에 의해 견제되지 않고 권력을 집중할 수 있는 군주에게 있어서의 교화의 의의를 명백히 한, 군주의 교권에 대한 근거를 지워준 교학이었다고 할 수 있다.[51]

06 결 어

이상에서 논한 바를 요약하면 다음과 같다. 먼저 맹자의 성선설과 순자의 성악설의 동이점을 비교하면 다음과 같이 정리된다.

(1) 사람이 나면서 타고난 소질로서 가지고 있는 것이 무엇인가에 대해서는 맹자와 순자 사이에 거의 차이가 없고, 타고난 소질 중에서 선악의 상이한 면만을 각자 지적하여 그것을 성(性)이라고 한 차이 뿐이다. 두 사람 다 관능적인 욕망에 악의 근원이 있다고 본 점은 같다. 순자는 이 욕망을 성의 실체로 보았으나 맹자는 이 욕망을 성이라 인정하면서도 성에서 제외시켰다. 그러므로 같은 심(心)의 작용에서도 맹자는 미덕에 관련되는 사단(四端)이나 양지(良知)·양능(良能)·사고능력 등을 성의 내용으로 했으나 순자는 오히려 이익을 구하는 욕망이나 미워하는 증오의 감정 등 악에 관련되는 요소를 성에 포함시켰다.

51) 동서, p.194.

(2) 맹자의 양지·양능과 순자의 인의규범을 '알 수 있는 소질'과 '할 수 있는 능력'은 비슷한 것이다. 다만 순자는 이것을 성이라 인정하지 않았을 뿐이다.

(3) 두 사람 다 성을 그대로 방치해서는 안된다고 보고 후천적인 학문수양의 노력을 매우 중시하였다. 다만 맹자는 본성을 확대하는 '확충'으로 생각하고 순자는 본성을 교정하는 인위적 노력[僞]으로서 생각한 점에 차이가 있다.

(4) 도덕의 근원을 맹자는 성 가운데 내재하는 것으로 본 데 대하여 순자는 외재적인 예의에 있다고 생각하였다.

(5) 성선설·성악설 모두 불철저하고 불완전하다. 성선설은 선에의 경향성이 성 가운데 존재한다는 사실을 인정하여 그것을 '성선'이라고 말한 것이며 맹자는 성이 왜 선하다고 말할 수 있는가에 대해서는 논증이 불충분하다. 성악설에서 순자는 '알 수 있는 소질'과 '할 수 있는 능력'을 말했는데, 이것이 성이 아니라 할 수는 없으므로 순자가 이것을 성에서 제외하면서 성을 악하다고 한 것은 논증으로서 역시 불철저하다고 할 수 있다.

(6) 맹자와 순자 모두 성선·성악의 주장을 통하여 그 자신의 도덕 실천의지를 강하게 나타내었다. 그러므로 이 두 명제는 도덕적 명제로서 자신의 신념 표명을 통하여 남을 윤리적으로 각성하게 하고 선으로 유도·권유하는 정감적 요소가 다분히 있다는 것을 알 수 있다. 맹자의 경우 모든 사람들에게 도덕 실현의 가능성을 믿게 하려는 의지가 작용하고 있으며, 순자의 경우도 도덕과 평화의 실현을 위해서는 욕구를 억제하여 예의를 따르게 해야 한다는 신념을 가지고 세상 사람들을 경계하고 질책하였다. 우리는 성선·성악 두 도덕적 명제에서 도덕적 명제가 가지고 있는 특징의 일단을 여실히 볼 수 있다고 하겠다.

그 다음 성선설과 성악설의 배경으로서 맹자와 순자의 세계관과 정치적 입장을 비교해 보면 다음과 같이 요약할 수 있다.

맹자의 성선설이 나오게 된 배경으로서 그의 정치사회적 입장을 보면, 그는 공자의 사상을 계승하여 주(周)의 봉건제도를 지지하였다. 그러므로 그의 성선설은 제후·대부 등의 일족(一族)을 배후에 가지고 있는 봉건세력을 다루는 데 필요한 도덕의 가능근거를 제시하고 군주의 교화의 필요성을 분명히 해 준 것이라고 할 수 있다. 당시에 이미 그가 지지한 봉건제도를 넘어서서 새로운 정치 제도가 진전되고 있었기 때문에 그의 주장을 현실사회에서 실현하기는 불가능했고 정치적 효과도 거둘 수 없었다. 따라서 그는 정치적 이상으로 생각한 왕도를 관념상에서, 고대에서, 인간의 근저(본질)에서, 천(하늘)에서 구하였다. 그리하여 그의 가치세계에 있어서는 외적인 것보다 내적인 것에 더 치중하게 되었다.

그의 성선설을 또 그의 세계관과 연관시켜서 보면, 성선설은 분명 범신론적인 세계관의 논리적 발전이라고 볼 수 있다. 그러므로 맹자에 있어서의 도덕성의 근원은 천이며, 도덕성의 자각은 자기 속에 있는 천을 의식하는 것이었다.

순자의 정치 사회적 입장을 보면 당시 주의 봉건제도가 무너지고 진(秦)을 중심으로 군현제도가 행해져 중앙집권적인 전제정치가 행해지는 때에 중앙 집권적인 군주의 교화의 의의를 강조하는 입장에 서 있었다. 또한 당시에 천도(天道)에 복귀해야 한다고 주장하는 노자, 회의론에 빠진 혜시(惠施), 혹은 개념의 정확성을 찾다 궤변에 빠진 공손룡(公孫龍), 전성보진(全性保眞)과 방외소요(方外逍遙)를 강조하는 장자 등의 사상을 이어 받으면서 이를 비판극복하여 유가의 입장에서 인도·예를 더욱 확인하지 않을 수 없는 데서 예를 중시하고 천·인(天人)을 구분하여 인간의 노력과 책임을 강조한 것이다.

그리하여 맹자의 천에 대한 종교적 태도와는 정반대로 순자에게 있어 천은 맹목적인 자연물로서 인간 행위와는 전연 무관계한 것으로 간주되고 있으며, 더 나아가 천을 일개의 사물로 인간 의지대로 이용하라고까지 말해지고 있다. 이러한 천인분화(天人分化)의 세계관은 그의 성악설 배태의 온상이었다.

우리는 맹자와 순자를 단적으로 이렇게 비교해 말할 수 있다. 맹자를 선진유가에서 이상주의자라 한다면 순자는 현실주의자라 할 수 있다. 맹자가 개인의 자유를 강조하였다는 점에서는 혁신적이나 초도덕적 가치를 소중히 여기어 종교에 가까웠다는 점에서는 오히려 보수적이다. 또 순자는 사회적 통제를 강조하였다는 점에서는 보수적이나 자연주의를 천명하여 어떠한 종교사상도 인정하지 않았다는 점에서는 혁신적이다.[52)]

중국사상사에서 맹자의 성선설은 유가 정통으로 군림해 왔다. 송대 성리학의 '성즉리'의 형이상학적 윤리설 자체가 맹자의 성선설의 가감 없는 수용 위에서 성립되었기 때문이다. 명대 양명학도 마찬가지로 양명의 양지설은 맹자의 성선설의 또 다른 표현에 지나지 않는다. 한편 순자의 성악설은 그 후 계승되지 못했다. 그것은 인간의 규정을 그렇게 한다면 인간 불신에로 나아가 어두운 인생관을 낳을 가능성이 있기 때문인지도 모른다. 한비자를 비롯한 법가에서도 순자의 성악설의 가정 위에서 출발하고 있으며 또 그의 학설을 인용하고 있지만, 특별히 인간 본성이 악하다고 하지 않은 것도 그러한 이유 때문인지도 모른다. 오늘날 입장에서 보면 순자의 성악설이 인간 본성 탐구에 오히려 기여한 바가 있다고 보여지는데도 맹자 성선설이 중국사상사에서 유가 정통으로 군림해 온 것은 중국사상사의 전통적인 문제의식이 인간과 윤리에 있었던 것이 아닌가 여겨진다.

중국 고대에 있어서 인간을 이해하고 인간 본성을 탐구함에 있어서 인간 본성의 객관적 분석보다 선·악이라는 가치에 너무 집착한 면이 인간 이해의 심화를 위해서는 불리했다고 보여지지만, 맹자와 순자의 성설(性說)을 통해서나 아니면 맹자 속의 고대 성설을 통해서 인간의 도덕적 가능성과 인간의 욕망과의 무한한 갈등을 일찍부터 파악하고 있었음을 알 수 있다. 뿐만 아니라 그것을 또한 이론적 파악에 그치지 않고 그 이상의 문제 즉 인간세계에서의 도덕의 실천과 평화의 실현을 위해서 윤리적으로 우리는 무엇을 어떻게 말해야 하며 어떻게 행동해야 하는가에 대하여 고뇌한 흔적을 찾아 볼 수 있다.

52) 馮友蘭, 정인재 역, 『中國哲學史』, 서울: 형설출판사, 1983, p.105 및 p.199 참조,

2

한국의 주자학과 유교사상

제 3 장

주자학이 한국철학 형성에 끼친 영향

01 서 언

유교(유학)사상은 시대의 변천에 따라 그 사상 내용이 보완되면서 각 시대별로 다르게 시대 사조로서 나타났지만, 그럼에도 불구하고 불변적인 요소가 있다면, '유교(유학)적인 인도주의'라고 할 수 있다. 그것은 신 중심에 대해서 인간 중심의 '인문주의(humanism)'[1]라든가, 인식 및 진리는 인간 욕구나 이상에 의존한다는 '인본주의(humanism)'[2]도 아니다. 그것은 천도(天道)가 내재한 인도(人道)로서 인간의 윤리적 각성에

1) 『岩波哲學小辭典』, 東京: 岩波書店, 1979, p.194.
2) 동상, pp.119~120.

의하여 내면에서 '천도'라는 종교적 신성성(神聖性)을 체험하려는 '인도주의(humanitarianism)'[3]이며, 그러면서 인간의 삶의 조건인 현실을 외면하지 않고, 그 현실을 이상적인 세계로 끌어올리려는 인간의 사회적 노력을 중요시하는, 인간의 사회성에 바탕을 둔 인도주의이다. 아울러 유교는 인간이 생존하고 있는 이 자연과 인간은 상호 유기적으로 연관되어 있다는 '자연적 호혜주의(natural mutualism)'[4] 또는 '유기적 자연관(organism)'[5]에 바탕을 둔 인도주의이다. 이것은 개개 만물이 여타의 개개 만물과 호혜적(유기적)으로 상호 연계되어 있다는 인식이다.

뿐만 아니라, 또 유교는 인간의 도덕적 규범인 예(禮)의 실천은 물론이요, 사회적 실천에 있어서 시중지도(時中之道)를 매우 중시한다. 이것은 '일의 합리성'(事理)이 '인간주의의 성실성'을 매개하지 않고는 성취될 수 없다는 뜻으로 단순한 '사리(事理)'로서의 합리성을 도덕적 차원에서 재조명하여 진정한 합리성을 추구하고자 하는 사상이다.[6]

이와 같이 유교는 신성성, 논리성, 그리고 합리성이 인간의 '도덕적 주체'에서 동시적으로 융화되는 것을 이상과 목표로 한다고 할 수 있다. 이러한 인간의 행위라야 비로소 '우주(자연)에 동참하여 그 삶을 돕는(贊天地之化育)'[7] 값있는 행위가 될 수 있다고 유교는 본다. 이러한 사상적 성격을 일러 '유교의 인도주의'라고 불러 보았다. 이것은 곧 유교의 자연에 대한 기본관점인 '유기체적 자연관'에서 유래하는 것이다.

---

3) 인도주의는 일반적으로 폭력부정의 무저항주의나, 또는 전쟁 반대의 평화주의를 말하지만(동상, p.119), 여기서는 이것이 유교에서 흔히 쓰이는 고전적 용어라는 데 착안하여 '인본주의'로는 충분히 표현되지 않는 유교의 정신을 표현하기 위하여 天道와 연관시켰다.

4) 임효선, 『삶의 정치사상』, 서울: 한길사, 1996 참조. 임효선은 '자연적 호혜주의'에 대해 "자연적 호혜주의라 부르는 중국의 독특한 세계관은, 개개 만물이 여타의 개개 만물과 호혜적으로 상호 연계되어 있다는 안목(혹은 인식)인 것이다. 그것은 전체적(holistic)이고, 내재적(internalistic)이며, 또한 유기체적(organistic) 인식인 것으로 규정되고 있다."라고 설명하고 있다.

5) 중국 전통사상(유가와 도가)이 유기체적 자연관(우주관)을 가지고 있다는 데에 대해서는 陳榮捷, 「歐美の朱子學」, 『주자학입문』, 동경: 명덕출판사, 1974, p.517; J. 니담, 이석호(외)譯, 『중국의 과학과 문명』II, 서울: 을유문화사, 1986, p.404, 419, 462 및 동서 III(1988), pp.169~189, 204~207, 298~299 등 참조. 그리고 이동희, 「주자학의 철학적 특성과 그 전개양상에 관한 연구」(성균관대학교 대학원 박사학위논문, 1990) 참조, 주 4)에서 말하는 '자연적 호혜주의'와 '유기적 자연관(우주관)'은 같은 내용이다.

6) 서구적인 의미의 '도구적 합리주의'가 아니고, 인간적, 윤리적 관점을 겸비한 합리주의를 유교의 강한 '윤리주의' 정신은 지향하고 있다는 의미다.

7) 『中庸』 제1장: 致中和, 天地位焉, 萬物育焉.

송대에 일어난 주자학(朱子學) 역시 유교의 자연관, 인간관을 변함없이 계승하여 노장사상과 불교와의 교섭을 거치면서 이론적으로 더욱 정밀하게 체계화시켰다. 특히 그 중에서도 주자사상의 핵심인 '리기론'은 일종의 형이상학 체계로서 철학적으로 큰 가치를 가지고 있다. 이 이론은 자연에 대한 형이상학적 설명에 그치지 않고, 인간의 도덕과 인격수양 문제까지도 포괄적으로 설명하는 이론으로서 동양에 있어서의 일종의 '자연법 사상'[8]이다. 주자의 이 자연법 사상은 원래 '자연의 법칙'과 '인간의 규범'을 동일하게 (理라고) 보려고 하기 때문에 윤리학적으로 말하여 '사실'과 '가치'의 상충 문제가 원초적으로 내재되어 있다. 따라서 중국의 명대 중기에 있어서 양명(陽明, 王守仁; 1472-1528) 심학(心學)이나 '기(氣)의 철학'의 주자학 비판이라든가, 또는 조선조에 있어서의 '리기심성(理氣心性) 논쟁'이라든가 하는 것이 다 근본적으로 이 '자연법적 사고'에 내포된 문제에서 파생되어 나온 것이다. 즉 주자학을 비판하는 철학은 어느 것이나 '가치'와 '사실'을 좀 더 분리해서 보려는 입장으로서 사상사에서는 '기를 높이는 철학'(주기론, 또는 기의 철학)이라고 부른다.[9]

이 자연법 사상은 물론 앞에서 말한 자연적 호혜주의라고 하는 유기적 자연관의 토대 위에서 나온 것인데, 이 유기체 자연관은 또 신관(神觀)으로 말하면 일종의 '범신론(pantheism)', 더 정확히 말하면 유기체 철학과 같이 '범재신론(panentheism)'[10]이다. 그러므로 주자의 태극론(太極論) 같은 것은 화이트헤드(A. N. Whitehead; 1861-1947)의 신관과 비교되는 바가 많다.[11] 즉 주자학에서 '리를 높이려는 철학'(주리론이라고 사가들은 말한다)이 윤리적 엄숙성과 종교적 경건성을 강조하는 이유도 이런 견지에서 잘 설명할 수 있다.

현대는 이 유기적 신관과는 정반대의 서구의 '유신론'에서 유래되는 '이분법적 사고', 즉 자연과 인간, 인간과 만물을 상대적으로 보는 근대

8) 丸山眞男, 『日本政治思想史硏究』, 동경: 동경대학출판회, 1962 참조.
9) '氣의 哲學'에 대해서는 山井湧, 『明淸思想史の硏究』, 동경: 동경대학출판회, 1980 참조.
10) 김상일(외)편, 『과정철학과 과정신학』, 서울: 전망사, 1988 참조.
11) 동상.

적인 '과학적 자연관'에 의해 문명을 형성하고 있다. 데카르트-뉴턴적인 이 근대적인 이분법적 사고는 앞으로 인류의 진정한 삶을 위해서는 재검토되지 않으면 안 된다고 현대의 많은 과학자들이 이구동성으로 말하고 있다. 그것은 이 사고에 바탕을 둔 현대 기술문명에서 자연의 활용은 생활의 풍요를 주었지만, 유한한 자연에 대한 인간의 끝없는 정복은 인류의 생존을 이제 위협하게 되었기 때문이다. 그러므로 문제는 우리들의 자연관의 변화에 있다고 이러한 자연관(가치관)의 변화 운동을 주도하는 오늘날의 '신과학(新科學) 운동'에서는 말하고 있다.[12] 여기에서 우리는 주자학의 자연법 사상이 역사적으로 어떻게 변천되었는가 하는 것과는 별도로 '자연적 호혜주의' 내지 유기적 자연관으로서 주자학이 가지고 있는 현대적 의미를 찾을 필요가 있는 것이다.[13]

이러한 성격을 가진 주자학이 조선조에 들어와 전근대에 있어서의 정치와 문화, 학술과 생활 관습에 이르기까지 다방면에 걸쳐 영향을 주었다. 이제 여기에서는 조선조 철학의 두 정점이라고 할 수 있는 퇴계(退溪, 李滉; 1501-1570)와 율곡(栗谷, 李珥; 1536-1584)의 사상(주자학 해석)을 예로 들어 그들이 주자학을 어떻게 받아들이고 소화하여 각각 특색 있게 '조선조 철학사상'(조선조 주자학)을 이룩했는가를 설명하고자 한다.[14]

02 주자 리기론의 형이상학적 체계

주자(朱子, 朱熹; 1130-1200)는 이 우주(의 존재)를 설명하면서 '태극', '리', 그리고 '기', 이 세 개념을 사용하였다. 이 세 개념에 대해서는 선행 연구에서 많은 사람들이 자세히 설명하였으므로 여기에서는 중복되는 설명은 피하고, 이해를 돕기 위해서 앞에서 말한 유기체 철학과

12) 신과학연구회편, 『新科學運動』, 서울: 범양사, 1986 참조.

13) 자연법 사상이 갖고 있는 '가치'와 '사실'의 상충문제, 또 이를 둘러싼, 또는 여기에서 파생되는 문제의 논의와는 별도로 '유기론적 자연관'이나 '자연적 호혜주의'의 본질적 의미를 재음미하고자 하는 것이다.

14) 이에 대한 자세한 내용은 이동희, 전게 학위 논문 참조.

비교하여 설명해 보겠다.15)

주자에 있어서의 기는 존재의 기초적인 생성 요소로서 마치 분자와 유사한 물질적인 기체(基體; 기본 구성 요소)이다. 그러면서 거기에는 생명력, 운동력이라는 속성이 내포된, 공기와 같은 기체상의 물질로서 전공간에 충만하여 있고, 전시간에 걸쳐 움직이는 무형의 운동체이기도 하다. 이 기의 뒤섞임에 의해서 오행이 생겨나고, 이 오행에 의해 다시 만물이 생겨난다. 이 기의 운동력은 원초적인 것이기 때문에 이 우주의 존재는 끊임없는 변화 과정 중에 있는 것이 존재의 실상이다. 주자는 기의 이러한 특성을 '동정무단(動靜無端), 음양무시(陰陽無始)'라고 하였다. 그러므로 기는 물질의 구성 요소로서 볼 때는 '실체(substance)'의 성격을 강하게 띄지만, '동정'이나 '음양'과 같은 운동의 속성으로 보아서는 화이트헤드의 과정철학(process philosophy)에서 말하는 '현실재(actual entity)'와 유사한 성격을 가진 사물의 기본 구성체인 것 같다.16) 그런 의미에서 보면 리-기 두 개념은 주자학에서 사물의 생성과 변화(과정)을 동시에 설명해 주는 중요한 개념이라고 할 수 있다.

주자에 있어서 이 우주(존재)의 현상은 이 기로서 충분히 설명할 수 있다. 그러나 주자는 이 우주(존재)의 설명에 이 기만으로는 불충분하다고 생각했다. 이 우주의 다양한 생성과 변화에는 조금도 혼란이나 무질서가 없는 이유는 무엇인가? 주자는 이것을 설명하기 위해서 '리'라는 개념을 사용하였다. 개별 존재가 상호 유기적으로 조화를 이루면서 생성, 변화를 일으키는 것이 이 리 때문이라고 생각했다. 즉 주자는 우주

---

15) 여기에 대해서는 좀 더 깊은 연구가 필요하다. 여기서는 주자 리기론의 이해를 돕기 위하여 한정적이고 단순한 비교에 불과하다는 것을 먼저 밝혀 둔다. 이러한 비교 연구에 김상일(외) 편, 전게서 및 김하태, 『동서철학의 만남』(서울: 종로서적, 1985) 등이 매우 참고가 되었다.

16) 기는 氣體狀의 물질로서 물질의 최소단위로 생각할 때는 실체적인 성격을 가지나, 기는 또 생명력, 또는 에네르기의 속성을 가지고 있으므로 이때는 실체적 성격보다 과정철학에서 말하는 '현실적 존재'의 성격이 강하다. 주자가 말하기를 음양은 하나(즉 一氣, 음양은 일기의 두 측면)로 보아도 되고 둘(陰陽對待, 즉 존재의 두 카테고리)로 보아도 된다고 한 것도 같은 맥락이다. 빛이 '파동'의 속성도 있으면서 '입자'의 속성도 있는 것과 같다고 보면 된다. 기의 '현실적 존재'로서의 성격을 가장 잘 나타낸 말이 '動靜無端, 陰陽無始'라는 말이다. 과정철학의 '현실적 존재'는 서구 근대과학의 '실체' 개념을 부정하고 나온 것으로, 현대 물리학의 '場'의 개념과 같은 것이다. '현실적 존재'에 대해서는 鄭淵弘의 「A. N. Whitehead의 존재론에 관한 연구」(영남대 대학원 박사학위, 1981) 참조(이 논문에서는 '현실적 존재'를 '현실재'라고 번역하였으나 같은 내용이다).

의 이같은 질서는 '기'의 생성에 있어서 '이데아'의 실현이 있기 때문에 가능하다고 보았다. 주자의 존재론에 있어서의 이 리는 과정철학으로 말하면, 보편자요, 이데아이며 가능태인 '영원적 객체(eternal object)'와 같은 것이다.[17] 과정철학은 존재의 생성과정을 설명하기를 이 영원적 객체가 '현실재에의 진입(ingression)'을 통하여 존재를 생성시킨다고 설명하는데, 이와 같이 주자도 이 리가 있음으로써 기가 사물(존재)을 구성할 수 있다고 했다. 그러므로 주자의 존재론에서 존재의 실상을 설명함에 있어서 리·기 두 개념은 동시적으로 요청되는 개념이다. 뿐만 아니라 주자의 존재론에 있어서의 리의 의미는 기의 생성에서 실현되는 이데아로서의 의미[所以然之故]만 있는 것이 아니라, 사물(존재)이 '마땅히 그렇게 있어야(존재해야)할 본래 모습'이라는 의미[所當然之則]도 있다. 이것은 주자의 리기론이 자연법 사상으로서 존재를 자연과학적으로 본 것이 아니라 '도덕적으로', 즉 '규범적으로' 본 데서 나온 것이다.

주자는 리·기 두 개념으로 존재를 설명함에 있어 두가지 원칙을 제시하였다. 그 하나가 '리기불상리(理氣不相離)'이며, 다른 하나는 '리기불상잡(理氣不相雜)'이다. 존재의 실상은 앞에서 말한 바와 같이 '리의 기의 생성에의 진입'이므로 리·기는 서로 떠날 수 없는 것이 되고, 동시에 리·기는 존재의 두 범주이므로 또한 서로 섞이지 않는다는 것이다. 주자학에서 존재의 '시원'이나 존재의 '근거'를 물을 때는 당연히 리를 강조하게 된다. 그러나 존재를 규범적으로 보는 주자의 자연법 사상에 있어서는 존재의 근거로서의 리에 '규범적 가치'를 투영시켜 보므로 자연히 기에 대해 리를 '가치적으로' 더 우위로 보게 된다. 여기에서 존재를 '실상(현상)에 충실하게' 보려고 하는, 즉 존재를 '좀 덜 규범적으로' 보려고 하는 비판적 관점이 주자의 자연법적 사고를 부정하지 않는 범위내에서도 나올 수 있는 것이다. 한편 규범적인 관점을 극대화하면 리는 더욱 '초월화되어' '신'과 같은 위상이 된다. 이때의 리는 이미 사물 생성에 진입하는 이데아로서의 리 보다도 더 큰 것, 즉 '궁극적

17) '영원적 객체'에 대해서는 정연홍, 전게 논문 참조(이 논문에서는 '영원적 객체'를 '영원한 대상'으로 번역하였으나 같은 말이다).

한정(ultimate limitation)'으로서의 '태극(의 리)'와 같은 것이 된다.

과정철학(유기체 철학)의 형이상학적 신관에서 신(God)은 세계 구체화의 원리로서 '궁극적 한정'이며, 존재 이유를 밝힐 수 없는 '궁극적 비합리성'이다(존재 이유를 밝힐 수 없다는 의미에서). 또 신은 현실적이면서도 비시간적인 존재, 즉 내재적이면서도 초월적인 존재이다. 그러므로 신은 세계의 질서와 가치 부여자이면서도 세계의 전 창조과정에 내재하는 '양극성(dipolarity)'을 갖고 있다.[18] 주자는 주염계(周濂溪; 周敦頤)의 『태극도설太極圖說』을 주해하면서 주렴계의 '무극이태극(無極而太極)'[무극이면서 태극이다]은 태극의 '궁극자'(궁극적 한정)로서의 성격을 잘 나타낸 말로 보고, 그것을 '무형이유리(無形而有理)'[형태는 없지만 이치는 있다]라고 풀이하였다. 또 주자는 『역易』의 '역유태극, 시생양의(易有太極, 是生兩儀)'라는 문구를 해석할 때에도 태극이 가지고 있는 위와 같은 궁극적 한정으로서의 성격을 충분히 감안하여 '음양의 변화 가운데 태극이 있다'라고 해석, 태극이 음양(즉 이 세계)과의 관계에서 가지는 '초월과 내재'의 '양극성'을 드러내었다.

또한 화이트헤드는 우주의 섭리를 통찰하는 데 종교적 감정이 매우 필요하다고 보았다.[19] 이 종교적 감정은 과학자 아인슈타인이 말한 '우주종교적 감정(cosmic religious feeling)'과 같은 것으로 자연의 이법(섭리)에 대한 감탄, 자연의 아름다운 조화에 대한 경이 같은 것이다. 그리하여 화이트헤드는 우주를 전체적으로 해석함에 있어서 종교적 통찰이 공헌하는 바가 크다고 보고, 경험을 통해서 인식되는 만물은 그 근본적 성격상 신이 실재하여야 한다는 것이 '논리적으로 요구된다'고 하였다. 화이트헤드의 이러한 형이상학적 신관은 주자의 태극의 리에 대한 주리론자(主理論者)들의 종교성, 즉 우주종교적 감정을 이해하는 데 매우 도움이 된다.

그런데 주자는 '신'으로서의 태극과 '영원한 대상'으로서의 리를 같다고 보았다. 즉 '보편리'와 '개별리'를 같이 보아 그것을 다 리라고 보

18) 이 '신'에 대해서는 김은용, 「WHITEHEAD의 신관에 관한 연구」(충남대학교 대학원 박사학위, 1982) 및 오영환, 「화이트헤드의 신관」, 『기독교 사상』 18권 1호, 대한기독교서회, 1974 참조.
19) 오영환, 전게 논문 참조.

고, 그 관계를 '리일분수(理一分殊)' 또는 '각구태극-통체태극(各具太極-統體太極)'으로 표현하였다. 과정철학에서는 신의 초월성은 '원초적 본성(primordial nature of God)'에서 연유하고, 내재성은 '결과적 본성(consequent nature of God)'에서 연유한다고 하고, 이데아가 구체화되는 데 있어서는 '신의 매개'가 반드시 필요하고, 이 신의 매개는 신의 결과적 본성의 작용에서 말미암는다고 하여 '리일분수'와 유사한 발상을 하고 있다.[20]

그러므로 다 같이 리라는 개념을 쓰더라도 주리론자들은 '태극의 리'를 염두에 두는 경우가 많고, 그 반대의 주기론자들은 리의 이러한 '초월화'를 반대하고, (즉 신의 원초적 본성에 초점을 맞추지 않고) '기와의 연계성'에서만 리를 보아야 한다고 주장한다. 그러므로 주자의 리기론과 그 이론의 인간에의 적용인 심성론(心性論)의 해석에서는 필연적으로 두 관점이 나올 수 밖에 없다. 그러면서 주자의 자연법적 사고방식 자체를 완전히 버리지 않는 한 두 관점는 또 반드시 공통되는 요소가 있기 마련이다.

03 퇴계의 주리론과 거경심학

퇴계 철학의 중요한 특징은 첫째, 그가 리(理)를 강조했다는 것과 둘째, 그의 학문 성격이 심학적이라는 두 가지이다. 그의 '심학(心學)'은 양명의 '양지(良知)의 심학'과는 달리 주자학의 리기론과 심성론을 충실히 계승하면서 리를 강조하고 높이는 심학을 전개하였다. 그러므로 그는 주자학의 수양법인 '거경(居敬)'을 매우 중시하였다. 원래 천리(天

20) '영원적 객체'(영원한 대상)와 신의 관계는 성리학의 '리일분수'와 매우 유사한 발상이다. '영원적 객체'는 이데아이며 '현실적 존재'(현실재)를 통해 顯現되는 潛勢態내지 가능태이며, 이것의 구체화에 '궁극적 한정'으로서 모든 '구체화의 원리'인 '신'의 매개가 필요하다. 이것은 리일분수가 나타내고자 하는 '개별리'와 '보편리'(태극)와의 관계와 유사하다. 다만 리일분수에서는 태극의 두 속성(신의 두 속성 처럼)도 리·기(태극의 두 속성으로 리-기를 보는 데 대해서는 주 29) 참조)로 볼 수 있는 가능성도 있으면서 또 태극도 리라고 규정하여 개념의 명확한 구분이나 형이상학 체계의 설명이 잘 되어 있지 않은 점이 있으나, 과정철학의 사고 방식(우주론 내지 형이상학)과 성리학(주자학)의 사고방식이 매우 유사한 것을 발견할 수 있다.

理)가 인간에 내재화하여는 인성(人性)이 되므로 주자의 리를 인간 심성에서 구하면 '인성 본체론'으로서의 리학이 전개되므로 주자학과 양명학 사이에 연계성도 있다고 할 수 있다. 그런 점에서 퇴계의 심학과 양명의 심학이 주자학의 인성 본체론적 전개(內面主義化)에 있어서의 공통점이 없는 것은 아니다. 또 주자 이후 원대 및 명초 주자학의 '실천주의화'(개인 수양에 치중)의 사상적 추이와도 유사점이 많다. 아무튼 퇴계의 주자학 수용은 이 두가지 특징을 다 가지고 있으며, 이 두가지는 상호 표리 관계에 있다고 할 정도로 밀접한 관련이 있다.

퇴계는 30대초에 『심경부주心經附註』를 접한 이후 약 30여년간 애독하였으며, 또 그 책을 신이나 부모처럼 받든다고 한 데서 그의 학문 성격이 심학적임을 알 수 있다. 또 퇴계는 "정좌(靜坐)의 학문은 두 정 선생(程顥/ 程頤)에게서 발단되었는데 그 말이 선(禪)인가 의심스러우나 이연평(李延平; 李侗)과 주자에 있어서는 심학의 본원이 되고 선은 아니다."라고 하였다.[21)]

퇴계의 이러한 '거경의 심학'은 존재론에 있어서 리를 기보다 더 우위로 보는 '리우위관(理優位觀)', 즉 '주리론'을 취하였다. 퇴계는 말하기를 "공자와 주자(周子; 주렴계)가 음양은 태극이 낳은 것이라고 한 것으로 볼 때 만약 리기가 본래 일물(一物)이라면 태극이 양의이니, 어찌 낳는 자가 있겠는가?"라고 하고,[22)] 또 "주렴계의 '태극이 동(動)하여 양을 낳는다'는 것은 리가 동하여 기가 생긴다는 것이다."라고 하였다.[23)]

퇴계의 존재론에 있어서의 이러한 '리동설(理動說)'은 주자의 '리의 무작용성'과는 배치된다. 그러므로 퇴계는 '리의 체용론(體用論)'으로 이 난제를 해결하려고 했다. 즉 그는 말하기를 "생각과 움직임이 없는 것, 이것이 리의 본래 모습[體]이고, 그때 그때 발현되어 나타나는 것, 이것이 리의 신묘한 작용[用]이다."라고 하고,[24)] "그전에는 리의 본체가 무위(無爲; 작용 없음)한 것만 보고, 신묘한 작용이 있음을 몰랐다. 그리

---

21) 『退溪全書』(이하 『退全』이라 약칭), 권 41, 31면(原典의 版心面).

22) 동서, 41-20면.

23) 동서, 25-35면.

24) 동서, 18-31면.

하여 리를 거의 사물(死物; 죽은 사물)로 볼 뿐 하였으니 큰 잘못이 아니겠는가?"라고 하였다.[25] 퇴계의 '리의 체용론'은 과정철학적으로 말하면 '신의 양극성'과 같은 것이며, 그의 '리 우위관'은 리를 보되, '신'과 같은 위상으로 '태극(의 리)'를 본다는 것이다.

퇴계의 이러한 '리 우위관'은 심성론인 '사단칠정론(四端七情論)'에서도 그대로 나타났다. 그리하여 퇴계는 고봉(高峯, 奇大升; 1527-1572)과의 논쟁에서 언어 표현상 수정은 있었지만, 일관되게 사단과 칠정을 분리해서 보려고 하였다. 즉 칠정의 선한 것과 사단의 원래부터 순수하게 선한 것과는 절대 같을 수 없다는 생각이었다. 그러므로 퇴계는 리기를 가치론적으로 마치 선-악처럼 대립시켜 말하기를 "리는 귀하고 기는 천하다. 리는 무위하고 기는 유욕(有欲)하다."라고 하였다.[26] 인심(人心)과 도심(道心), 기질지성(氣質之性)과 본연지성(本然之性)도 사단, 칠정에서와 같은 논리로 대립시켜 보았다. 이것은 순수 가치로서의 리를 더 우위에 둔다는 것인데, 이는 존재를 규범적으로 보려는 자연법적 사고의 당연한 귀결인 것이다.

이때의 리는 이미 상당히 초월화되어 있어 기와 상대되는 범주가 아니다. 그러므로 퇴계는 "태극에 동정이 있다는 것은 태극이 스스로 동정하는 것이고, 천명(天命)의 유행은 천명 스스로의 유행이다. 어찌 다시 시키는 자가 있겠는가....대개 리·기가 합하여 사물에 명령하는 것은 그 신묘한 작용이 스스로 이와 같은 것이지 천명 유행처(流行處)에 별도로 시키는 것이 있다고 말할 수 없다. 그것은 이 리는 극히 존귀하여 상대가 없고 사물에 명령하되 사물의 명령은 받지 않는 것으로 기가 이길 수 없다."라고 하고,[27] 또 "고금인의 학문과 도술(道術)이 차이가 나는 까닭은 오로지 리자(理字)를 알기 어렵기 때문이다."라고 하였다.[28] 이와 같이 자연법 사상에서는 리를 가치적으로 더 우위로 보고 더 나아가 리를 높이고 절대시할 수 있는 논리가 원초적으로 있는 것이다.

---

25) 동상.
26) 동서, 12-24면.
27) 동서, 13-16면.
28) 동서, 16-46면.

이러한 퇴계의 '주리론'은 그의 '거경 심학'과 밀접한 관련이 있고, 이때의 리는 리-기 상대의 리가 아니라, 리-기의 두 속성을 함유한 '태극의 리'로서의 리이며,[29] 그런 면에서 볼 때 퇴계의 '거경의 수양'은 단순한 도덕적, 윤리적 의미만 있는 것이 아니다. 그것은 과정철학의 형이상학적 신관과 비교되는 것으로 윤리적 경건성을 함유한 '종교적 경지'라고 할 수 있고, 송학의 태극이 나타내는 우주론적 의미에서 볼 때 그것은 앞에서 말한 '우주종교적 감정'과 매우 유사한 것이라고 생각된다. 이러한 우주종교적 감정을 잘 이해할 때 주자학과 퇴계의 '거경의 심학'의 진정한 의미도 잘 이해할 수 있을 것으로 생각된다.

이와 같이 퇴계는 주자학을 수용하여 자신의 '경(敬)의 수양'을 통하여 조선조에 있어서 '도덕 형이상학'(理論)과 '형이상학적 심학'(敬의 실천)을 형성하였다고 결론 지을 수 있다.

04 율곡의 리기지묘론과 그의 사회적 실천

앞에서 말한 퇴계의 '주리론'(리 우위관)은 주자학 리기론의 두 원칙 중 '리기불상잡'의 원칙에 치중하여 리를 본 것이다. 이에 대해 그 반대로 존재론적으로 리와 기의 밀접한 상관성에 초점을 두고 '리기불상리'의 원칙에 치중하여 리-기를 대등하게 보는 관점이 있을 수 있다. 율곡의 '리기지묘(理氣之妙)'의 철학이 이러한 관점이다. 그렇다고 율곡이 리의 존재 원리(이데아)로서의 속성을 부인하는 것은 아니다. 그것은 그가 명대 기의 철학자 정암(整庵, 羅欽順; 1465-1547)의 '리기일물론(理

29) 김하태는 "무극과 동일한 태극은.... 리와 기의 두 속성을 가졌다고 말할 수 있다."라고 하고(전게서, p.176), 또 "리와 기는 아리스토텔레스의 형상인과 질료인 또는 인도의 푸루샤와 프라크리티의 관념처럼 세계의 사물의 창조나 생산의 두 원리가 된다."라고 하고(전게서, p.177), 또 "신유교의 우주론을 현대 철학의 용어로 고쳐서 말하면, 유일자, 태극, 존재 자체는 로고스와 존재로 구성되어 있다. 하이데거가 주장하는 바와 같이 이것을 이원론으로 보면 잘못이다.... 그러므로 비록 어떤 신유학자들은 태극의 리 쪽을 강조하고 어떤 신유학자들은 태극의 기 쪽을 강조한다고 할지라도 결국 이들은 합리론자도 되고, 유물론자도 되는데, 세상에는 하나의 태극이 있고, 스피노자 철학과 같이 태극의 두 속성으로 리와 기를 말할 수도 있다."라고 하였다(전게서, p.177).

氣一物論)'을 비판한 데서도 알 수 있다. 물론 태극(의 리)에 대해서도 주자와 전연 다른 관점을 갖는 것은 아니다. 다만 주리론자들이 리를 높이는 나머지 '기의 생성'이라고 하는 '존재의 실상'을 놓치고 있는 데 대한 비판적 안목에서 리-기를 동시에 중요하게 보고자 하는 관점이다.

이러한 율곡의 관점은 분명 '존재론적 관점'이기 때문에 율곡은 인간의 심성은 이 우주 존재와 같은 차원에서 설명하려는 시각을 가지고 있다. 그리하여 그는 말하기를 "사람 마음만 그런 것이 아니라 천지의 변화도 기화리승(氣化理乘) 아닌 것이 없다."라고 하였다.[30] 그러므로 율곡은 퇴계가 "사단은 리발기수(理發氣隨)요, 칠정은 기발리승(氣發理乘)"이라고 한 데[31] 대하여 "칠정만 그런 것이 아니라 사단 역시 기발리승(氣發理乘)이다."라고 하였다.[32] 따라서 율곡에게 있어서는 칠정 외에 따로 사단이 있는 것이 아니다. 즉 그는 말하기를 "칠정이란 사람의 마음이 동할 때(움직일 때) 이러한 일곱가지 정이 있다는 것을 통털어 말하는 것이고, 사단이란 칠정 중의 선한 것을 택하여 말한 것이다."라고 하였다.[33] "칠정 외에 사단이 없다."는 주장[34]은 '칠정'이라는 인간의 적나라한 감정의 유로라는 '현상' 그 자체에서 인간의 마음을 보려는 것이다. 이는 퇴계가 기를 '욕망'으로 보는 가치론적인 관점인 데 비하여 율곡은 "어린아이가 우물에 빠지려고 하는 것을 본 뒤에 측은지심이 발현되니, 이때 '보고 측은히 여기는 것'이 소위 기발이다."라고 하는 것[35]과 같이 존재론적인 관점에서 기를 보고자 하는 것이다.

이러한 관점은 율곡의 리기론에서는 더욱 분명하여 화담(花潭) 서경덕(徐敬德; 1489-1546)이 '담일청허(澹一淸虛)의 기'를 궁극적 존재로 보고 있는 데 대하여도 비판하고, 또 퇴계의 '리동설(理動說)'(太極生兩儀說)도 비판하였다. 그리하여 존재의 두 계기로서의 리-기를 상함적 관계로 대등하게 보아야 한다고 하고, 이러한 리-기의 상함적(相須的) 관

30) 『栗谷全書』(이하 『栗全』이라 약칭), 권10, 5면(原典의 版心面).
31) 『退全』, 16-32면.
32) 『栗全』, 10-5면.
33) 동서, 9-35면.
34) 동서, 10-7면.
35) 동서, 10-5면.

계를 율곡은 '리기지묘'라고 하였다. 즉 율곡은 말하기를 "리와 기는 원래부터 떨어지지 않아 이물(二物)이라 할 수 없다. 그러므로 정자(程子)가 도(道)가 기(器)고 기가 도라고 하였다. 그러면서 섞인 가운데서 서로 혼합되지 않는다. 그러므로 주자가 리는 리고 기는 기이어서 서로 섞이지 않는다고 하였다. 이 두 설을 종합하여 리기지묘를 볼 수 있을 것이다."라고 하고,[36] 또 "리기지묘는 보기도 어렵고 말하기도 어렵다."고 하였다.[37] 이러한 리기지묘의 관점에서 율곡은 "음이 다하면 양이 생기고, 양이 다하면 음이 생긴다. 일음일양에 태극이 있다. 만일 담일청허한 기가 음양을 낳는다고 하면 이것은 음양에 처음이 있는 것이 된다. 처음이 있으면 끝이 있다. 그렇다면 음양의 기틀은 멈춘지가 오래되었을 것이다."라고 하고,[38] 또 "태극이 동하여 양을 낳는다는 것은 태극이 존재의 '원리' 내지 '근거'라는 것이지 음양이 무에서 생겨나는 것을 말하는 것이 아니다."라고 하였다.[39] 이것이 율곡의 '음양본유설(陰陽本有說)'(기는 使役者 없이 이미 스스로 움직였다)로서 이는 과정철학적으로 말하면 '기의 생성'을 중시하고 이 기의 생성에 있어서의 리·기의 동등한 상함적 작용성을 강조하고자 하는 관점이다.

이것이 리기지묘의 관점인데, 이 관점에서는 리는 '존재의 원리', 즉 이데아('영원적 객체')의 속성을, 기는 '존재의 질료'(또는 존재의 생성계기), 즉 '현실적 존재'의 속성을 각각 분명히 가지면서 그 관계가 다만 상함적이라고 보는 것이다. 물론 태극 및 태극과 리(개별의 리)의 관계에 대해서는 주자학과 변함없고, 오히려 율곡은 자기의 견해가 주자를 올바로 보는 것이라고 자신을 가졌다.

이러한 리기지묘의 논리(이론)는 율곡에게 있어 존재론에 그치지 않고 사회적 실천(정치)에 그대로 옮겨져 '사회실천론'(정치론)으로도 적용되고 있다. 그는 말하기를 "한 성인(聖人)이 죽고 나면 반드시 다른 성인이 연이어 나타나 천하를 다스리는데, 수시변통(隨時變通)하여 백

36) 동서, 20-59면.
37) 동서, 10-17면.
38) 동서, 9-19면.
39) 동서, 10-39면.

성들을 곤궁하지 않게 한다. 그러나 인심(人心)에 연유하고 천리(天理)에 근본한 것은 조금도 바뀌지 않는다. 불변자는 천지지상경(天地之常經)이요, 변통자는 고금지통의(古今之通誼)다."라고 하였다.[40] 율곡은 당시 16세기 후반의 조선조를 경장기(更張期)로 파악하여 제도 개혁을 역설하였는데, 그가 여기에서 말한 '상경'과 '변통'의 상함적 관계는 '리-기' 관계의 사회적 실천에의 적용임이 분명하다. 율곡은 이런 관점을 여러 가지로 말하였다. 대표적인 것을 예로 하나 더 들면, 율곡은 말하기를 "도(道)에 있어서 병립할 수 없는 것은 시(是)와 비(非)이며, 사(事)에 있어서 겸비할 수 없는 것은 이(利)와 해(害)이다. 한갖 이해가 급하다 하여 시-비를 고려하지 않는다면 일을 처리하는 원칙[義]에 어긋나며, 또한 시-비만 생각하여 이-해를 살피지 않는다면 변화에 대처하는 방법[權]에 어긋난다. 변화에 대처하는 방법에는 일정한 기준이 없으니 중을 얻음[得中]이 귀하고, 일을 처리하는 원칙에는 항구불변의 제도가 없으니 의(宜)에 합함[合宜]이 귀하다. 그리하여 득중-합의하면 시(是)와 이(利)가 그 가운데 있다."라고 하였다.[41] '중용(中庸)'(時中)과 '일의 합리성[適宜]'을 통하여 '일의 원칙[義]'과 '변통의 방법[權]'의 조화를 실현한다는 율곡의 이 말은 '리기지묘'의 논리임이 분명하다. 율곡의 이러한 주장은 매우 모순되고 신비하게 들릴 수도 있으나, 율곡은 더 구체적으로 "진실로 나라를 편안하게 하고 백성에게 이로우면 다 행할 수 있는 일이요, 그렇지 못하면 다 해서는 안되는 일이다."라고 하여[42] 도를 실현하는 주체자가 위정자에 있음을 말하였다. 이 백성을 위한다는 것은 기본적으로 위정자의 '참다운 마음'[誠]에서 나온다고 율곡은 또 말하였다.[43]

이러한 사회실천적 사상에서 율곡의 여러 가지 제도 개혁론이 나온 것인데, 그의 정치철학에 관한 이론은 『성학집요聖學輯要』에, 구체적 당시 정책론(제도개혁론)은 「동호문답東湖問答」 등에 잘 나타나 있다.

40) 동서, 26-36면.
41) 동서, 습유 권5, 26면.
42) 동상.
43) 동서, 24-13면.

여기에서 장황하게 다 들 수는 없고 요약하여 말하면 율곡은 당시의 시급한 정책론 외에도 관청노비의 고통경감, 서자의 벼슬 허용, 노비의 해방, 언로의 개방, 십만양병 등 획기적인 정책을 제시하였다.

이러한 율곡의 실천 정신은 그의 철학과 결코 별도로 있는 것이 아니다. 앞에서 주자의 정치론을 다루지 않았지만, 주자의 소위 '전체대용(全體大用)의 실천정신'[44]과 조금도 다르지 않다. 즉 사대부라는 '사인겸관료(士人兼官僚)'로서의 자기 수양과 국가 사회에 대한 봉사라는 송대 주자의 실천 정신을 그대로 계승한 것이다.

율곡은 이와 같이 주자학을 수용하여 리, 또는 기의 초월화를 비판하고, 존재의 실상을 '리-기 상함'의 존재의 생성에서 볼 것을 강조하고, 그렇게 함으로써만이 주자의 형이상학 체계를 올바로 볼 수 있다고 생각하였으며, 이것을 율곡은 이론에서 뿐만 아니라 사회적 실천에도 그대로 적용할 수 있다고 확신하고, 이 이론의 토대 위에서 당시의 시급한 각종 정책을 제시하였다. 그 이론이 '리기지묘의 사회실천론'이며, 거기에서 '변통론'이나 '시중합의론' 또는 '성(誠)의 정치론'이 전개되었다.

05 결 어

주자의 리기론에는 두 가지 원칙이 있다고 하였다. 즉 '리기불상리'와 '리기불상잡'이 그것이다. 이것을 태극을 두고 말하면, 태극의 '초월성'과 '내재성'인데 태극의 초월성을 강조하면 '리기불상잡'의 관점을 취하고, 태극의 내재성을 강조하면 '리기불상리'의 관점을 취한다. 그러므로 '주리론'은 자연 전자를 강조하게 되고, '리기지묘론'은 후자를 강조하게 된다. 다시 말하면 '가치론'의 입장(이상주의의 시각)에 서면 전자의 관점을, '존재론'의 입장(현실주의의 시각)에 서면 후자의 관점을 각각 취하게 된다. 그러나 주자의 형이상학 체계는 이 두 이론을 다 내포하고 있어 두 관점이 다 나올 수 있다(다만 사상사가들은 주자학을

44) 이동희, 전게 학위 논문 참조.

'주리론', 또는 '리의 철학'이라 명명하고, 반주자학은 '주기론' 또는 '기의 철학'이라고 부르는데, 역사적 관점에서는 시대사조 측면에서 그렇게 도식화할 수도 있으나 율곡의 '리기지묘론'은 '주기론' 또는 '기의 철학'이라고 하기 어렵다).

그리하여 퇴계 사상인 '도덕형이상학' 및 '거경의 심학'은 참다운 수양의 가치와 아울러 주자학(성리학)의 우주종교적 경지까지 잘 나타내었고, 율곡 사상인 '리기지묘'의 '변통론' 및 '득중합의론'과 '성의 정치론'은 주자의 사회적 실천이론을 잘 나타내었다고 할 수 있다. 그런 의미에서 퇴계와 율곡의 사상은 주자학의 발전적 전개라고 할 수 있다. 뿐만 아니라 퇴계와 율곡의 사상을 통하여 유교의 이상과 목표인 신성성과 논리성과 (일의) 합리성이 인간 '도덕주체의 성실성'(즉 敬, 誠)에서 매개된다는 사실을 확인할 수 있다.

주자학은 우리나라 조선조에 있어서 '퇴계 철학'과 '율곡 철학'을 낳았는데, 이 두 철학 사상은 이후 조선조 사상의 두 연원이 되고 기둥이 되었다. 다시 말하면 퇴계와 율곡의 두 사상적 관점(입장)은 리기론이라는 주자의 형이상학적 체계에서 나누어져 나왔으나, 이것이 존재를 설명하고 인간 도덕을 설명하는 일종의 세계관으로 패턴화되어 조선조 사상과 문화에 큰 영향을 미쳤다.

제 4 장

한국 전통 사상의 주체성 탐색과 미래 전망

01 서 언

한국 전통 사상이란 범위에는 원시종교로서의 샤마니즘, 중국에서 들어온 유교, 불교, 도교(도가 포함) 사상이 들어간다. 그러나 여기서 다루고자 하는 것은 범위를 좁혀 '조선조 유교'에 한정하고자 한다. '주체성'이란 중국으로부터 들어온 사상과 문화를 한국적 풍토에서 한국인에 의해 개성 있게 수용하고 전개한 것을 의미한다. 다시 말하면 한·중 문화 교류에서 한국의 토착성에 의한 특성을 말한다. 그런데 과거에는 문화 단위가 국가 단위나 민족 단위 보다 강하고, 또 중국 문화의 영향력이 유일하여 지역성에 의한 문화적 특이성이 잘 나타날 수가 없었다. 그러나 그런 가운데서도 토착성에 의한 개성이 문화의 수용, 전개 과정에서 분명히 나타날 것이므로 그 작은 차이나마 사상과 문화의 특성으로 탐구해 보고자 한다.

이러한 위기의식은 한국이 예부터 중국 문화에 지나치게 편향되어 왔고, 그 배경에는 정치적 종속 관계가 있었다는 역사적 사실을 확인하고, 이에 대하여 오늘날 미래 한국의 문화적 자존과 국가 민족의 발전을 위해서는 새로운 통찰과 각오가 필요하다는 데서 나왔다. 뿐만 아니라 한말 근대 서구 및 일제의 침략은 오늘날 서구 중심의 일방적 세계 문화사 속에서는 이제 상식으로 받아들이고 있지만, 과거 조선조 사람들에게는 도덕적으로 용납할 수 없는 문명 파괴 행위로 여겨졌고, 오늘날 우리들에게도 이런 의식이 아직 남아 있다. 그리하여 오늘날 우리들에게 다시 한국의 지정학적 여건이 반복되어 민족 생존에 위협을 주지는 않을까 하는 위기 의식도 가지고 있다. 나아가 우리나라가 처한 남북 분단이라는 민족적 현실은 국제 정치적으로는 주변 강대국들에 이용물이 되기도 하고, 국내 정치적으로는 이념적 분열 원인이 되기도 하여 결국 우리 민족의 주체성을 왜곡하고 탈취하는 중요한 요소라는 점을 상기하지 않을 수 없다는 데서 이 '사상의 주체성' 문제를 제기하였다.

이러한 현대적 문제는 오늘날의 정치, 경제, 사회 등 여러 관점에서 전문 학자가 논의할 일이다. 그러나 전통학문을 하는 자들도 이러한 장래의 민족 생존에 대해 우려하지 않을 수 없다고 할 때 주체성 탐색의 문제 의식은 전통 사상 연구에 있어서도 가질 필요가 있다. 과거 조선조의 유학자들 역시 리기론을 논하는 성리학자들이라 하더라도 유학 본래 목적에 따라 이러한 현실적인 정치 사회적 시각을 가지고 있었다.

중국 문화 수용상의 조그만 차이, 즉 일종의 토착성에서 오는 차이와 문화적 수용에 있어서의 주체성은 크고 작은 차이가 있다. 즉 과거 사회 문화적 배경에서 볼 때 자각적 민족의식이 약한 상황에서 얼마나 자각적 주체성이 있었느냐 하는 것이 문제가 될 수 있다. 그러나 오늘날과는 다르다 해도 역시 토착성에서 오는 수용의 특성은 주체성으로 보아 무방할 것이다. 한편 과거 사실을 그대로 탐구하면서 그 역사적 사실에 대해 오늘날 시각에서 새로운 이념이나 사고 방식을 찾아내어 활용하는 것은 또 다른 문제일 것이다.

연구 편의상 성리학, 실학, 근대 사상의 영역으로 대략 나누어 거시적 시각에서 조선조 유학의 특징 몇가지를 고찰해 보려고 한다. 한국 양명학의 특징[1]에 대해서는 지면 관계상 다음 기회로 미루었다. 각 영역에서 구체적인 주체성 문제는 여러 학자들이 자세하게 다룰 것이다.

02 조선조 성리학 전개와 사유 문화의 특성

조선조 성리학은 바로 주자학의 역사라고 할 만큼 한말에 이르기까지 주자학이 지배하였다. 이는 사회적 배경으로서 신분제 사회와 과거제도의 영향 때문임은 다 아는 사실이다. 다만 화담(花潭) 서경덕(徐敬德; 1489-1546)의 기의 우주론, 하곡(霞谷) 정제두(鄭齊斗; 1649-1736)의 주자학적 양명학 정도가 예외라고 할 수 있다.

그런데 이러한 주자학사는 문화사적으로 여러 의미를 시사하고 있다.

첫째 주자학 일색이라는 단순성의 문제인데, 이는 사실로 인정해야 하고, 동시에 그 불가피성, 즉 신분제 사회와 과거제도 때문이라는 것도 아울러 고려해야 한다.

둘째, 그 단순성이라는 것을 어떤 기준으로 어떤 관점에서 말하는가 하는 문제이다. 일제시대 일본 학자들이 자기들의 사상사를 기준으로 말해온 것을 우리는 잘 알고 있다. 여기에서 일본 전통시대와 조선조는 사회적 배경이 다르다는 것을 간과해서는 안된다. 이것이 소위 문화적 특성이다. 중국과 흔히 비교하기도 하는데, 물론 중국은 문화의 중심이므로 문화의 주변인 우리나라와 비교가 될 수 있다. 그러나 중국 역시 양명학과 주자학의 차이가 보기에 따라서는 그렇게 크지 않고 연계성이 오히려 크며, 또한 주자학 토대 위의 양명학이라 할 정도로 양명학의

1) 한국 양명학에 대한 특징은 일본 학자 松田弘이 일찍이 잘 지적한 바 있는데, 좀 더 연구할 필요가 있다. 松田弘, 「조선조 양명학의 특질과 그 논리구조」, 『한국학보』 25호, 서울: 일지사, 1981 및 「조선조 양명학의 현상과 금후의 과제」, 『정신문화』 10호, 서울: 한국정신문화연구원, 1981 참조.

많은 부분이 주자학 체계에 의뢰하고 있으며, 그 때문에 양명학에서 주자학의 많은 장점이 축소되고 사상적으로 후퇴한 점도 많다는 것을 인정하지 않을 수 없다.2)

시대가 바뀌면 새로운 이념과 사조가 필요하다는 것은 또 다른 문제이다. 뿐만 아니라 중국도 명초까지도 주자학이었으며, 청조 역시 사조의 중심은 주자학에 있었다고 할 수 있을 정도였으므로 중국과 비교하여 조선조의 주자학의 단일성을 비판하는 것은 오늘날 볼 때 그리 중요하지 않다.3)

셋째 오늘날 관점에서 주자학 때문에 나라가 망했다 하는 것은 별로 어울리지 않는 주장이 되었다. 19세기 중반부터 본격화된 서구 자본주의의 식민침략 이후 소위 근대 사회의 지표인 근대화, 산업화는 이제 지속의 문제만 있을 뿐 전세계적으로 이미 보편적 정치경제적 목표가 된지 오래되어 서구 문명 위주로 동아시아 문화나 기타 문명권을 비교하거나 비판한다는 것은 별로 흥미있는 일이 되지 못한다. 따라서 한 문명권이 다른 문명권과 우열을 논하거나, 한 나라가 다른 나라와 문화 우열을 비교하거나 하는 것도 제한적인 의미밖에 없다.

따라서 이제는 주자학을 망국의 원인으로 치부한다는 것은 어울리지 않고, 오히려 그러한 발상 자체도 하나의 문화적 연구과제가 된다. 망국은 주자학의 관념성에 있기도 하지만, 동시에 조선조의 법과 제도에도 있기 때문이다. 그러므로 주자학의 관념성은 한국 문화의 한 영역, 즉 '사유 문화'로 생각하여 연구하면 매우 객관적인 연구가 될 것이고, 또 하나의 문화 전통으로 보존될 것이다. 그곳에서 새로운 이념이나 사유방식을 찾아내는 것은 또 다른 문제, 즉 현대 한국인의 철학적 과제이다.

---

2) 주자학과 양명학의 연계성이 더 많다. 즉 주자학의 내면화(심학화)를 철저히 하면 양명학이 되는데, 그 요소는 주자학에 이미 있었다. 그러므로 중국 학계에서는 주자학과 양명학을 함께 '송명리학'이라고 해왔다. 양명학에 가서 주자학의 사물에 대한 탐구, 즉 '격물치지'의 정신은 많이 후퇴하였다.

3) 주자학과 양명학의 연계성을 감안한다면, 조선조의 주자학 단일성은 오늘날 관점에서 크게 문제 삼을 필요는 없다. 주자학 단일성은 사실이지만, 그런 가운데서도 양명학, 실학, 반주자학 등 사조의 변화는 있었다. 한·중·일 삼국을 비교하여 조선조의 주자학 단일성을 하나의 단점으로 크게 부각시키는 것은 오늘날은 별로 중요하지 않다.

조선조 주자학의 특징은 크게 두가지로 볼 수 있다. 첫째 매우 도덕적 전개이다. 이는 학자들이 주자학을 도덕적 관점에 치중하여 해석하면서 유교 윤리를 매우 도덕적으로 받아들였기 때문이다. 그리하여 한국인의 집단 의식에 강한 유교적 도덕감을 심어주고 문화적 성격도 도덕주의 성격을 강하게 띄도록 만들었다. 오늘날 산업사회에서 아직도 실용적인 면 보다 도덕적인 면을 앞세우는 국민성이 잔존하고 있는 것도 그 때문이다. 이 도덕은 물론 유교적인 것인데, 유교에 치우친 것이 한국 문화의 특징이면서 또한 한계라고 할 수 있다.[4)]

퇴계(退溪) 이황(李滉; 1501-1570)이 전개한 주자학은 도덕적 이상주의 성격을 가지고 있었고, 율곡(栗谷) 이이(李珥; 1536-1584)가 전개한 주자학은 도덕적 현실주의 성격을 가지고 있었지만,[5)] 한말에 이르기까지 퇴계의 관점이 주류를 이루었다.[6)] 기호학파내에서도 절충파는 퇴계식의 도덕적 입론의 필요성을 인정하였고,[7)] 성호(星湖) 이익(李瀷; 1629-1690)과 다산(茶山) 정약용(丁若鏞; 1762-1836)도 목적은 약간 달랐지만 퇴계의 관점을 유지하였다.[8)] 그 배경에는 리기론이라는 사유체계에서 오는 이원적 사유방식도 한몫을 하였다. 즉 리는 선의 상징, 기는

4) 한국사회에서 아직도 유교적 가족주의가 온존해 있고, 장유유서라든가, 스승을 존경하는 기풍이 남아 있는거나, 유교적 가정의례, 연고주의, 남존여비 등이 사회적 삶의 중요 기능으로 아직 작용하고 있는 것 등 중국과 일본의 유교적 영향에 비해 유교적 영향이 훨씬 크다. 거기에는 긍정적인 면도 있고, 부정적인 면도 있다.

5) 퇴계 이황의 사단칠정설과 고봉 기대승 및 율곡 이이의 그것을 비교해 보면, 결국 한쪽은 순수한 사단을 중요시한 것이고, 다른 한쪽은 현실적인 칠정을 컨트롤하는 것을 중요시 여긴 것의 차이라고 할 수 있다. 이것을 성리학적 용어로 '주리-주기'라고 표현하였다. 이는 오늘날로 말하면 '도덕적 이상주의'와 '도덕적 현실주의'라고 할 수 있다. 풍우란은 맹자와 순자의 도덕론을 비교하여 이상주의자와 현실주의자라고 표현한 바 있다. 馮友蘭, 정인재 역, 『중국철학사』, 서울: 형설출판사, 1983.

6) 한말의 한주학파 등 영남학파는 말할 것도 없고 대부분의 기호학파 학자들도 퇴계식의 도덕적 이상주의를 크게 벗어나지 않았다. 노사 기정진, 화서 이항로, 간재 전우 등 모두 주리론적이었다. 녹문 임성주는 리기이원론 속의 유기론자이므로 크게 리기론을 벗어나거나 유교 도덕론을 벗어난 것은 아니다.

7) 기호학파 중 농암학파는 자연(우주) 해석에 있어서는 율곡식의 리기이원론을 수용하면서도 도덕론에 있어서는 퇴계식의 호발론(대립적 입론)을 긍정하였다. 졸고, 「조선 후기 '절충파'의 성리학설에 대한 연구」, 『동양철학연구』 제26집, 동양철학연구회, 2001 참조.

8) 성호 이익도 퇴계의 주리론을 지지하여 칠정도 리발이라고 하였다. 이익, 『사칠신편』 참조. 또 다산 정약용도 퇴계와 율곡을 다 옳다고 하면서, 율곡의 리기론은 자연의 리기론, 퇴계의 리발설은 심의 리발이라고 하였다. 『여유당전서』 제1권, 21권, 25면.

악의 가능성이라는 이원적 사유방식이 강한 가치의식을 유발시키고, 그것이 도덕적 이상주의를 유지하게 한 원동력이 되었다. 한말의 주자학적 의리사상도 이 리의 보편적 선의 이념을 강하게 확인한 결과 나온 사유방식이었다.[9)]

둘째 주자학의 이론 체계에서 중요하게 등장한 리와 기의 두 범주는 원래는 인간과 자연을 통합적으로 설명하려는 소위 중세 우주론(우주 형이상학)을 체계화하는 데 사용한 개념(범주)이었으나,[10)] 이것이 확대 사용되어 나중에는 도덕론의 선과 악의 문제, 나아가 세계를 인식하는 하나의 사유방식, 즉 상징성이 풍부하면서 도덕적 판단을 전제로 하는 도덕적 인식의 하나의 방법으로 사용되었다.[11)] 원래 형이상학은 그 관념체계의 성격상 최고의 유개념을 만들고 그것에 의해 세계(구체성)를 포괄적으로 설명하려는 것이 목적이므로 리와 기의 상징성이 확대되는 것은 필연적인데, 주자학에서 특이한 것은 그것이 도덕적 선과 악의 상징으로 쓰여 리기론에 의한 세계 인식은 항상 도덕적 평가의 성격을 가졌다는 데 있다.

한말의 의리사상의 대표자 화서 이항로의 사유체계도 이러한 측면에서 척사위정이 주장된 것이다. 면우 곽종석의 "나라는 망해도 도는 망하지 않는다"는 말[12)]도 도라는 보편자, 절대자에 대한 신념에서 오는 종교적 발언이라고 보면 이해가 가능하다.

---

9) 화서 이항로를 예로 들면 그는 理 · 氣를 가치서열적으로 '理主氣從'으로 보았다. 『華西雅言』, 권 3, 「神明」.

10) 리기론은 주자학에 있어서 우주형이상학을 말하는데, 그때 리, 기 두 개념은 형이상학적 실재로서 현대 화이트헤드의 형이상학과 비교해서 말하면 리는 '영원적 객체'(eternal object), 기는 '현실적 존재'(actual entity)와 흡사하다. 아리스토텔레스적 개념으로 말하면 형상과 질료에 해당된다. 이에 대해서는 졸저, 『한국의 철학적 사유의 전통』, 대구: 계명대학교 출판부, 1999 참조.

11) 퇴계와 고봉의 사칠논변을 메타윤리학적 측면에서 살펴보면, 퇴계의 호발설에서 강조하는 리와 기의 대립은 선과 악의 상징으로 쓰인 것을 알 수 있다. 선-악 대신에 리-기를 원용하여 사용한 이유는, 리-기의 경우 리는 순선인 반면에 기는 바로 악이 아니고, '可善可惡, 즉 선할 수도 있고 악할 수도 있다는 선에의 가능성을 열어놓은 점이다. 이는 악을 절대악으로 보지 않고, 소멸되는 과정에 있는 것으로, 또는 선의 결핍태로 보는 성리학의 선악관에서 연유한다. 선-악이라는 단순한 가치평가 보다 훨씬 함축적인 의미를 담을 수 있다.

12) 유병헌, 『만송유고』 부록 「곽종석소」; 유명종, 『한국철학사』, 서울: 일신사, 1982, p.389에서 재인용.

1) 퇴계와 율곡의 사유 방식

퇴계 이황이 사단칠정논쟁에서 보인 사유방식은 도덕론적으로는 이상주의적 성격을 나타내 보이었다. 사단칠정리기호발설이 그러한 주장을 잘 나타내고 있다. 퇴계에게 있어 또 하나 중요한 주장은 그가 태극의 리를 강조하듯이 리를 절대화하여 강조한 점이다.[13] 성리학에서 태극도 하나의 리로 규정되므로[14] 표현상 리 하나로 말하더라도 모든 리의 리, 즉 우주의 궁극적 리[15]를 생각할 때는 의미가 달라진다. 이것은 퇴계가 우주론자였기 때문이 아니라 성리학이 우주의 본질과 인간의 본질, 즉 심을 동일하게 보는 데서 연유한 것이다. 그러므로 인간론을 중시하는 입장에 서면서도 심을 중요시하면서 동시에 그렇게 절대적 리를 중요시하게 된다.

뿐만 아니라 퇴계에게는 가치로서의 리를 중요시한 결과 그것이 존재론적 개념인 리에 투영되어 리를 중요시하였다.[16] 물론 이것도 주자학의 도덕론에서 가치로서의 리를 소당연이라고 규정하는 데서 연유한다. 그의 이러한 주자학 해석은 주자학의 격물치지설과 같은 객관적 탐구, 사실의 중시라는 측면이 많이 후퇴한 것이 사실이다.[17] 반면에 유교의 이념, 성즉리의 성리학 도덕론을 충실히 계승한 점이 있고, 그의 호발설은 이것과 맥락을 같이 한다.[18] 이것이 조선조 주자학의 원형을 형

---

13) 퇴계는 리는 극존무대하여 사물에 명령을 내리는 자이지 명령을 받는 자는 아니라고 하였다. 『퇴계전서』 권13, 16면, 「답이달이천기」; 또 그는 고금에 학술의 차이가 나는 것은 이 리자가 알기 어렵기 때문이라고 하기도 하였다. 동서, 권16, 46면, 「답기명언논사단칠정 제이서」.

14) 주자는 태극도 하나의 리라고 하였다. 『주자어류』 권1, 중화서국본(이하 같음), p.2.

15) 주자는 태극은 천지만물의 리의 총체, 혹은 그것을 총괄하는 것이 바로 태극이라고 하였다. 『주자어류』 권94, p.2375.

16) 퇴계는 고봉과의 사칠논변에서 리-기를 선-악 처럼 가치의 대립으로 보았는데, 예를 들면, 그는 기에 리가 타는 바가 없으면 이욕에 떨어져 금수가 된다고 한 바 있다. 『퇴계전서』 권36, 2면, 「답이굉중문목」. 이와 같이 그는 리-기를 먼저 가치의 상징으로 이해한 다음 본래의 존재론적 실재로서의 리-기 의미를 해석하였기 때문에 리-기를 매번 상대화하기를 좋아하고 고봉의 존재론적 시각에서의 비판을 잘 이해하지 못하고 두 번이나 자기설을 수정하였다.

17) 이는 상대적인 문제인데, 명초의 주자학도 역시 주자학 실천주의로 기울었다. 이는 원대에 이미 기술학이 발전하여 주자의 격물치지의 필요성이 많이 줄어들었고, 고려말에 수용한 주자학이 이미 원대의 주자학과 양명학이 절충되는 사조를 통하여 수용했기 때문에 내면주의(심학)에 치우친 주자학의 성격을 가지고 있었다. 한편 율곡은 그의 『어록』을 보면 역시 자연에 대한 격물치지의 면모를 보여주고 있어 퇴계와 대조적임을 알 수 있다.

성하여 조선조 말까지 지속되었다고 할 수 있다.[19] 그와 고봉 기대승과의 논쟁은 주자학 속의 도덕론과 존재론을 우주론으로 통합하여 논함에 있어 생길 수 밖에 없는 가치와 사실의 두 영역의 모순에서 기인하므로 논쟁 그 자체의 이론적 정합성 비판은 한계가 원초적으로 있다.[20]

고봉(高峯) 기대승(奇大升; 1527-1572)의 주장을 계승하여 더욱 발전적으로 전개한 이가 율곡이므로 도덕론에서는 율곡의 학설을 고봉과 율곡의 공통 학설로 볼 수 있다. 율곡의 입장은 도덕적 현실주의라고 할 수 있다. 주자가 "사단도 부중절이 있다"고 하였으므로[21] 이에 근거하면 사단도 크게 보면 칠정과 다르지 않은 것이 된다. 따라서 사단도 칠정에 포함된다거나 칠정 외에 사단이 없다는 주장이 성립한다. 고봉과 율곡이 취한 입장이 바로 이것인데, 이는 분명 도덕적 현실주의 입장이다. 그러므로 율곡은 '사칠배속(四七配屬)'을 하였으며, '인심도심종시설'을 주장하였으며, '기발리승일도설'과 '심시기설(心是氣說)'을 주장한 것이다.[22]

---

18) 퇴계의 '호발설'은 결국 사단의 순수성 옹호라는 의미가 있는데, 이는 유교의 도덕론의 기반인 맹자 성선설의 계승에 다름 아니다. 성리학의 모토인 '성즉리'도 결국 성선설의 새로운 표현에 불과하므로 유교는 선험적 인간도덕적 능력을 인정하고 이 토대 위에서 오륜과 같은 절대적 규범을 정초한 중세의 '절대론적 윤리설'이라고 할 수 있다.

19) 퇴계의 도덕론이 유교의 기본 도덕론인 성선설을 계승하였으므로 유교의 도덕을 떠나지 않는 한 조선조 주자학자들은 퇴·율 학설과 주자학설을 가지고 이리저리 논변하였으나, 거시적으로 보면 호발설과 성선설에서 완전히 벗어나지 않았다.

20) 주자학은 일종의 자연법 윤리로서 존재(자연)의 법칙과 윤리적 규범을 동일시함으로써 절대론적 윤리설을 주장하였다. 이는 윤리 규범의 근거를 존재의 법칙에서 구하려는 것으로 중세적 사유 방식의 전형이다. 그러므로 주자의 리기론은 존재론(우주론)의 형이상학적 실재로서 말하는 경우와 그것을 도덕론에 가치 실재로서 원용한 경우가 혼재되어 있다. 그리하여 존재론적으로 보면 동등한 관계의 리·기의 실재(범주)가 도덕론에 원용될 때는 리우위론이 된다. 또 도덕론에 치중하여 리·기를 보면(유학이 원래 도덕론이므로 결국 그 입장을 버리지 못한다) 리의 '무위', 즉 실제 아무런 작용이 없는 것 같이 간주된다. 반면에 존재론에 충실하여 리기를 논하면 그 상관관계의 긴밀성은 강조하되 리-기 상대의 가치론적 입론을 충분히 하지 못하게 된다. 이러한 것은 가치와 사실의 원초적 갈등 관계를 말하는 것으로 조선조 사단칠정 논쟁에서 선명히 부각되었다. 주자학의 이러한 성격 때문에 조선조 학자들의 논쟁은(중국도 마찬가지이다) 이론적(논리적) 정합성만을 논할 수 없다. 예를 들어 퇴계와 고봉의 사칠논변을 보면, 이론적 정합성 보다는 자기들의 입론(명제)이 읽는 자가 어떻게 받아들여질까 하는 데 더 관심이 집중되어 있는 것을 볼 수 있다.

21) 『주자어류』 권53, p.1285; 1293. 주자는 측은지심에도 중절·부중절이 있다고 하였으며, 또 사단은 때때로 발동하는데, 정·부정이 있다고 하였으며, 또 하루동안 한번 正했다 한번 反했다(不正했다) 하는 것이 사단 아닌 것이 없다고 하였다.

22) 율곡과 우계 성혼과의 논쟁에서 이러한 율곡의 학설이 개진되었다. 『율곡전서』 권9 및 권10,

이 도덕적 현실주의는 성리학의 근본 이념인 우주형이상학에 충실하여 인간-자연 통합적으로 해석하는 입장이므로 리기를 물론 원용하기는 하지만, 리와 기의 형이상학적 범주로서의 원래 개념에 보다 충실히 나아가 그 리기 관계성을 중요시함으로써 자연히 이상주의자에 비해 기의 성격, 즉 현실성, 작용성 등을 중시하게 되는 것이다. 우주론을 편의상 존재론과 인간론(도덕론)으로 나누어 말한다면, 리기 두 개념은 존재의 범주이므로 그 관계성이 매우 중요하고, 이때 리기는 형이상학적 최고 유개념으로서 규정된다. 이것이 도덕론에 원용될 때는 리기는 동등한 역할 관계가 깨지고, 가치 우열을 논하는 선악의 상징 개념으로 사용된다. 주자학에 원래 이 문제가 내재되어 있다. 그렇다고 주자학이 이 문제를 해결하지 못했다거나 혹은 이것 때문에 주자학이 이론적 정합성에 결함이 있다고 할 수 있는 것은 아니고, 이는 철학에 보편적으로 보이는 아포리아(난문제)이다. 퇴계와 율곡이 이런 문제를 주자학을 부연하면서 드러낸 것이다. 다만 그들이 이런 아포리아를 의식하고 있었다고 보기는 어렵다.

율곡의 도덕론에서 그가 주자학의 본질에 접근한 듯한 자신감을 보인 부분이 있다.[23] 그것은 존재론에서의 리기의 정확한 해석인데, 그는 이를 리일분수 대신에 리통기국이라는 말로 표현하였다.[24] 그의 존재론적 입장은 퇴계에게 보이지 않는 자연학에 대한 관심에서도 잘 볼 수 있다.[25] 율곡의 이러한 사유방식은 정치사회론이라는 현실 세계에 대한 적극적 관심과 참여로 나타났다.[26] 그는 실천에서 오는 체험적 진리 인식의 의미를 잘 알고 있었고, 그것을 당시 사대부의 보편적 사회 참여 방식인 정치적 실천으로 실행하였다. 율곡은 이러한 이론과 실천의 융합에서 그의 독창성을 볼 수 있다. 이는 그의 초년의 노장학 연구, 청년

「답성호원」 참조.

23) 율곡은 리기론을 말하면서 "發(작용)하는 것은 기이고 발하는 까닭은 리이며, 기가 아니면 발할 수 없고 리가 아니면 발하는 바가 없다. 성인이 다시 나오셔도 이 말을 바꾸지 않을 것이다."라고 한 바 있다. 『율곡전서』 권10, 5면, 「답성호원」.

24) 『율곡전서』 권10, 26면, 「답성호원」.

25) 「율곡어록」(『율곡전서』 수록)을 보면 자연학에 관한 율곡과 제자와의 문답이 제법 실려 있다.

26) 율곡 사상 연구는 이 점을 그의 사상 연구와 병행하는 것이 좋은데, 그의 사회정책론은 그의 사상과 표리 관계에 있음을 여실히 느낄 수 있다. 이에 대해서는 졸고, 「율곡 성리학과 사회정책론—리기지묘론과 득중합의론」, 『동양철학연구』 제18집, 동양철학연구회, 1998 참조.

기 불교의 연구, 그 외 양명학 등 다방면의 견문과 독서 등이 주자학의 주체적 수용을 가능하게 했을 것이다.[27] 분명 이는 주자학의 주체적 전개라고 할 수 있다.

2) 퇴계와 율곡 이후의 사유 문화

퇴계와 율곡 이후 조선조 사상사는 퇴율사상사라고 할 정도로 두 사람의 주자학 이론을 계승 발전시켜 나갔다. 물론 양명학이나 경학, 노장학, 예학 등이 있긴 하지만, 전체적 흐름은 주자학과 퇴율사상이라고 할 수 있다. 다시 말하면 조선조 선비(지식인)들의 일상적 사유 문화는 주자학이 그 내용이었다. 그들의 학문 활동과 일상 생활, 정치적 실천 모두 주자학이 전형이었으며, 나아가 이 세계를 보는 관점 자체가 주자학적이었다. 이 세계관이란 것이 주자학의 성격상, 또는 유교의 성격상 중세의 절대적 도덕론이었다. 그 당시 문명 단계에서 이는 피할 수 없는 숙명이었다. 그러므로 우리가 전통 사상을 볼 때 당시 시대 배경을 충분히 감안해야 하는 이유가 여기에 있다.

퇴율사상 전개에서 조선조 후기에 와서 당파의 이데올로기로서 이용되기도 하고, 학술적으로는 '사단칠정논쟁', '인물성논쟁', '명덕주리주기논쟁' 등으로 확대되었다. 이것을 보는 관점에 따라서는 창의성 없는 동어반복적 논쟁의 연속이라고 할 수 있다. 그런 점이 분명히 있다. 왜냐하면 리기심성론은 일종의 형이상학 체계이므로 관념적일 수 밖에 없고, 한문 이외의 다른 언어는 사용할 수 없었기 때문이다.

이런 점을 양해한다면 우리는 조선조 오백년의 주자학 및 퇴율사상에 대한 사유의 전통을 일종의 '사유 문화'로 바라보는 객관적 시각을 가질 필요가 있다. 과거 조선조 사회가 문제가 있다면 그것은 이 사유 문화에 있는 것이 아니고, 중국과의 사대관계라든가 과거제도와 같은

27) 율곡의 초년(20세 전)의 과거 답안인 「천도책」을 보면 그가 일찍이 노장 사상을 좋아한 것을 알 수 있다. 모상 후 20세에 금강산에 입산하여 1년 동안 불경을 연구하고 귀환한 적이 있는데, 불교적인 내용을 가지고 응답한 시문이 문집에 약간 남아 있다. 『율곡전서』 권1, 詩 부분 참조. 양명학에 대해서는 남긴 기록은 없지만 당시 이미 『전습록』이 들어와 있었으므로 그 내용을 알고는 있었을 것이다. 정암 나흠순의 『곤지기』를 통하여도 알았을 것이다. 그리고 나흠순에 대해서는 주지하는 바와 같이 크게 영향을 받았다.

시대적 조건에 있다고 보아야 할 것이다. 오늘날 시점에서는 이 과거 역사에서 우리는 분명히 어떤 시사점을 받아야 한다.

조선 후기 학계에서도 비록 주자학 사유 범위이기는 하지만 퇴율 사상을 면밀히 검토하면서 매우 객관적 입장에서 리기론을 전개한 참신한 학자들이 있었다. 이들은 인물성논쟁 시기의 학자들임에도 거기에 몰입하여 관념적 동어반복을 하지 않고 퇴율사상을 새로운 시각으로 해석하였다. 소론계 학자들과 농암학파 학자들이 그들이다.[28] 그 요점은 존재의 리기론에서는 율곡설이 옳으나 도덕적 입론에서는 퇴계식의 대립입론(호발론)이 필요하다고 본 것이다.[29] 흔히 이들의 학설을 퇴율을 다 긍정했다고 하여 소위 '절충파'라 하지만, 단순한 이론의 절충이 아님은 물론이고, 객관적 분석의 결과 나온 이론이다. 이는 학술상의 하나의 발전이라고 할 만하고, 따라서 주자학의 한국에서의 주체적 전개라고 할 만하다.

그 외 흔히 특이한 사상가로 녹문(鹿門) 임성주(任聖周; 1711-1788)와 노사(蘆沙) 기정진(奇正鎭; 1798-1876)의 리기론을 거론하여 녹문은 유기론자(唯氣論者)로, 노사는 유리론자(唯理論者)로 지목하여 주자학의 섬세한 이론적 발전으로 간주하지만, 이들은 역시 주자학 이론가임에는 틀림 없다. 주자학의 리기론을 극단으로 밀고 나가면 이러한 주장도 가능하다는 점을 보여준 점에서 주자학의 한국에서의 심화라고 할 만하지만, 기본적으로 주자학을 리나 기 어느 쪽으로 극단화할 수 없다는 점에서 문제가 있다. 이러한 사유는 리기론이라는 형이상학 범위를 넘어선 것이다. 형이상학이 현실의 구체성을 포괄적으로 설명하기 위한 체계이지만, 리나 기를 극단화하면 구체성을 더욱 설명하기 어려워진다. 다만 관념론으로서 리기론을 끝까지 밀고 나가면 어떻게 될 것인가 하는 사유 방식 자체가 하나의 사유 문화로 남아 있다.

중국에서의 명청 교체기, 조선조에서는 인조반정 전후 주자학은 서인

---

28) 농암 김창협, 삼연 김창흡 형제를 비롯 그들과 교류한 소론계 창계 임영, 졸수재 조성기, 남계 박세채가 이들이다. 남계는 우암과 함께 청음 김상헌의 동문이다. 농암은 우암 송시열의 제자로서 권상하(수암)-한원진(남당)-임성주(녹문) 계열과는 다른 별파이다.

29) 이에 대해서는 졸고, 「조선 후기 '절충파'의 성리학설에 대한 연구」, 『동양철학연구』 제26집, 동양철학연구회, 2001 참조.

과 노론파의 당론으로 기능함으로써 권력과 밀착된 이데올로기로 변하였다. 이 시기 주자학은 사문난적 심판이나 예송(禮訟)에서 보듯이 서양 중세의 종교적 교리의 도그마와 다름 없었다. 정치 이데올로기가 인류 역사에서 얼마나 많은 과오를 범했는지 우리는 잘 알고 있다. 이 점은 오늘날 시사하는 바가 크다.

한말의 서양 식민지 침략 앞에서 주자학자들은 어떠한 생각을 하고 실천을 하였는지 논하는 것은 매우 중요한 문제이다. 왜냐하면 조선조에서 명청 교체기 못지 않은 큰 사회적 충격이었기 때문이다. 주자학자들의 시각에서 이런 시대적 큰 변화를 어떻게 해석하였는지, 여기에 대해 오늘날 우리가 어떻게 평가할 수 있는지 논하는 것은 단순히 이론적 검토만으로 되는 것이 아니므로 어려운 점이 있다. 이 문제는 한말 근대의 시대 문제로 뒤에 다시 논하기로 한다.

03 조선조 실학에 나타난 민족의 자각

동아시아 삼국에서 실학사는 삼국이 조금 다르고, 특히 조선조 실학은 중국의 실학과 연관 관계가 많지만 성격을 달리 한다. 즉 중국에서는 성리학자의 사회정책론과 실학을 같은 레벨에서 논의하지만 조선조 실학은 하나의 시대사조 내지 시대정신으로 간주하여 성리학(주자학)을 비판 극복한 사상으로 본다. 이는 일제시대 애국적 국학자들의 의식을 경유하여 탄생한 개념이기 때문에 그러하리라고 본다. 그들은 일제시기라는 어려운 시기에 국가의 독립의 염원을 이 실학 사상에 기탁하려고 하였다. 그러므로 이 일제 시기라는 일정한 시기의 역사성이 이 실학 개념 속에 들어 있다. 이 시기의 문화로 그대로 두고 보는 것이 좋을 것이다. 그렇다고 실학이 시대 정신으로서 애국적 국학자들이 주장한 내용이 실학 개념에 들어 있지 않은 것은 아니다. 최소한 시대의 문제를 해결하려는 주체성이 이 실학에는 들어 있다. 실학의 목적은 궁극적으로는 부국강병에 있다고 한다면 오늘날로 이 실학을 말하면 정치개혁을 포함하는 사회경제정책이라고 할 수 있다.

전근대의 농업사회 기반에서 말하는 사회정책론이기 때문에 오늘날의 여러 분과학문과는 많은 차이가 있지만, 그러나 그 실학 속에는 인문학적 요소가 많이 담겨 있다. 즉 '철학 있는 실학'이라고 할 수 있다.[30] 이 점이 오늘날 우리에게 시사해 주는 바가 있다. 혹자는 현대 과학기술과 산업문명을 근대적 실학이라 하여 전근대의 실학과 비교하지만,[31] 실은 그 내용에서 현격한 차이가 있고, 다만 과학기술사회의 폐해를 반성하는 의미에서 전근대 실학의 정신을 우리는 주목할 필요가 있다.

우리가 전근대 실학에서 한국의 자생적 근대화 맹아를 찾으려는 노력을 한 적이 있는데, 이는 일제 시대 애국적 학자들의 독립의식을 계승한 역사의식이긴 하지만, 실학이 엄연히 전근대라는 시대적 제약이 있는 만큼 이론으로서 한계가 있다. 오히려 철학 있는 실학으로서의 전근대 실학을 본다면 그 정신의 계승이라는 측면에서 좋을 것이며, 동시에 현대 과학기술문명의 폐해를 논하는 마당에서 굳이 실학에서 근대화의 맹아를 찾으려는 그런 노력의 필요는 없어졌다. 특히 한국 실학의 경우 민족주체성이라는 큰 의미가 있으므로 이와 함께 보는 것이 좋을 것이다. 조선후기의 실학은 동아시아 삼국에서도 중요한 의의를 가지고 있으며, 그 학문 정신에서 보더라도 과학성(실증성), 학제적 개방성, 학문의 윤리성, 실천성, 민중성, 그리고 민족 주체성 등을 중요한 특징으로 들 수 있다. 여기서 논하고자 하는 것은 민족 주체성이지만, 이 특징은 다른 실학의 정신과 밀접히 연관되어 있어 종합적으로 보아야 한다. 조선조 실학에 있어서 몇사람을 예로 들어보자.

반계(磻溪) 유형원(柳馨遠; 1622-1673)은 성리학과 실학을 병행하였는데, 그는 성리학적 개념을 가지고 실학의 정신을 '도기론(道器論)'으로 설명하였다.[32] 그 요점은 과거에는 도(윤리)가 밝아지면 기(문명)가 따라올 줄 알고 도를 밝히는 데 힘썼으나, 지금 도가 밝아졌는데도 기가 발달하지 않으니, 이제는 기를 발달시키는 데 힘을 쏟아야 한다는 취지로

30) 이러한 주장은 일본의 한국학 연구가 小川晴久가 하고 있다. 小川晴久, 하우봉 역, 『한국실학과 일본』, 서울: 한울아카데미, 1995 참조.

31) 앞의 小川晴久를 말한다. 앞의 주 참조.

32) 약산 오광운의 『반계수록』 서문.

말하였다. 이는 성리학을 병행한 실학자로서 발상의 전환을 잘 보여주는 사례인데, 실은 이것이 실학의 기본 정신이며, 여기에 주체성이 있다.

중국에서는 명청 교체기, 조선조에서는 인조반정 전후 시기 동아시아 국제질서에 큰 변동이 일어나고, 그 와중에서 조선조 주자학자들 사이에는 상당한 이념적 혼란을 겪지 않을 수 없었다. 그 원인은 중국과의 오랜 사대관계라는 군사적·문화적 관계에서 오는 주체성의 결여에서 연유한다. 즉 오래동안 주자학을 무상의 진리로 여긴 나머지 중국에의 사대 자체를 불변의 진리로 알고 있었던 점과 조선조 과거제의 문신 우대정책 및 상무정신의 결여가 그런 점을 더욱 고착시켰다. 그리하여 이즈음 '숭명반청(崇明反淸)' 이념이 성립되고, 거란의 융성과 대륙 침략, 명조 멸망과 청조 건국의 국제 질서의 급변 상황에서 숭명반청은 조선이 명을 대신하여 '소중화(小中華)'라는 새로운 명분을 창출하기에 이르렀다.33)

성호 이익은 이러한 소중화주의자들을 비판하고, 이러한 이념적 다짐만으로 소중화가 되는 것이 아니고, 제도개혁을 통하여 생재기용을 발전시키고 부국안민을 실현함으로써 가능하다고 역설하였다.34) 그의 이러한 의식 전환에는 명말부터 서양 선교사를 통해 들어온 새로운 서양문화(과학과 기독교)에 대한 폭넓은 지식이 큰 몫을 하였다. 그는 최초의 서양 연구자였으며 주체적 민족 사상가였다.

담헌(湛軒) 홍대용(洪大容; 1731-1783)은 20대 후반부터 중국을 통해 들어온 서양 학문에 대해 관심을 갖기 시작하여, 특히 천문학과 수학에 대해 열중하였으며, 북경에 사절의 일행으로 가서 서양 선교사겸 천문대장을 만나보기도 하였다. 그리하여 그는 지구구체설, 지구자전설(아직 지구공전설은 몰랐다), 은하설 등을 알고 있었다.35) 이 바탕 위에서 지구중심주의, 중국중심주의(중화사상)가 타파되었다. 그는 "사람을 중심으로 보면 사람이 귀하고 사물이 천하고, 사물을 중심으로 보면 사물

---

33) 이에 대한 정치사적 측면에서의 고찰은 박충석·유근호, 『조선조의 정치사상』, 서울: 평화출판사, 1982 참조.

34) 동상.

35) 동상.

이 귀하고 사람이 천하다."라고 하여[36] 이전의 성리학자들이 생각지 못한 세계관을 갖게 되었다. 또 그는 이것을 바탕으로 전통 화이론(華夷論)을 부정하였다.[37] 즉 세계는 결코 중화와 그 변방으로 이분되는 것이 아니고, 중국인이라도 호로(청의 오랑캐) 보다 못한 사람이 얼마든지 있으므로 사물을 구체적으로 관찰하지 않고 윤리적인 도리의 입장에서 우열을 보편적으로 규정하는 것이 부당하다고 확신하였다. 그의 이러한 주장은 실학이 가진 민족 주체성의 일단을 말해준다.

04 한말 개항기 외세 침략과 두가지 대응 양식

한말 개항기, 즉 19세기 후반 중국은 반식민지가 되고, 한국은 일본의 식민지가 되었으나, 일본은 이와 대조적으로 근대국가로 탈바꿈하는 데 성공하였다. 그 중요 원인이 각국의 지정학적 조건, 그리고 국력 및 내부 사정에 있었던 것이 사실이지만, 이와 아울러 당시 19세기 후반이라는 세계사적 환경 속에서 외부로부터의 강제, 즉 '외압(外壓)'이라는 요인을 간과할 수 없다. 특히 한국의 경우는 전통적으로 사대관계에 있던 청으로부터의 내정간섭이나 군사적 강압, 그리고 교린관계에 있던 문화 후진국 일본으로부터의 침탈이라는 데 외압의 특수성이 있었던 것이다. 또한 일본이 받은 외압의 시기와 한국이 받은 외압의 시기가 다른 데서도 외압의 상대성을 볼 수 있다.[38]

---

36) 『담헌서』 내집 권4, 18면, 「의산문답」.

37) 동상.

38) 비유럽사회로서 자본주의적 산업화에 성공한 일본을 두고 그 '외압'의 특수성에 대해 관심을 갖는 것은 당연하다. 일본에서는 이에 대해 石井孝와 芝原拓自가 오랫동안 논쟁을 벌였다. 芝原은 당시 일본이 외압을 받던 시기는 '반식민지의 위기 상황'이었는데, 일본 국내의 민족적 결집력이 이를 극복했다고 보았고, 石井은 1860년대의 영국과 프랑스의 대아시아 외교정책을 분석한 결과 영국이 중국에 관심을 가졌던 1850년대와 본격적인 제국주의 국가로 변모한 1870년대의 사이에 나타난 외압의 상대적 완화가 일본의 국내변혁에 대단히 유리한 조건으로 작용하였다고 보았다. 『역사학연구』 266(1962. 7), 272(1963. 1), 279(1963. 8)호의 이들 논문 참조; 朴明圭, 「19세기 후반 동북아시아의 외압구조: 한국과 일본의 비교」, 한국정치외교사학회, 『동북아 질서의 형성과 변동』, 서울: 과학정보사, 1994, p.26에서 재인용.

한국과 일본의 개항에는 약 20년의 차이가 있는데, 이 20년이 단순한 시간 차이가 아니라 동아시아를 둘러싼 국제환경의 질적 차이가 있었고, 이것이 두 나라의 내부 정치 변혁에 결정적 차이를 가져다 주었다.

1884년의 '갑신정변'은 종주권을 강화하려던 청국과 조선 침략을 노리던 일본의 첨예한 대립상을 극명하게 보여주었다. 갑신정변은 청국의 군사개입으로 좌절된 한국 근대사에서 중요한 사건이었다. 갑신정변은 일본침략의 일환으로 이루어진 갑오개혁과는 달리 일본 정부와는 무관하게 조선 내부에서 성장하던 개화파 세력이 추진한 주체적 정치변혁 운동이었다.

그러나 1894년 청일전쟁으로 조선의 외압구조는 청국에서 일본으로 바뀌어 버렸다. 일본은 1880년대 군비확장의 결과 1890년대 초에는 청국을 능가할 만한 군사력을 보유하게 되었다. 그리하여 1894년 동학농민운동을 빌미로 개전외교(開戰外交)를 구사하여 조선침략을 노골화하였다.

결국 조선이 중요한 정치변혁을 수행해야 할 시점의 세계사적 조건은 조선의 자유로운 변혁의 가능성을 상당한 정도로 제약하는 것이었다. 일본의 경우는 1864년 4개국 연합함대가 조슈번[長州藩]의 시모노세키[下關]를 공격하여 일거에 '양이(攘夷)'의 불가능을 알려줌으로써 급격히 개국화친론(開國和親論)으로 돌아서도록 만들었다. 조선의 경우 신미, 병인양요가 어슬프게 끝남으로써 대원군으로 하여금 쇄국의 자신을 심어준 것과는 극명하게 대비되는 역사적 모습이었다.

1) 척사위정의 대외인식의 추상성

척사위정파의 의식 기반은 주자학이었으므로 화이론적 세계인식을 벗어난 어떤 새로운 인식의 틀을 가질 수가 없었던 것은 당연하다. 그리하여 그들은 서양근대의 정신과 문명, 자본주의 초기의 식민지 침략성, 그리고 더 근본적으로는 지리적 비교나 문명의 상대성은 전연 이해할 수 없었다. 따라서 그들의 대외인식은 매우 전근대적이었고, 그런 의미에서 매우 관념적이고 추상적일 수 밖에 없었다.

예를 들면 화서(華西) 이항로(李恒老; 1792-1868)는 서양 학문이 중국은 물론 조선에까지 미치고 있는 이유를 설명하기를 "(지구의 움직임이) 동이 돌면 서가, 서가 돌면 동이 되어 잠시도 정지되어 있지 않으므로 남·북의 풍속은 점진적으로 달라지지만, 서·동의 기운과 습속은 감응이 민감하다. 그것은 동식물의 종류를 보면 분명하다."라고 하여 음양지리설(陰陽地理說)로써 설명하였다.[39]

그들의 대외인식도 이와 다름 없었다. 화서는 서양인은 보기에는 인간과 같으나 속마음은 '금수'(짐승)와 같다고 하였다.[40] 서양은 오랑캐(청 나라) 보다 한층 더 내려가 '금수'라고 하여 도저히 서로 왕래할 수 없다고 하였다.[41]

이는 중화(중국)·소중화(우리나라) 對 이적(청)·금수(서양 및 왜) 사이의 구분으로서 전통적 '화이론'에 근거한 '인수지별(人獸之別)'이라고 할 수 있다. 이 논리에 근거하여 '존화양이', 즉 '척사위정'을 주장하였다. 면암(勉庵) 최익현(崔益鉉; 1833-1906)과 의암(毅庵) 유인석(柳麟錫; 1842-1915) 경우도 '존화양이'의 의리는 변하지 않았다. 또 화서 및 그 문도들은 서양문물 자체를 잘못 이해하고 있었다. 화서는 서양 역법(曆法)에 대해 평하기를 그것이 비록 정밀하다 해도 윤리를 도외시한다고 혹평하였다.[42]

특히 의암 유인석의 경우 중국 중심의 국제평화 추구라는 이념은 매우 유교적인 이념으로서 훌륭한 것이었지만, 당시로서는 약소국의 메아리 없는 외침에 불과하였다. 의암은 중국을 중심국으로 하여 세계평화를 도모해야 될 것이며, 거기에 서양이 전쟁을 버리고 동참해야 된다고 준엄하게 꾸짖었다.[43]

그들의 대외 인식의 추상성은 근본적으로 봉건적 화이관의 바탕을 이룬 주자학에 있었음은 물론이다. 화서는 주자의 리기론을 수용하여

---

39) 『華西雅言』 권10, 「尊中華」

40) 동상.

41) 동상.

42) 『화서집』 권25, 「闢邪錄辨」.

43) 동서, 권51, 「우주문답」.

그것으로 세계인식의 주요 틀로 삼았는데, 한말의 상황인식에 적용하기에는 너무나 낡은 관념론(형이상학)이었다. 더우기 화서는 리·기(理·氣)를 가치서열적으로 '리주기종(理主氣從)'으로 보았다.[44] 그는 리·기 관계로써 천하의 치·란(治·亂)을 상징하였다. 이러한 주리론적(主理論的) 경향은 모든 척사위정파에 공통된 것이었다. 이러한 정치적 사유는 1860년대 대외적 위기가 절박하여지자 그대로 정치적 지향에 반영되어 배외적 '양이론'의 기저를 이루었다.

그러나 척사위정 사상이 복고적 민족주의[45]라는 제한적 성격의 것이지만, 한말 일본의 침략에 직면하여는 의병전쟁, 나아가 독립운동의 지도이념이 됨으로써 근대 한국의 민족주의 운동에 일정한 기여를 했던 것이다.

2) 전기 개화사상의 대외인식과 개혁사상

전기 개화사상은 실학의 정신을 계승하고 있다. 먼저 인맥에 있어서도 환재(瓛齋) 박규수(朴珪壽; 1807-1876)가 실학자 연암(燕岩) 박지원(朴趾源; 1737-1805)의 손자이며, 그는 실학의 '실사구시'(실용) 정신을 계승하여 비록 이적(夷狄)이라도 훌륭한 것은 배워야 한다는 생각을 갖고 있었다. 강화도조약을 체결할 당시 홀로 '자주적 개국론'을 주장한 박규수는 1861년 열하부사(熱河副使)로, 1872년 동지정사(冬至正使)로 두번에 걸쳐 역관(譯官) 오경석(吳慶錫; 1831-1879)과 함께 청국을 방문하여 국제정세에 견문을 넓히고, 귀국하면서 청말 공양학자(公羊學者) 위원(魏源; 1794-1857)의 『해국도지海國圖志』[46]와 『영환지략瀛環志略』을

44) 화서는 리·기를 또 "理는 본래 존귀하여 상대가 없으나, 氣는 본래 낮아 상대가 있다."라고 하기도 하고, 또 '理帥氣役' 등으로 표현하기도 하였다 (동서, 권3, 「신명」)

45) 진덕규는 민족주의를 복고적 민족주의, 변혁적 민족주의, 수용적 민족주의, 문화적 민족주의로 나누고, 척사위정은 이념이 전통적인 것이고, 지도계층이 세습적 지배계층이고, 특정시대의 특정사회구성원에 의해 표출되었다는 점에서 복고적 민족주의라고 불렀다. 진덕규, 「척사위정론의 민족주의적 비판의식」, 『한국문화연구논총』 제31집, 서울: 이화여대, 1978, p.236.

46) 위원의 『해국도지』 50권은 1842년에 쓰여져 1844년에 간행되고, 다시 1847년에 증보하여 60권으로 간행되었다. 이규경의 『오주연문장전산고』에 의하면 1850년 전후부터 이 책이 조선에 전해졌다고 한다. 김영작, 『한말 내셔널리즘 연구』, 서울: 청계연구소, 1989, p.79 주 12) 참조. 조선에 이렇게 일찍 전해졌음에도 불구하고 유림 등 식자층에서 세계정세에 그렇게 밝은 자가 적었던 것은 역시 조선조 사회가 과거제에 의한 문신우위의 사회였으므로 주자학 이데

가지고 와 실학정신에서 이를 수용하였다.[47]

그는 가치체계로서 서양은 인정하지 않는다 하더라도 국방과 같은 현실문제 해결을 위해서는 서양기술을 이용하자는 것이었다. 이것이 마침내 '동도서기론(東道西器論)'이라고 하는 초기개화사상으로 전개되었다.

갑신정변의 중심인물들은 개화사상에 의해 결집되고 그것을 운동의 차원으로 전개한 최초의 정치세력이었다. 그 가운데서도 고균(古筠) 김옥균(金玉均; 1851-1893)의 사상은 중인 출신의 의사 대치(大致) 유홍기(劉鴻基; 1831-?)와 역관 오경석의 감화에 힘입은 바 크다. 역관 오경석은 청조 고증학과 추사(秋史) 김정희(金正喜; 1786-1856)의 영향을 많이 받았다. 그는 북경과 천진을 내왕하며 견문을 넓혔는데, 그 시기는 중국에서 양무(洋務) 운동이 한창 일어나던 시기였다. 두 사람은 의논한 결과 북촌(北村) 양반 자제들에게 개화사상과 개혁의 취지를 전파하기로 의견을 모았다.

1880년 7월에는 제2차 수신사로 김홍집(金弘集; 1842-1896) 일행이 파견되었다. 김홍집은 주일청국공사 하여장(何如章)과 참찬 황준헌(黃遵憲; 1848-1905)을 만나보고, 황이 지은 『조선책략朝鮮策略』을 입수하여 돌아왔다. 이 책을 접한 조선 정부는 서구열강과의 외교설정이 불가피함을 알게 되었고, 재야의 '양이열(攘夷熱)'을 식히고자 이 책을 배포하였다. 그러나 그 결과는 반대로 재야의 '척사상소' 사태를 일으키게 되었다.

이러한 척사상소의 소란 속에서도 재야 유림으로서 개화를 주장하는 소위 개화상소가 나오기 시작하였다. 1881년 7월의 곽기락(郭基洛)의 상소를 필두로 개화상소가 뒤를 이었다. 1882년 8월 국왕이 '일국경시(一國更始)'를 천명하고 널리 진언을 구하면서부터 개화론이 급속히 진전되었다.[48] 개화상소에 보이는 동도서기적인 부국강병책은 점차 '문명개화(文明開化)'로 그 폭을 넓혀갔다. 일본에서 1873년 서양시찰단 귀

올로기를 깨고 나오기가 어려웠기 때문이었을 것이다. 이미 사상적 탄력성을 잃었다고 할 수 있다.

47) 「부사 박규수 보고」, 『일성록』, 고종9년 12월26일조; 김영작, 전게서, p.85에서 재인용.

48) 1882년 7월 이후 연말까지 백여명이 상소를 올렸다. 『승정원일기』, 고종 19년조; 김영작, 전게서, p.107에서 재인용.

국 이래로 유행한 이 말이 조선에서는 1883년 이후부터 일반화되었다. 이는 당시 개화사상이 부국강병을 목표로 하면서도 그 방책을 다양화해 나가고 있었던 점을 말해주는데, 개화파 사람들은 그들의 활동을 계몽적 활동으로 확대해 나갔다. 1883년 10월 우리나라 최초의 근대신문인 「한성순보漢城旬報」를 창간하고 민지(民智)의 개발에 노력하였다.

개화론자들이 부국강병을 크게 강조한 것은 당시 국제정세에 비추어 본 조선의 자화상과 관련이 깊다. 그들은 당시 국제사회가 각국을 독립된 평등한 주체로 인정하면서도 현실적으로는 약육강식의 권력정치가 전개하고 있다고 보았다. 박규수가 "오늘날 어디에 정해진 중국이 있단 말인가"라고 하였을 때[49] 그것은 화이관의 전환을 뜻함과 동시에 국제현실이 '춘추전국'과도 같다는 인식이기도 하였다. 「순보」 역시 아메리카의 건국, 프랑스의 베트남 침략, 영국의 이집트 침략 등을 소개하고, 서양제국과 대립하고 있는 나라의 생존은 부국강병하는 수 밖에 없으며, 그러한 연후에 백성이 안도할 수 있다고 주장하였다.[50]

개화파들은 부국강병을 유효하게 추진하기 위해서는 민중의 충성심, 곧 '국민통합'이 필요다고 생각하였다. 그러기 위해서는 무엇보다 신분적 차별의 폐지, 봉건적 수탈의 제거, 군권에 대한 민권의 확대와 같은 제도 개혁이 필요하다고 보았다. 이는 반봉건적(근대적) 부르주아 민주주의 사상과도 통하는 주장이다.[51]

개화파에 의한 갑신정변은 1884년 12월 4일 이루어졌는데, 12월 6일 새로운 정부의 정치강령을 발표했다. 일반적으로 「갑신정강甲申政綱」이라고 불리는 것이 그것이다. 이것은 개화파 인물들이 장기간에 걸친 정치활동과 그것을 뒷받침해온 개화사상을 구체적인 정치적 강령으로 정리한 개혁지표였다.

갑신정강의 개혁안은 당시 조선 사회의 발전단계로 보아 실현될 수 없는 것도 있었으나, 전체적으로 보아 '근대 민주주의'로의 지향성을 가진 개혁안이었다고 할 수 있다. 비록 갑신정변이 청국의 간섭에 의해

49) 『일성록』, 고종12년(1875) 1월 20일조; 김영작, 전게서, p.125에서 재인용.
50) 〈亞米利加洲〉, 「한성순보」, 제3호; 김영작, 전게서, p.125에서 재인용.
51) 김영작, 전게서, p.136.

실패하였으나, 개화론자의 개혁사상은 탁상공론에 그친 것이 아니라 한말의 생생한 정치과정 속에서 국민적 통합을 저해하는 전근대적 유산을 청산하고 진정한 국민적 통합을 모색하는 사상의 실천적 산물이었다.

개화파의 한 사람인 박영효(朴泳孝; 1861-1939)는 갑신정변 실패 뒤 일본으로 망명하여 1888년 1월 '조선 내정개혁에 관한 건백서(建白書)'[52]를 발표하였다. 갑신정변 당시를 회고하고, 정변의 실패로 말미암아 좌절된 개혁을 실현할 것을 목적으로 썼다고 서문에서 말하고 있는 것으로 보아 그 국제관이나 부국론, 사회경제적 개혁론 등 모두 '갑신정강'과 내용을 같이 하고 있음을 알 수 있다.

이와 같이 전기 개화사상의 특성은 군비의 강화 및 산업화에 의해 부국강병을 도모하는 양무론(洋務論)과 사회, 경제, 정치의 모든 면에서 제도개혁을 꾀하는 변법론(變法論)이 밀접한 연관 아래 국가의 독립과 국민적 통합이라는 내셔널리즘의 목표를 실현하려 하였으므로 역사적으로 의의가 큰 것이다. 또한 개화사상의 실학사상 계승의 면도 사상내재적, 자주적 발전이라는 점에서 의의가 있다. 그리하여 척사론을 전통사상이라 한다면 이에 비해 개화사상은 유교사상의 틀을 깨고 나온 것이므로 '근대사상'이라고 할 수 있다.

개화파에 의한 갑신정변이 실패로 끝난 것은 내부적으로는 이러한 '시민적 개혁'(근대적 개혁)을 밑으로부터 뒷받침해줄 민중의 부재가 원인이기도 하였지만, 청국의 종주권 행사와 일본의 배신이라는 '외압'의 특수성도 무시할 수 없다고 할 수 있다. 명치 정부에 대한 서양열강의 태도는 "기존하는 정부가 대표하고, 통제하고 있는 힘과 질서의 모든 요소가 있음을 존중하는" 것이었다.[53] 중국의 경우도 의화단 사건 등 민중의 반제, 반침략 투쟁이 열강의 탄압을 받은 적은 있어도 중국정부가 추진하던 양무운동이나 변법운동이 직접 열강의 탄압을 받은 적은 없었다. 그런데 한말의 개화운동은 청국의 탄압을 받게 됨으로써 중국의 변법운동보다 10여년이나 앞서[54] 유신을 단행했지만 결실을 맺지

52) 일본국외무성 편, 『일본외교문서』, 제21권, 동경: 일본국제연합협회, 1951, p.292-311; 김영작, 전게서, pp.146-155에서 재인용.

53) 김영작, 전게서, p.176 참조.

못하고 말았다. 이는 청·일이라는 후진자본주의 나라가 조선을 둘러싸고 벌인 각축의 특수한 외압을 조선이 받았기 때문이다. 이런 점을 감안한다면 개화파의 전기 개화사상은 민족 주체성이 있다고 할 수 있다.

05 결 어

조선조 사상사의 전개에서 한국 사상의 특징, 즉 주체적 전개라고 할 만한 것을 요약하면 다음과 같다. 첫째, 성리학(주자학) 영역에서는 퇴계와 율곡의 사상이 주자학을 나름대로 문제 의식을 가지고 사유를 전개하고 학술적 논쟁도 행하였다. 그리하여 주자학 자체가 안고 있는 근본적 문제를 들춰냄으로써 주자학을 일정 정도 발전시켰다. 특히 조선 후기 절충파의 경우 철학적 사변의 심화라고 할 만큼 퇴율 사상을 더욱 정밀하게 해석함으로써 주자학의 철학적 해석에도 공헌하였다. 다만 한말에 이르기까지 지나치게 주자학적 사변이 형식적으로 진행된 측면도 있다. 그러나 조선조 전체를 통하여 볼 때 관념적인 성리학에 많은 학자들이 연구와 논쟁에 참여함으로써 조선조의 풍성한 '철학적 사유 문화'를 이루어 동아시아 학술사에서 특이한 면모를 드러내었다.

둘째, 실학 영역에서는 동아시아의 중국과 일본의 실학과는 달리 성리학의 사회정책론을 계승하면서도 조선 후기라는 시대적 요구에 부응하여 민족적, 민중적인 면에서 주체성을 나타내었다. 물론 이러한 주체성은 실용성과 고증성이라는 실학 정신과도 깊은 연관을 가지고 있다. 뿐만 아니라 실학자들이 서구의 과학 사상을 수용함으로써 당시의 주자학자들의 경직된 사고 방식이나 세계 인식의 편협성을 타파하는 데 큰 역할을 하였다.

셋째, 한말 외세 침략에 대항하여 척사와 개화의 두 대응 양식을 볼 수 있는데, 척사위정은 리기론적 사유로 세계 정세를 봄으로써 서양을 구체적으로 인식하는 데 한계를 보였으나, 원초적 민족 보위 운동으로

54) 청말의 정치사상에서는 양무론, 변법론, 혁명론이 시간적 순서를 따라 진화 발전하였다. 그 가운데 康有爲의 변법론이 등장한 것은 1890년대 후반에 와서 일이다.

서 민족 주체성을 드러냈으며, 전기 개화 사상은 후기 개화 사상과는 달리 주체적으로 개화를 통하여 부국강병을 도모하려는 방책이라는 점에서 민족 사상으로서 주체적이라 할 수 있다.

전근대에 중국 문화권 내에서 한·중 관계는 매우 밀접하여 그 사상 교류에서 큰 차이를 발견하기는 어렵다. 그러나 기후와 풍토가 다른 만큼 토착화 과정에서 작은 차이라도 보이지 않을 수 없고, 그러한 것이 한국적 주체성을 이룬 것이라고 할 수 있다. 이것은 앞으로 문화적 특성으로서 더욱 보존하고 연구하며 현대적 의미를 부여해야 할 것이다. 그러나 이 주체성은 보는 관점에 따라 또 달라질 수 있다. 즉 오늘날, 혹은 미래적 관점에서 어떠한 문제 의식을 갖고 보느냐에 달렸다.

제 5 장

유교의 종교성과 한국 유교의 종교적 영성

01 서 언

오늘날 유교를 다시 생각해보는 이유는 무엇인가? 유교가 전통문화의 기반으로서 현 한국사회의 각종 사회부정과 부조리의 근본원인 처럼 생각되고 있다.[1] 서구 시민윤리와의 모순도 지적되고,[2] 합리적(과학적) 의식으로 상

1) 한국 사회 병리현상을 이야기할 때 그 근본원인으로 가부장적 권위의식, 서열의식, 연고주의, 형식주의 등을 들고, 그 원인의 배경에 유교적 관습과 의식을 문제삼고 있다. 한국인의 사회적 성격을 논한 대부분의 사회학자들이 이 논점을 가지고 있다. 최재석, 『한국인의 사회적 성격』, 서울: 개문사, 1976)이 선구적 업적이다. 종교적 입장에서 한국사회를 비판한 것에는 정재식, 『종교와 사회변동』(서울: 연세대출판부, 1982)이 있다. 멀리는 막스 웨버의 영향도 있다. 그가 중국사회를 논한 것은 지금 비판도 받고 있지만, 여전히 일면의 진리를 담고 있다. 그외 정신분석학 측면에서 이부영이, 행정학 측면에서 공무원을 중심으로 사회 부패 문제를 논한 것 등이 있다.

징되는 근대화의 지체 원인으로 여겨지기도 하며,[3] 최근에는 심지어 한국 여성의 인권 문제와도 연관된다고 보고 있기도 하며,[4] 비합리적인 사회제도의 원인, 나아가 정치의 후진성과 경제의 비효율성의 원인으로도 치부되고 있다.[5] 이러한 지적은 일면의 진리를 담고 있다. 이는 우리가 지금 비로소 의식하고 지적하는 것이 아니라 한말의 양심적인 지식인(양반 자제)도 이미 가졌던 문제의식이며,[6] 더 올라가면 조선 후기 실학자들도 이미 예리하게 비판했던 내용이다.[7] 다만 정도의 차이가 있을 뿐이다. 그런데 아직도 남아 있는 우리의 의식과 문화속의 유교에서 오늘날 긍정적인 요소를 집어낼 수는 없을까? 그것도 오늘날 소위 엘리트(선비) 의식을 가지고 전통문화를 이해하고 있는 유교인(내지는 잠재적 유교인)에게 타 종교의 수행법과 맞먹는 내용을 제공할 수는 없을까? 이런 목적과 취지를 가지고 종교학적인 방법론

---

2) 젊은 사회학자들의 시각이 대체로 그러하다. 예를 들면 황경식, 『개방사회의 사회윤리』, 서울: 철학과 현실사, 1996; 김형철, 『한국사회의 도덕개혁』, 서울: 철학과 현실사, 1996 등이 있다.

3) 신옥희는 유교의 특성과 한계를 논하면서 유교의 '합리성'은 과거 중국사회의 사회적 미신이나 주술신앙에 비해 매우 이성적 합리성을 가지고 있었으나, 이성의 도덕에의 지나친 종속으로 인하여 합리성이 제대로 신장되지 못하고, 근대의 과학적 합리성과는 전연 다른 길을 가게 되었다고 하였다. 신옥희, 「조선시대 유교윤리의 특성과 한계」, 『한국인의 윤리관』, 서울: 한국정신문화연구원, 1983 참조.

4) 해방후 여성계의 여권운동 중 거의 대부분이 유교적 생활관습과 제도상의 유습을 문제 삼고 있고, 최근에는 동성동본 금혼 폐지라든가 호주제 폐지를 주장, 초점이 여기에 집약된 느낌을 주고 있다.

5) 경제의 비효율성 문제는 동아시아의 외환위기, 특히 한국의 IMF 경제위기 등을 통하여 논의가 확산되었는데, 결론은 동아시아가(일본 이외) 60년대 이후 저임가공의 공업화에 있어서는 유교가 성장의 밑거름이 되었지만, 고도 기술집약산업, 자본집약산업, 산업의 글로벌화(자본과 무역의 국제화) 등에서는 유교적 제도와 관행이 오히려 장애가 된다고 보았다. '유교자본주의'라는 용어가 일본에서 유행하였지만, 이는 미국이 일본의 패전 이후 급격한 경제성장을 한 예로 제시하여 일본 및 아시아(한국, 홍콩, 대만, 싱가포르)의 경제 성장을 유교문화와 연관지어 이론화한 것인데, 일본과 한국은 경제기반도 다르고, 그 문화적 바탕도 일본은 사무라이 문화, 한국은 선비 문화로 국민의 의식구조가 핵심에 있어 판이하게 다르므로 단선적 비교는 잘못된 것이다. 아시아 여러나라와 한국의 비교도 자세히 보면 단순비교는 별 의미가 없음을 알 수 있다. 한국이 이 용어에 최면이 걸리면 미래 경제발전에 큰 장애가 될 것이다.

6) 한말 유교개혁에 나섰던 이로 孔敎운동을 한 李承熙(1847-1916)를 비롯, 애국계몽사상가로서 張志淵(1864-1920), 申采浩(1880-1936), 柳寅植(1865-1928), 宋基植(1878-1949) 등을 들 수 있다. 금장태, 「宋基植의 유교개혁사상」, 『퇴계학보』 112집, 서울: 퇴계학연구원, 2002 참조. 금장태는 이 논문에서 특히 송기식의 『유교유신론』에 대해 자세히 다루고 있다.

7) 실학자들은 특히 제도개혁에 관심이 많았는데, 당로자들은 일종의 기득권 세력들로서 제도개혁에 매우 보수적이었다. 진보와 보수는 어디에나 있지만, 공익을 도외시하는 보수주의는 문제가 없을 수 없다. 이것은 오늘날에도 '집단이기주의' 형태로 여전히 남아 있다. 전관예우 관행이라든가 노조간부의 권위주의화라든가 여러 사례를 수집할 수 있다.

을 빌려 오늘날의 시점에서 유교를 다시 생각해 보았다.

유교는 인간의 사회적 삶을 중요시여기므로 정치사회적 측면에서의 고찰이 불가피하다. 윤리도 사회적 제관계의 측면에서 규정하고 있다. 그러므로 내면적이고 실존적인 수행이라 하더라도 그것의 사회적 실천이라는 목적과 무관할 수는 없다. 그러나 오늘날 국가 사회를 운영하고 경제를 경영해나가는 데 있어 유교의 이론 중 외적인, 즉 정치사회적 제 이론은 원론에 그칠 뿐 실제 적용하기가 어렵다. 그만큼 근대 사회 이후의 사회는 전근대 사회와는 근본적으로 다르고, 또 사회분화 발전도 점점 빨라지고 있기 때문이다. 혹 유교의 사회적 규범윤리가 오늘날도 의의가 있지 않을까 하지만, '오륜'을 예로 들어보더라도 역시 원론적으로는 옳지만, 오늘날 복잡한 분화사회(다양화 사회)에서는 적용에 한계가 있다.

그러므로 오늘날 유교의 적극적 실제 활용이라는 측면에서 위와 같은 외적인 측면은 일단 제쳐두지 않을 수 없고, 내적인 측면, 즉 종교적 수행법으로서의 활용가능성을 모색해 보는 것이다. 물론 유교가 기성종교 처럼 종교적 교단도 없고, 따라서 일상에서 집단적 수행은 없지만, 성리학적 수양법을 들여다 보면 내면적 실존적 종교 수행법을 찾아볼 수 있을 것 같다. 기독교도 무교회주의자가 있고, 불교도 재가불교신자가 있는 것과 같다고 보면 과거 선비의 생활 속 종교의례를 실천한다면 이는 재가 유교인의 종교적 훈련이 될 것이다. 다만 기성교단이 없기 때문에 얼마나 수행의 효과가 있을 것인가 하는 문제는 있다. 그러나 종교적 수행은 실존적인 결단과 신앙에 달려 있기 때문에 전혀 불가능한 것은 아니다. 성리학의 우주론과 인생론의 체계는 아인슈타인(A. Einstein)의 우주종교론, 화이트헤드(A. N. Whitehead)의 형이상학적 신관(神觀; 종교론)과 유사하므로 기성종교와는 다른 새로운 종교론을 제시할 수 있다.

02 유교의 한국사회 속의 위상

유교를 다른 종교와 비교하는 일이 많다. "유교는 종교인가?" "기독교와 같은 유신론의 관점에서 유교를 보고 유교가 종교가 아니라고 해서는 안된다.” ---이런 질문과 답변도 같은 내용의 말이다.[8)] 그런데 이런 주제로 쓴 여러 사람의 글을 읽어 보면 확실히 이해가 되지 않는 점이 있다. 유교가 종교라고 해도 현실적으로 유교를 종교로 인식할 만한 체험이 모든 사람에게 별로 없다. 한편 유교가 종교가 아니라고 해도 석연치 않고 의문이 남는다. 논변이 어떻게 이루어지든 유교를 이와 같이 종교학의 관점에서 고찰하는 것은 유교를 잘 이해하는 데 큰 도움이 된다. 그러나 항상 이런 논의는 무언가 용두사미로 끝난 느낌을 지울 수 없다. 이때까지의 논의와는 좀 다른 각도에서 유교를 고찰하는 방법이 없을까?

1984년에 한국갤럽조사연구소와 종교학자 윤이흠 교수가 공동으로 조사한 ‘한국인의 종교의식’에 의하면,[9)] 자기확인 방법에 의한 유교인은 0.5 % 뿐이었으나, 성원등급(成員等級) 조사에 의하면 조사대상 전체의 91.7 %가 유교의 기본등급 성원이고, 그 중에 불교인의 100 %, 천주교인의 90 %, 개신교인의 76.4 %가 유교의 기본등급 성원으로 나타나는 사실을 확인한 바 있다.[10)] 1989년도에 한국갤럽조사연구소에서 실시한 조사에서는 약간 수치상으로 변화가 있었다. 이 통계에 의하면, 불교인의 경우 72 %가, 개신교의 경우 63 %가, 천주교의 경우 61 %가, 그리고 무종교의 경우 70 %가 유교

8) 최근에 최재목은 비교적 종합적 고찰을 하여 유교를 ‘종교와 철학의 융합태’ 정도로 결론을 내고 있다. 물론 여기서 ‘철학’이란 유교의 윤리적 가르침을 포함하여 하는 말이다. 그는 유교의 종교성을 증명하면서 서양과 일본 및 중국 등 여러 학자의 설을 인용 소개하고, 자신은 원시유교로서의 공자 사상을 천, 귀신, 예 세가지 특징을 들어 논의하였다. 그러나 유교의 근본 이념으로서의 공자사상과 유교의 역사, 즉 역사에 남긴 자취(문화권에 따라 다르겠지만)는 구분하여 논하면 그와 같은 결론이 나올 수 있지만, 또 양자는 불가분의 연관이 있기 때문에 공자 사상만으로 유교의 종교성을 논한다는 것이 불충분하다. 왜냐하면 유교가 漢代 국교화되면서 어용화되고 변질되었기 때문이다. 단적으로 말하여 교권과 권력의 합치가 이루어졌기 때문에 공자사상으로 유교를 대변하기에는 충분하지 못하게 되어 버렸다. 최재목, 「유교는 철학인가 종교인가」, 『나의 유교읽기』, 서울: 소강, 1997 참조. 금장태도 일찍이 유교의 종교성에 대해 자세히 논한 바 있다. 금장태, 『한국현대의 유교문화』, 서울: 서울대학교 출판부, 1999 참조.

9) 한국갤럽조사연구소, 「한국의 종교와 종교의식」, 서울: 한국갤럽, 1984; 금장태, 전게 『한국현대의 유교문화』, p.113에서 재인용.

10) 이러한 통계에서, 기독교 신앙의 경우 중요한 ‘성분조사’ 하나가 누락되었다. 남녀, 나이, 부모-자녀 종교의 연관성, 각도별 분포 등은 조사했으나, 기독교 신자의 ‘출생지(고향)’, 특히 ‘이산가족적 속성’에 대해 조사하지 않았다. 이것은 종래의 무종교 내지 유교적 관습에서 기독교로 개종한 중요한 배경이 되기 때문이다. 뿌리 뽑힌 이산가족이 기댈 곳(특히 장례 때)은 새로운 종교집단으로서 기독교 밖에 없었기 때문이다. 물론 조선조 사회적 계급과 기독교로의 개종과의 관계도 있을 것이지만, 아마 조사가 제대로 이루어질 수 없을 것이다.

적인 의식성향을 지닌 것으로 나타났다.[11] 이는 유교가 한국의 문화형식으로 남아 있어서 어느 종교인이라도 유교적 생활관습과 사고방식(가치관)을 가지고 있다는 것을 말한다. 또 이 조사가 말해주는 것은 현재 자각적인 유교인은 인구의 0.5 % 수준으로 매우 적다는 사실이다. 성균관과 향교를 중심으로 하여 석전(釋奠)을 지내거나 서원(書院) 등 문중의 사당에서 선현향사(先賢享祀)라도 정기적으로 지내는[12] 사람 외에는 특별히 유교적 사고와 행동을 하는 사람이 매우 적다는 것이다.

그러나 한편으로는 유교의 내용을 유교사상, 혹은 유학, 또는 조선조 사상, 전통사상 내지는 한국철학이라고 하여 연구하고 있다.[13] 이는 물론 종교적 신념과는 다른 문제이기는 하나, 그 가치관에 동조하지 않고 완전히 객관적으로 연구한다는 것은 불가능하므로 이들 유교학자도 '잠재적 유교인'이라고 할 수 있다. 그러나 그 수가 얼마 되지 않는다. 결론적으로 유교는 생활관습이나 전통문화 양식으로서 기성 종교에 관계없이 널리 국민 사이에 퍼져 있다는 것이다. 이런 점 때문에 처음 말한 바와 같이 유교를 종교라 해도, 또는 아니라고 해도 분명하게 무엇인가 결론이 나지도 않고 또 어떤 쪽으로 결론이 나도 석연치 않은 이유이다.

다시 다른 자료를 하나 찾아본다. 한국종교연구회에서 엮은 『종교 다시읽

11) 한국갤럽조사연구소, 『한국의 종교와 종교의식』, 서울: 한국갤럽, 1990.

12) 원래 유교적 제사의례는 군주의 '하늘제사'(祭天의식), 군주의 '宗廟제사'(군주 선대 조상제사), 성균관과 향교의 文廟(공자사당)에서 지내는 釋奠, 양반 가문의 家廟참배(각 종가의 사당에 조상신 모심) 및 제사, 중요 문중의 서원에서 지내는 享祀(선현 숭배 의식) 등이 종교의례에 해당한다. 이 중에서 지금 남아 있는 것은 석전과 향사인데, 일부인에 의해 형식적으로 지내고 있다. 이것 자체가 이제 문화재로 보존되어야 할 처지에 있다(최근 석전예는 무형문화재로 지정되었다) . 중요한 것은 제천의식인데(왜냐하면 보편신에 대한 제사이므로) 이것은 군주가 독점하였고, 군주제 철폐와 더불어 사라졌다. 유교는 이 점에서 군주제와 운명을 같이했다 해도 과언이 아니다.

13) 이는 현대 학문적 목적과 방법론을 가지고 동양 내지 한국의 전통사상이나 문화를 연구하는 것이므로 유교의 종교적 적용이라는 실용적 목적과는 다른 것이다. 이것은 어디까지나 이론상의 작업이다. 그러나 객관적으로 연구한다 하더라도 그 사상 내용에 대해 호감을 가지지 않고 할 수는 없다. 그렇다 하더라도 어디까지나 객관적 작업이 우선인데, 그동안 동양철학 연구자 중에는 이런 객관적 태도나 학문적 엄밀성이 결여된 경우가 많았다. 특히 근자 한국유학 연구에서 문중의 선현 선전과 간혹 연관되어 이상한 연구 풍토를 조성하는 것은 또다른 유교적 사회 부조리를 낳을 가능성이 많다. 그리고 유교에서 소위 '철학적'인 내용에는 무엇이 해당되는지 따져보아야 하는데, 사회과학적 영역에 속한 것도 다 철학적으로 연구하는 것은 무리이고, 역시 성리학 이론만이 현대 철학적 내용이 될 것이다.

기』[14]에 보면 「종교를 통계로 본다는 것에 대해」라는 문장이 있다. 여기에서 보면, 종교를 통계지표로 계량화하는 것은 문제가 있는데, 그 중에서도 무신론으로 대답할 가능성이 많은 유교와 무속의 경우가 더욱 그렇다는 것이고, 이러한 '종교에의 소속감' 보다 '종교적인 행위양식이나 삶의 방식'을 기준으로 물으면 기독교와 불교에서도 유교적인 성향이 많다는 것을 소개하고 있다. 불교와 무속, 혹은 무신앙의 경우 서로 사유방식이나 행위가 혼재된 경우가 많은 것은 물론이려니와 기독교의 경우도 기본적인 세계관과 생활방식이 유교적인 가치질서에 기반하고 있는 경우를 많이 볼 수 있다는 것이다. 이는 '한국종교의 중층성'이라고 할 수 있는데, 한국인은 많은 사람이 가정생활이나 인간관계에서는 유교적인 신념체계를, 학교와 직장생활에서는 서구적 합리주의에 바탕한 가치관을, 개인이나 집단의 위기에 직면해서는 무속적인 신앙을 적극적으로 추구하기도 한다고 지적하고 있다.

이렇게 보면 유교는 다른 종교와 대등하게 비교될 수 없음에도 하나의 중요한 신념체계나 행위의 기반(가치관)으로서 강하게 작용하고 있는 문화적 토대임을 알 수 있다. 유교의 이러한 성격 때문에 유교를 종교냐 아니냐 하는 주제로 논란을 벌여도 속 시원한 답이 나올 수 없었던 것이다. 여기에서 유교를 다른 각도에서 살펴볼 필요가 있다. 물론 현대 과학적인 방법론을 원용해야 한다.

03 유교 효 윤리의 종교성

가지 노부유키(加地信行)는 『유교란 무엇인가』[15]란 책과 이를 더 부연한 최근의 책 『침묵의 유교』[16]를 통하여 유교의 '효(孝)'가 유교의 종교성과 윤리성을 동시에 나타내고 있는 매개점이라고 지적하였다. 우리가 일반적으로 알기로는 효(효도)는 유교의 핵심적인 윤리로 알고 있다. 그런데 가지 노부유키는 이 효 속에 윤리 뿐만 아니라 종교적 목적도 들어 있다는 것이다.

14) 한국종교연구회, 『종교 다시 읽기』, 서울: 청년사, 1999.
15) 가지 노부유키(加地信行), 김태준 역, 『유교란 무엇인가』, 서울: 지영사, 1996.
16) 가지 노부유키(加地信行), 이근우 역, 『침묵의 유교』, 서울: 경당, 2002.

물론 이때는 효의 한 방식으로서의 사후 조상에 대한 제사를 포함하여 하는 말이다. 죽음은 모든 종교의 공통된 관심사이다. 이는 죽음이 인류의 역사에서 인간의 최대 관심사였기 때문에 당연히 종교가 그것에 해결책을 내놓으려 했기 때문이다. 오늘날 사람들은 의학의 발달로 이 죽음에 대한 절실한 체험이 점점 적어지고 있다. 오히려 생존을 위협하는 경제적 불평등이나 환경적 위해가 더 심각하게 느껴지고 있다. 그러나 옛날 사람들은 이 죽음이야말로 인생 최대의 관심사였다. 기원전 500년 차축(車軸) 시대(역사적 전환시기)에 성현들이 나와서 종교를 창시하면서 이 죽음의 문제를 통하여 사람들을 위로하려 한 것은 너무도 당연한 일이다. 죽음의 문제의 핵심은 '죽지 않으려는 것'이다.

이는 매우 강렬한 인간의 본능이다. 그러므로 불가피한 자연사 앞에서 '불사(不死)의 노력'을 행하지 않을 수 없었다. 내가 불가피하게 자연의 섭리에 따라 죽더라도 나는 후손을 두어 생명성이 후대에 계속됨으로써 나는 '죽지 않고 영생을 누린다'는 것이 효가 가지고 있는 이 '불사의 염원'이다. 물론 이것을 다른 각도에서 보면 인간의 생물학적 번식욕이라는 본능의 표출이라고 볼 수도 있고, 가족을 구성해서 살려는 인간의 귀속욕구라고 볼 수도 있으며, 사회적으로는 가정복지의 안전장치라고 볼 수도 있다. 효의 윤리성은 이 속에서 연역되어 나오는 것이고, 일종의 이러한 욕구의 문화적 표현이라고 할 수 있다. 이와 같이 우리는 '효'에서 '불사의 욕망'을 볼 수 있다.

도교나 불교는 가정을 떠나서 매우 개인적이고 실존적인 차원의 불사성을 추구한다고 한다면 유교는 가정을 통하여 그 불사의 욕망을 추구한다고 할 수 있다. 그런 점에서 유교의 '현실성'은 '세속성'(인간 생활 영위에 필요한 모든 정치, 사회, 경제적 행위를 총칭한다)과 밀접히 연관되어 있다. 그러므로 조상제사도 이 효라는 가정윤리와 분리해서 생각할 수 없다. 살아서는 효이며 죽어서는 제사인 것이다. 그 속에는 분명 개체의 불사성(영속성)을 기원하고 있는 것이다. 그러므로 제사의례나 어버이에 대한 효도는 매우 문화적으로 세련된 형식(예법)을 갖고 있지만, 그 속에는 이와 같은 종교적 목적이 들어 있으며, 그런 의미에서 이것은 '종교적 의례'인 것이다.

그러나 과학의 발달과 삶의 방식의 변화, 그에 따른 가정생활의 변화(여성의 사회적 진출)로 인하여 효의 의미도 후퇴하고, 그 방식도 변화를 겪고 있으며, 그에 따라 이 종교성도 도전 받고 있다. 그러나 인간의 불사의 욕망이 영원한 한 유교적 한국전통의 가정은 일부 사람들에 의해서이지만 선택적으로 유지될 것이다.17) 그 속에서라야 가정윤리로서의 효도와 조상제사는 가능하기 때문에 유지될 수 있게 보호할 필요도 있다.

여기에서 유교가 종교냐 아니냐 하는 물음은 별로 의미가 없을 정도로 확실하지만, 그러나 종교의 중요한 요소로서의 '초현실성'(초일상성)을 물으면 또 다른 문제에 부딪친다. 왜냐하면 유교가 일상성(현실의 삶)에 한 발을 들여놓고 있기 때문에 가정내에서의 윤리 그 자체로는 종교적 의미의 초현실성을 만족시키기에는 한계가 있기 때문이다. 예를 들면, 보편자로서의 하늘(하느님 또는 자연의 섭리라 해도 좋다)과 개별신인 자기 조상신과는 엄연히 다르고, 가족애와 박애는 상충되는 경우가 많기 때문이다. 초현실성은 다른 말로 초월성인데, 이것은 개별성이 낮고 보편성이 높을수록 강해지므로 양자 길항 관계에서 개별성이 강조될수록 초월성은 그만큼 후퇴하기 때문이다. 그러면 유교의 초현실성은 없는가? 있다면 어디에서 찾을 수 있는가?

04 유교의 종교성과 종교의 초현실성

여기서 '초현실성'이란 '일상적인 삶을 초월한 삶'을 말한다. 세속성에 대해서 초월적 가치를 추구하는 삶을 말하는데, 그 초월적 가치는 진선미(眞善美)의 가치, 또는 성(聖)의 가치를 말하는 것이고, 그 구체적 방법은 우리가 종교적 또는 윤리적 신념과 실천을 통해서 실현한다. 진선미, 혹은 성의 가치를 구체적으로 말하면 인간애로서의 공자의 인(仁)과 같은 것이 그에 해당

17) 최근의 갤럽조사연구에 의하면, 현재 한국의 종교인구 분포에서 비종교인의 비율은 53%(개신교 20%, 불교 18%, 천주교 7%, 기타 1%)이다. 이중에서 제사를 반대하는 개신교를 제외한 80%인구가 유교적 제사의례를 지낼 것이라 추측할 수 있다. 이것과 연관되는 개신교 인구의 지역별 분포를 보면, 대구/경북이 8.6%로 가장 적고, 그다음이 부산/경남이 11.5%, 대전/충청이 18% 순이고, 기타 지역은 대략 21-27% 정도로 격차가 있다(불교는 그 반대이다). 유교적 전통이 많이 남아 있는 대구/경북에서 조상 숭배가 지켜지고 있다는 증거이다. 한국갤럽조사연구소, 『한국인의 종교와 종교의식-`84년, `89년, `97년 조사결과와 비교한 종교연구서』, 서울: 한국갤럽, 1998 참조.

될 것이다. 중국의 근대 철학자 펑요우란(馮友蘭)이 중국 철학의 정신을 '극고명이도중용(極高明而道中庸)'이라고 한 바 있는데,[18] 이 때 '극고명'(높은 가치를 다 발현한다)이 바로 '초현실성'이고, '도중용'(일상성을 통하여 그것을 실현한다)이 일상성(현실성)이다. 종교학자 황필호는 이러한 종교의 초현실성 추구라는 관점에서 유교의 종교성을 고찰하고 있다.[19]

첫째, 모든 종교는 우리들의 육체적·현실적·일상적 삶 보다 더욱 귀중한 어떤 초육체적·초현실적·초일상적 삶을 추구해야 한다고 가르친다. 이것을 우선 T(transcendence; 초월)라고 하자.

둘째, 어느 것이 종교라고 불릴 수 있는 또 다른 본질적 요소는 그것이 우리가 살고 있는 세계나 우주의 기원, 구성요소, 운용원리를 설명할 수 있어야 한다. 소위 종교 교리 그 위에 우주론이 있어야 한다. 이 우주에 대한 궁극적 설명이 없으면 인간 삶에 대해 적절한 교시를 할 수 없기 때문이다. 세계를 설명하는 이 원리를 W(world; 세계)라고 하자.

셋째, 종교의 또 다른 본질로 죽음과 내세에 대한 나름의 해결책이 있어야 한다. 영혼불멸설, 부활설, 환생설(윤회설) 등이 있는 것도 이러한 목적에서이다. 이것을 D(death; 죽음)라고 하자.

넷째, 유신론자들은 궁극적 대상으로서 신의 존재를 가정해야 종교가 될 수 있다고 한다. 이런 주장에서는 신의 존재를 믿지 않는 종교는 종교가 아니라고 본다. 이 주장을 G(God; 神)라고 하자.

이러한 가설을 가지고 유교, 기독교, 불교, 힌두교 네가지를 비교해 보면 다음 표와 같다.

① 기독교	T	W	D	G
② 불 교	T	W	D	
③ 힌두교	T	W		
④ 유 교	T			

18) 풍우란, 곽신환 역, 『중국철학의 정신』, 서울: 숭실대 출판부, 1985; 서울: 서광사, 1993 참조.
19) 황필호, 『중국 종교철학 산책』, 서울: 청년사, 2001.

네가지 중 선택은 물론 개인의 몫이다. 황필호는 자기는 ④번을 선택하겠다고 한다. 그는 이러한 분석을 통하여 유교의 종교성을 분석해내고 있다.[20) 캔트웰 스미스(Wilfred Cantwell Smith)는 또 이 책에서 "서양인은 유교가 종교인지 아닌지 하는 질문에 대해 대답을 할 수 없고, 중국인은 이런 질문을 제기할 수조차 없다."라고 한다. 그는 또 "종교라는 개념은 서양이 지난 200년 동안 비서양 세계에 수출한 최근의 발명품이며, 이 발명품이 모든 종교인들에게 다른 종교에는 없는 하나의 배타적 구원관을 선택해야 한다고 믿게 만들었다."라고 한다.[21) 이러한 주장은 유교를 다른 종교와 비교하는데 매우 훌륭한 시사점을 제공하고 있다.

앞의 유교 처럼 T의 요소만 있으면 종교라고 할 수 있다고 한다면, 이런 시각에는 긍정적인 점도 있지만, 부정적인 면도 있다. 긍정적인 면은 이러한 입장을 취한다면 현실적으로 융통성이 많아 종교간의 대화를 용이하게 할 수 있는 장점이 있다. 그러나 부정적인 면은 이런 관점을 갖는다고 모든 문제가 다 해결되는 것이 아니라는 단점이다. 이념, 사이비 종교, 유사 종교 등도 다 이 T의 요소를 갖고 있다. 그러므로 가짜 종교와 미신, 진짜 종교와 가짜 종교 등을 구별할 수 있어야 하고, 또 T가 단순한 이념적·윤리적 내용 이상이라는 사실을 증명해야 하는 문제가 남는다.[22) 여기에는 종교와 이념, 종교와 윤리의 관계를 살펴보지 않을 수 없다.

유교가 한 나라 때 국교(國教; 官學)가 됨으로써 유교는 현실적으로 정치적 이념으로 작용하기 시작하였으며, 왕의 통치 이념으로 종속되자 공자교로서 처음에 가지고 있었던 초월성(초월적 가치 추구와 그에 의한 현실 정치 비판)은 감퇴될 수 밖에 없었고, 유교의 건전한 윤리는 이 통치 이념에 종속되어 오륜(五倫)이 삼강(三綱)으로 변질되는 등 '어용(御用)'의 우여곡절을 겪었다.[23) 그러나 송·명대 리학(理學; 性理學과 心學)에 와서 인간 내면

20) 이는 황필호가 서양의 캔트웰 스미스의 설을 인용한 것이다(Wilfred Cantwell Smith, The Meaning and End of Religion, Harper & Row, 1978).
21) 황필호, 전게 『중국종교철학산책』, p.490.
22) 황필호, 전게, 『중국종교철학산책』, p.493.
23) 유교를 논하려면 공자의 사상을 살펴보는 것이 물론 기본이지만, 그에 못지 않게 중요한 것은 유교의 역사적 자취와 변모의 모습이다. 유교의 이러한 변화의 첫 번째 변화는 한 대의 관학화이고(이것은 결정적이다), 그 다음 변화는 송대 성리학의 탄생이다. 이 결정적인 유교 성격의 변화에 대해서는 박원재, 『유학은 현실과 어떻게 만났는가』, 서울: 예문서원, 2001 참조.

수양, 천부적 도덕심의 발휘라는 '도덕적 수양론'을 갖게 되었다. 이는 불교와 도가(교)의 영향과 무관하지 않다. 그런데 이러한 도덕적 수양론은 종교학의 관점에서 보면 '종교적 수행'의 성격을 강하게 가지고 있다. 즉 비록 도덕적 가치이지만 이것이 신념화되어 있다. 뿐만 아니라 각종 제사의례(하늘에의 제사, 종묘(宗廟)의 제사, 문묘(文廟)의 석전, 가묘(家廟)의 참배, 조상제사, 선현에의 향사 등) 자체가 종교적 의례의 형식을 가지고 있는 것이 이를 잘 말해준다. 또한 '선비'의 일상생활 자체도 이러한 종교적 의례의 연속선상에 있는 것을 보면 유교는 일상성 속에서 초현실성을 추구하고 있다고 보아도 좋다. 이와 같은 유교 의례의 실천자를 편의상 '선비'라고 하여 그들의 일상성 속의 '초현실성' 추구의 면모를 살펴본다.

05 유교의 종교적 수행론에 있어서의 초현실성

유교의 소위 도덕적 수양론은 종교적으로 말하면 유교 속의 종교적 수행론이라고 할 수 있다. 유교는 인간의 사회성 위에서 도덕성을 논하고 있으므로 그 정치·사회적 실천(사회윤리적 실천) 또한 개인 도덕적 실천과 병행되고 있다. 이것을 한마디로 말하면 '내성외왕(內聖外王)'이라고 할 수 있다. 여기에서 유교의 실천은 종교성, 도덕성, 사회성(사회윤리성)이 융합되어 있다. 또 종교성도 개인의 실존적 수행도 있는 반면, 제사나 석전과 같이 집단적인 종교의례도 있다. 명대 양명학에서 보는 바와 같이 유교는 개인의 실존적 내면의 수행을 매우 중요하게 여기고 있다. 우리가 찾고자 하는 초현실성도 소위 '선비'의 일상성 속에서 발견할 수 있다. 그것이 무엇인가?

선비의 기본 정신으로서 인애(仁愛)의 정신에서 출발하여, 그것의 외적 표현인 예의 실천으로 나아간다. 예는 개인 생활에 있어서는 생활규범이기도 하므로 일상 생활 속의 예의 실천은 종교적 수행의 성격이 짙다. 송대 성리학에서 중요시한 경건성 추구, 즉 '거경(居敬)'도 단순히 윤리적 의미만 있는 것이 아니고 일상생활 속에서 추구하는 종교적 수행이다. 예가 종교생활의 '계율'과 같은 것이라면 '거경'은 종교 수행에 필수적인 경건성의 훈련이다. 여기에 유교에서는 '궁리(窮理)'가 하나 더 있다. 이것은 '격물궁리(格物窮

理)'라고도 하는데, 광범위한 지식의 축적을 의미하지만, 초점은 올바른 '사리(事理) 판단'이다.[24] 즉 윤리적 평가, 가치평가와 같은 것으로 일종의 이성적, 지성적 훈련이다. 이 점은 유교(성리학)를 다른 종교와 구별짓는 독특한 특성이다. 오늘날 관점에서 볼 때 이는 종교로서의 유교를 교리의 도그마로부터 구해주는 통로이기도 하다. 즉 종교 교리에 대한 철학적 보완 작업이며, 실천을 통한 교리의 현실성 점검이다.

유교가 가지고 있는 '오륜'과 같은 도덕이론은 너무 원론적이어서 오늘날 계약사회에서 적용하기에는 한계가 있다. 오늘날 복잡한 사회에서 '사회윤리'의 중요성이 점증하고 있고, 사회질서도 준법을 최저 기준으로 삼고 있다. 현대사회는 준법으로라도 정의사회를 이루기 어려울 만큼 사회분화가 심화되어 복잡해지고 있다. 또 유교가 가지고 있는 사회정책론도 오늘날 사회에는 한계가 있다. 생산관계가 달라지고 그에 따른 사회조직 역시 계약사회이기 때문에 군주시대의 사회정책론을 그대로 적용하기가 어렵다. 선비의 초현실성 추구에서 특히 예의 형식 같은 경우 오늘날 정서에 얼마나 접근할 수 있느냐 하는 문제가 있다. 그러나 선비의 인애의 정신, 예의 실천, 경건성(거경), 사리판단(궁리) 등은 오륜의 도덕이나 사회정책론 등 보다는 현실적 유용성을 가지고 있다고 생각한다. 즉 마음 수양론으로서, 또는 건강 증진법으로서, 나아가 인격 함양법으로서 이것이 원용될 수 있을 것이다.

종교가 주는 역할 중에서 하나는 미몽을 깨우치는 것이요, 다른 하나는 마음의 위안을 주는 것이다. 미몽을 깨우치는 일은 이미 과학이 대신한 지 오래되었다. 마음의 위안을 주는 일은 아직도 기성 종교가 일부 담당하고 있고, 그 일은 그 종교 교리에 대한 설교나 집단 종교의례를 통하여 수행하고 있다. 유교를 종교라고 한다면 그 속에 남아 있는 이러한 내용을 추출하여 그 현대적 적용을 시도해볼 필요가 있다. 이는 다시 말하면 주자학의 '거경궁리학'이나 양명의 '심학'이 현대에 어떻게 응용될 수 있는가 하는 데 대한 대답이다. 현대 기성 종교가 가진 마음의 수양법과 견주어 유학의 이러한 수행법도 독

24) 격물치지에 대해서는 주자의 『大學或問』 격물조에 정이천의 학설을 인용하면서 자세히 언급하고 있다. 정이천을 통하여 주자는 이 '격물치지설'을 발견하고 자신의 새로운 사상의 기초로 삼았다. 그는 이것을 유교의 특성의 핵심으로 보았다. 程朱의 설명을 보면 일반 사물의 지식도 언급하고 있으나, 요점은 인사문제에 있음을 알 수 있다. 주자가 거경과 격물은 일체화되어 있다고 본 것이 바로 수양론으로서의 격물치지설의 성격을 증명하고 있다.

자적 영역이 있다면, 자각적 유교인의 생활종교로서 많은 도움을 줄 수 있을 것이다. 이것을 생활규범이라고도 할 수 있지만, 신념화되어야 하기 때문에 '생활종교'라고 한 것이다. 이런 내용을 성리학 속에서 찾아볼 수 있다.

유교의 초현실성 추구를 선비의 생활 속에서 찾아본다면 다음과 같은 것이 있을 것이다. 석전 등 각종 제사 의례, 관혼상제(통과의례)의 실천, 규범(예법) 있는 일상생활, 독서(유교교리 연구, 경전읽기), 손님접대(원만한 대인관계), 운동과 휴양 및 섭생 등이다. 이러한 것은 내면적이고 개인적인 것이다. 물론 대사회적 실천, 즉 외왕의 영역은 또 따로 있다. 내면적인 것에 한하여 살펴보면, 오늘날 정서적으로 적합하지 않은 바가 있으나, 그 정신과 취지는 충분히 공감되는 바가 있고, 구체적 규율이나 절도, 즉 예법은 오늘에 맞게 창조할 수도 있다.

과학자 아인슈타인은 종교의식에는 공포의식과 도덕의식이 같이 있으나, 원시종교에는 전자가 좀 많고, 문명사회는 후자의 감정이 좀 더 많은 정도의 차이가 있다고 하고, 나아가 최종 단계의 종교는 이런 기성종교가 아닌, 우주적 종교라고 하였다. 다윗의 시편 중 초기작품과 몇몇 예언서나 불교에도 이러한 우주 종교성이 있고, 또 데모크리토스, 프란치스코, 스피노자 같은 사람들도 그런 요소를 많이 가지고 있었다고 하였다. 이러한 종교성은 어떤 규정된 신의 모습이나 어떠한 신학에도 맞지 않으므로 다른 사람에게 종교성을 전달하는 방법은 예술과 과학이라고 하였다.25)

아인슈타인의 이러한 종교관을 소개하면서 오영환은 화이트헤드의 형이상학적 신관(神觀)이 요청된다고 한다. 그는 아인슈타인의 종교는 자연에 편재하는 이법 그 자체를 신으로 보는 신관이라고 하고, 이는 화이트헤드의 형이상학적 신관과 같다고 한다. 화이트헤드에 의하면 우주를 형이상학적으로 해석함에 있어서 종교적 통찰이 공헌하는 바가 매우 크고, 동시에 우주론적 진리를 통찰하는 종교야말로 독단으로 빠지지 않는다고 한다. 그리하여 이 형이상학적 진리의 지지를 받는 종교는 우리의 내적 생활을 정화시켜 주는 신앙적 활력을 가져오게 할 수 있다고 한다.26) 성리학이 인생을 우주적 차

25) 아인슈타인, 박상훈 역, 『나는 세상을 어떻게 보는가』, 서울: 한겨레, 1990, pp.20-24.
26) 오영환, 「화이트헤드의 신관」, 『기독교사상』 18권 1호, 1974 참조.

원에서 생각하고, 그 우주적 진리 속에서 우주종교적 감정을 느끼고, 그리고 이 형이상학적 신관을 가지고 일상성을 의미있게 유지하려는 종교성은 바로 이러한 비교 고찰을 통하여 그 의미가 자연히 드러나고 있다.

이 내면적 수행에 있어서 우리가 살펴볼 수 있는 것 중에 대표적인 것이 퇴계의 『성학십도聖學十圖』이다. 여기에 유학의 초현실성의 이념이 잘 집약되어 있다. 특히 그 중에서도 「인설도仁說圖」, 「서명도西銘圖」는 기독교의 보편신 신앙에 버금가는 것으로 일종의 우주적 체험이고, 『소학도小學圖』, 『경재잠도敬齋箴圖』, 『심설도心說圖』는 경건성의 훈련을 말해주고 있다. 퇴계선생이 아침에 일찍 일어나 『心經』을 한번 외었다든가 『고경중마방古鏡重磨方』을 지은 것도 같은 취지이다. 예날 선비의 전통 가옥이 안채와 사랑채로 구별되어 있는 것도 일상성 속의 초현실성 추구와 결코 무관하지 않다. 전통과 꼭 같이 할 수는 없지만, 그 정신과 취지는 공감할 수 있고, 유교를 이와 같은 각도에서 이해한다면 충분히 새로운 창조적 응용이 가능하다. 유교적 의례를 실천하거나 유교인이라는 자각이 없어도 한국의 전통을 이해하는 바탕 위에선 사회지도적 지성인이라면 누구나 이 유교적 초현실성에 접근할 수 있다.

06 유교의 초현실성 추구의 한 실례로서의 『성학십도』

우주종교의 성격을 가진 성리학의 수행에 실제 활용할 만한 텍스트로서 『사서四書』, 『오경五經』, 『근사록近思錄』, 『심경心經』 등이 있겠지만, 원형 그대로는 각각 다 한계가 있다.27) 『성학십도』도 그러하지만, 퇴계가 연구하여 편찬했다는 점에서, 또 간명하다는 점에서 하나의 예로 살펴본다. 원문은 들지 않고 그 의미만 해설한다. 이것과 퇴계사상을 연관하여 자세히 해설한 것에는 여러 논문이 있지만, 금장태의 것이 가장 종합적이다.28) 그러나 그 현대철학적 의미나 종교성의 의미에 대해서는 미흡하다고 할 수 있다.

27) 그 한계란 대략 이런 것이다. 첫째, 한문으로 되어 있다는 점. 둘째, 그 고전속에 들어 있는 지나친 중화주의적 요소. 셋째, 사상 속에 녹아 있는 중국역사의 배경적 요소가 가변적이라는 점. 넷째, 고대와 현대라는 문명사적 큰 간격. 다섯째, 기후와 풍토에 의한 중국과 한국의 문화적 이질성 및 문화의 중심과 주변 문제(보편성과 특수성 문제).

28) 금장태, 『「성학십도」와 퇴계철학의 구조』, 서울: 서울대 출판부, 2001.

1) 「태극도太極圖」

성리학 이해의 첫걸음은 우주론(형이상학)에 대한 파악이다. 우주(인간을 포함하여)에 대한 설명이 바로 이 『태극도』[29]이며, 가장 중요한 텍스트이기 때문에 『근사록』에도 맨 처음에 실었다.[30] 이것은 물론 송대 과학 수준에 맞춰 나온 것이고, 또 도교의 수련법에서 힌트를 얻어 주염계가 변형시켜 만든 것이지만, 유기체 우주론을 형상화한 것으로 오늘날의 화이트헤드의 형이상학에 비추어보아도 틀린 것이 없다. 다만 고전적 상징으로 표시하여 태극, 음양, 오행이라는 용어로 설명했을 뿐, '유기체 우주론' 설명에는 하등의 결함이 없다. 그러므로 이것은 유교의 '우주종교론'의 기본 텍스트로 삼을 만하다.

이 도(圖)에서 태극은 기독교의 창조자 하느님, 화이트헤드의 과정철학에서의 신(God)에 해당된다. 음양은 氣로서 현실계를 상징하는데, 화이트헤드 형이상학의 '현실적 존재'(actual entity)와 같다.[31] 태극과 음양과의 관계는 초월자(존재의 근본 원인자; 궁극자)와 이 세계와의 관계, 궁극자의 '초월과 내재'의 양극성(dipolarity)을 말한다. 마치 화이트헤드 형이상학의 신의 초월성과 내재성, 즉 양극성(dipolarity)과 같다. 태극은 그 성격이 하나의 사물이 아니고 궁극적 원리이므로 '무극(無極)이면서 태극(太極)'이라고 설명했다.

이것은 상징도이므로 수행에서 이 상징을 본다는 것은 종교 수행에 있어 매우 중요하다. 다른 종교에도 이와 유사한 것이 있다. 기독교의 천지창조도라든가 불교의 각종 탱화, 심우도(尋牛圖) 등의 성화(聖畵)도 마찬가지로 이

---

29) 여기에 주자가 철학적 해석을 가한 것이 『태극도설』이다. 주자의 이 도설은 주자 사상의 온축이 들어 있다고 할 정도로 매우 훌륭하며, 성리학의 우주론, 즉 형이상학의 요점이 압축되어 있다. 그러므로 이것을 통하여 성리학의 우주종교론의 핵심을 이해할 수 있다. 주염계의 또 다른 저서 『通書』는 '우주에 있어서의 인간의 위치'에 대한 설명이다. 『태극도』가 인간을 포함하여 우주 만유를 존재론적으로 설명한 것이라면, 이 책은 만물의 영장으로서의 인간의 특성, 즉 도덕성을 말하려고 하였다. 그러므로 두 책은 한쌍을 이룬다.

30) 『근사록』은 북송 4자(주염계, 장횡거, 정명도, 정이천)의 사상을 주자와 여조겸이 공동으로 편집한 것인데, 그 첫째 권(챕터)이 이 「태극도」이다.

31) 화이트헤드의 형이상학과 종교철학에 대해서는 화이트헤드, 오영환 역, 『과정과 실재』(민음사, 1991)를 기본 텍스트로 참고하고, 해설서로서는 안형관, 문창옥 등의 단행본과 최근 간행된 몇 종류의 번역서를 참조하면 좋다. 화이트헤드 사상과 동양철학과의 비교연구에 대한 참고서는 졸저, 『한국의 철학적 사유의 전통-화이트헤드와 성리학의 만남』(계명대 출판부, 1999)을 참고하기 바란다.

미지 수련의 한 수단이다. 한말 이후 계룡산의 많은 신흥종교들이 유교의 이 태극도를 벽에 붙여놓고 수행을 하였음을 우리는 잘 알고 있다. 하나의 상징을 보는 효과가 있는데, 이 도에 대한 깊은 의미를 알고 활용했는지는 알 수 없지만, 알았다면 더 효과가 있었을 것이다.

다만 『태극도』와 주자의 도설(圖說; 설명)은 일종의 종교철학이지만, 기독교의 하나님과 같이 신성(神性)이 예수를 통하여 성육화(incarnation)된 것은 아니기 때문에 종교에서 믿음을 일으키는 중요한 요소인 '인격신'의 힘이 들어 있지 않다. 한말 동학이 기독교의 영향을 받아 동양 전통의 종교적 요소를 유지하면서도 부족한 이 인격신적 요소를 보충하기 위하여 '시천주(侍天主)'라는 교리를 창안하였다.[32] 이는 민중 종교에 필수적이다. 종교에 불가피한 이 요소, 성육화의 신성을 과거의 유교는 어디에서 얻었는가. 그것은 유교가 한대 국교화하여 교권이 권력과 일체화됨으로 인하여 역대 제왕이 그 역할을 대신한 것으로 밖에 볼 수 없다. 서양에서 교황권과 세속 국가 권력이 상호 길항 작용을 해온 것과는 대조적이다.

이 도와 아울러 주염계의 『통서通書』를 함께 보아야 하는데, 그 이유는 인간을 우주 만유와 평등하게 보는 것과 아울러 인간을 만물의 영장으로서, 즉 도덕적 주체로서 보는 관점이 병행되어야 인간의 도를 올바로 논할 수 있기 때문이다. 또 이것과 함께 보아야 할 것은 장횡거(張橫渠; 張載)의 '기일원론적(氣一元論的)' 우주론이다. 이것을 상징화한 것이 『서명도』이다.

2) 「서명도西銘圖」

기 일원론에서 보면 만물이 서로 상통할 수 있다. 기의 유기체론[33](기의 우주론)은 중국문화의 특징으로서 오래전부터 중국인이 이 자연세계를 파악하는 중요한 수단이었다. 이것은 화이트헤드의 유기체철학에서 '현실적 존재 이상으로 존재의 근거를 찾아서는 안된다'는 명제와 통한다.[34] 이 현실적 존재가 마치 세포 처럼 존재의 기초(실체가 아니다)가 된다는 것이다. 이 기일원

32) 동학의 이러한 점을 다룬 것으로 김상일의 『수운과 화이트헤드-동학주문 21자에 대한 과정철학적 풀이-』(서울: 지식산업사, 2001)가 있다.
33) 山田慶兒, 김석근 역, 『주자의 자연학』, 서울: 통나무, 1992, pp.128-129.
34) 오영환 역, 전게 『과정과 실재』, p.73.

론에서 나와 타인, 나와 생물, 나아가 우주 만유 모두가 일체가 될 수 있다. 장횡거는 "하늘은 나의 아버지이며 땅은 나의 어머니이다. 그 가운데 나는 작은 존재로 서 있다....백성은 나의 동포이며 만물은 나의 친구이다...."라고 말하고 있다. 정명도(程明道; 程顥)의 '만물일체(萬物一體)의 인(仁)'을 말한 「식인편識仁篇」 사상도 동일한 것이다. 기에 의해 서로 통하든 생명을 돋우는 사랑이든 이러한 감정은 분명 아인슈타인의 우주 종교적 감정과 유사하다.

3) 「소학도小學圖」

이것은 아동 때부터 익혀야 할 생활 윤리규범이지만, 유교를 종교라 볼 때 이것은 유교인이 지켜야 할 일종의 '종교적 계율'이다. 이 속에 효도에 관한 내용이 많은데, 이는 앞에서 말한 대로 유교의 사생관 및 가족윤리와 연관이 있다. 계율은 오늘날 가변적이다. 다만 여기에 불변의 원칙이 있다. 급변하는 현대사회 속에서 가정이 소중하다는 것과 그 속에서 효도를 행한다는 것은 개인의 주체적 선택에 맡겨져 있다.[35] 오늘날 자본주의 사회, 급변하는 과학기술사회에서 도덕의 중요성은 감퇴하고 있고, 국민의 다양한 욕구는 법으로 인권 차원에서 보호하려 하고 있다. 이런 와중에서 전통 도덕과는 거리가 먼 현상들이 범세계적으로 많이 나타나고 있어서 전통 도덕을 수행하려는 사람들은 혼란을 일으키기 쉽다.[36]

종교에는 계율이 반드시 필요하다. 건강과 행복을 위해서도 필요하다. 다만 소학의 내용 그대로 지켜야 한다는 것은 아니고, 그 정신, 즉 예절과 에티켓은 어릴 때부터 익혀야 한다는 것을 이어 받아야 한다는 것이다. 유교인은 이 예절과 에티켓을 종교적 관점에서 볼 필요가 있다. 이것은 아동기의 규범에 그치지 않고 일생을 지배하므로 중요시된 것이다.

---

35) 오늘날 복지정책을 전공하는 사람들은 우리나라의 장래 국가의 복지정책 면에서도 서구처럼 개인 위주로만 하지 말고, 전통의 가족 유대를 살리는 방향으로 절충해야 한다고 말한다.

36) 예를 들면 구미에서는 최근 동거 커플도 법적으로 세대로 인정해준다든지(프랑스) 동성애를 인정한다든지 하고 있다. 이러한 것은 우리에게 강한 거부감을 주고 있다. 그러나 여기에는 약간의 관점의 전환이 필요하다. 유교인의 입장에서는 이것을 맹자의 '鰥寡孤獨'을 돌보는 정치술 처럼 불쌍한 백성을 포용하는 복지정책의 일환으로 보면 어떨까. 이렇게 생각하면 시대가 변하여 도덕이 땅에 떨어졌다든가, 유교적 도덕은 필요 없다든가, 나는 전통과 현대사이에서 혼란스럽다든가 하는 정도가 훨씬 줄어들 것이다.

4)「대학도大學圖」

이것은 과거 태학(太學; 국립대학교)를 세울 때의 교육지표를 설명해 놓은 것인데, 당시 교육은 엘리트들만 받았으므로 결국 이 책은 제왕의 치국 원리를 설명한 것이다. 그러므로 유교인으로서 엘리트 의식이 있다면(그리고 정치에 관심이 많다면) 어떤 메시지를 읽을 수 있다. 우리가 잘 아는 '수신제가(修身齊家)가 제대로 안된 이가 어떻게 치국평천하(治國平天下)를 하느냐'하는 문제가 여기에 들어 있는데, 오늘날 일면의 진리는 있지만, 필요충분 조건은 아니다. 가정이 없는 자 중에도 훌륭한 지도자가 있고, 이혼 경력자가 공직에 적합하지 않다고 할 수도 없다. 그러나 선진국에서 정치인의 도덕성을 강하게 요구하고 있는 것을 보면 이 『대학』의 취지와 별반 다르지 않음을 알 수 있다.

또 여기에 '격물치지' 이론이 들어 있는데, 이는 오늘날 해석하면, 도덕적 능력 배양에 있어서 감성과 지성의 교호 작용이 중요하다는 진리를 담고 있다. 유교 수행인으로서는 수행의 목표를 말해주고 있고, '내성외왕'이라는 유교 종교론의 특징을 말함으로써 유교인으로 하여금 큰 포부를 갖게 해준다.

5)「백록동규도白鹿洞規圖」

이것은 백록동 서원이라는 사립대학에서 마련한 교육지표와 교육방법을 설명해 놓은 것이다. 교육지표는 전통시대 윤리인 '오륜'이고, 교육방법에는 사변적 연구과 실천의 방법을 적어 놓았다. 이 중에서 수행에 도움이 되는 것은 수신(修身), 처사(處事), 접물(接物)의 3가지 지침이다. 박학(博學)·심문(審問)·신사(愼思)·명변(明辨)이 연구하는 태도이고, 독행(篤行)이 실천의 지침인데, 여기에 수신·처사·접물의 세가지 요령이 또 있다.

6)「심통성정도心統性情圖」

이 도는 도덕 주체로서의 심의 작용기전을 말해 놓은 것이다. 심의 수양은 도덕적 감정이 제때 활발히 나오도록 하는 것이고, 이를 위해서는 평소 도덕적 의식을 각성시킬 필요가 있다. 유교의 수행은 불교의 각성과는 달리 항상 의식이 '도덕적 활동'을 잘 하도록 준비하는 데 초점이 맞춰져 있다.

도덕적 가치 판단을 위해서는 또 한편으로는 지성적 수행도 필요한데, 이를 위해서 유교는 '격물치지'를 강조하고 있다. 그러나 행위는 역시 내 마음의 도덕적 양심의 발로이므로 결국 심의 컨트롤이 중요한 것이다.[37] 우리가 대학에서 교양을 배우는 이유나 윤리성을 강조하는 이유도 여기에 있다. 유교의 심리 이론은 도덕적 수행이 목적이므로 불교의 유식론 처럼 그렇게 심리학적 분석을 시도한 것은 아니다. 오늘날은 물론 유교·불교, 그리고 정신분석학이 상호 보완하면 좋을 것이다.

7) 「인설도仁說圖」

이것은 '천인합일(天人合一)' 사상, 즉 중국적 자연법 사상을 단적으로 나타내는 학설로서 앞의 유기체 우주론(태극도), 기의 유기체론(서명도)과 연관이 있다. 그 내용은 자연의 법칙(섭리)은 '원형리정(元亨利貞)'이요, 인간의 마음의 법칙(덕)은 '인의예지'라는 것이다. 인의예지 4덕을 총괄하는 것이 또 '인'(총괄적 仁)인데, 이것은 '천지(자연; 우주)가 만물을 낳는 원리'라고 본다. '낳는다'[生]는 것은 사랑한다[仁]는 것의 핵심이다. 이와 같이 천인합일이므로 인간은 당연히 남을 사랑할 수 있는(그리하여 만물의 생명성을 신장시킬 수 있는) 능력이 있고, 그 능력을 '당연히' 발휘해야 된다는 메시지를 담고 있다. 이것은 공자의 일상적 도덕으로서의 인을 종교(철학)적으로 부연한 것으로 성리학의 중요한 종교적 교리라고 할 수 있다. 주자는 특히 「인설仁說」을 별도로 저술하면서 인은 이론이 아니라 '체험해야 된다'고 강조하였다. 즉 인은 체험, 실천의 진리라는 것을 강조하였다. 이 보다 앞서 정명도는 「식인편」을 지어 만물일체의 인을 깨닫는 것이 학자가 제일 먼저 해야 할 일라고 하였다. 여기에서 성리학의 종교적 측면을 엿볼 수 있다.

8) 「심학도心學圖」

심을 다룬 점에서는 앞의 「심통성정도」와 유사한데, 앞의 것이 심의 구조를 논했다면, 이것은 심의 수양에 대해 고전에서 말한 내용을 인용하여 설명

---

37) 왕양명의 심학은 주자의 격물치지설과 반대되는 학설이 아니고, 그것을 더 철저히 내면화한 것이다. 그런 점에서 양명학은 주자학의 발전이라고 본다.

하였다. 여러가지 심을 각성시키는 방법이 있지만, 하나로 요약하면 '경(敬)'이라고 하였다. 불교의 수행법에서 호흡법이나 결인법(結印法), 착설법(着舌法) 등이 말해지는데,[38] 유교의 경은 다만 의식을 각성시키는 데 그치지 않고, 도덕심이 잘 발휘되도록 각성시켜야 하는 점이 다르다.[39] 이러한 각성을 위하여 유교도 타 종교와 마찬가지로 '욕심의 절제'를 강조하고 있다.

9) 「경재잠도敬齋箴圖」

이것은 주자의 「경재잠敬齋箴」을 퇴계가 도로 만든 것인데, 그야말로 유교인의 마음과 몸가짐의 대강령을 잠언 형식으로 요약해 놓은 것이다. 첫머리를 보면, "옷과 모자를 단정하게 입고, 눈길을 바르게 앞으로 봐야 한다. 마음을 가라앉히고 앉아 위로 하느님(상제)을 대하듯이 해야 한다. 발은 무겁게 가지고 손은 공손히 가진다. 걸을 때는 잘 보고 딛고 개미집도 밟지 말고 피해 간다...."이렇게 시작된다. 물론 문구는 다 고전에 있는 것이다. 불교의 '염법(念法)'을 본받아 유교인이 외우기에 좋다.[40]

10) 「숙흥야매잠도夙興夜寐箴圖」

남당(南塘) 진무경(陳茂卿)의 잠을 퇴계가 도로 만든 것이다. 이는 경재잠과 유사한 내용인데, 유교인의 경건한 삶을 묘사한 것이다. 종교적 경건성의 내용이 잘 나타나 있다. 그 첫머리는 이렇게 시작한다: "새벽에 닭 울면 일어나니 생각이 점점 멀리 달린다. 그러므로 그 사이에 마음을 담백하게 하여

38) 결인법은 정신집중을 위해서 불교 수행에서 행하는 것으로 부처의 손과 같이 엄지와 중지를 결합시키는 것이고, 착설법은 혀를 말아 윗천장에 붙이고 입은 다물되 앞니는 약간 떨어지게 하여 정신을 집중하는 방법이다. 강정진, 『영원한 대자유인』, 서울: 궁리, 2003 참조. 강정진은 결인법은 '結印觀', 착설법은 '舌觀'이라 말하고 있다. 호흡법은 예로부터 유학자들도 많이 활용한 방법으로 숨을 짧게 들여마시고 천천히 길게 내뱉는 호흡법으로 복식호흡과는 약간 다르다. 주자에게도 「調息箴」이 있다. 퇴계도 「導引法」의 건강체조법이 있다.

39) 敬을 '主一無適', '整齋嚴肅', '常惺惺' 등으로 말하지만, 경이 단순히 정신집중이라든가 각성한다든가 하는 상태와 약간 다르다. 유교에서는 도덕적 양심이 발휘되도록 한다는 것(어린아이 마음을 잃지 않는다는 것), 거의 본능에 가까울 정도의 기초적인 도덕적 가치판단(是非之心의 발휘)을 할 준비가 되어 있다는 것 등을 위한 수행이 경이라고 할 수 있다.

40) 여기서 '염법'은 불교의 '念佛法'을 말한다. 종교적 수행에 있어서 경전을 외우거나 아니면 손으로 쓰는 것이 중요한 수행법이다. 강정진은 불교 수행법을 말하면서 '觀法'(머리 속에 이미지를 항상 떠올리는 것), '염법', '疑心法'(話頭法; 자기 수행 방법을 계속 의심, 초극해 가는 것) 세가지를 말하고 있다. 강정진, 전게 『영원한 대자유인』 참조.

정돈하지 않을 수 있겠는가. 그리하여 지난날 허물을 반성하고 그런 가운데서 새로운 지혜를 얻기도 하네.....세수하고 의관을 정제하여 단정히 앉는다. 정신을 가다듬기를 마치 아침해가 떠오르듯 하네....이에 책을 펴서 성현을 대하니 부자(夫子; 孔子)가 그 자리에 앉고 안자(顔子)·증자(曾子)가 앞뒤로 앉아 있네...."

유교에서 인격적 초월성은 여기 처럼 성현(학덕을 겸비한 자)에 대한 존경으로 표시된다. 공자와 안자, 증자를 모시고 자신이 그 속에서 공부를 하는 것이다. 종교적 수행과 다를 바 없다.

이상 유교인의 종교적 수행에 필요한 텍스트의 한 예로서 퇴계의 『성학십도』를 해설해 보았다. 이 중에서 『소학도』 『대학도』는 단행본을 요약한 것이므로 원전을 다 읽으면 좋다. 그외의 것은 짧은 문장이나 잠언으로 되어 있어 외우기가 좋다. 이것을 외운다면 불교의 염법에 해당되는 수행법이 된다. 그외 다른 잠언이(心箴이나 四勿箴 등)나 경전의 발췌집(『心經』이 그런 것이다)을 보충하여 염법을 시행해도 좋다. 여기서 중요한 것은 오늘날 수행에 바로 활용할 수 있는 보편적 진리(지나치게 중국 편향이 없는 것)를 담고 있는 것을 선정해야 한다는 것이다.

07 결 어

오늘날 유교를 종교라고 보기도 하고 종교가 아니라고 보기도 하지만, 어느 결론도 만족스럽지 못하다. 그러므로 현 한국사회에서 유교를 논하려면 여러 측면에서 유교를 고찰해 보아야 한다. 여기서는 유교의 종교성을 유교가 '초현실성'이 있느냐 없느냐에 초점을 맞추어 종교학적 방법론을 원용하여 고찰해 보았다. 또 이러한 초현실성을 유교에서는 어떻게 실천하고 있는지, 선비의 도덕적 수양 내지 종교적 수행이라는 측면에서 찾아 보고, 그 하나의 실례를 성리학의 핵심 사상인 퇴계 『성학십도』를 통하여 살펴 보았다. 그 사전 작업으로 오늘날 한국사회의 유교의 현황과 타 종교와의 관계를 먼저 일별하였다.

우선 현 한국사회의 유교의 현황을 정확히 알기 위하여 한국갤럽조사연구소의 통계를 살펴 보았다. 종교단체에 참여하는 유교인은 수가 극히 적지만 다른 종교인도 유교적 생활관습(또는 문화적 관행)을 가지고 살아가고 있어 유교는 종교인가 아닌가를 떠나서 문화적 기반으로 작용하고 있음을 알 수 있다. 그 중요한 자취가 바로 효도와 제사이며, 그 종교적 목적은 불사의 추구, 즉 생명의 영속성이라는 인간 욕망의 표현이다. 다시 말하면 효도와 제사는 유교적 사생관의 단적인 표현이다. 동시에 이것은 가족주의 윤리의 중요한 기반이기도 하다.

이것은 흔히 유교윤리라고 이야기하는 바와 같이 가정과 가족이라는 현실적 삶과 밀접히 연관되어 있어 유교의 현실성을 잘 볼 수 있지만 반면에 초현실성을 간과하기 쉽다. 그러나 유교의 초현실성(초일상성)은 다른 측면에서 또 찾아볼 수 있다. 그것은 성리학에서 보는 바와 같이 우주종교적 감정을 가지고 살아가면서 한층 고양된 정신세계를 유지하려는 선비의 유교적 생활 종교가 바로 그런 것이다. 이를 바탕으로 인애의 정신 발휘, 각종 종교적 의례의 실천, 경건성의 훈련(居敬), 지성적(도덕적) 훈련(窮理), 그리고 일상 속에서의 예의 실천 등이 유기적으로 종합되어 실행되고 있다.

이러한 성리학적 경지는 도덕적 수양론이요, 다른 측면에서 보면 종교적 수행론이라고 할 수 있다. 여기에는 분명 아인슈타인의 우주종교적 감정과 화이트헤드가 말한 형이상학적 신관과 유사한 종교성이 들어 있고, 이것이 유교의 초현실성을 또 잘 말해 주고 있다. 우리가 소위 말하는 선비의 생활종교라 할 이러한 경지는 그 특성이 단순히 초현실성 추구에만 매몰되지 않고 소위 일상성을 통한 초현실성의 구현이라는 '극고명이도중용'의 경지를 추구하는 것임은 물론이다. 그 하나의 실례를 우리는 퇴계의 『성학십도』를 통해서 볼 수 있다.

오늘날 자각적인 유교인은 이러한 입장에서 고전을 새롭게 해석하고 내 것으로 만들어야 하며, 자각적 유교인이 아니더라도 한국사회의 잠재적 유교인, 즉 사회 엘리트(지성인)라면 도덕성을 회복하기 위해서라도 유교의 이러한 초현실성 추구 방법에 귀를 기울여야 할 것이다. 그것을 통하여 타 종교와는 또 다른 유교의 '종교적 초현실성'을 만나게 될 것이다.

3

한국 근대 국가적 위기와 유교의 대응

제 6 장

개화기의 갈등과 모색

01 서 언

「황성신문皇城新聞」 1898년 8월 23일자 논설에 의하면 '개화(開化)는 새로운 것을 개발(開發)하고 백성을 교화(敎化)'한다는 뜻이라고 설명하고 있다. 원래 '개화'는 '개물성무(開物成務), 화민성속(化民成俗)'에서 왔다. 조선에서 개화라는 말이 쓰인 것은 1880년대부터인데, 박규수, 오경석, 유홍기 등이 그 선구자들이다. 일본에서는 개화가 '문명개화'라는 의미로 1870년대부터 쓰였는데, 이 말이 조선에는 1876년 개항 이후 들어와 '문명화', 또는 '서양화'를 통한 '부국강병'을 일컫기도 하였다. 그러므로 '개화기'는 결국 '개항기'와 시기적으로 비슷하여 같은 의미로 써도 무방할 것이다.

한말 개화기, 곧 개항기의 민족이 처한 역사적 위기는 대내외로 이중적이었다. 즉 대내적으로는 조선조 봉건사회가 갖가지 모순으로 더 이상 지탱할 수 없을 정도로 쇠약해져 말기증상으로 세도정치로 민생이 피폐해졌고, 대외적으로는 미증유의 서양의 가혹한 식민지 침략전쟁을 당하게 되었다. 국내정치에 있어 국력 쇠약의 원인을 따지면, 주자학 이데올로기의 형해화. 과거제에 의한 문신우위의 사회체제, 순조 이래 어린 왕의 등극으로 인한 왕권의 쇠미와 세도정치의 등장, 조선 중기 율곡의 경장론이나 실학적 개혁의 미실현 등, 여러가지를 들 수 있다. 원인은 이와 같이 복합적이다.

그러나 그럼에도 불구하고 한말 개항기라는 가장 중요한 시기에 대원군과 민비라는, 퍼스낼리티가 강한 두 사람이 등장하여 감정적 정쟁(政爭)을 일삼으로써 끝내 일본의 식민지로 전락하고 말았던 것이다. 조선조 국력 쇠미의 모든 원인이 두 사람에게 집약적으로 나타났다고 할 수 있다. 이러한 대원군과 민비의 정쟁은 한국 근대 대내적 갈등이라고 할 수 있겠다. 물론 이들의 정쟁을 외세가 이용함으로써 이들의 정쟁이 인간적 갈등이나 왕정에 일반적으로 수반되는 궁정음모적인 암투의 성격을 갖고 있음에도 불구하고 망국의 절대적 원인으로 지나치게 증폭될 위험도 없잖아 있다. 그러나 그들은 최고 정책 결정자였으므로 그들의 정쟁이 미친 영향은 결코 과소평가할 수 없다.

한말 개항기 서구식민지 침략으로 야기된 위기는 조선조 자체의 문제는 있다 하더라도 이웃 일본의 명치유신의 근대화 성공과 비교해 볼 때 외압의 시기나 그 외압의 최종주자가 서구가 아닌 아시아 후발국, 그리고 사대교린의 관계에 있던 청국과 일본이라는 특수성 등이 매우 대조적으로 부각된다. 쇠미한 국력을 두고 그 원인을 외부로 돌리는 것도 온당치 못하지만, 인류역사에 미증유의 식민지 침략을 유일한 기준으로 오늘날 시점에서 조선조 문화를 일거에 '미개(未開)'로 평가하며 자괴(自愧)한다는 것도 온당하지 못할 것이다. 그런 의미에서 외압에 대한 국제정치적 고찰을 할 필요가 있는 것이다. 이것을 통하여 외압에 대응하는 조선의 대외적 정책상의 갈등을 객관적으로 이해할 수 있을 것이다.

외압에 대한 대내적 이데올로기의 갈등은 '척사(위정)'과 '개화'로 요약할 수 있겠다. 부르주아적 대응이 아닌, 밑으로부터의 개혁(혁명)에너지로서 동학농민운동(혁명)을 들 수 있으나, 여기서는 척사와 개화로 요약하였다. 척사는 주자학과 조선후기 당파적 정책 이데올로기화 하였던 '소중화주의(小中華主義)'에 바탕을 둔 '화이론적(華夷論的)' 내수외양론(內修外攘論)인데, 여기에는 '개항(開港)=남인정권(南人政權) 성립'이라는 정치성도 다분히 개재되어 있었던 것이 특징이다. 뿐만 아니라 척사론자들은 주자학의 '리기론(理氣論)'으로 사물을 인식하는 틀로 삼고 있어서 리기(理氣) '상징(象徵)'에 얽매여 구체적 사물, 예를 들면 당시 국제정세, 과학기계, 세계지리, 자본주의적 생산양식 등에 대해 제대로 이해할 수 없었다. 그들은 매우 현실적 인식을 요구하는 문제에 있어서도 '리주기종(理主氣從)'이라는 가치론적 잣대를 먼저 갖다 대었다. 그러므로 그들의 대외인식은 추상적일 수 밖에 없었다. 그러나 척사위정에 입각한 외세에 대한 이러한 강력한 민족보위적 저항은 민족의 원초적 저항으로서 내셔널리즘의 성격을 띠고 있다. 물론 그들이 내세우는 '위정(衛正)'은 동양의 문화, 즉 주자학적 세계관을 지키는 것이었으므로 민족보위는 그 보다 낮은 가치였고, 따라서 근대 정치학적 민족주의와는 다른 것이다. 그럼에도 불구하고 이 에너지가 그후 일본의 침략이 노골화되자 항일의병운동으로, 나아가 해외 독립전쟁으로 발전되어 근대 한국 민족주의 형성에 일정한 기여를 하였다.

이와 대조적으로 개화사상은 종래의 대청사대(對淸事大)를 불식하고 서구의 문명의 이기를 도입하여 부국강병을 꾀하고 각종 제도를 모방하여 근대국가적 체제를 갖춘 자주독립국을 건설하려 하였다. 그들이 청국이 종주권 행사의 일환으로 자행되는 군사적 강압(대원군 납치, 갑신정변 간섭)에 대한 강한 반발은 청국 보다 빨리 문명화되고 있던 일본을 모방의 대상으로 삼았다. 그들이 양무(洋務)와 병행하여 추진한 변법(變法; 제도개혁)은 중국의 강유위(康有爲)의 변법 보다 10여년 앞섰으나 갑신정변의 실패로 결실을 맺지 못했다. 개화사상도 전기 개화사상과 후기 개화사상으로 구분되지만, 후기개화사상이라고 할 갑오개혁은 일본의 침략의도가 많이 섞여 있었으므로 여기서는 전기 개화사상만을 다루었다.

전기 개화사상의 내용을 보면 당시 당면한 사회, 경제, 정치 개혁론을 담고 있는데, 그 바탕에는 자주독립사상, 서구적인 민권사상, 천부인권설, 사회계약론, 입헌군주제 등 근대사상이 들어 있다. 다만 그들이 이러한 시민적 개혁을 밑으로부터의 국민적 합의가 이루어지지 못한 상태에서, 그것도 간교한 일본의 힘을 빌려 정변(혁명)에 의해서 실현하려고 한 것이 실패의 원인이었다. 그러나 이들의 개화사상은 앞선 시대 실학의 정신을 계승하고 있다는 점에서 사상의 내재적 발전이라는 의의가 있는 것이다. 개화사상은 그 정치적 혁명에 있어서는 실패했지만 양무론적 부국강병책과 변법론적 정치개혁을 통하여 '국가의 독립'과 '국민적 통합'이라는 내셔널리즘의 중요 목표를 내세워 실천하려 했던 점에서 민족의 활로의 모색이라는 역사적 의의를 갖고 있는 것이다.

요약하여 말하면, 한말 개항기의 유교는 한편으로는 척사위정사상으로, 또 다른 한편으로는 개화사상으로 국난을 극복하고자 하였으나, 각각 자체의 한계에 부딪쳐 어느 것도 결실을 맺지 못하였다. 그러한 원인은 대내적으로는 정치적 갈등에 물론 연유하지만, 다른 한편으로 보면 외세의 침략의 시기와 '외압(外壓)'의 특수성에서 비롯되는 점이 많다. 다시 말하면 한말의 국난을 시야를 좀 더 넓혀 세계사적으로 보면 19세기 후반 자본주의적 식민침략과 한반도라는 특수한 요충지를 둘러싼 국제정치적 역학관계의 배경 또한 무시할 수 없으므로 이것과 연관하여 문명사적으로 고찰할 필요가 있다. 그러한 고찰의 결과 다 같이 유림(儒林)에 의해서 주창된 척사와 개화의 이데올로기적 갈등도 각각 특성과 한계가 있으나, 전기 개화사상이 당시 상황에서 취할 수 있는 방책 중 가장 근대적 내셔널리즘에 기여하지 않았는가 한다.

02 국내정치에 있어서의 갈등 – 대원군과 민비의 정쟁

대원군과 민비가 대립하였던 시기는 전통사회가 붕괴되고 근대사회로 넘어가는 역사적 대전환기로서 나라의 운명이 걸린 시기였지만, 그들은 최고 정책 결정자로서 정책적인 대립 보다도 감정적인 대립을 일삼아 나라의 쇠망을 자초하고 말았다. 당시는 중세 조선조 양반 사회가 갖가지 모순에 직면하여 개혁하지 않으면 안되는 시기였다. 즉 안으로는 기존의 세도정치로 나타난 부패를 일소하고 왕권을 확립하여 부국강병을 꾀하는 한편, 밖으로는 열강의 침투를 막아 독립국가의 체통을 지켜야만 하였다.

양인의 대립은 근본적으로 양인의 기질이나 성격, 성장배경 등이 중요한 작용을 하였다. 개인의 전기적 서술은 본고의 범위를 벗어나는 문제이므로 여기서 자세히 다룰 수 없지만, 그들의 전기를 보면, 양인이 모두 세도정치라는 시대가 만든 특이한 인물이라는 공통점이 있다. 즉 이들의 등장은 왕조 체제의 속성상 쇠약한 왕권을 둘러싼 권력싸움, 곧 정쟁(政爭)의 갈등이었다. 여기에 어려운 시대에 생장한 양인의 퍼스낼리티가 또 한 요소로서 작용하였던 것이다.1) 세계사적으로 왕정에 보편적으로 수반되는 궁정음모의 측면에서 보면 양인의 정쟁이 아무것도 아닐 수 있다. 또 당시의 정치적 역학관계나 양인의 인간 관계로 보아 감정적 대립을 흔히 있을 수 있는 일로 이해할 수도 있다. 그러나 그 시대를 감안할 때 한 국가의 운명에 미친 그들의 정쟁은 그 파장이 매우 컸다.

---

1) 민비는 8세에 양친을 잃고 고향 여주를 떠나 서울에 올라와 일가에 기탁하여 살고 있던 외로운 처지였고, 대원군은 안동김씨 세도가의 왕족 탄압 속에서 목숨을 부지하기 위해 바보행세까지 하였던 인물이었다. 민비는 억세면서 무엇인가 하지 않고서는 못견디는 성격이었다. 대원군에게는 이런 일화가 있다: 그는 12세 때 어머니를, 17세 때 아버지를 여의었는데, 18세 때 아버지의 무덤을 풍수가들이 길지라고 하는 충남 德山 大德寺 석탑 밑으로 옮겼다. 그때 그는 가산을 다 털어 2만냥을 주지에게 주고 절을 불태우게 하였는데, 밤에 세 형의 꿈에 노인이 나타났다. 세 형들이 어찌할 바를 몰랐으나 대원군은 오히려 길지의 증험이라 하며 탑 밑으로 이장하였다는 것이다. 이광린, 「민비와 대원군」, 이광린, 『개화기연구』, 서울: 일조각, 1996, pp.129-135, 157-159 참조.

1864년 대원군이 섭정으로 정권을 장악한 뒤 왕권을 강화하기 위하여 과감하게 개혁을 단행하였다. 국가기구와 재정제도를 정비하고, 경복궁을 재건하고, 서원철폐를 과감하게 시행하였을 뿐만 아니라 병인양요, 신미양요를 당하여는 무력으로 외세의 침투를 물리치고 쇄국정책을 감행하였다. 그의 정책기조는 기존체제를 혁명적으로 개혁하는 것은 아니고, 오히려 왕권을 강화하기 위하여 기존 체제를 보완, 유지하려는 데 있었다. 이 점에서 그는 보수적인 정치가였다. 그는 평소 주자의 『자치통감강목資治通鑑綱目』을 애독하였으며, 재임기간 중에 이것을 보충한 『강목집요綱目集要』를 간행한 것만 보아도 그의 의식은 조선조 일반 선비의 그것을 넘어서지 않았음을 알 수 있다.

대원군이 기왕의 세도정치의 적폐를 타파하여 각 당파, 각 지방 사람들을 등용하고, 부패를 일소함으로써 백성들로 부터 대단한 환영을 받았다. 그러나 대원군은 10년 섭정 뒤 왕이 친정을 하게 됨에 이르러서는 물러나야 하였다. 그 때가 1873년이었는데, 일본은 이미 1868년 명치유신을 통하여 근대국가로 탈바꿈하면서 정한론(征韓論)을 내세워 조선 침략을 논의하고 있을 때였다. 대원군이 물러나자 민비가 중심이 된 척족세력들과 대원군 시절 불우하였던 사람들이 정권을 대신 장악하였다. 그러나 그들은 대원군과 다른 정책을 갖고 있지는 않았다. 오히려 정치적으로 대원군 때 중용되었던 인물을 제거하고 자기 일파를 세우는 것으로 만족하고 있었다. 다시 말하자면 과거 세도정치의 주인공이 안동 김씨에서 여흥 민씨로 바뀐 것 뿐이었다.

일본은 1875년 9월 운양호를 강화도 초지진 앞바다에 보내어 침략을 도발하였다. 이듬해 2월 일본은 전권대신(全權大臣)을 보내어 조약을 체결하고 조선을 개항시켰다. 당시 국민들은 모두 개항을 반대하였고, 특히 유림들의 반대가 심하였다. 대원군을 실각시킨 유림 대표 면암(勉庵) 최익현(崔益鉉)이 「지부복궐척화의소持斧伏闕斥和議疏」를 올렸다. 또 어전회의에서 환재 박규수 외에는 모두 일본과의 조약을 반대하였다. 참석자 대부분이 이미 은퇴한 대원군이 두려워 척화 정책을 반대하지 못하였다. 실제로 민씨정권하에서 일본과의 수호가 이루어진 것은 박규수가 역관 오경석과 함께 국왕의 친형 이재면(李載冕)에게 찾아가 조약체결의 불가피함을 설명함으로써 이루어졌다고 한다.[2)]

당시 민비는 애국적 견지에서 정책을 펴지 않고 국왕으로부터 호감을 사고 자기 일족에게 벼슬을 주기 위한 지렛대로 정책결정을 이용하였다고 한다.[3)] 영국인 롱포드(Joseph H. Longford)는 "국왕에 대한 왕비의 영향은 절대적이었다. 그녀의 오랜 원수인 대원군이 아직 나라 안에서 큰 힘을 발휘하고 있을 때 그녀는 대원군의 보수적인 편협성에 반대하였다. 그러나 따지고 보면 그녀가 반대한 것은 그 사람이지 그가 취했던 정책을 반대한 것은 아니었다."라고 하였다.[4)] 민비는 첫째 아기를 낳았으나 곧 잃고, 둘째 아들을 낳아 비로소 세자로 책봉하게 되었는데, 그 축하의 연회와 불사(佛事)에 대원군이 10년 동안 비축한 국고를 탕진하였다. 축하 과거로 응제경과(應制慶科)를 보기도 하는 등 과거 세도정치의 무분별한 전횡을 반복하였다.

일본과 조약을 체결한 조선은 그후 구미제국과 조약을 체결하고, 일본에는 수신사와 신사유람단을 파견하고, 군제를 개혁하고 별기군을 설치하였다. 그러나 이러한 모든 시책들이 대원군과 유림들에게는 민비가 중심이 된 무능한 관리들의 매국적 소행으로 보여졌고, 그리하여 이에 대해 큰 불만을 품게 되었다. 또한 이때 황준헌(黃遵憲)의 『조선책략朝鮮策略』이 김홍집에 의해 전해져 유림들에게 읽히고, 일본이 원산과 인천의 추가 개항을 강요하려 하자 전국 유림이 정부 실책을 공격하기 시작하였다. 대표적인 척사 상소는 1881년 3월 영남유생 1만명이 서명한 「영남만인소嶺南萬人疏」였으며, 강원도 유생 홍재학(洪在鶴)이 제출한 상소(실제 쓴 것은 重庵 金平默이다)는 정부의 주화자(主和者)를 처단하라는 과격한 상소를 올렸다. 이러한 전국유림의 상소에 힘을 얻은 대원군은 집권의 기회를 엿보고 있었고, 이 와중에서 이재선(李載先) 사건과 같은 정치적 음모도 일어났다.[5)]

---

2) 彭澤周, 『明治初期 日韓關係의 연구』, 동경:塙書房, 1969, p.78에 들어 있는 주 20) 참조; 이광린, 전게서 p.139에서 재인용.
3) Joseph H. Longford, *The Story of Korea*, London, 1911, p.308; 이광린 전게서, p.139에서 재인용.
4) 동서, p.314; 동서에서 재인용.

1882년 3월 민태호의 딸이 왕세자빈으로 간택되었다. 민씨들이 득세하는 것을 보고 대원군은 몹시 언짢게 여기면서 집권의 기회를 엿보고 있었다. 그해 7월 임오군란이 일어났다. 별기군의 창설로 구식군대의 불만이 누적된데다가 밀린 녹봉미에 고직(庫直)이 겨와 모래를 섞어넣음으로써 군인의 반란을 촉발시켰다. 고직의 농간은 당시 조선의 고질적인 지방 관리의 부패의 전형으로서 그 사소한 것이 역사의 물줄기를 바꾸어놓고 말았다. 물론 당시 일본으로 쌀이 대량으로 유출되고, 거기다 그해는 흉작이어서 쌀이 부족한 상황도 한 원인이었다.

군인들이 창덕궁에 난입하자 왕은 할 수 없이 대원군에게 사태수습을 맡겼다. 민비는 용케도 충주 산속으로 피신하였다. 정권을 잡은 대원군은 정부의 조직을 고쳐, 국왕 친정 이후 설치된 기관들을 없애고 옛제도를 부활하였다. 그러나 그때 대원군의 나이 62세, 그 가까이 있던 인물 역시 보수적 색채가 짙은 늙은이들이어서 새로운 내외의 위기에 대처하기에는 역부족이었다. 그리하여 대원군의 집정은 33일만에 끝나고, 대원군 자신은 반란의 주모자로 청군에 의해 잡혀갔다. 민비는 다시 환궁하여 더욱 민씨들을 중심으로 결속하며 정권의 상층부를 독점하였다.

청은 일본의 강화도 조약 이후 조선에의 세력 침투가 커지자 과거 종주국으로서의 권리를 주장하려 하였다. 그러던 중 군란을 계기로 육해군을 파견하여 조중상민수륙무역장정(朝中商民水陸貿易章程)을 체결하여 한국에 세력을 침투시켰다. 대원군은 천진에서 다시 보정부(保定府)로 옮겨져 그곳에서 3년의 연금생활을 하였다. 민씨들은 노골적으로 대원군의 귀국을 반대하였다. 청국의 한국 간섭에는 청국에 머물러 있던 김윤식과 어윤중의 방조도 있었다. 귀국 도중 일본에서 이 소식을 들은 개화파 김옥균은 조선 자주의 권(權)이 상실되었다고 비통해 하였다. 개화파 인사들은 개인적으로는 대원군과 상극관계에 있으면서도 청국의 행동은 주권유린으로 보았다.

---

5) 이재선은 대원군의 서장자였는데, 나이 40이 되어도 서자 신분 때문에 벼슬을 못하고 있었다. 대원군에게 척왜에 공을 세우면 중용할 것이라는 이야기를 듣고 1881년 9월의 경기도 初試를 이용하여 난을 일으켜 민씨척족을 살해하기로 계획하였으나 실패하였던 사건이다. 민비가 조작했다는 설도 있으나, 일반 백성들은 대원군이 집권하기 위해 일으킨 것으로 믿고 있었다. 황현, 『매천야록』, pp.61-62.

1884년 12월에 일어난 갑신정변을 계기로 청·일 양국은 날카롭게 대립하였다. 국왕과 민씨 척족은 국토가 전쟁터가 되지 않을까 우려한 나머지 당시 남하 정책을 펴고 있던 러시아 세력을 끌어들이고자 하였다. 러시아와 은밀히 외교적 교섭을 벌인 관계로 국제정치에 큰 파문을 일으켰다. 이것이 이른바 한로밀약사건(韓露密約事件)이었다. 영국이 러시아의 남하를 의식하여 거문도를 무단 점령하는 일까지 일어났다. 청국도 러시아의 남하정책에 촉각을 곤두세우고 있었다. 그리하여 청국은 대원군을 석방하여 민비의 한로 접근을 감시하도록 계획을 세웠다. 민씨 세력의 반대가 강하여 한때 이홍장(李鴻章)은 머뭇거렸으나 일본 외상 이노우에의 건의를 받고 즉각 실행에 옮겼다. 그 당시 일반 백성들은 대원군의 환국을 환영하였으나 민씨척족들은 노골적으로 반대원군 시위를 벌였다.

대원군이 귀국하여 10년간 칩거한 뒤인 1894년 4월 동학농민운동이 일어났다. 정부군을 출동시켰으나 동학군 보다 수적으로도 적고 사기도 저하되어 패배를 거듭하였다. 민씨 정권은 할 수 없이 청국에 원병을 요청하였다. 원세개는 이를 수락하고 충남 아산(牙山)에 청군을 파견하였다. 일본은 청국의 통보도 받기 전 이미 한국 침략을 기도, 청국 보다 많은 군대를 인천에 상륙시켰다. 그러나 6월 11일 동학군이 정부와 전주화약을 맺고 전주성에서 자진 해산하였다. 그러므로 양국군대는 철수해야만 하였는데, 일본은 이미 정한론의 계획에 따라 그것을 실행에 옮기고 있던 중이었으므로 바로 개전외교(開戰外交)에 돌입하였다.

드디어 일본은 7월23일 새벽 경복궁을 무력으로 점령하고 민씨 척족 정권을 무너뜨리고 대원군을 정부수반으로 앉혔다. 75세의 대원군이 세 번째로 정권을 잡게 되었다. 대원군은 일본에 업혀 정권을 잡는 것을 처음에는 거부하였으나 일본의 반강제에 가까운 회유와 설득으로 어쩔 수 없이 응하게 되었다. 한편 대원군은 민비를 폐비조치할 계획을 세웠으나 일본의 반대로 중지하지 않을 수 없었다.

군국기무처(軍國機務處)가 설치되어 내정개혁이 단행되었으나 대원군은 별반 관심을 나타내지 않았다. 오히려 재봉기하였던 동학도 간부 앞으로 사람을 보내거나 평양에 있는 청국군에게 편지를 보내어 친일정권을 전복시켜 달라고 하였다. 대원군이 정권을 잡은지 1개월도 안되어 군국기무처와 마찰을 빚게 되었다. 국왕과 민비는 군국기무처 회원들을 조정하여 대원군 보다 자신들이 더 개혁에 관심이 많다고 선전하였다. 군국기무처는 일본이 국내 개화인사들을 사주하여 만든 기관으로 명분은 내정개혁이나 자신들의 침략의 교두보에 다름 없는 것이었다.

대원군은 국왕과 민비를 폐하고 장손 이준용(李埈鎔)을 왕위에 앉히려고 하는 등 당시 정계는 어수선하였다.[6] 그러던 중 갑신정변 뒤 일본에 망명하였던 박영효가 귀국하여 국왕과 민비에 접근하여 김홍집 내각의 내무대신이 되자 그와 대원군파는 대립하게 되었다. 청일전쟁 후 일본은 노골적인 내정간섭에 들어가 이제는 자기네들에게 장애가 되는 대원군을 축출하려는 공작을 폈다. 대원군은 청군이 평양에 주둔해 있을 때 평안도 관찰사 민병석에게 편지를 보내 청군에게 대군을 보내 일본을 소탕하고 국내 아부자들을 숙청해 주도록 간청하라고 부탁한 적이 있었다. 이 편지로 인하여 그는 할 수 없이 1894년 11월 일본의 강제에 의해 은퇴한다고 발표하였다.

청일전쟁 후 일본이 삼국간섭으로 요동반도를 반환하는 등 국제적 위신이 추락하자 박영효도 독자 노선을 추구하고, 국왕 및 민비도 러시아에 눈을 돌림으로써 일본은 그동안의 노력이 수포로 돌아갈 것을 염려하여 무력으로 한국 정계 문제를 해결하고자 하였다. 그리하여 민비시해라는 만행도 서슴없이 저질렀다. 한 사람의 죽음으로 20여년에 걸친 양인의 정쟁은 끝이 났다.

대원군과 민비가 정권 쟁탈을 벌였던 시기는 한국 근대에 있어서 매우 중요한 시기였다. 두 사람이 정책적 대립 보다도 감정적 대립이 항상 앞서 효과적인 내수외양을 제대로 하지 못하고 말았다. 대원군이 청군에 의해 붙잡혀가고, 반면에 민비는 다시 정권을 잡고, 갑오개혁 때는

6) 대원군은 자기의 정적 국왕과 민비를 폐하려는 속셈으로 장손 이준용을 왕위에 앉히려고 하였으나 뜻대로 되지 않았다. 그러자 대원군은 그를 內務協辦 兼 親軍統衛使에 임명하였다. 이런 조치에 대해 군국기무처에서 즉각 반발하고 나섰다. 田保橋 潔, 「근대조선에 있어서의 정치적 개혁」, 『근대조선사연구』, 서울: 조선사편수회, 1944, pp.98-99; 이광린, 전게서, pp.153-154에서 재인용.

일본에 의해 대원군이 다시 정권을 잡은 것이 그 좋은 예이다. 두 사람의 감정적 대립이 두 사람의 불우한 처지와 개인적 퍼스낼리티에서 비롯되고, 더 근본적인 원인을 추구하면 조선 후기의 세도정치의 정치행태, 유교에 의한 양반정치의 폐단, 과거제도에 의한 문신우위, 왕정에 수반되는 궁정음모 등 여러 원인을 들 수 있다. 더구나 청과 일본이라는 외세의 성격과 외압의 양상이 충분히 고려될 수도 있다. 그러나 두 사람은 중요한 시기에 감정에 치우친 소모적인 정쟁을 함으로써 국력을 쇠망케 한 중요한 원인을 제공하였음에 틀림없다.

03 외압의 특수성과 개혁의 실패 – 19세기 식민정책의 변화와 그 영향

한말 개항기, 즉 19세기 후반 중국은 반식민지가 되고, 한국은 일본의 식민지가 되었으나, 일본은 이와 대조적으로 근대국가로 탈바꿈하는 데 성공하였다. 그 중요 원인이 각국의 지정학적 조건, 그리고 국력 및 내부 사정에 있었던 것이 사실이지만, 이와 아울러 당시 19세기 후반이라는 세계사적 환경 속에서 외부로부터의 강제, 즉 '외압(外壓)'이라는 요인을 간과할 수 없다. 특히 한국의 경우는 전통적으로 사대관계에 있던 청으로부터의 내정간섭이나 군사적 강압, 그리고 교린관계에 있던 문화 후진국 일본으로부터의 침탈이라는 데 외압의 특수성이 있었던 것이다. 또한 일본이 받은 외압의 시기와 한국이 받은 외압의 시기가 다른 데서도 외압의 상대성을 볼 수 있다.[7]

7) 비유럽사회로서 자본주의적 산업화에 성공한 일본을 두고 그 '외압'의 특수성에 대해 관심을 갖는 것은 당연하다. 일본에서는 이에 대해 石井孝와 芝原拓自가 오랫동안 논쟁을 벌였다. 芝原은 당시 일본이 외압을 받던 시기는 '반식민지의 위기 상황'이었는데, 일본 국내의 민족적 결집력이 이를 극복했다고 보았고, 石井은 1860년대의 영국과 프랑스의 대아시아 외교정책을 분석한 결과 영국이 중국에 관심을 가졌던 1850년대와 본격적인 제국주의 국가로 변모한 1870년대의 사이에 나타난 외압의 상대적 완화가 일본의 국내변혁에 대단히 유리한 조건으로 작용하였다고 보았다. 『역사학연구』 266(1962. 7), 272(1963. 1), 279(1963. 8)호의 이들 논문 참조; 朴明圭, 「19세기 후반 동북아시아의 외압구조: 한국과 일본의 비교」, 한국정치외교사학회, 『동북아 질서의 형성과 변동』, 서울: 과학정보사, 1994, p.26에서 재인용.

물론 외압은 국내적인 조건—국내정치와 그 바탕인 문화적 전통, 정치 이념 등—과 긴밀히 연결되어 있다. 그러므로 내부적인 조건을 소홀히 하는 것은 아니지만, 종래 소홀히 취급하여온 외압의 영향을 강조하고자 한다. 이는 19세기 후반의 시기를 세계사적인 관점에서 거시적으로 조망함으로써 종래 국내 요인(政爭, 주자학 이념 등)을 마치 한국인의 병폐인 것처럼 지나치게 특수화하여 본 시각의 편향성을 교정할 수 있을 것이다. 이와 같은 거시적 관점에 섬으로써 국내적 요인을 좀 더 객관적으로 분석할 수 있고, 미래 한국인의 역사 창조에 불필요한 자괴심을 지울 수 있을 뿐만 아니라 앞으로 국제사회에 능동적으로 참여할 수 있게 할 것으로 생각한다.

19세기는 급격히 발달한 영국 산업자본주의가 새로운 성격의 자본주의적 상품판매시장을 전세계적으로 창출해낸 시대였다. 그리하여 19세기 후반은 동아시아가 이러한 세계 시장의 망 속에 편입됨으로써 세계시장 형성이 완료되는 시기였다. 한국과 일본의 개항에는 약 20년의 차이가 있는데, 이 20년이 단순한 시간 차이가 아니라 이 시기에 동아시아를 둘러싼 국제환경의 질적 차이가 있었고, 이것이 두 나라의 내부정치 변혁에 결정적 차이를 가져다 주었다.

1853년에서 1871년 사이의 국제적 조건은 '자유무역주의'와 '소영국주의(小英國主義)'로 대표할 수 있다.[8] 아편전쟁 후 영국은 1842년 남경조약으로 중국을 자본주의적 상품시장으로 개편하였다. 미국은 1840년대 동부의 면직공업이 비약적으로 발달하였고, 서쪽으로 영토를 확장하여 캘리포니아를 획득하자 태평양을 통한 대외 무역에 관심을 갖기 시작하였다. 1853년 페리가 일본에 기항하여 개국을 요구한 것이 바로 이러한 미국의 동아시아 진출의 한 과정이었다. 그런데 미국의 일본에의 내항(來航)은 일본과의 통상을 목적으로 한 것이라기 보다 중국 무역의 중간 기항지로서 생각하고 있었다. 거기다 미국은 곧이어 발발한 남북전쟁(1861-1865)으로 인하여 개항 후 일본과의 무역관계에 적극적

8) 石井孝, 『增訂 明治維新國際的環境』, 동경: 吉川弘文館, 1966; 박명규, 전게 논문, p.25에서 재인용.

인 관심을 쏟을 수 없었다. 이러한 상황이 일본에게 상당히 유리한 조건을 제공해 주었다.

1854년 일본개항의 주도권을 잡았던 미국이 먼저 미일화친조약을 맺었고, 이어 1858년 영국 등 5개국과 일본이 통상조약을 체결함으로써 일본도 자본주의 시장체제에 편입되었다. 그러나 동아시아에서 가장 선두 무역국이었던 영국의 경우도 일본과의 무역 규모는 1883년까지 미미하여 중국에 비해 일본의 시장가치는 극히 적었다. 거기다 영국의 산업자본주의는 1850년에서 1860년대에 걸쳐 '자유무역론'을 강하게 표방하였다.[9] 그리하여 안정된 독자정부와 경제적인 자유무역의 확보를 정책으로 표방, 정치군사적인 확장책은 약화되고 있었다. 말하자면 '소영국주의'적 경향을 띠고 있었다. 1850년대에 들어와 영국은 군비확대로 재정상의 곤란을 경험하면서 군비축소의 노력이 자유당 내각에서 시도되고 있는 것도 한 원인이었다.[10]

일본의 정치변혁이 수행되었던 이 기간 동안 일본에 대한 외압의 주체였던 미국과 영국이 이처럼 일본 내정에 대해 적극적 관심을 두지 않았던 사실은 동아시아 근대 역사적 전환에 대단히 큰 의미를 지닌다. 이러한 '외압의 상대적 완화'는 1870년대 중반 이후의 세계사적 조건과는 판이하게 다른 것이었다.

그러나 1875년에서 1895년 사이의 약 20년간의 국제적 환경은 급변하여 '제국주의적 세력확장전'이 치열하게 전개된 시기였다. 영국을 위시한 유럽의 열강들이 동아시아를 경제적인 의미에서보다 국제정치적인 의미에서 새롭게 인식하면서 동아시아, 특히 한반도의 정치군사적 중요성이 강조되는 시기였다. 이는 영토확장책을 쓰고 있던 러시아의 팽창주의와 독일, 프랑스, 미국 등 후발 산업국들의 산업발달에 따른 시장확보 경쟁과 밀접히 관련되어 있었다.

그러나 러시아의 세력확장으로 영·러 양국이 중앙아시아와 발칸반도에서 대립이 격화되자 영국의 대아시아 정책도 바뀌기 시작하였다.

---

9) 박명규, 전게 논문, p.24.
10) 박명규, 전게 논문, p.25.

러시아는 1858년에 아이휘[愛揮] 조약에 의해 청국으로부터 흑룡강 연안의 대부분을 할양받고, 1860년 천진조약 당시 영·불 연합군을 조정한 댓가로 만주 동부를 다시 할양받았다. 그 결과 조선과 국경을 접하게 되자 러시아는 부동항을 얻기 위해 남진정책을 쓰기 시작했다. 그리하여 1860년 이후 블라디보스톡을 군항으로 개발하여 극동함대의 기지로 삼았다. 러시아의 1870년대의 군사력으로 보아 그러한 남진전책이 위협적인 군사적 팽창으로 볼 수 있는지 다소 의문이 있지만, 그러나 영국과 청국 및 일본은 심각한 것으로 해석하였다. 그리하여 1880년대의 동아시아에서의 이들간의 대립과 타협은 러시아 남진에 대한 방어에 목적을 두었다. 특히 영국의 입장에서는 이미 획득한 중국과 일본시장의 보호를 위하여 태평양에서의 세력유지가 필요하였고, 그리하여 한국의 전략적 중요성을 인정하고 있었다. 1885년 영국의 거문도 점령사건이 하나의 상징적인 사건이다.[11)]

이와 같이 1880년대 조선을 둘러싼 열강의 대립은 1860년대의 그것과 기본적으로 달랐다. 1860년대의 대립은 시장확대를 위한 것이었지만, 1880년대의 그것은 정치군사적 세력확장을 위한 것이었다. 그런데 이런 상황에서 영국을 위시한 서구열강이 러시아의 남진을 억제하고자 하는 정책의 연장선상에서 전통적인 청국의 중화체제적 종주권을 이용하거나 또는 일본의 대륙진출 야욕을 묵인하였다. 영국은 심지어 조선의 독립을 러시아 진출 가능성의 확대, 또는 러시아 보호국화의 위험으로 이해하고 있었다.[12)] 특히 영국은 이 시기에 동아시아에서의 해군력이 절대적 우위를 확보하지 못하고 있었다. 그러므로 자신의 경제적 재생산 구조와 밀접하게 연관되어 있던 청국과 일본을 중시하면서 그들의 대한반도 정책을 이용하여 러시아 남진에 대처하려고 하였다.[13)]

11) 영국은 조선정부의 강력한 항의와 러시아의 조선진출이 억제될 수 있다는 청국의 보장 등으로 1887년 거문도를 철수하였다.

12) 廣瀨靖子, 「江華條約의 成立과 관련하여」, 『國際政治』 41, 1969, p.110; 박명규, 전게 논문, p.32에서 재인용.

13) 廣瀨靖子, 전게 논문, p.108, 111; 박명규, 전게 논문, p.32에서 재인용. 일본이 러시아 남진에 대한 견제책을 강조하는 이면에는 자국의 조선 침략의 합리화의 기도가 들어 있을 수 있으나, 러시아와 일본이 결국 전쟁을 하였으므로 러시아 남진을 과소평가하는 것도 정확한 역사 이해가 아닐 것 같다.

한편 미국은 소극적이나마 한국의 독립을 존중하는 입장이었으나, 그것도 1884년부터는 오히려 미국의 대외정책인 엄정중립의 방침을 견지하여 한반도에 대한 관심이 점점 멀어졌다. 공교롭게도 청·일이 다투고 있을 때 미국이 한국의 독립을 강조한 것이 오히려 일본의 입장을 강화시켜 주는 셈이 되기도 하였다.[14] 일본이 한국침략의 지렛대로 조선으로 하여금 청에의 사대를 청산하고 자주독립국임을 강조하도록 강요한 저간의 사정으로 미루어 볼 때 이는 충분히 짐작이 가는 사실이다. 실로 조선의 입장은 미묘하였다고 할 수 있다.

또 프랑스의 경우 베트남을 보호국으로 만들어 동남아시아에서의 제국주의적 진출을 보장받은 댓가로 동아시아에서의 청국과 일본의 쟁탈을 기회주의적으로 이용하거나 묵인하고 있었다.[15] 청국이 러시아와 일본의 팽창적 야욕을 확인하고 조선에 대한 종주권의 위협을 느낀 것은 1879년 러시아와의 이리(伊犁) 교환 교섭과 일본의 유구(琉球) 병합이었다. 이 사태 이전의 청국은 조선에 대한 종주권 행사가 직접적이고 노골적인 것은 아니었고, 오히려 서구열강과의 조약체결을 권유하는 방식이었다. 즉 이홍장이 당시 영충추부사 이유원에게 편지를 통하여 반로연일(反露連日)의 청국정부의 의견을 전달하였다. 그러던 중 1879년을 계기로 청국은 반일로연구미(反日露連歐美) 정책으로 전환하면서 조선 내정에 강력하게 개입하였다.

일본은 1880년대에 들어서면서 정한론(征韓論)을 기본정책으로 유지해가면서도 청국과의 대결을 회피하고 우회적인 방법을 병행, 조선의 개화파를 이용하고자 하였다. 갑신정변에서 일본이 개화파를 도와주지 않은 이유가 바로 그것이었고, 그로 인하여 일본을 믿었던 개화파의 갑신정변은 3일 천하로 끝나고 말았던 것이다. 1882년의 임오군란을 계기로 청국은 조선에의 종주권을 국제적으로 확인받고자 하였다. 독일인 묄렌도르프와 중국인 마건상(馬建常)을 고문으로 파견하여 내정간섭을 제도화하였다. 한편 일본은 이즈음 1881년 정변으로 민권론자들을 정

14) 박명규, 전게 논문, p.33 참조.
15) 동상.

부에서 추방하고 천황제 군국주의를 표방한 이토 히로부미(伊藤博文)이 주도권을 잡아 군비확장을 본격적으로 시작하였다.[16)]

1884년의 갑신정변은 종주권을 강화하려던 청국과 조선 침략을 노리던 일본의 첨예한 대립상을 극명하게 보여주었다. 갑신정변은 청국의 군사개입으로 좌절된 한국 근대사에서 중요한 사건이었다. 갑신정변은 일본침략의 일환으로 이루어진 갑오개혁과는 달리 일본 정부와는 무관하게 조선 내부에서 성장하던 개화파 세력이 추진한 주체적 정치변혁 운동이었다. 청국은 또한 영국의 거문도 점령사건을 거중(居中) 조정함으로써 조선에 대한 종주권을 대내외적으로 확인시켜 주었다. 갑신정변 당시 일본이 청국과의 직접 대립을 회피하고 개화파를 약속대로 도와주지 않은 것은 당시 일본의 군비가 청국과 전쟁을 할 만큼 정비되지 못한데다 서구열강과의 막후교섭이 이루어지지 못한 상황에서 직접 대결은 불리하다는 판단 때문이었다.

그러나 1894년 청일전쟁으로 조선의 외압구조는 청국에서 일본으로 바뀌어버렸다. 일본은 1880년대 군비확장의 결과 1890년대 초에는 청국을 능가할 만한 군사력을 보유하게 되었던 것이다. 그리하여 1894년 동학농민운동을 빌미로 개전외교(開戰外交)를 구사하여 조선침략을 노골화하였다. 일본의 내정간섭은 1894년 갑오개혁과정에서 전형적으로 나타났는데, 농민군이 주장한 폐정개혁안을 조선의 집권층이 어느정도 받아들이면서 개혁을 추진해나가기 시작한 직후 일본은 무력으로 왕궁을 포위한 채 김홍집 내각을 출범시켜 개혁을 반포하게 하였다. 이는 위로부터의 개혁을 할 가능성과 기회마저 빼앗아버린 결과를 낳고 말았다.

결국 조선이 중요한 정치변혁을 수행해야 할 시점의 세계사적 조건은 조선의 자유로운 변혁의 가능성을 상당한 정도로 제약하는 것이었다.

일본의 경우는 1864년 4개국 연합함대가 조슈번(長州藩)의 시모노세키[下關]을 공격하여 일거에 '양이(攘夷)'의 불가능을 알려줌으로써 급격히 개국화친론(開國和親論)으로 돌아서도록 만들었다. 조선의 경우 신미·병인양요가 어슬프게 끝남으로써 대원군으로 하여금 쇄국의 자신

16) 박명규, 전게서, p.36.

을 심어준 것과는 극명하게 대비되는 역사적 모습이었다. 뿐만 아니라 일본에 대한 서구열강의 무력사용은 어디까지나 자유무역체제의 보장을 위한 것이었다는 데 일본 개국에 훨씬 운신의 폭이 컸던 것이다. 이것은 영·일 조약과 일본과 조선이 맺은 강화도 조약과 비교해 보면 확연히 알 수가 있다.[17] 물론 여기에는 미국이 남북전쟁으로 일본에 더 신경을 쓸 여력이 없었다는 것도 주요 원인이었다.

경제적인 면에서 청국과 일본의 조선에 대한 침탈을 살펴보아도 정치적 내정간섭 못지 않았음을 알 수 있다. 우선 일본의 강화도조약은 조선이 아직 국제적 조약에 밝지 못한 점을 이용하여 세계사상 유래가 없는 무관세제도를 도입하고 개항장 거류지의 설치와 영사재판권을 강요하였다. 청국의 조선에 대한 경제적 침탈도 이에 못지 않았다. 조청상민수륙무역장정(朝淸商民水陸貿易章程)에서 청국은 '속방(屬邦) 규정'을 명문화하였으며, 속방이므로 조선의 자주적 비준권을 인정하지 않았다. 그외 편무적(偏務的; 일방적) 치외법권, 내지(內地) 통상권, 연안(沿岸) 무역권 등 조선정부에 극히 불리한 조항들이 들어 있었다. 이러한 것이 선례가 되어 다른 국가들도 똑같이 요구하는 어처구니 없는 지경으로 나아갔다.

이상 살펴본 바와 같이 조선의 정치변혁이 수행되던 1875년에서 1895년 사이 외압은 정치적, 경제적 이중외압이었다고 결론 지을 수 있다. 이는 이 보다 20년 앞서 받았던 일본의 외압에 비해 훨씬 불리한 것이었다. 더우기 외압의 주체가 같은 동아시아 문화권의 일본이었다는 사실이 또한 특수하다. 일본의 침략으로 강제로 개국할 당시 조선은 '왜양일체(倭洋一體)'를 부르짖으면서 척왜를 주장하던 척사위정파에게 일본과의 조약 체결은 옛 '교린'을 회복하는 것이라고 설득한 바 있다. 그러므로 조선의 개국은 소위 '척사적 개국'이 되어 결국 서구열강에 의한 개국 보다 오히려 '서양'에 대한 객관적 수용에 방해를 받거나 또는

17) 英日조약을 보면 최혜국조항, 거류지의 치외법권 등 전형적인 불평등조약의 형태를 띠고 있었지만, 外商의 내지통상권의 부정, 연안무역권과 연안해운권의 부정, 해관관리권의 확보 등의 측면에서 조선의 경우보다 훨씬 유리한 것이었다. 이병천, 「개항기 외국상인의 침입과 한국상인의 대응」, 서울대학교 대학원 박사학위, 1985, pp.53-54.

시간적 차질을 가져오게 하였다.[18] 뿐만 아니라 일본에 대해서는 국민 정서에 있어서도 큰 갈등을 유발시켰다.

결론적으로 조선은 일본이 서구열강의 침략을 받던 시기, 곧 경제적 무역확대의 시기와는 달리 20년 뒤 제국주의적 침략의 시기에 외압을 받음으로써 시기적으로 불리하였고, 그 외압도 서구 열강 보다 후발국인 일본이나 청국의 군사적 침략을 받음으로써 더욱 불리하였다. 따라서 주체적이고 자발적인 내정개혁을 하는 데에도 막대한 지장을 초래하였던 것이다.

04 대외인식의 이데올로기 문제 – 척사위정파의 대외인식의 추상성

척사위정파의 의식 기반은 주자학이었으므로 화이론적 세계인식을 벗어난 어떤 새로운 인식의 틀을 가질 수가 없었던 것은 당연하다. 그리하여 그들은 서양근대의 정신과 문명, 자본주의 초기의 식민지 침략성, 그리고 더 근본적으로는 지리적 비교나 문명의 상대성은 전연 이해할 수 없었다. 따라서 그들의 대외인식은 매우 전근대적이었고, 그런 의미에서 매우 관념적이고 추상적일 수 밖에 없었다.

예를 들면 화서 이항로는 서양 학문이 중국은 물론 조선에까지 미치고 있는 이유를 설명하기를 "(지구의 움직임이) 동이 돌면 서가, 서가 돌면 동이 되어 잠시도 정지되어 있지 않으므로 남·북의 풍속은 점진적으로 달라지지만, 서·동의 기운과 습속은 감응이 민감하다. 그것은 동식물의 종류를 보면 분명하다."라고 하여 음양지리설(陰陽地理說)로써 설명하였다.[19]

그들의 대외인식도 이와 다름 없었다. 화서는 서양인은 보기에는 인간과 같으나 내심은 '금수'와 같다고 하였다. 그는 말하기를,

---

18) 김영작, 『한말 내셔널리즘 연구』, 서울: 청계연구소, 1989, pp.69-73. 김영작은 1882년 한미수호조약 이후 조선에서 서양 수용이 급속히 이루어졌던 사실로 보아 강화도조약(1876) 체결 뒤 1882년까지 약 7년 동안 척사위정론의 극복이 천연되었다고 하였다.

19) 『華西雅言』 권10, 「尊中華」.

> 동·북은 양(陽)·의(義)·성명(性命)의 선(善)의 땅인데 비해 서·남은 음(陰)·이(利)·형기(形氣)의 사(私)의 땅이므로 서·남에 위치한 서양은 인간의 도덕성, 즉 인의예지가 폐색되어 형기이욕(形氣利欲)이 충만한 곳으로 새나 벌레가 살아가는 데는 편리하나 인간은 살 수 없다. 그러므로 서양은 보기에는 인간과 같으나 내심은 금수와 같다.

라고 하여[20] 서양은 오랑캐(청 나라) 보다 한층 더 내려가 '금수'(짐승)라고 하여 도저히 서로 왕래할 수 없다고 하였다. 그리하여 "북로(北虜)는 이적(夷狄)이지만 소통할 수 있다. 그러나 서양은 금수이므로 소통할 수 없다."라고 하였다.[21] 이는 중화(중국)·소중화(우리나라) 대 이적(청)·금수(서양 및 왜) 사이의 구분으로서 전통적 '화이론'에 근거한 '인수지별(人獸之別)'이라고 할 수 있다. 이러한 '화이인수지별'은 왜에 대해서도 마찬가지였다. 즉 '왜양일체'라고 보았다.

화서 및 그 문도들은 서양문물 자체를 잘못 이해하고 있었다. 화서는 서양 역법에 대해 평하기를 그것이 비록 정밀하다 해도 윤리를 도외시한다고 혹평하였다. 즉 그는 말하기를,

> 서양 역법이 정밀하기는 하나 큰 근본이 서지 못한 것은 왜 그런가? 요시역법(堯時曆法)은 오로지 하늘의 마음을 공경하고 사람의 윤리 밝히는 것을 근본으로 삼았기 때문에 월령(月令)의 시행이 오륜·오상의 모범 아닌 것이 없다.····서양의 것은 천질(天秩)·천명(天命)·천토(天討)[22]의 대강(大綱)과 세목을 거론치 않고 오직 하늘을 우러러 간절히 기도하고 죄를 없애고 복을 받는 것으로 일을 삼는 데 그친다.····요시(堯時) 역법은 오로지 천심(天心)을 공경하고 인륜을 밝히는 것으로

20) 동상.
21) 동서, 권12, 「洋禍」.
22) 이것은 『書經』「堯典」에 나오는 帝王의 道로서 하늘의 순리를 따르는 것이다.

근본을 삼지만 서양역법은 천심을 소홀히 하고 인륜을 폐하는 것으로 주장을 삼으니 그 근본이 같지 않은 것이다. 그 법의 정밀 여부는 별도의 논의이다.

라고 하여[23) 정밀하다고 하여 가치가 있는 것이 아니라는 것이다. 또 서양 의약(醫藥)과 중국 고대의 염제(炎帝) 의약과의 다른 점을 논하기를 "듣자하니 서양 사람들은 빨리 죽는 것으로 복을 삼는다 하니 그들의 의약과 제생(濟生)은 사람을 해치고 물(物)을 상하게 하는 장애가 될 터인데, 어찌 침구(鍼灸)·약석(藥石)을 쓰겠는가? 그 근본이 한번 어긋나니 만사가 틀어진다."라고 하였다.[24)]

천주교는 죽어서 복을 믿는다고 하였으니 생을 구제하는 것이 오히려 장애가 된다고 보는 것이나, 중국 의약은 우주질서에 참여하는 것이므로 생을 좋아하는 자연의 이법에 따르는 것이요, 따라서 서양 의약은 오히려 천지의 이법에 역행하는 것이라고 하였다. 이는 서양 의약에 대한 특성을 잘못 이해한 것임은 물론이다.

이와 같이 척사위정파는 서양 문물 자체를 그대로 인식하기 보다 중화론의 선입관 내지는 도덕적 기준을 유일한 기준으로 삼아 평가를 내렸기 때문에 서양 문물 자체를 제대로 볼 수가 없었던 것이다.

한편 그들이 서양의 상품경제의 침투에 대해 그 폐해를 지적한 것은 매우 선견지명이 있었던 것으로 보인다. 양물(洋物)이 기기음교(奇技淫巧)여서 유교의 예의를 그르친다는 측면에서 그들은 배척하였지만, 경제적인 측면에서 공산품과 농산품의 교역이 초래할 일방적인 우리측 피해를 다음과 같이 지적하였다.[25)]

23) 『華西集』 권25, 「闢邪錄辨」.
24) 동상.
25) 동서, 권3, 「辭同義禁疏」.

그들의 물건은 손에 의해 만들어지는 것이므로 하루의 생산으로도 (하루 쓰고도 남지만) 우리의 것은 땅에서 생산되는 것이기 때문에 일년 생산으로도 오히려 부족함이 있다. 부족한 것을 남아도는 것과 바꾼다면 우리가 어찌 곤란해지지 않겠는가.

이와 같이 농산품과 공산품의 교역이 가지고 올 피해를 이해하고 있었던 것은 주목되지만, 그들의 신분상 기존의 농업경제 체제를 유지하여 경제적인 안정을 도모해야 한다는 점도 강하게 작용했다고 보아야 한다.[26] 또한 그들이 '통화(通貨)'(통상무역)와 함께 주장하는 '통색(通色)'(인종적 침략)을 참작하면 그들의 주장은 역시 자본주의 경제의 필연적 대외침략성을 이해했다기 보다는 '통색'의 폐해 연장선에서 이해한 것이라 볼 수 있다.

이항로 등의 '화이인수지별', '왜양일체론'에 입각한 제국주의 침략에 대한 인식은 1894년 이후 일정한 변화를 가져왔다. 이것은 청일전쟁이나 중국의 변법론의 영향으로 보인다. 그는 서양이나 일본을 단순히 '이적'이나 '외국'으로 표기하였으며, 결국에는 국권상실로 인하여 서양과 왜를 하나의 국가로 인정하게 되는 변화를 보인 것이다. 면암 최익현과 의암 유린석의 경우에 그것을 확인할 수 있다.[27]

면암 최익현은 1894년 이후 종래 금수로만 인식하였던 서양과 일본을 모두 이적이라는 말로만 표현하고, 국제사회의 한 국가로서 인식하기 시작하였다.[28] 즉 이적들은 인의예지의 천성(天性)은 있으나 중화의 성현들과 같이 광대하고 정미하지도 않고, 부자·군신·장유·붕우의 인륜은 있으나 중화의 성현들과 같이 곡진하고 주밀하지 않다고 하였다.[29] 이와 같이 이적에게도 오륜과 인륜이 있다고 한 것은 분명히 달라진 점이다. 또 1894년 이후 면암이 일본의 침략을 국제외교상 공법

26) 김도형, 『대한제국기의 정치사상연구』, 서울: 지식산업사, 1995, p.231 참조.
27) 김도형, 전게서, p.234 참조.
28) 동상.
29) 『勉庵集』 권4, 「辭議政府贊正再疏」 무술 10월 9일.

(公法)이나 조약에 근거하여 비난하였던 것도 이러한 인식의 변화를 보여주는 것이었다.

그러나 이러한 변화는 종래 '화이관'의 명분을 탈피한 것은 아니었다. 당시 그가 의병전쟁에 참가하면서 포고한 약조에서는 "화이(華夷)의 큰 경계와 인수(人獸)의 큰 한계는 진실로 천지의 상경(常經)이며, 고금의 통의(通義)이므로 바꿀 수 없는 것이다. 중화가 된 까닭은 예의와 문물이 있기 때문이며, 문물로 밖에 나타난 것은 의관(衣冠) 만한 것이 없는데, ····일본놈들이 우리에게 오랑캐 옷을 입히고 머리를 깎으려 하니 ···· 중화가 되느냐 오랑캐가 되느냐, 사람이 되느냐 짐승이 되느냐 하는 판가름이 여기에 있다."라고 하였다.[30] 이를 보면 화이관과 인수지별의 인식이 기본적으로 깔려 있음을 알 수 있다.

의암 유인석의 화이관은 면암의 그것 보다 훨씬 철저하고 변화의 속도도 느렸다. 그 역시 서양과 일본을 금수로 보았지만, 죽기 직전인 1913년에 쓰여진 「우주문답宇宙問答」에서는 단순히 '중국과 외국'으로 구분하고 있는 것을 볼 수 있다. 즉 그는 "대지에는 중국이 있으나 중국은 한가운데라 풍기가 일찍 열리고 사람이 살고 나라를 이룬지 오래되었다. 외국이 있으니 외국은 가장자리라 풍기가 늦게 열리고 나라를 이룬지 얼마 되지 않았다. 차이가 있는 것은 이세(理勢)로 부득이하다."라고 하였다.[31]

또 의암 역시 면암 정도는 아니지만 외교관계의 중요성을 지적하였다. '을사조약'이 체결되자 "서양각국에 소위 공법이 있다고 하니 그들이 이것을 준수하지 않음을 들어 그 신의의 책임을 묻는다"라고 하였다.[32]

이러한 화이관의 논리에서 중화와 이적에 대한 규정, 특히 이적을 일정하게 인정하는 방향으로의 변화가 있었음에도 우리를 '소중화'로 보는 관점은 변하지 않았다. 나라의 존망이 '자강(自强)' 여부에 달려 있고, 그것이 각국과의 관계와 무관하지 않다는 인식에서의 변화일 뿐

---

30) 동서, 권16, 「魯城闕里祠講會時誓告條約」.
31) 『毅庵集』 권51, 「宇宙問答」.
32) 동서, 권25, 「通告一國搢紳士林書」.

'존화양이(尊華攘夷)'의 의리가 변한 것은 아니었다.

특히 의암 유인석의 경우 중국 중심의 국제평화 추구라는 이념은 매우 유교적인 이념으로서 훌륭한 것이었지만, 당시로서는 약소국의 메아리 없는 외침에 불과하였다. 그러므로 하나의 이념으로서는 매우 고상한 것이었지만, 대외인식으로서는 매우 추상적인 것일 수 밖에 없었다. 의암은 중국이 동양 삼국에 대해 종주국으로서 해야 할 일이 있다고 하면서,

> 중국은 중국되는 까닭을 힘써서 정의[正]와 힘[強]을 얻어 천지의 한가운데 자립해야 한다. 일본에 대해서는 오랜 혐의를 풀고 서로 친해야 하며, 조선에 대해서는 한 집안과 같은 친분을 돈독히 해야 한다. 또 일본을 책하여 나라의 긍지를 회복해야 한다.

라고 하고,[33] 더 나아가 서양을 책하고, 서양도 중국을 중심으로 한 세계질서의 재편에 참여해야 한다고 하면서,

> 서양을 말하자면 이미 스스로 부강하고 토지도 넓은데 어찌 부족함이 있어서 이런 잔혹한 행위와 대전쟁의 일을 하는가? 이제 동양이 정돈되어 자립하는 것을 본다면 존경하게 될 것이고, 중국의 우수한 문화를 본받게 될 것이다. 그런즉 대종(大宗; 종주국)이 이루어질 것이고, 천지가 융화할 것이다.

라고 하여[34] 중국을 중심국으로 하여 세계평화를 도모해야 될 것이며, 거기에 서양이 전쟁을 버리고 동참해야 된다고 준엄하게 꾸짖었다.

---

33) 동서, 권51, 「우주문답」.
34) 동상.

이상에서 본 바와 같이 비록 '화이인수지별'에서 시세의 변화에 대한 구체적 인식에 따라 약간의 변화를 보인 것은 사실이지만, 봉건적 화이관, 소중화 사상 그 자체는 버리지는 못하였고, 여전히 그들의 대외인식은 보수적이고 추상적이었다.

척사위정파의 이러한 대외인식의 결과 제시된 내수(內修)', 즉 내치(內治) 문제 역시 매우 추상적이었다. 즉 그들은 내수의 중심을 전적으로 군주의 '극기정심(克己正心)'에 두었다.[35] 또 노사 기정진의 경우 그는 "내수의 절목을 말하면 많겠지만 그 요체는 결인심(結人心) 석자에 불과하다."라고 하였다.[36]

그들의 대외 인식의 추상성은 근본적으로 봉건적인 화이관의 바탕을 이룬 주자학에 있음은 물론이다. 서두에서 본 바와 같이 그들의 대외인식의 중요한 틀로서 음양지리적(陰陽地理的) 풍기론(風氣論)은 대표적인 것이다. 즉 동·북은 밝으며 양기가 가득차 있고, 서·남은 그 반대라는 것이다. 즉 화이는 우주의 원리에 의해 자연히 구별되는 것이요, 그로 인하여 사람들의 심성도 자연 달라진다고 하였다. 그러므로 화서는 말하기를 "서양은 천지 대세로 말하면 서쪽 끝으로 숙살(肅殺)의 편벽된 기운이요, 바다의 생물과 같은 종류이다. 그러므로 그들 성품은 생을 가볍게 여기고, 죽기를 즐거워하며, 그들 마음은 이익를 좋아하고 의리를 어둡게 하며, 그들의 기술은 환영(幻影)을 기뻐하고 상도(常道)를 싫어한다."라고 하였다.[37] 그러므로 화이의 질서는 '우주의 진리'에 근거를 둔 '도리(道理)', 즉 불변의 '의리(義理)'라는 것이다.

화서는 "주자(朱子)의 말이 아니면 감히 듣지 않을 것이며, 주자의 뜻이 아니면 감히 따르지 않을 것이다"라고 한 바[38] 와 같이 철저하게 세계인식 자체를 주자학적 사고 방식에 의지하고 있었다. 그는 도학의 전통은 공자→맹자→주자→우암(송시열)으로 계승된 것으로 보고,[39] 자기

35) 『日省錄』 李太王 병인 9월 15일.
36) 『蘆沙集』 권2, 「丙寅疏」.
37) 『華西雅言』 권10, 「尊中華」.
38) 동서, 권3, 「仁應」.
39) 동서, 권12, 「堯舜」.

는 우암의 '소중화사상', 즉 의리사상을 계승한 것으로 자부하였다.

화서는 주자의 리기론을 수용하여 그것으로 세계인식의 주요 틀로 삼았는데, 한말의 상황인식에 적용하기에는 너무나 낡은 관념론(형이상학)이었다. 더우기 화서는 리·기를 가치서열적으로 '리주기종(理主氣從)'으로 보았다.[40] 그는 말하기를,

> 리는 주이며 기는 종이므로 리가 순하고 기가 바르면 만사가 잘 다스려져 천하가 편안하다. 반대로 기가 주가 되고, 리가 버금가면 기가 강하고 리는 숨어 만사가 어지러워져 천하가 위태롭다.

라고 하여[41] 리·기 관계로써 천하의 치·란을 상징하였다. 이러한 주리론적 경향은 모든 척사위정파에 공통된 것이었다. 이러한 정치적 사유는 1860년대 대외적 위기가 절박하여지자 그대로 정치적 지향에 반영되어 배외적 '양이론'의 기저를 이루었다.

그러나 주자학의 리기론은 하나의 관념체계로서 리·기라는 용어는 매우 '상징성'이 강하다. 그러므로 인간 도덕을 말하면서도 이 상징구조를 그대로 사용함으로써 선악론과 충돌을 가져오기도 하였다. 이것이 세계인식의 틀, 즉 형이상학적 연역 체계로서의 효용이 없는 것은 아니나, 오히려 그 포괄적인 상징성으로 인하여 구체적인 상황 인식을 저해하기도 한다. 한말의 서양의 침략이라는 매우 이례적이며, 돌출적인(反定型的인) 상황에 처하여는 그것으로써 구체적인 사실적인 상황인식을 하기에는 한계가 있을 수 밖에 없었다. 그러므로 그들의 대외인식이 관념적이고 추상적일 수 밖에 없었던 것이다.

척사위정파의 이러한 대외인식의 성격은 국내정치적으로는 하나의 중요한 '정치이념'으로 주창되었다. 즉 중암 김평묵은 「척양대의斥洋大義」에서 "지금의 주화자(主和者)는 서인대가(西人大家)들"이라고 말하

40) 화서는 리·기를 또 "理는 본래 존귀하여 상대가 없으나, 氣는 본래 낮아 상대가 있다."라고 하기도 하고, 또 '理帥氣役' 등으로 표현하기도 하였다. 동서, 권3, 「神明」.

41) 동서, 권1, 「臨川」.

고 윤휴 이래 원수가 되었던 남인들이 천주교 탄압을 받은 뒤에 그 틈을 엿보고 있었는데, 만일 조약이 체결되어 양적(洋賊)이 밀려오면 필경 찬탈의 변란이 일어나 조정에는 환국(換局)이 일어나고 서인들이 일망타진될 것이며, 남인들이 집권하여 율곡, 우암 등이 문묘에서 쫓겨나고 윤휴가 대종사가 되어 정자, 주자의 학설은 아무도 돌보지 않을 것이라 하였다.[42] 여기서 김평묵의 정세 인식은 남인 집권 가능성과 '공·맹→정·주→송자(宋子; 우암)'로 이어지는 춘추대의의 정통성 상실이라는 상당한 위기의식을 밑바닥에 깔고 있음을 알 수 있다. 그래서 이러한 상황을 깨닫지 못하고 주화하려는 서인당로자(西人當路者)들을 비판하였던 것이다.

'척사' 이념이 가진 이러한 '정치성'의 또 하나의 사례는 면암의 정치적 행적에서 볼 수 있다. 대원군 퇴진의 선봉장이었던 면암은 국왕과 민비의 왕권회복에 기여했으나, 그 반대급부로 민씨 정부와 대립되는 척사운동의 대열에는 끼어들지 않았던 것을 그의 정치 행적에서 찾아볼 수 있다. 그는 1881년 전국유생의 척사운동과 1894년의 복제개정령(服制改正令)에 대한 반대운동에 참여하지 않았다. 또한 1894년 동학 농민봉기가 일어나자 많은 유생들이 그 책임이 민씨정부에 있다고 비난을 가하였으나 면암은 여기에 조그만 논평도 던지지 않았다.[43] 이것을 보아도 척사위정파의 '척사' 의 이념이 정치성을 농후하게 띄고 있었음을 알 수 있다. 뿐만 아니라 척사위정파들이 척사의 방법으로 주장하는 '내수'(내정 개혁) 방책 가운데에는 실학자들이 줄곧 주장해온 '과거제 개혁'에 대한 주장이 한마디도 없었던 점이나, 아편전쟁 이후에 고종이 양정(洋情) 탐문을 위하여 중국에 사절을 자주 파견했으나 서양무기의 우수성을 시인하는 보고는 거의 없었던 점을 보면 분명 척사의 한계를 또

42) 『重庵集』 권38, 「斥洋大意」.

43) 이이화, 「한말 유생층의 현실인식과 의병투쟁」, 이이화, 『조선후기의 정치사상과 사회변동』, 서울: 한길사, 1995, pp.462-463. 이이화는 면암이 성리학에서는 화서를 그대로 답습하였고, 상소를 통한 정치적 입장 표명이 분명한 점에서 그를 사상가 보다는 정치가로 보아야 한다 하고, 또 면암을 통하여 당시 급격한 시대 변화 속에서 자신의 정치적 존립기반을 잃어가면서까지 새로운 상황에 적응할 수도, 타협할 수도 없는 전통유생의 한 전형을 본다고 하였다. 동서, p.469.

한 볼 수 있다.[44)]

그러나 척사위정 사상이 복고적 민족주의[45)]라는 제한적 성격의 것이지만, 한말 일본의 침략에 직면하여는 의병전쟁, 나아가 독립운동의 지도이념이 됨으로써 근대 한국의 민족주의 운동에 일정한 기여를 했던 것이다.

05 전기 개화사상의 대외인식과 개혁사상 – 그 모색의 역사적 의의

한국 근대 개화사상의 연원을 거슬러 올라가면 조선 후기 실학파(특히 북학파)의 이용후생에 가 닿는다. 그러나 과거제도와 문신우위의 양반계급 사회, 주자학 이데올로기 고착은 이러한 개혁정책을 수용할 수 없었다. 실제 조선의 쇠약은 조선중기 율곡 이이가 '경장론'을 내놓을 때 이미 시작되었다고 할 수 있다. 결국 두번의 전쟁에 패하고도 개혁은 이루어지지 않았고, 조선 후기에 와서는 오히려 세도정치로 인하여 국력은 더욱 쇠약해졌다. 조선은 이러한 경장론→실학에서 시작된 내재적 발전의 계기를 전연 살리지 못하였고, 그 정치 사회적 개혁의 과제는 한말까지 이어졌던 것이다. 이러한 상황에서 서구 자본주의 침략이라는 국가적 위기에 직면하게 된 것이다.

전기 개화사상은 실학의 정신을 계승하고 있다. 먼저 인맥에 있어서도 환재 박규수(1807-1876)가 실학자 연암 박지원의 손자이며, 그는 실학의 '실사구시'(실용) 정신을 계승하여 비록 이적이라도 훌륭한 것은 배워야 한다는 생각을 갖고 있었다. 강화도조약을 체결할 당시 홀로 '자주적 개국론'을 주장한 박규수는 1861년 열하부사로, 1872년 동지정사로 두번에 걸쳐 역관(譯官) 오경석(1831-1879)과 함께 청국을 방문하여

44) 김영작, 전게 『한말 내셔널리즘 연구』, p.56, 59 참조.

45) 진덕규는 민족주의를 복고적 민족주의, 변혁적 민족주의, 수용적 민족주의, 문화적 민족주의로 나누고, 척사위정은 이념이 전통적인 것이고, 지도계층이 세습적 지배계층이고, 특정시대의 특정 사회구성원에 의해 표출되었다는 점에서 복고적 민족주의라고 불렀다. 진덕규, 「척사위정론의 민족주의적 비판의식」, 『한국문화연구논총』, 제31집, 서울: 이화여대, 1978, p.236.

국제정세에 견문을 넓히고, 귀국하면서 청말 공양학자(公羊學者) 위원(魏源)의 『해국도지海國圖志』[46]와 『영환지략瀛環志略』을 가지고 와 실학정신에서 이를 수용하였다. 박규수는 말하기를

> 전일 강남용병시(江南用兵時)에는 청나라가 양포(洋砲)를 많이 사들였기 때문에 양인(洋人)은 포를 만들어 이익을 얻었다. 그런데 근일에는 청국이 양포를 모방제조하여 사용하기 때문에 양인은 이득을 잃어버리게 되었다. 지금은 큰 운수선도 모방제조하므로 양인도 이익을 잃고 있다.

라고 하였고,[47] 동지사절 서장관으로 갔던 민영목 역시 "양이의 베이징에 체제하는 자 아직도 몇백명에 달하며,·····청국은 그들을 보기를 금수같이 한다.····그러나 그들에게 의뢰하여 득이 되는 것은 다름아닌 공사기교(工事奇巧)이다. 중국인이 그것을 견습하여 그 묘를 득하고 있기 때문에 그 기교에 현혹되지 않고 그 이익을 얻을 수 있다."라고 하였다.[48] 이들은 가치체계로서 서양은 인정하지 않는다 하더라도 국방과 같은 현실문제 해결을 위해서는 서양기술을 이용하자는 것이었다. 이것이 마침내 '동도서기론(東道西器論)'이라고 하는 초기개화사상으로 전개되었다.

갑신정변의 중심인물들은 개화사상에 의해 결집되고 그것을 운동의 차원으로 전개한 최초의 정치세력이었다. 그 가운데서도 김옥균(호 古筠; 1851-1893)의 사상은 중인 출신의 의사 유홍기(호 大致)와 역관 오경석의 감화에 힘입은 바 크다. 역관 오경석은 청조 고증학과 추사 김정희의 영향을 많이 받았다. 그는 북경과 천진을 내왕하며 견문을 넓혔는

46) 위원의 『해국도지』 50권은 1842년에 쓰여져 1844년에 간행되고, 다시 1847년에 증보하여 60권으로 간행되었다. 이규경의 『오주연문장전산고』에 의하면 1850년 전후부터 이 책이 조선에 전해졌다고 한다. 김영작, 전게 『한말 내셔널리즘 연구』, p.79 주 12) 참조. 조선에 이렇게 일찍 전해졌음에도 불구하고 유림 등 식자층에서 세계정세에 그렇게 밝은 자가 적었던 것은 역시 조선조 사회가 과거제에 의한 문신우위의 사회였으므로 주자학 이데올로기를 깨고 나오기가 어려웠기 때문이었을 것이다. 이미 사상적 탄력성을 잃었다고 할 수 있다.

47) "부사 박규수 보고", 『일성록』, 고종9년 12월26일조.

48) "동지사절 서장관 민영익 보고", 『일성록』, 고종10년 4월9일조.

데, 그 시기는 중국에서 양무운동이 한창 일어나던 시기였다. 두 사람은 의논한 결과 북촌 양반 자제들에게 개화사상과 개혁의 취지를 전파하기로 의견을 모았다. 그리하여 유대치는 오경석과 의논하여 북촌방면으로 교제를 넓혀 인물을 물색하던 중 우연히 김옥균을 만나게 되어, 그에게 새로운 책을 주고 천하대세의 변화를 설명해 주었다. 그후로 박규수 사랑에 김옥균을 비롯, 박영효, 박영교(박영효 형), 홍영식, 서광범 등이 모여 박규수로부터 직접 지도를 받게 되었다. 이들은 실학사상을 전수받고, 한편으로는 중국의 공양학을 참고하면서 세계에 대한 견문을 넓혀나갔다. 초기 개화파 인물 중에는 이동인, 탁정식, 차홍식 같은 승려도 다수 있었다. 특히 유대치는 김옥균에게 불교 연구를 권장한 것이 특이한데, 이는 당시 유학자들의 비실천적 태도에 대한 반감이기도 하고, 또 당시 중국 변법파 인사들이었던 강유위, 담사동, 양계초 등의 불교연구에 영향을 받았던 것으로 보인다. 불교에 대한 새로운 호감은 이들의 정치개혁에 대해 굳은 신념을 반증하는 것이기도 하다.[49]

1876년 4월 개국 뒤에 김기수 일행은 수신사로 도일하여 일본을 견문하고 그들의 군사제도 개혁, 기계의 사용 등 치국방책과 '연일방로(連日防露)'의 외교정책에 대한 권유를 듣고 돌아왔다. 그후 1880년 7월에는 제2차 수신사로 김홍집 일행이 파견되었다. 김홍집은 주일청국공사 하여장과 참찬 황준헌을 만나보고, 황이 지은 『조선책략朝鮮策略』을 입수하여 돌아왔다. 『조선책략』의 기본관점은 조선의 대내적 '자강책'과 대외적 '균세책(均勢策)'이었는데, 균세책이란 조선은 다른 여러 나라와 조약을 체결함으로써 열강 사이의 세력균형이 이루어지도록 해야 된다는 내용이었다. 그리하여 현실적 외교책으로 '親중국, 結일본, 連미국'을 제안하였다.

이 책을 접한 조선 정부는 서구열강과의 외교설정이 불가피함을 알게 되었고, 재야의 '양이열(攘夷熱)'을 식히고자 이 책을 배포하였다. 그러나 그 결과는 반대로 재야의 '척사상소' 사태를 일으키게 되었다. 대표적인 척사론자를 유배시킴으로써 일단 개국반대론을 가라앉혔다. 『조

49) 김영작, 전게서, p.92.

선책략』의 내용은 당시 청국의 북양대신 이홍장이 영중추부사 이유원에게 보낸 개인 편지의 내용과 같다. 다만 이 편지에서는 '結일본'이 아니라 열강과 조약을 맺어 일본을 견제할 것과 강병책(强兵策)을 쓸 것을 권유하고 있다.[50] 그리하여 1880년 10월 강병책의 일환으로 청국에 유학생을 파견하기로 하여 청국과 협정을 맺었고, 12월에는 의정부 아래에 통리기무아문(統理機務衙門)을 설치하여 새로운 개혁 업무에 효율적으로 대처하려 하였으며, 군제(軍制)도 개혁하여 별기군을 두어 일본 교관으로 하여금 훈련하게 하였다.

1881년 2월 통리기무아문은 홍영식, 어윤중, 박정양 등 12명의 조신(朝臣)을 비롯하여 62명에 달하는 일본시찰단을 파견하고, 그해 11월에는 영선사 김윤식이 이끄는 38명의 기술학생을 청국에 파견하였다. 청국에 파견된 기술유학생은 별성과 없이 전원 돌아오고 말았다. 그러나 일본시찰단은 성과가 있어서 시찰단의 보고서와 견문록 등이 개화풍조를 일으키는 데 한몫을 하였다. 또한 시찰단 12명 중 9명은 그후 각 해당 사(司)에 배치되었다. 이는 당상관 25명의 3분의 1을 넘는 수준이었다.[51] 이리하여 신사유람단의 성과는 개화열을 고취하는 데만 그친 것이 아니고, 그들이 정부내에 진출함으로써 개화파 형성에 유리한 조건이 되었다.

한편 『조선책략』을 계기로 재야의 척사상소는 날이 갈수록 과격하였다. 1881년 3월 이만손을 소두로 강진규가 작성한 「영남만인소」에서는 "일본과 미국은 같은 오랑캐이고,…재용농공(財用農工)에는 당-우와 성왕, 주공의 양법미규(良法美規)가 있으므로 서학(西學)에 종사할 필요가 없다."고 하였다.[52] 또 황재현은 중국에서 자행된 서양각국의 침략행위를 들고, 개화가 부국강병을 초래할 것인지, 아니면 도둑을 불러들일 것인지는 운용에 달려 있다 하면서 5개조의 병정책(兵政策)을 제시하였다.[53] 또 허원식은 국고가 비었는데 인천을 개항하면 국민을 기아로 몰

---

50) 김영작, 전게서, p.101 참조.

51) 『고종실록』 권18, 18년 11월조에서 볼 수 있는 각 사의 신임당상의 구성은 강재언, 『조선근대사연구』, 동경: 일본평론사, 1970, p.68 참조; 김영작, 전게서, p.103 참조.

52) 『고종실록』 권18, 신사(1881) 2월조.

고가는 것이라고 반대하였다.[54] 이는 개항이 일본의 상품시장화한다는 우려로 일리있는 통찰이었다. 그러나 척사상소는 대부분 '화이적 명분론'을 벗어나지 못하였다. 이러한 척사론의 골자는 '왜양일체'이며, 개화는 그 왜의 영향으로 대도와 인륜이 위협받는다는 것이다. 따라서 그들에게는 서양 및 일본과의 접촉이 초래하는 위기에 대한 지적은 있어도 '부국강병'에 대한 인식은 없었다. 비록 있다 하더라도 "재용과 농공은 당우 시대 성왕·주공의 양법미규가 있기 때문에 서학을 받아들일 필요가 없다는 식의 복고적 부국강병책에 불과하였다. 그러므로 이들의 부국강병론은 시대착오적이요 비현실적인 것이었다.

다른 한편 이러한 척사상소의 소란 속에서도 재야 유림으로서 개화를 주장하는 소위 개화상소가 나오기 시작하였다. 1881년 7월의 곽기락의 상소를 필두로 개화상소가 뒤를 이었다. 1882년 8월 국왕이 '일국경시(一國更始)'를 천명하고 널리 진언을 구하면서부터 개화론이 급속히 진전되었다.[55] 개화상소에 보이는 동도서기적인 부국강병책은 점차 '문명개화(文明開化)'로 그 폭을 넓혀갔다. 일본에서 1873년 서양시찰단 귀국 이래로 유행한 이 말이 조선에서는 1883년 이후부터 일반화되었다. 이는 당시 개화사상이 부국강병을 목표로 하면서도 그 방책을 다양화해 나가고 있었던 점을 말해주는데, 개화파 사람들은 그들의 활동을 계몽적 활동으로 확대해 나갔다. 그것은 계몽사상가로서의 개화파 활동으로 1883년 10월 우리나라 최초의 근대신문인 「한성순보漢城旬報」를 창간하고 민지(民智)의 개발에 노력한 사실에서 단적으로 알 수 있다. 「순보旬報」서 가운데

53) 동상.

54) 동상.

55) 1882년 7월 이후 연말까지 백여명이 상소를 올렸다. 『승정원일기』, 고종 19년조; 김영작, 전게서, p.107.

오늘날 문화가 열리고 과학이 발전하여 배가 각 대양을 달리고 전선(電線)은 제국을 연결하여....외국인까지도 이웃사람과 같이 되었다. 우주안의 각국의 위치, 정령, 재정, 기술, 빈부생활, 인물의 선악, 물가의 저앙(低昻) 등을 실어 비판적 지식을 제공함을 목적으로 한다...독자가 근시안적이고 낡은 것에 집착하여 새로운 것을 알지 못하다면 우물안 개구리를 면하지 못할 것이다."

라고 하였다.[56] 개화파의 문명개화에 대한 기본태도를 잘 나타내고 있는 것이다. 「순보」에 실린 김옥균의 「치도약론治道略論」에서도 같은 태도로 조선이 중시해야 할 정책으로 위생, 농업, 도로 등을 들었다.

「순보」를 통하여 인민을 계몽한 개화파는 배의 왕래와 전선의 연결의 중요성을 설명한 이외에 '자주지권리(自主之權利)'를 설명하며 "이로써 상하가 협력하여 일국의 부강을 도모하고 작게는 일신의 권리를 보존한다."라고 하고, 또 유럽 각국의 정치제도, 특히 민회(民會), 곧 의회제도를 설명하면서 그것이 서양의 부강 원인이라고 결론지었다.[57] 다만 그들은 부국강병과 민회 문제를 가치의 차이를 두고 이해하지 않고 동일선상에서 이해하거나 아니면 민권 보다 부국강병을 더 상위에 두는 가치관을 갖고 있었다.[58] 이는 위로부터의 개화, 외부로부터 촉발된 개화라는 점과 유관한 것으로 이것으로 개화의 가치를 폄하할 필요는 없다.

개화론자들이 부국강병을 크게 강조한 것은 당시 국제정세에 비추어 본 조선의 자화상과 관련이 깊다. 그들은 당시 국제사회가 각국이 독립된 평등한 주체로 인정하면서도 현실적으로는 약육강식의 권력정치가 전개되고 있다고 보았다. 박규수가 "오늘날 어디에 정해진 중국이 있단 말인가"라고 하였을 때[59] 그것은 화이관의 전환을 뜻함과 동시에 국제현실이 '춘추전국'과도 같다는 인식이기도 하였다. 그가 강화도 조약의

56) '순보서', 「한성순보」, 창간호.
57) '구라파주', 「한성순보」, 제2호.
58) 김영작, 전게서, p.123 참조.
59) 『일성록』, 고종12년(1875) 1월 20일조.

체결시 개진한 개국의 논리는 '동양의 요충지'에 위치하고 있는 조선이 내수외양(內修外攘)이 결여되어 있던 상황에서 어쩔 수 없는 차선의 선택이며, 개국을 계기로 하여 그러한 힘을 기르기 위한 것이었다.[60) 「순보」 역시 아메리카의 건국, 프랑스의 베트남 침략, 영국의 이집트 침략 등을 소개하고, 서양제국과 대립하고 있는 나라의 생존은 부국강병하는 수 밖에 없으며, 그러한 연후에 백성이 안도할 수 있다고 주장하였다.[61) 또한 베트남이나 이집트의 망국의 예를 들었는데,[62) 이는 국제정치의 냉혹함 속에서 부국강병의 가장 중요한 전제는 '자주독립' 임을 강조하려 함에 있었던 것이다.

개화파들은 부국강병을 유효하게 추진하기 위해서는 민중의 충성심, 곧 '국민통합'이 필요다고 생각하였다. 그러기 위해서는 무엇보다 신분적 차별의 폐지, 봉건적 수탈의 제거, 군권에 대한 민권의 확대와 같은 제도 개혁이 필요하다고 보았다. 이는 반봉건적(근대적) 부르주아 민주주의 사상과도 통하는 주장이다.[63)

개화파에 의한 갑신정변은 1884년 12월 4일 이루어졌는데, 12월 6일 새로운 정부의 정치강령을 발표했다. 일반적으로 「갑신정강甲申政綱」이라고 불리는 것이 그것이다. 이것은 개화파 인물들이 장기간에 걸친 정치활동과 그것을 뒷받침해온 개화사상을 구체적인 정치적 강령으로 정리한 개혁지표였다. 김옥균의 『갑신일록甲申日錄』에 기록되어 있는 14항목을 토대로 정리하면 그 내용은 다음과 같다:

① 정치적 개혁—내각제도의 확립과 군권의 제한
② 사회적 개혁—인민평등권의 확립과 인재등용. 여기에는 과거제도의 폐지가 들어 있다.

60) 김영작, 전게서, p.125 참조.
61) '亞米利加洲', 「한성순보」, 제3호.
62) '安南與法人議和', 「한성순보」, 창간호.
63) 김영작, 전게서, p.136.

③ 경제적 개혁—봉건적 경제수탈의 제거, 봉건적 가렴주구를 없애는 일, 곧 환상미의 영구면제가 들어 있다. 또 여기에는 어용 보부상을 보호하고 있던 혜상공국(惠商公局)의 폐지도 주장하고 있다.

갑신정강의 개혁안은 당시 조선 사회의 발전단계로 보아 실현될 수 없는 것도 있었으나, 전체적으로 보아 '근대 민주주의'로의 지향성을 가진 개혁안이었다고 할 수 있다. 비록 갑신정변이 청국의 간섭에 의해 실패하였으나, 개화론자의 개혁사상은 탁상공론에 그친 것이 아니라 한말의 생생한 정치과정 속에서 국민적 통합을 저해하는 전근대적 유산을 청산하고 진정한 국민적 통합을 모색하는 사상의 실천적 산물이었다. 이 속에 봉건적 군주권 자체를 부정하지 않은 점을 두고 부르주아 개혁의 위장이라고 하기도 하지만, 그 충군애국은 봉건적인 것과는 다른 새로운 것으로서 국민통합을 위한 '심정적 상징'이었던 것이다.[64] 그러므로 이들의 반봉건적 근대지향의 개혁안이 일군만민적(一君萬民的) 중앙집권제의 성격을 갖는다고 하여 그 가치를 폄하할 수는 없다.

개화파의 한 사람인 박영효는 갑신정변 실패 뒤 일본으로 망명하여 1888년 1월 「조선 내정개혁에 관한 건백서(建白書)」[65]를 발표하였다. 갑신정변 당시를 회고하고, 정변의 실패로 말미암아 좌절된 개혁을 실현할 것을 목적으로 썼다고 서문에서 말하고 있는 것으로 보아 그 국제관이나 부국론, 사회경제적 개혁론 등 모두 '갑신정강'과 내용을 같이 하고 있음을 알 수 있다. 박영효는 먼저 국제정세에 대해

64) 김영작은 민족감정이나 문화적 상징(일반적으로 전통적인 것이 많다고 한다)을 매개로 하여 민중을 그 내면에서 심정적으로 장악하여 정치적 통합으로 인도하는 것을 '심정적 통합'이라 하고, 그것에 필요한 상징을 '심정적 상징'이라고 불렀다. 그리하여 개화파의 충성의식은 외압에 직면하여 종래의 폐쇄적 파벌 에고이즘에 입각한 충성의식을 불식하고 국가적 차원에서 새로운 충성심을 가져야 된다는 의미의 충성의식이라고 해석하였다. 김영작, 전게서, pp.128-135.

65) 일본국외무성 편, 『일본외교문서』 제21권, 동경: 일본국제연합협회, 1951, p.292-311; 김영작, 전게서, pp.146-155에서 재인용.

> 지금 온 세상에 만군(萬君)이 있어서 여전히 옛날과 같은 춘추전국의 양상입니다. 병세(兵勢)로써 영웅이 되며 강자는 약자를 무릎 꿇게 하며 큰 나라는 작은 나라를 삼켜버렸습니다.....만국공법(萬國公法)과 균세공의(均勢公義)가 있다고 하나 자립자존할 힘을 가지고 있지 못하면 반드시 침범당하여 분열되고 분열되어 유지할 수 없게 되므로 공법공의(公法公義)는 본시 믿을 것이 못됩니다.

라고 하였다.66)

그는 또 국민통합이 부국강병의 중요 요소라고 하여 군민동심(軍民同心)이라 하며 군과 민의 일체협력을 강조하였다.67) 이는 1882년의 임오군란 때의 교훈이 다소 반영되어 있다. 국민적 일체화를 도모하기 위하여 국내체제의 개혁에 눈을 돌린 박영효는 영국의 식민지가 된 인도를 예로 들어 민족적 독립과 국내체제의 관계를 다음과 같이 말하였다.68)

> 인도는 아시아 가운데 융성하고 큰 나라임에도 불구하고 내란을 방비하지 못하여 영국의 영토가 되었으며, 그 인민들은 영국정부의 명령을 즐거이 승복하고 자립정부를 바라지 않고 있습니다. 이는 다름이 아니라 영국의 법률은 관대하고 정치를 바르게 하고, 인민들은 그 생을 편안하게 하고 있는데, 영국정부가 떠나면 다시 가혹한 정치에 빠지게 됨을 두려워하고 있기 때문입니다.

이와 같이 그는 자립자존의 힘을 키우기 위해서는 단지 무비(武備)만으로는 부족하며 국내체제의 개혁이 선결과제라고 하였던 것이다. 그리하여 그는 군권과 민권의 관계에 대해 이렇게 말하였다.69)

66) 김영작, 전게서, p.147.
67) 동서, p.148.
68) 동서, p.149.

군권을 감소하지 않고 어찌 백성들로 하여금 당연의 자유를 누리게 할 수 있겠습니까. 각자에게 보국의 책을 가지도록 한 뒤에야 문명은 점진할 수 있습니다. 이렇게 해야 백성은 편안하고 나라가 태평하며 종사와 군위(君位)를 영구히 모실 수 있습니다.

더 나아가 박영효는 인민과 정부의 관계에 대해

문명의 인민은 그 정부에 복종해야 될 의(義)와 복종해서는 안 될 의를 알고, 동시에 타국의 뜻에 복종해서는 안 될 의를 안다. 미개무식한 백성은 어리석고 나태하므로 압제의 폭정을 참고 거기에 안주하고 있으나, 개명되고 도리를 아는 백성은 영특현명하고 강직의연하기 때문에 속박에 복종하지 않고 그것을 변혁시킨다.

라고 하였다.[70] 이러한 국가관은 '천부인권설'에 기초를 둔 사회계약설의 일종이라고 할 수 있다. 그러므로 그는 하늘이 사람을 창생할 때에 누구에게나 보편적인 '통의(通義)'로써 하는데, 이것이 있으므로 해서 사람은 스스로 생명을 지키고 자유를 찾고 행복을 희구하며, 타인도 이것을 어떠한 수단으로도 침범하지 못하는데, 정부도 이 통의를 지키지 않으면, 그러한 정부를 변혁하거나 타도할 수 있다고 하였다.[71] 이것이 인민의 공의이며 직분이라는 것이다. 이는 천부인권설에 바탕한 자유·평등·권리·의무의 사회계약론을 이야기하고 있는 것이다. 그리하여 박영효의 민권사상은 마침내 '입헌군주제'를 주장하기에 이르고, 아울러 '정당'과 '민회'의 구상도 밝히고 있다.[72]

69) 동서, p.151.
70) 동상.
71) 동서, p.152.
72) 동서, p.153.

이와 같이 전기 개화사상의 특성은 군비의 강화 및 산업화에 의해 부국강병을 도모하는 양무론과 사회, 경제, 정치의 모든 면에서 제도개혁을 꾀하는 변법론이 밀접한 연관 아래 국가의 독립과 국민적 통합이라는 내셔널리즘의 목표를 실현하려 하였으므로 역사적으로 의의가 큰 것이다. 또한 개화사상의 실학사상 계승의 면도 사상내재적, 자주적 발전이라는 점에서 의의가 있다. 그리하여 척사론을 전통사상이라 한다면 이에 비해 개화사상은 유교사상의 틀을 깨고 나온 것이므로 '근대사상'이라고 할 수 있다.

개화파에 의한 갑신정변이 실패로 끝난 것은 내부적으로는 이러한 '시민적 개혁'(근대적 개혁)을 밑으로부터 뒷받침해줄 민중의 부재가 원인이기도 하였지만, 청국의 종주권 행사와 일본의 배신이라는 '외압'의 특수성도 무시할 수 없다고 할 수 있다. 명치 정부에 대한 서양열강의 태도는 "기존하는 정부가 대표하고, 통제하고 있는 힘과 질서의 모든 요소가 있음을 존중하는 것"이었다.[73] 중국의 경우도 의화단 사건 등 민중의 반제, 반침략 투쟁이 열강의 탄압을 받은 적은 있어도 중국정부가 추진하던 양무운동이나 변법운동이 직접 열강의 탄압을 받은 적은 없었다. 그런데 한말의 개화운동은 청국의 탄압을 받게 됨으로써 중국의 변법운동보다 10여년이나 앞서[74] 유신을 단행했지만 결실을 맺지 못하고 말았다. 이는 청·일이라는 후진자본주의 나라가 조선을 둘러싸고 벌인 각축의 특수한 외압을 조선이 받았기 때문이다.

06 결 어

한말 개화기 서구 열강의 침략으로 시작된 국가적 위기에 대한 갈등의 원인을 분석하는 데 있어서 대내적으로는 국내정치에 있어서의 최고 정책 결정자였던 대원군과 민비의 정치적 싸움, 곧 정쟁을 고찰해 보았

73) 김영작, 전게서, p.176 참조.
74) 청말의 정치사상에서는 양무론, 변법론, 혁명론이 시간적 순서를 따라 진화 발전하였다. 그 가운데 강유위의 변법론이 등장한 것은 1890년대 후반에 와서 일이다.

고, 대외적으로는 이러한 정쟁을 악용한 당시 외압의 특수성을 살펴보았다. 대원군과 민비의 정쟁은 왕정에 흔히 있을 수 있는 궁정음모적인 정치적 싸움으로 볼 수도 있으나, 외세의 침략이라는 중대한 시기에 감정적으로 대립함으로써 대외적으로 적절하게 대처하지 못하고 오히려 이용당함으로써 망국의 결과를 초래한 원인이라는 점에서 무시할 수 없는 것이다.

동아시아에 있어서 서구 식민지 침략이라는 미증유의 위기를 당하여 유교의 대응은 한편으로는 척사위정, 다른 한편으로는 개화를 주장하였다. 두 사상이 각각의 사상적 배경을 가지고 있고, 또 역사적으로 기여한 역할이 있으므로 단순 비교가 어려우나 그 역사적 단계에서 볼 때 전기 개화사상의 역사적 의의가 중요하다고 하겠다. 그것은 전기 개화사상이 실학의 전통을 이어 사상내재적 발전의 모습도 가지고 있으면서 국가독립과 국민통합이라는 근대적 내셔널리즘의 목표를 가지고 있을 뿐만 아니라, 이 목표에 따라 사회, 정치, 경제 각 방면에 걸쳐 구체적으로 개혁을 추진하려고 했기 때문이다.

한말의 위기를 고찰함에 있어 국내정치적 갈등, 유림의 이데올로기적 갈등 못지 않게 중요한 것이 외압의 성격이라고 볼 수 있다. 일본이 외압을 받았던 1850년대와 한국이 외압을 받았던 1870년대의 세계사적 조건은 달랐다. 즉 일본이 개항할 당시 1850년대는 세계 열강의 아시아 진출은 무역의 확대를 위한 경제적인 것이었다면, 한국이 개항할 당시 1870년대의 열강의 아시아 침략은 정치적 세력확장이었다. 거기다 이 시기는 러시아의 남진이라는 새로운 요소가 하나 더 추가되어 국제정치 역학상 한반도에 매우 불리한 환경을 조성하였던 것이다. 그리고 한반도가 일본이라는 후발 자본주의 국가에 의해 식민지화한 것도 서구를 수용하는 데 장애가 되었다. 거기다 청국은 과거의 종주권을 계속 행사함으로써 조선의 근대화에 막대한 지장을 초래하였다. 이러한 외압의 성격을 고찰함으로써 국내의 정치적 싸움이나 이데올로기적 갈등도 세계사라는 보편사적 관점에서 객관적으로 볼 수 있고, 그리하여 국내적 요인 그 자체를 망국의 절대적 원인으로 과대평가하는 우를 범하지 않을 수 있다. 다시 말하면 이제는 서구 중심의 세계사적 관점에서 서구 식민지 침략 과 동아시아 문명을 일방적으로 비교 평가해서는 안되고, 인류공영의 보편 문명사적 관점에서 과거를 재조명해야 할 것이다.

그럼에도 불구하고 한말의 내외적 위기 앞에서 우리가 적절하게 대처하지 못하고 망국의 치욕을 당한 것은 조선조 사회 자체와 한말 국내정치에 문제가 더 있었다고 해도 과언이 아니다. 그러므로 내부적 요인을 등한히 해서는 안될 것이다. 오늘날 국제적 환경이 한말과 비슷하다고 한다. 한반도가 지닌 지정학적 조건이 그때나 지금이나 변함없기 때문일 것이다.

국내정치 상황도 공교롭게도 그때나 지금이나 같다. 당시의 붕당정치와 비슷한 정치행태가 계속되고 있고, 전국민의 의식은 아직도 연고주의에서 벗어나지 못하고 있고, 이를 감소시킬 각종 사회합리화를 위한 입법활동과 공무집행은 거의 정지 상태나 마찬가지이고, 따라서 국민의 생활 자체가 합리적이지 못하고 정치적이고 투기적이어서 사회의 룰이 성립될 수가 없는 상황이다. 거기다 남북분단의 요소가 큰 변수로 작용하고 있다. 부정부패는 이미 생활의 일부가 되어 그 자체를 범죄로 전혀 느끼지도 못할 지경에 다달았다. 이러한 국내정치적 갈등과 문제가 혹 '외세'가 악용하지 않는다는 보장이 없을 것이다. 외세가 한말 처럼 '외압'이 되면 문제는 더욱 심각하게 될 것이다.

결과는 경제위기로 정직하게 나타났다. 1997년말에 시작된 외환위기는 급기야 IMF 구제금융을 받기에 이르렀다. 단순한 외환위기, 금융공황이 아니고 경제운용 시스템 자체가 문제가 된 것이다. 이것의 원인을 더 거슬러 올라가면 국민의식과 생활관행에 가 닿는다. 그러므로 급선무는 근본적으로 의식의 문제라고 할 때 한말 개화기 국가적 위기에 직면하여 나타난 국내정치적 갈등과 척사, 개화의 이데올로기적 갈등은 오늘날 시사하는 점이 결코 적지 않은 것이다.

제 7 장

의리 사상의 전개와 생존을 위한 윤리

01 서 론

조선조의 성립은 우리 역사에 있어 새로운 역사 단계로서 민족국가적 전제군주 질서의 제도적 완비였다. 그러므로 조선조의 '유림(儒林)'(士林이라고도 함)이라는 새로운 계층은 송대의 '사대부' 처럼 새로운 역사적 임무와 사회적 요구를 실천하지 않을 수 없었다. 그들의 이러한 실천의 이대올로기가 바로 '주자학(朱子學)'이었으며, 특히 대외 관계에서는 '주자학적 민족주의' 이념을 취하였다. 따라서 조선조 유림은 부지불식간에 주자학 수용을 통하여 배타주의적 민족의식을 강화시키고 있었다.

송조에서의 주자학적 민족주의 이데올로기 형성배경은 당시 요, 서하, 금과 같은 이민족의 침입에 대항하는 것과 그것을 위한 절대군주제의 강화였다. 그리하여 송대 주자학은 배타적 민족주의를 고취하고, 노·불(老·佛)과 같은 이단을 배척하였으며, 사생취의(捨生取義)와 같은 엄숙한 사회윤리관을 강조하였다.

이와 같은 민족주의 이데올로기는 한(漢) 민족 중심의 '중화(中華) 사상'에서 나온 것이지만, 조선조에 의해 능동적으로 수용, 발휘된 것은 우리 민족의 개별적인 민족의식의 한 형태로서 주자학적 이데올로기가 수용되었다는 긍정적 의미가 있다. 그리하여 여말선초의 왕조 교체기에 새 왕조의 이념으로 수용된 이래 양차에 걸친 이민족의 침략을 통하여 의병과 같은 민족 항쟁과 북벌(北伐)과 같은 배타적 민족의식의 강화를 능동적으로 야기하였고, 그후 19세기 후반의 서양 침략과 일제침략에 대항하여 배타적 민족의식으로 발휘되었다.

17세기 조선은 만주 여진의 청(淸)과 명(明)의 사이에서 고민하였으나 척화론(斥和論)의 우세로 항전하다 결국 남한산성에서 항복하고 말았다. 이때의 이데올로기는 '숭명반청(崇明反淸)'이었다. 임란 당시의 명의 구원병 파견을 '재조번방(再造藩邦)의 은(恩)'이라 여긴 데서 나온 이념이었다. 이 명에 대한 예우는 개인의 생사, 국가의 존망을 초월한 '불변적 질서'라고 생각하였고, 문화적으로 열등한 호로(胡虜; 淸)를 섬기는 것은 지상에 있어 최고의 도의 구현자인 명의 천자에 거역하는 일이요, 결국 '천지의 리(理)'에 거역하는 일이라고 생각하였다. 이것을 유림은 '불변적 진리에 바탕한 옳은 것'이란 의미로 '의리(義理)'라고 불렀다.

청의 가혹하고 고압적인 강화조건에 숭명반청 이념은 더욱 강화되었고, 그후 조선조 집권층 및 유림의 대외 인식의 틀을 형성하였다. 그리하여 북벌론자 우암 송시열에 의해 그 사상의 정당성이 인정되어 조선조 말까지 그 권위가 지속되었다.

조선조 주자학은 우암에 이르러 통치 집권층의 지배사상으로 권위를 갖게 되었으므로 일생 숭명반청 사상을 고취한 우암은 한말 척사위정파

1)의 가장 숭배하는 성인의 한 사람으로 추앙되었다. 그러나 병자호란 이후 청과 책봉·조공 관계를 맺고 있었으므로 '정통 주자학파'의 중화주의적 지향은 점차 이념과 현실간의 모순이 심화되어 본래 중화관념에 포함되어 있던 보편세계의 지향은 후퇴하고 극히 관념적이고 자기완결적인 '소중화(小中華) 사상'으로 변천되었다.

19세기 후반 서양이라는 새로운 외압 앞에 화서 이항로를 비롯한 척사위정파는 '복고적 내수외양론(內修外攘論)'을 주장하였다. 화서는 정통주자학자로서 '도학'의 전통은 공자-맹자-주자-우암으로 계승된 것으로 보았다. 이들에게 있어서 대외인식의 모델은 바로 17세기의 우암의 숭명반청과 북벌론 및 그후의 자기 완결적인 소중화사상 바로 그것이었다.

이러한 대외 위기에 대한 민족주의적 대응은 물론 오늘날의 근대 민족국가의 성립을 전제로 한 정치학적 민족주의와는 달리 '존화양이(尊華攘夷)'라는 '문화적 사대'를 기저로 한 것이라는 한계가 있지만, 개항 이후 항일 의병운동, 일제침략기의 항일 독립운동으로 연결되었다는 점에서는 민족 보위와 생존을 도모한 민족주의라고 할 수 있다. 그 배경에는 강대국에 둘러싸인 지정학적 불리함이라든가 주자학이라는 보편학으로 인한 민족문화의 단조로움 등의 국가 운명이라고도 할 불가피한 조건도 있었다. 그러나 한 국가·민족의 흥망성쇠는 그 민족의 창의적이고 용감한 의지에 달렸다고 할 때, 한말의 위기 앞에서 우리는 혹 민족적 노력이 부족하지 않았는지 냉정하게 반성해 볼 필요가 있다.

02 한말 한반도 주변 강대국의 대한반도 정책

조선조 후기 조선 사회는 농민들의 반봉건 항쟁으로 안동 김씨 세도정

1) 1800년대에 전개된 척사위정론은 서구 제국주의 침략에 따라 조선이 점차 세계사에 편입됨에 따라 그 성격에 약간의 차이가 발견되므로 대략 다음과 같이 4단계로 구분할 수 있다.
(1)1866년 병인양요를 전후한 시기
(2)1876년 강화도 조약을 전후로 한 시기
(3)1881년 신사유람단 귀국시 가져온 『朝鮮策略』을 둘러싼 辛巳斥邪疏의 시기
(4)1895년 斷髮令을 전후로 한 시기

치를 위기로 몰아넣었다. 이때 등장한 대원군은 무너지는 봉건체제를 유지하려면 무엇보다 왕권을 강화하고 세도정치를 몰아내야 한다고 생각했다. 그리하여 각종 내정개혁을 단행하였다. 그러나 그중에서도 서원철폐와 호포법 실시는 양반 유림들의 반발을 가져와 뒷날 실각하는 실마리가 되었다. 경복궁의 중건은 또한 농민들의 반발을 사기도 하였다.

안으로 이와 같은 체제 정비를 해나가던 대원군은 밖으로는 강력한 쇄국정책을 펴나갔다. 그리하여 외국선박의 출현을 경계하게 하고 그들과의 통상을 금하고, 서해안과 한강 하구의 방어도 강화하였다. 이런 상황에서 조선 침략에 앞장선 나라는 미국과 프랑스였다. 1866년 프랑스 군대의 침입이 있었고(병인양요), 1871년 미국 군대의 침입이 있었다(신미양요). 두번의 침입을 물리친 대원군은 자신을 얻어 '척화비(斥和碑)'를 세우며 쇄국을 일층 강화해 나갔다.

대원군의 대외정책은 일단 '양이(攘夷)'로써 잠정적으로 성공한 듯하였으나, 국내 정치적 변동은 대원군의 이러한 정책마저 일관성 있게 추진하지 못하게 하는 결과를 가져왔다. 지배층 안의 보수 유림들은 대원군의 정책을 강하게 비판하였고, 마침내 대원군은 실각하고 민씨정권이 들어섰다. 민씨정권은 대원군이 실시한 정책을 거의 다 바꾸었다.

민씨정권은 청과 전통적인 종속관계를 유지하여 자신들의 권력을 안정시키는 선에서 개방정책을 추진해 나갔다. 일본에도 유화적인 정책을 폈다. 그러나 개방에 필요한 아무런 준비를 갖추지 못한 상황에서 벌인 유화정책은 매우 우려할 만한 것이었다.

1870년대 조선은 구미열강의 세력권 밖에 있었다. 영국은 인도, 프랑스는 베트남, 러시아는 시베리아, 미국은 국내문제와 남미·필리핀 등 그들이 획득했거나 획득하려는 지역에 골몰하였기 때문에 조선에 관심을 둘 수 없었다. 이런 국제적 여건을 활용한 것이 일본이었다. 1860년 일본은 '존왕양이(尊王攘夷)'를 기치로 막부제(幕府制)를 무너뜨리고 명치유신을 통하여 천황제 국가를 세웠다. 아울러 '화혼양재(和魂洋才)'라는 구호 아래 서구 문물을 재빨리 받아들여 식산흥업(殖産興業)과 부국강병 정책을 폈다.

1868년 일본은 조선정부에 자신들의 왕정(王政)이 복고되었음을 알리면서 새롭게 수교할 것을 요구하였다. 그러나 양이정책을 펴고 있던 조선정부는 '왜양일체'의 입장에서 이를 거절하였다. 일본은 1874년 대만 점령의 경험을 바탕으로 다음해 조선을 강제로 개방시키려는 계획을 세웠다. 그리하여 '운양호 사건'을 일으켜 1876년 '조일수호조규(朝日修好條規)'를 강요하였고, 민씨정권은 이에 굴복하였다.

이어 조선은 1882년 미국과 '조미수호통상조약', 1882년 청의 강요에 못이겨 '조중상민수륙무역장정(朝中商民水陸貿易章程)'에 굴욕적으로 조인하였다. 그 뒤 1886년까지 조선정부는 영국, 프랑스, 독일, 러시아 등 구미열강과 이와 비슷한 내용의 '통상조약'을 체결하였다.

민씨정권의 부패와 외세의 침략에 반대하는 보수 양반유림들의 저항은 점점 높아갔으며, 임오군란을 빌미로 청은 조선을 속국화하려 하였고, 이에 일본의 조선 식민지화 야욕과 충돌하게 되어 조선은 청일전쟁 때까지 이 소용돌이에 휘말리게 되었다.

청일전쟁에서 승리한 일본은 조선에 배타적인 지배권을 확립하고, 중국대륙으로 진출할 수 있는 유리한 발판을 마련하였다. 이러한 일본의 독주는 러시아를 비롯한 다른 제국주의 열강을 자극하였다. 먼저 일·러가 대립하였다. 그리하여 러시아는 조선에서 친로정권을 세워 일본을 한때 견제하기도 하였다.

러시아가 만주로 진출하자 만주를 둘러싼 열강의 대립이 고조되면서 곧바로 조선을 둘러싼 대립으로 이어졌다. 러시아는 이러한 대립을 해소하고자 일본과 1898년 협정을 맺어(로젠-니시 협정), 두 나라가 조선에서 갖고 있는 정치·경제적 이해관계를 서로 승인하였다.

러시아의 남하에 당황하기는 아시아 팽창정책을 쓰던 영국과 미국도 마찬가지였다. 이에 러시아를 견제하는 데 이해를 같이한 영국·미국·일본이 서로 접근하기 시작하였다. 미국은 조선에서 뺏은 이권을 일본에 넘겨주는 등 러시아를 견제하였고, 일본은 영국과 '1차 영·일동맹'(1902년)을 맺어 서둘러 조선을 식민지로 만들려 하였다.

러시아와 일본의 대립은 결국 전쟁으로 치달았다(1904년). 전쟁의 승세를 타고 조선에 식민지 기반을 닦아가던 일제는 서둘러 전쟁을 끝내려 하였다. 많은 전쟁비용을 미·영에 의존하고 있는 상황(총 비용 19억 8천 4백만원의 2/3인 12억여원을 미·영이 지원[2])에서 더 이상 전쟁을 오래 끌 수 없었다. 러시아도 1905년 2월 혁명을 앞둔 국내의 불안한 정세 때문에 전쟁을 일찍 끝내기를 원했다.

일본은 미국 대통령 루즈벨트에게 중재를 요청하였고, 미국과 영국은 극동의 평화를 유지하려면 일본이 '조선에서 탁월한 세력을 유지할 권리'를 보장받아야 한다고 하여, 전쟁이 끝날 즈음에 일제의 조선지배를 승인해 주었다. 또 미국은 1905년 7월 '카스라-태프트 밀약'을 맺어 일본의 조선지배를 인정해 주는 대가로 필리핀 지배를 인정받았다. 한편 영·일 두 나라는 '2차 영·일동맹'을 맺어 조선·인도 지배를 서로 승인하였다. 일·러 두 나라는 또 '러시아는 일본이 조선에 필요하다고 인정하는 보호조치에 간섭하지 않는다'는 내용의 '포츠머스 조약'을 맺었다.

일본은 노일 전쟁을 일으킨지 보름만에 '한일의정서'를 강제로 맺고, 이어 '제1차 한일협약'을 맺어 고문정치(顧問政治)를 실시하였다. 조선을 보호국으로 만드는 것을 제국주의 열강에게 승인받은 일제는 1905년 11월 왕궁을 포위한 가운데 '을사보호조약'을 강제로 체결하였다. 그리하여 고종을 비롯한 여러 충신과 열사들의 저항도 보람없이 1910년 8월 29일 일제는 이 땅을 강제로 빼앗았다.

이상의 간단한 한말의 약사에서 보듯이 한반도의 지정학적 특수한 여건은 19세기 말 제국주의 열강의 세력 각축장으로 되지 않을 수 없었다. 물론 국내 정치의 불안과 경제적 토대의 취약은 열강을 막아내기에 역부족이었지만, 근본적인 것은 바로 제국주의자들의 침략 야욕과 그들의 '담합'이었다. 국제사회의 냉엄한 현실을 중화사상이나 유교의 도덕주의(성리학적 의리론)로써는 이미 불감당이었던 것이다.

---

2) 역사학연구소 지음, 『강좌 한국근현대사』, 서울: 풀빛, 1995, p.69.

03 의병의 계급성과 유림 의병장의 사상적 한계

1) 의병장 유인석의 평민 의병장 김백선의 처단

한말의 척사위정 사상은 항일 의병운동의 지도이념이 되었다. 척사위정 사상은 초기에는 정통주자학자들에 의해 존화양이라는 문화적 배타주의로 시작되었으나 일제의 침략으로 반개화적 색채도 강하게 띄게 되고, 일반 민중까지 합세한 항일운동 시기에 이르러서는 자주적 민족의식으로 강하게 대두되었다. 이런 점에서 척사위정 사상은 그 이론의 복고성에도 불구하고 한민족의 근대 민족주의 형성에 일정한 기여를 하였다.

그러나 척사위정 사상은 의병운동 과정에서 많은 문제점을 노출하였다. 이 문제점은 물론 그 사상 자체의 한계, 즉 주자학을 수용한 조선조의 민족의식의 한계 그 자체이기도 했다. 그 문제점은 첫째, 전통적인 왕도질서 존중 의식이 너무 철저했으며, 둘째, 계급의식에서 오는 특권의식, 셋째, 민권문제와 관련하여 자주라 할지라도 민중이 없는 자주요, 반민권의 자주였다는 것이다.

이 중에서도 오늘날 가장 주목할 것은 유림 의병장의 복고적 지도이념이 의병의 실제 하부조직이었던 농민들의 민족적 정열을 동원하는 데 실패했다는 점이다. 이는 임진왜란 당시의 의병은 관군으로 편입되어 의병의 세력이 합집되는 결과를 가져온 것과는 대조적이었다. 유림의병의 이념은 또한 그들이 전투 중에도 도포를 입고 큰 관을 쓰고 상하예절의 인사법을 준수하는 등에서도 보이듯이 행동적인 전투에 있어서도 상당한 약점을 가지고 있었다.

의병운동 과정에서 나타난 유림의 지도이념과 의병부대 구성상의 성격과 목적 사이에서 야기되는 모순 몇 가지를 살펴보면 다음과 같다.

대표적인 예가 유림의병장 의암(毅庵) 유인석(柳麟錫; 1842-1915)에 의한 지평의 평민출신 의병장 김백선의 처단 사건이다.[3]

3) 宋相燾, 『騎驢隨筆』, 김백선조. 김의환, 「일제의 조선침략과 초기의병투쟁고」, 『동국사학』 제 9 · 10합집, 동국대학교 사학회, 1966, pp.113-117 참조.

김백선은 유인석 의병부대의 선봉장으로서 충주성 점령에 큰 공을 세운 바 있었으나 적병이 충주로 부터 가흥으로 퇴각하자 김백선은 3백명을 이끌고 이를 추격하여 처음에는 연승하였으나 중과부족으로 사세가 불리하게 되었다. 김백선은 이 사실을 본진에 통지하여 원병 다수를 보내달라고 청하였으나 중군장 안승우가 이에 응하지 않아 결국 패배하고 말았다. 김백선은 본진에 돌아와 안승우를 보고 크게 노하여 칼을 빼어 죽이려 하자 안승우는 겁을 먹고 달아난 일이 있었다.

이에 대해 유인석은 김백선이 안승우를 죽이려 했다는 사실 하나로 양반에 대한 불경죄와 의병진의 규률이 실추됨을 이유로 김을 처단하는 데까지 이르렀다.

이와 같은 일은 유인석 뿐만 아니라 그들의 지도이념으로 보아 유림의병장 누구나 수용하기 어려운 일이었음에 틀림없다. 유림의병장의 의거 명분은 해이된 봉건질서의 회복이었으므로 민중의 반봉건 기치와는 대립될 수 밖에 없었다. 그러므로 아무리 전공이 크다 해도 평민이 사족(士族)을 욕보이는 것은 윤리강상에 어긋나는 일로 여겼던 것이다.

용감한 전공으로 의병들 사이에 신망과 지지를 받고 있던 김백선의 처단은 의병의 사기에 막대한 영향을 미쳤다. 즉 그후 군대는 사기를 잃고 부진한 상태로 들어가 안승우는 관군인 장기렴 군과의 제천 싸움에서 전사하였고, 이어 유인석 부대는 요동으로 가게 되고 마침내는 해산되었다.

이와 같이 유림의병장의 복고적인 평민 멸시 사상은 의병운동을 크게 제약하는 요인이었다. 이는 조선조 주자학적 신분사회의 하나의 음영이기도 하다.

2) 의병대장 이인영의 부친상과 의병의 와해

1907년 8월 대한군대의 해산을 계기로 의병운동은 전국적으로 확대되고, 의병에 해산군인이 참가함으로써 군사전술을 구사할 수 있게 되어 의병의 세력이 훨씬 확대되었다. 그리하여 각지의 의병이 총연합하여 서울을 공략하는 논의가 일어나고, 마침내 전국 13도 연합의병부대의 편성이 실천에 옮겨졌다. 이 연합의병장에 당시 공평한 인품으로 신망이 있었던 이인영(李麟榮;?-1907)을 옹립하게 되었다.

이인영은 일제진군을 명령한 후 몸소 선발대인 정병 3백명을 거느리고 동대문 밖 30리까지 진격해 들어갔다. 거기서 전체 부대가 도착할 때까지 기다리기로 되어 있었는데, 정보를 입수한 일군이 반격해 옴으로써 의병들은 후퇴하지 않을 수 없었다. 이러한 중대한 시기에 연합부대에 또 하나의 불행한 사태가 일어났다. 이인영이 부친 사망의 부고를 받게 된 것이다(양력 1908년 1월 28일). 경기도 양주에서 이 부음을 받은 이인영은 곧 뒷일을 군사장 허위에게 부탁하고 통문으로 의병운동을 중지하라고 각진에 통달한 후 즉일로 문경 고향으로 돌아가고 말았다.[4] 이로 말미암아 결국 의병부대의 서울 공략 작전은 헛돌고 말았다.[5]

그후 장례가 끝난 후 각지의 의병들은 이인영에게 다시 거병할 것을 요청하였는데, 그는 말하기를, 나라에 불충한 자는 어버이에게도 불효요, 어버이에게 불효한 자는 나라에도 불충인즉 충·효는 그 도가 하나요 둘이 아니니 3년상의 효를 다한 후 권토중래하여 일본인을 소탕하겠다 하면서 거병의 권고를 사절하였다. 그러나 일제는 충·효의 도리를 다하려는 유학자를 기다려 주지 않았다. 삼년상을 미처 다 마치기도 전에 부음을 받은 지 약 1년 반만인 1909년 6월 7일(양력) 체포되어 동년 9월 처형되고 말았다.

연합의병 부대의 서울 공략이라는 민족적 대의 앞에 개인 이인영의

---

4) 김의환, 『의병운동사』(박영문고40), 박영사, 1976, pp.160-161.

5) 이 당시 이인영의 奔喪 외에 서울 탈환 작전을 부득이 미룰 수 밖에 없는 사정도 있었다. 이 점은 이인영 자신도 잘 알고 있었다. 당시 군사적인 후퇴 필요성은, 첫째 동대문 밖 30리 까지 오는 동안 38회의 전투를 하느라고 탄환이 고갈되어 있었고, 둘째 本隊도 2-30명씩 천천히 진군해 와서 지친 상태였고, 세째 당시 관습으로 이인영의 喪報는 불길한 징조로 보았을 것이라는 점이다. 그러므로 신용하는 효 보다 충을 우선시키는 것으로 감정적 평가를 내리는 것은 옳지 않다고 보았다. 이러한 지적은 확실히 수긍이 가는 것이다. 그러나 이인영이 상을 치르고 난 후에도 의병들의 擧義 권유에 대해 '충·효不二'라 하며 3년상을 마친 후에 거의하겠다고 한 것을 보면, 그의 머리 속에 객관적 군사적 조건 보다 유교적 윤리가 더 큰 비중을 차지하고 있었던 것이 아닐까? 또 喪報를 '불길한 징조'로 받아들인 것 자체가 유교윤리의 반영이 아닐까 생각된다. 신용하, 「왕산 허위의 제2차 의병활동」, 『왕산 허위의 사상과 구국의병항쟁』, 구미: 금오공과대학교 선주문화연소, 1995, p.54 참조. 毅庵 柳麟錫도 喪中이라 처음에는 擧義에 참여하지 않았다. 『毅庵集』 권24, 「與同門士友書」; 「答西湖諸公」; 권55, 「年譜」 참조.

분상(奔喪)이 말하여 주는 충·효 불이(不二)의 조선조 유교윤리는 오늘날 우리에게 중요한 교훈을 가르쳐준다고 하겠다.

3) 근왕론(勤王論)의 봉건성

의병항쟁을 제약한 또 한가지 요인으로 일본 세력의 완전한 축출이 달성되지도 않았는데 왕명으로 의병부대를 해산한 사실이다. 이것은 삼강오륜과 충효윤리를 최고 선행으로 여겼던 유림 의병장들이 국왕의 명령에 순종하였기 때문이다. 그 예로 충북 진천에서 해산한 허위와 심남일을 들 수 있다. 이들 척사위정 사상을 가진 유림 의병장들은 대의는 포기할지라도 국왕의 명령에는 거역할 수 없었던 것으로 여기에서 봉건적 충군사상의 잔존을 볼 수 있다.[6)]

또한 양반 유림들은 현실문제를 민족적인 과제로 인식하고, 거족적 힘을 결집시키는 방법으로 의병운동을 전개하지 못하였다. 그들이 제시하던 기본적인 대응책이 '내수외양론'이었고, 내수의 방법은 언제나 봉건체제의 상징인 군주의 수신과 결단을 촉구하고 이에 의지하는 데 있었다. 즉 '근왕주의'가 공통적인 해결방법이었다. 내수, 즉 국내 정치개혁을 위해 제시한 그들의 구체적인 시무책은 거개가 중세적인 유교 시무책이었다. 이항로가 말한 '전하의 극기정심론'[7)]과 같은 근왕주의는 당시 상황에서는 실질적인 도움이 되지 못하였다.

이와 같은 사례에서 의병과 같은 민족적 거사 앞에서 계급적 갈등과 유교 의리론(유교 윤리)이 빚어낸 현실과의 심각한 괴리를 볼 수 있다.

04 척사위정과 의병운동, 그리고 독립운동

척사위정파의 의식 기반은 주자학이었으므로 화이론적 세계인식을

6) 旺山 許蔿는 을미 황후시해 사건 후 1896년 3월 동지들과 같이 기의하여 金山郡 무기고에서 무기를 탈취하여 활약 중 관군의 공격으로 실패하고, 다시 여졸을 모아 충북 鎭川에 이르자 왕의 近侍가 의병해산의 명을 전하므로 그는 눈물을 머금고 왕명 대로 의병을 해산하였다.

7) 『華西集』 권3, 「辭工曹參判三疏」.

벗어난 어떤 새로운 인식의 틀을 가질 수가 없었던 것은 당연하다. 그리하여 그들은 서양근대의 정신과 문명, 자본주의 초기의 식민지 침략성, 그리고 더 근본적으로는 지리적 비교나 문명의 상대성은 전연 이해할 수 없었다. 따라서 그들의 대외인식은 매우 전근대적이었고, 그런 의미에서 매우 관념적이고 추상적일 수 밖에 없었다.

예를 들면 화서(華西) 이항로(李恒老; 1792-1868)는 서양 학문이 중국은 물론 조선에까지 미치고 있는 이유를 설명하기를 "(지구의 움직임이) 동이 돌면 서가, 서가 돌면 동이 되어 잠시도 정지되어 있지 않으므로 남·북의 풍속은 점진적으로 달라지지만, 서·동의 기운과 습속은 감응이 민감하다. 그것은 동식물의 종류를 보면 분명하다."라고 하여 음양지리설(陰陽地理說)로써 설명하였다.[8)]

그들의 대외인식도 이와 다름 없었다. 화서는 서양인은 보기에는 인간과 같으나 속마음은 '금수'(짐승)와 같다고 하였다.[9)] 서양은 오랑캐(청 나라) 보다 한층 더 내려가 '금수'라고 하여 도저히 서로 왕래할 수 없다고 하였다.[10)]

이는 중화(중국)·소중화(우리나라) 對 이적(청)·금수(서양 및 왜) 사이의 구분으로서 전통적 '화이론'에 근거한 '인수지별(人獸之別)'이라고 할 수 있다. 이 논리에 근거하여 '존화양이', 즉 '척사위정'을 주장하였다. 면암(勉庵) 최익현(崔益鉉; 1833-1906)과 의암(毅庵) 유인석(柳麟錫; 1842-1915) 경우도 '존화양이'의 의리는 변하지 않았다. 또 화서 및 그 문도들은 서양문물 자체를 잘못 이해하고 있었다. 화서는 서양 역법(曆法)에 대해 평하기를 그것이 비록 정밀하다 해도 윤리를 도외시한다고 혹평하였다.[11)]

특히 의암 유인석의 경우 중국 중심의 국제평화 추구라는 이념은 매우 유교적인 이념으로서 훌륭한 것이었지만, 당시로서는 약소국의 메아리 없는 외침에 불과하였다. 의암은 중국을 중심국으로 하여 세계평화

8) 『華西雅言』 권10, 「尊中華」.
9) 동상.
10) 동상.
11) 『화서집』 권25, 「闢邪錄辨」.

를 도모해야 될 것이며, 거기에 서양이 전쟁을 버리고 동참해야 된다고 준엄하게 꾸짖었다.[12)]

그들의 대외 인식의 추상성은 근본적으로 봉건적인 화이관의 바탕을 이룬 주자학에 있음은 물론이다. 화서는 주자의 리기론을 수용하여 그것으로 세계인식의 주요 틀로 삼았는데, 한말의 상황인식에 적용하기에는 너무나 낡은 관념론(형이상학)이었다. 더우기 화서는 리·기(理·氣)를 가치서열적으로 '리주기종(理主氣從)'으로 보았다.[13)] 그는 리·기 관계로써 천하의 치·란(治·亂)을 상징하였다. 이러한 주리론적(主理論的) 경향은 모든 척사위정파에 공통된 것이었다. 이러한 정치적 사유는 1860년대 대외적 위기가 절박하여지자 그대로 정치적 지향에 반영되어 배외적 '양이론'의 기저를 이루었다.

이항로를 비롯한 척사위정파들의 대외 배척의 명분은 중화문화 수호와 회복이라는 '위도(衛道)'에 있었지 당시 나라를 보존한다는 '위국(衛國)'에 있지 않았다.[14)] 이 '위국'이라는 것도 물론 오늘날 정치학에서 말하는 민족국가의 유지라는 '민족주의'와는 분명 다르다. 또한 대외인식의 틀이 주자학의 형이상학 내지 주자학적 민족주의였다는 것이 한말의 시대상황을 인식하고 대처하기에는 적합하지 못하였다. 화서 이전의 실학파 이익이나 안정복 등, 또는 당시의 현실개혁론자들도 역사적 현실적 제약에도 불구하고 서학의 이론을 알아보고 그들의 신문물을 인정하면서 현실개조로 장차 밀려올 식민제국주의에 대처하려 하였지만, 척사위정파들은 서양과학이나 제국주의적 자본주의가 어떤 것인지 알아보려는 노력이 부족하였다. 그러므로 혹자는 이런 시각에서 척사위정을 사회진운을 막는 '보수반동'으로 비판하였다.[15)]

위국이 아닌 위도를 겨냥한 척사위정파의 사상은 오늘날의 민족주의 입장에서 보면 '보수반동'의 혐의가 없는 것이 아니다. 그러나 그들에게

---

12) 동서, 권51, 「우주문답」.

13) 화서는 리·기를 또 "理는 본래 존귀하여 상대가 없으나, 氣는 본래 낮아 상대가 있다."라고 하기도 하고, 또 '理帥氣役' 등으로 표현하기도 하였다. 동서, 권3, 「신명」.

14) 동서, 권12, 「異端」.

15) 이이화, 「척사위정론의 비판적 검토」, 『한국사연구』 제18호, 한국사연구회, 1977, pp.138-140.

서 '오늘날의 민족주의'를 요구할 수는 없다. 역사적으로 형성되어 온 그들의 세계인식의 틀 자체를 오늘날의 시각에서 일방적으로 비판하기는 어렵다. 또한 '위도' 속에 '위국'의 이념이 들어 있다면 주자학적 민족주의를 빌려 그 나름의 '민족의식'의 일단이 피력된 것으로 보아야 한다.

그러나 그럼에도 불구하고 그들이 주자학적 형이상학의 인식틀로써 당시 복잡한 시대상황을 파악하려 했다는 것은 '추상적'이었다고 밖에 볼 수 없다. 그러므로 척사위정파의 사상은 조선조의 주자학 내지는 조선후기 새롭게 형성된 '소중화 사상'의 극치로서 보는 것이 무난하다. 즉 척사위정 사상을 일단 '한말의 주자학'으로 보고, 그런 다음 그 속에서 대외인식으로서의 '척사'가 가지는 의미를 밝히는 것이 무난할 것이다. 그렇게 함으로써 오늘날 의미의 민족주의 사상으로 과대평가 되지도 않을 것이다. 그런 의미에서 진덕규는 척사위정의 민족주의적 성격을 '복고적 민족주의'라고 하여 민족주의로 보되 그 성격을 세밀하게 규정하고 있다.[16] 그러므로 조동걸은 유림의병장이 주도했던 을미의병을 예로 들어 보편주의의 역사의식과 특수주의의 현실의식의 양면성을 가졌다고 하였다.[17]

척사위정 사상이 특정한 지도계층이 주도하였기 때문에 국민의 차원에서 수용되기에는 한계점이 있었던 것은 사실이다.[18] 그러나 이들이 후에 의병을 일으켜 민족과 국가의 보위를 도모하였던 것은 한국 민족주의에 일정한 기여를 한 것으로 볼 수 있다. 그 때에도 그들은 일본을

16) 진덕규는 복고적 민족주의, 변혁적 민족주의, 수용적 민족주의, 문화적 민족주의로 나누고, 척사위정은 이념이 전통적인 것이고, 지도계층이 세습적 지배계층이고, 동원수단이 과격한 대결성을 전제로 함으로써 한국민족주의의 사상적 기반으로 보기에는 한계점을 가지고 있고, 어디까지나 특정 시대의 특정 사회구성원에 의해 표출된 대외적 반응으로서 민족주의적인 요소는 있다고 보았다. 진덕규, 「척사위정론의 민족주의적 비판의식」, 『한국문화연구원논총』 제31집, 서울: 이화여대, 1978, p.236.

17) 조동걸은 명을 중심한 주자학적 보편주의가 을미의병 동기에 나타나 있지만, 을미의병 자체는 '항일'이라고 하는 민족적, 현실적 대응이라는 민족 특수의식의 표현이라고 하였다. 조동걸, 「의병운동의 한국민족주의상의 위치(상)」, 『의병전쟁연구(상)』, 서울: 지식산업사, 1990, pp.226-228.

18) 진덕규는 이것이 오히려 국민적 열정의 상승화를 억압하는 결과를 가져왔다고 평하였다. 진덕규, 앞의 논문, p.254.

달래어 동양삼국의 평화를 도모하려고 하는 여전히 보수적인 사상 측면이 남아 있었지만,[19] 1905년 국권 상실과 더불어 국권을 회복하려는 구체적인 국가의식 아래 의병활동을 전개한 점에서는 부분적이지만 민족주의를 고취한 점은 의심의 여지가 없다. 또한 노사 기정진이 '결인심(結人心)'을 주창한 것은 어느정도 민중의 역할을 강조한 것으로 그후 민중을 애국 독립운동에 밀착시키는 기반이 되었다고 할 수 있다.[20]

서구 충격에 대해 배타적 척외를 주장하던 초기의 관념적이고 추상적인 척사위정 사상이 20세기 초 일본의 침략 앞에서는 보다 구체적으로 '민족'과 '자주'가 의병운동의 제일의적 가치가 되었다. 그리하여 최면암은 "우리나라가 그 이름은 비록 중국의 번방이지만 고려 이래로 그 토지나 인민이나 정치는 모두 자립이었고 자주이었기에 조그마한 타국의 간섭도 없었다. 이런 점에서 우리나라가 비록 작지만 그 인민은 성질이 강하여 타국에 뒤져본 일이 없다."라고 하였다.[21]

이와 같이 척사위정 사상은 일제 침략기에 있어서는 유림의 의병운동과 연결되어 보다 구체적으로 민족의식을 고취하였다. 물론 그것을 척사위정에 가담했던 인사들이 개인적으로 의병이나 광복 또는 문화운동에도 참여한 것이지 척사위정론의 사상체계가 가지고 있는 논리성의 결과가 아닌 것은 사실이지만,[22] 조선조 유림들이 주자학적 의리론을 떠나서 사고와 행동이 불가능했다는 점, 그리고 다수의 유림이 여론을 주도했던 당시의 사회구조를 고려한다면 유림의 의병활동을 통한 민족의식, 자주의식 고취는 결코 과소평가할 수 없다. 특히 초기 의병은 지방유림이 주도하였다. 그들은 화서(이항로) · 성재(유중교) · 면암(최익현) · 의암(유인석) 등 노세대가 활동할 당시 2 · 30대의 젊은 문도들로서 선생의 뜻을 이어 적극적 활동을 전개하였던 것이다.

한말의병의 리더쉽은 지방유림들에게 있었고, 그들의 사상적 기반은 물론 주자학의 정치사상이었다. 초기 의병전쟁에 있어서 가장 큰 영향

19) 『면암집』 권16(잡저) 「寄日本政府」.
20) 박충석 · 유근호, 『조선조의 정치사상』, 서울: 평화출판사, 1980, p.188.
21) 『면암집』 권17(잡저), 「布告八道士民」.
22) 진덕규, 전게논문, p.254 참조.

력을 미친 인물은 의암 유인석과 그 문하들이었고, 그들은 또한 화서에게 사사하였으므로 화서 계열 유림이 '을미의병'을 주도하였다고 볼 수 있다. 그러므로 을미의병은 척사위정을 그 바탕으로 한 운동임을 알 수 있다.

이상 본 바와 같이 척사위정 사상이 복고적 민족주의라는 제한적 민족주의이지만, 한말의 일본의 침략에 즈음하여는 의병전쟁, 나아가 독립운동의 지도이념이 됨으로써 근대 한국의 민족주의 운동에 일정한 기여를 했다고 할 수 있다. 그러나 반면에 그것은 조선조의 주자학의 연장이라는 점을 잊어서는 안된다. 다만 봉건사회의 사회구조나 조선조의 주자학 일색이라는 이데올로기 획일성의 불가피성을 감안한다면 그 속에 표출되어 있는 민족주의적 요소를 일정하게 평가할 수 있는 것이다.

05 결 론

한말의 서구 자본주의의 식민지 침략이라는 민족적 시련 앞에 '주자학'이라는 봉건적 유교 이데올로기가 '존화양이'의 '보편 문화주의'(중화주의) 입장에서 보여준 대외적 반응이 척사위정이었다. 한편 이 문화보편주의의 입장으로 인하여 식민지 침략은 민족적 시련이기도 하였지만 척사론자들에게는 동아시아 문화(문명)의 위기요, 도덕적으로 말하면 인류 타락 내지는 절멸의 위기이기도 하였다. 봉건적 유교 교리로서의 주자학의 형이상학 체계에 의한 이러한 '도덕적' 대외인식은 '화이지별(華夷之別)' '인수지별(人獸之別)'로 나타났는데, 그것이 지나치게 성리학의 도덕적 이론에 의해 도식적으로 적용됨으로써 현실 파악이 매우 추상적이고 관념적임을 면하지 못했다.

물론 오늘날 입장에서 근대의 인류문명을 비판한다면, 과거 식민지 침략이라는 인류의 큰 죄악은 척사론자들이 지적한 바가 전연 틀린 것은 아니고, 오히려 경청할 만하다고 하겠다. 그러나 이것은 주제를 따로 하여 논할 문제이고, 다만 그들이 당시 현실적인 힘의 논리라는 냉엄한 국제사회의 전쟁 논리를 성리학의 추상성이나 도덕적 역사의식에 밀려

충분히 이해하지 못했다는 한계성을 우리는 지적할 수 있다.

그럼에도 불구하고 척사위정 사상은 그후 의병운동, 독립운동의 사상적 기반으로서 선도적 계급이었던 유림의 활동에 있어서 사상적 기반이 된 점을 생각하면 척사위정론은 한국 근대 민족주의로서 가치가 있는 것이다. 그러나 그 사상체계는 어디까지나 중국을 중심으로 한 문화보편주의·문화우월주의였기 때문에 민족주의라고 하더라도 '복고적 민족주의'로서 그 역사적 기여성은 제한적이라고 할 수 밖에 없다. 그러므로 기본적으로는 척사위정 사상은 '한말의 주자학의 체계'로서 일단 보지 않으면 안된다. 그러면서 비록 제한적이지만 그 속에 담긴 민족의 '생존윤리'를 살피지 않으면 안된다.

이러한 성격의 척사위정론과 이와 연계된 그후의 항일운동의 양상을 살펴본 결과 우리는 다음과 같은 역사적 교훈을 읽을 수 있다.

(1) 한 국가의 운명을 개척함에 있어서는 지도자의 자질이 역시 매우 중요하다는 사실이다. 역사에 나타난 바로는 당시의 왕권이 오랜 세도정치로 많이 약화되었으나 일본의 을사늑약 앞에 고종은 의연히 대처하고 재가를 하지 않았다고 한다. 또 이준 열사 등 밀사를 보내어 만국에 일본의 야만적 행동을 알리려 했다는 것은 왕으로서의 지도력을 발휘하려고 노력했다는 것을 말해준다.

(2) 팔도연합 의병대장 이인영의 예에서 보듯이 비록 유교의 윤리라고 하더라도 국가 대사 앞에서 사적인 가사일(부친상)을 우선한다는 것은 조선조 유교의 특색이며 한계라고 할 수 밖에 없다. 또한 오늘날 시각에서 보면 주자학 일변도의 도그마적 신념체계가 안겨 준 폐단이라고 할 수 있다. 또한 유림 의병장 유인석의 평민 의병장 김백선의 처형의 예에서 보듯이 한말의 계급적 단절은 국민총화를 이끌어내는 데 큰 장애가 되었음을 볼 수 있는데, 이것 역시 유교를 지나치게 교조적으로 받아들인 조선조 선비의식의 특색이요 한계였다고 할 수 있다. 왜냐하면 당시 유림 의병장 가운데는 이미 몰락하여 농사일에 종사하는 유림들이 다수 있었다는 것을 보면 농민층과 몰락 유림 사이에 계급적 갈등은 별로 크지 않았다고 보여지기 때문이다.

(3) 조선조는 후기에 실학사상이 일어나고, 한말에 이르러서는 척사위정론에 이어 개화사상도 있었지만, 재야 유림을 중심으로 한 척사위정론이 가장 여론 형성에 영향을 크게 준 점에서 역시 한말 사상의 주류라고 할 수 있다. 그러나 한말이라고 하는 내외적 격동기에 주자학적 관념체계로써 세계인식의 틀로 삼았다는 것은 부적절하다고 하겠다. 특히 그 사상이 국내 여론 형성에 있어서 주류가 아니었다면 별 문제가 없겠으나 국론을 좌지우지할 주요 여론으로서 주자학적 화이론을 불변의 진리로 여겼다면, 이는 조선조 주자학파의 특색으로서는 매우 가치가 있겠으나 국가적으로는 불행한 일이었다고 볼 수 있다. 조선조가 좀 더 일찌기 주자학 외에 양명학이라든가 한학(漢學)이라든가 하는 식으로 학술이 다양하게 발전하지 못한 것이 자주 지적되는 이유도 결국 이런 데 있는 것이다. 학문의 다양성과 아울러 학문하는 자세의 주체성도 또한 중요한 문제가 된다. 일본의 경우는 과거 주자학을 받아들이더라도 우리 보다 주체적이었던 것을 볼 수 있는데, 근대의 서양문물 수용의 원활함과 상관관계가 충분히 있는 것이다.

(4) 조선은 중국과의 사대관계에 얽매여 한말의 복잡한 대외 관계를 헤쳐나가는 데 어려움이 많았다. 그 중에서도 외교적 역량과 정보수집 능력이 부족하였다. 이것은 지정학적 여건이라는 국가 운명적 요소를 감안하지 않을 수 없지만, 오늘날 관점에서 볼 때 앞으로 외교역략의 강화와 국가경영에 있어서의 정보수집 능력의 배양, 또 그 일을 담당할 인재의 양성이 국가 존립을 좌우한다는 점을 교훈으로 삼아야 한다.

(5) 그리고 마지막으로 강대국의 책동을 항상 경계해야 한다는 것이다. 한말의 경우 우리의 국력의 허약이 일제에 망하는 결과를 초래했지만, 당시 국제역학 관계에서의 일본의 조선 강점을 미리 강대국들이 상호 이권배분 차원에서 양해했다는 사실을 우리는 직시하지 않을 수 없다. 지정학적 여건상 오늘날도 우리를 둘러싸고 있는 강대국들의 자국 이익을 위한 분열책동은 끊임없이 이어질 것이므로 '생존'을 위해서는 항상 경계하지 않을 수 없다.

제 8 장

한말 외세 침략에 대한 영남 유림의 의리학적 대응

01 서 언

한말에 있어서 서구 및 일본의 식민지 침략에 있어서 우리 민족의 가장 원초적(본능적)이고 원시적인 민족적 대응은 '척사위정'의 이념에 바탕을 둔 척양척왜(斥洋斥倭)였다. 그 후 일본의 독점적인 조선에의 침략이 노골화되자 척왜에서 한걸음 더 나아가 항일의거 내지 항일전쟁의 양상으로 바뀌어갔다.[1] 이 항일운동의 주체는 유림(사림)과 농민, 그리고 해산병(解散兵)이 주류를 이루었다. 조선조 신분사회에서 이들의 계

---

1) 의병항쟁은 대략 3시기로 구분하여 보는 것이 편하다. 제1기는 소위 '을미의병'으로서 1895-1896년 사이의 의병활동이고, 제2기는 소위 '을사의병'으로서 1905년에서 1907년 사이의 의병활동이며, 그리고 제3기는 소위 '정미의병'으로서 1907년에서 1910년 사이의 의병활동이 이에 해당된다.

급적 갈등은 민족적 힘의 단합에 장애가 되었지만, 유림의 '춘추의리' 정신이나 민중의 본능적인 민족적 구국이념은 매우 강렬하여 연합될 수 있었다. 이들을 '의병(義兵)'이라 하는데, '의병'이란 국가의 명을 기다리지 않고 민중, 즉 백성이 나라를 구하기 위하여 분연히 일어선 백성의 군대[民軍]를 말한다.[2)]

한말의 외세의 침략에 있어서 유림이 이 '의리(義理)'에 기초하여 구국의 깃발을 내세운 소위 '의거(義擧)'(의병운동; 의병전쟁)의 대응방식을 여기에서 살펴보고자 한다. 유림에 있어서의 '의리'는 멀리는 공자의 역사철학인 춘추정신, 곧 '춘추의리'에 기반을 두고 있으며, 가까이는 주자학의 '리(理)의 철학'의 보편주의와 그것을 받아 조선조 주자학자들이 병자호란 이후 내세운 자기완결적인 '소중화(小中華) 사상'에 기반을 둔 것이다. 이러한 이념의 기초는 동아시아 전근대에 있어서의 소위 '도덕적 문화주의'[3)]임은 물론이다. 그것은 근대 서구의 식민지 침략 앞에서 매우 비현실적이며, 추상적이며, 그리고 정신주의적인 성격을 띠었으나, 반면에 매우 도덕적이며, 휴머니즘적이며, 그리고 평화적인 문화주의의 특성을 잘 보여주었다.

19세기 동서 문명의 초기 교섭에서 식민지 침략에 동원되었던 과학기술과 전쟁무기는 선악 가치를 떠나서 서구문명의 우수성 그 자체였다. 그러나 그것을 동원한 자본주의적 침략은 인문주의(휴머니즘) 입장에서 보면 평화를 파괴하는 악마적(비도덕적) 행위 이외에 아무 것도

---

2) 朴殷植은 그의 『韓國獨立運動之血史』에서 '義兵'을 정의하기를, "의병이란 民軍이다. 국가가 위급할 때 義로써 일어나 조정의 징발의 명을 기다리지 않고 從軍하여 분연히 적을 대항하는 자이다."라고 하였다. 박은식, 『한국독립운동지혈사』, 제11장. 영어로는 'Volunteer', 즉 '義勇兵'이다.

3) 여기서 '문화주의'라는 것은 문명(물질문명)과 문화(정신문화)를 편의상 구분하고, 근대 동서교섭에서 보인 동양의 물질적 문명의 결함이 문화의 결함이 될 수 없음은 물론, 서양의 우수한 물질적 문명이 곧바로 문화의 우월성이라고 단정할 수 없다는 관점에서 동양의 휴머니즘, 평화주의적 문화 기조를 범인류적인 차원에서 다시 재평가해야 된다고 보고, 그 때에 우리에게 요청되는 '동양문화우월주의'(사실은 동양문화 바로보기이다)를 말한다. 이 문화주의적 관점에 설 때 비로소 우리는 근대 동서교섭에서 보인 동양의 유약성과 서양의 침략성을 승패의 논리로 일도양단하는 우를 범하지 않게 된다. 여기에 문화와 문명(힘)의 발란스가 요청되는데, 근대의 동양은 힘이 약한 언발란스였다. 물론 근대는 서구에서 시작되어 인류역사상 미증유의 대변혁을 이루었지만, 그러나 서구의 과학문명 처럼 그것이 곧 다른 문화(문명)에의 침략으로 귀결될 때에는 그것으로 문화의 표준으로 삼기는 어렵지 않겠는가?

아니었다. 금세기 내지 21세기 이후에 있어서도 서구가 주도권을 가질이 과학기술은 인류 생존을 위해 필요하다는 점에서는 이제 이미 동·서의 구분이 없게 되었다. 그러나 동서교섭 초기에 있어서 그것이 동양사회에 던진 의미는 지금과는 사뭇 다른 것이었다.

특히 당시 강대국들이 이와 같은 식민지 쟁탈을 뒷받침하기 위한 국제정치외교에서 일본의 한반도 침략을 인정해 준 은밀한 책략과 담합은 조선이 일본 침략에 맞서 게릴라전을 펴지도 못하게 만든 주요 여건을 조성하고 말았다. 이러한 상황에서 일어선 유림 및 민중의 의병활동은 매우 원초적이고 원시적인 것일 수 밖에 없었다.

문제는 국력의 쇠약, 즉 스스로 국가를 유지할 능력이 없는 데 있었다(당시 일본과 러시아는 우리나라를 그렇게 평하였다). 조선조에 있어서 오랫동안의 사대외교는 국내정치에 있어서도 자주적이고 능동적인 정책을 펴지 못하는 경우가 많았다. 거기다 주자학적 보편주의는 개별 국가로서의 자주성을 의식 차원에서부터 봉쇄해 버리는 결과를 가져왔다. 이런 역사적 전통 아래에서도 일반 유림이나 농민들의 민족의식이나 국가의식은 높이 살 만한 것이었다. 다시 말하면 한말의 이러한 척사위정, 항일의거 등은 비록 주자학적 민족주의에 바탕을 둔 복고적 민족주의이지만, 이것을 통하여 점차 근대국가의 민족주의를 형성해 갔기 때문에 역사적 의의가 큰 것이다.

한말의 의병운동은 척사위정론자 의암 유인석의 문제자들에 의해 경기·강원 지방을 중심으로 펼쳐졌음은 주지의 사실이다. 실제로 한강 이남의 전지역에서 시기적으로 다소 약간의 차이는 있지만, 거국적으로 의거가 일어났다고 할 수 있다. 영남지방은 예로부터 퇴계학파의 요람이므로 많은 유림들이 일제의 침략과 단발령에 유교적 이념(춘추의리)을 내세워 의거에 나섰다. 특히 경북북부 지방은 산악이 많아 진을 치고 저항하기에 적합하였다. 그리하여 영남지방의 유림으로서 항일의병의 기치를 세운 사람들이 많았다. 이제 이들 중 비교적 자료가 확실하고, 유림으로 거의한 경우나 또는 몰락한 한문(寒門)의 유생이지만 유림의 거로서 특기할 만한 경우를 선정하여 살펴보기로 한다.[4] 그리하여 지면

관계상 척암 김도화, 벽산 김도현, 왕산 허위, 운강 이강년 4인을 중점적으로 다루고, 그외 인물은 다음 기회로 미룬다.[5)]

02 척암 김도화의 의병활동

척암 김도화(金道和; 1825-1912)는 자가 달민(達民)이며, 척암(拓庵)은 그의 호이며, 관향은 의성이다(경주 김씨). 증조는 휘가 굉(埱)인데, 순조조 예조참판이며 대산 이상정의 고제였다. 호문적전(湖門嫡傳)으로 세칭 구와선생(龜窩先生)이라 한다. 조(祖)는 휘가 필병(弼秉)이며, 고(考)는 휘가 약수(若洙)이니 학행덕업으로 선대의 빛나는 업을 계승하였다. 비(妣)는 진주 정씨(鄭氏) 상관(象觀)의 따님인데, 입재 정종로의 손녀요, 손재 남한조의 외손녀이다.

척암은 순조25년(1825) 경상도 안동군 일직면 구미동 본제에서 태어났다. 일찌기 장자나 굴원의 글과 한유, 유종원, 구양수, 소식의 문장을 탐독하였으나 20세를 전후하여 깨닫는 바가 있어 사서, 「태극도」, 「서명」, 『근사록』, 주자서 등 성리학에 몰두하였다. 25세(1849)되던 해에 정재 유치명 선생에게 나아가 집지하였다. 이후 10수년동안 정재 선생에게 배워 학문이 더욱 깊어졌다. 이때를 전후하여 부모의 권에 못이겨 과장에 나아갔으나 비리가 심함을 알고 과업을 포기하였다.

37세 (1861) 정재 선생이 서거하자 정성을 다하여 서전(敍傳)을 찬하

---

4) 인물 선정에 있어서 다음 자료를 참조하였다. 자료별로 유림의병장에 가까운 자로서 영남 지방 출신들을 거명하면 다음과 같다. (1)김의환, 『의병운동사』, 서울: 박영사, 1974, pp.31-32(초기 유생의병장들의 연원 · 계보) 및 pp.37-38(초기 의병 봉기 상황). 여기에서는 문경의 이강년, 선산의 허위, 안동의 김도화 · 권세연, 예안의 이만응, 진주의 노응규 · 정한용, 상주의 서상열 등이 거명되어 있다. (2)조동걸, 「의병운동의 한국민족주의상의 위치(하)」, 『의병전쟁연구』, 서울: 지식산업사, 1990, pp.248-252. 여기서는 '유림의병사상'이라는 제목하에 영천의 정환직과 정용기 부자, 영양의 김도현, 진주의 노응규 등을 거명하고 있다. (3)광복회 대구 · 경북 연합지부 편, 『대구 · 경북 항일독립운동사』, 1991. 여기서는 의병에 종사한 인명을 망라하여 기록하고 있다. 여기서 거론한 인명 중 중요 의병(장)은 앞의 것과 대동소이하다.

5) 그외 인물로는 山南義陣의 鄭煥直, 鄭鏞基 父子, 진주의 愼庵 盧應奎를 들 수 있다. 그러나 이들은 불행하게도 관군의 속임수에 속거나(정용기의 경우), 동료의 배반과 간계(노응규의 경우)로 큰 성과를 거두지 못하고, 중도에 좌절하거나 고전을 면치 못하였다.

고 그의 문집을 인행하였다. 42세 때(1866) 선공(先公)의 상을 당하였고, 복을 마친 후 「태극도」, 「옥산강의」, 「인설」 등을 수초해서 「성학진원聖學眞源」이라 하였다. 이로부터 과업을 완전히 단념하고 주자·퇴계의 학문에 전념하였다.

68세(1893) 때 유일천(遺逸薦)으로 의금부도사를 제수받았고, 이어 성균관 직강사예로 추천되었으나 시국의 혼란으로 이행되지 못하였다.

1895년 을미(선생 71세)에 왕후 시해사건, 단발령 반포 등으로 민심이 격앙되었고, 이심전심으로 거의토적의 사발통문이 나돌기 시작하였다. 이때 고종으로부터 의대(衣帶)의 밀조(密詔)가 척암에게 내려졌다. 안동 지방에서는 척암을 비롯하여 면우 곽종석, 권진연, 강육 등을 중심으로 의병참모진이 결성되었다. 의병진은 성대 권세연을 대장으로 추대하여 안동부를 점령하였으나 곧 관군에게 패하고 말았다. 그 후 다시 척암을 대장으로 추대하여 안동부를 점거하니 부사 김석중은 도주하다가 조령에서 문경 의병장 이강년에게 처단되었다.

척암은 영일에서 거의한 농고 최세윤을 아장으로 삼고 영주, 예안, 봉화, 의성, 청송, 예천, 영양, 진보 등의 여러 의진(義陣)과 상호 제휴하고, 제천의 유인석 의병대장과 호좌 소모토적대장 경암 서상렬과 연합작전으로 상주의 함창 태봉에 주둔한 일본 수비대를 공격하였다. 그러나 초기 의병은 훈련되지 않은 오합지졸에 무기도 시원찮아 많은 손실만 입고 패퇴하고 말았다.

그러나 흩어진 의병들은 다시 안동부를 중심으로 선생의 막하로 모여 부장에 유난영, 도총에 김하휴, 선봉장에 유시연, 소모장에 이충언 등으로 재편하여 병력을 보강, 다소의 전과를 올렸으나 관군의 압력과 해산을 촉구하는 왕의 윤음을 듣고 어찌할 도리 없이 파병(破兵)하고 말았다.

척암은 파병 후 곧 '자명소(自明疏)'를 올렸는데,[6] 그곳에서 그는 말하기를, "복수토적은 춘추대의이며, 부급사난(赴急死難)은 신하의 할 일입니다."하고,[7] 관군에 의해 민생이 도륙되니 이는 전일의 애통조(哀痛

---

6) 『척암집』, 별집, 권1, 「破兵後自明疏」.

詔)의 뜻과는 다르며, 매국간신이 아직 다 제거되지 않았으며, 왕후의 장례가 복수의 대의 보다 경한데도 시해 뒷 처리가 아직 되지 않아 의병을 해산하지 못하였음을 말하였다.[8] 그리고 자신의 생각으로는 의병을 은밀히 유지시켜 장래 유효하게 쓰이도록 훈련시키는 것이 좋을 것이라고 건의하였다.[9]

그후 그는 세사를 일체 사절하고 후학을 양성하고, 사문(斯文; 유학)을 부식하는 일에 전념하기로 하였다. 그는 국가가 망하는 비상한 시기에 유림의 원로로서 그가 평소에 배운 바 대로 춘추의리로 거의를 하여 대장에 추대되었지만, 가장 실망스러운 것은 그를 추대한 사림들이 사세가 불리하니 폐문축수(閉門縮首)하고 눈치를 살피는 일이었다.

그는 말하기를, "당초 창의(倡義)를 하던 날 온 고을 사람들이 뜻을 같이 해서 노소가 다투어 분발하기로 하였다. 그리하여 뜻이 있는 자는 창검을 잡고 일어나고, 재산이 있는 자는 재물을 기울여 군비를 도와, 위로는 나라의 원수를 갚고, 아래로는 부모의 유체(遺體; 몸)를 보존하고자 맹서한 것인데, 이것은 하늘의 이치요 사람의 도리로서 목숨을 버리는 길 밖에 달리 방도가 없다. 그러나 한번 봉정(鳳亭)에서 놀라 패한 뒤로는 홀연히 흩어져 막중(幕中)에는 부서(部署)를 맡을 자가 없고, 불러도 오지 않고 설득해도 깨닫지 못하고, 일체 피하는 것만 일삼으며, 심지어는 한가로이 쉬면서 비웃는 자도 있는가 하면 오며가며 작은 시혜를 던지는 자도 있다. 생각컨대 이 고장에 충의의 풍속이 뜻하지 않게도 사람을 이렇게 박하게 대접하는가!"라고 탄식하였다.[10]

이어서 군수용 물자는 긴급히 소요되는데도 전연 협조하지 않거나 반만 내고 회피하는 일이 많아 사졸들이 주림에 시달리는 상황을 말하고, 또 재정적 지원을 하지 않으면서 나중에 공은 자기에게 돌리려고 하는 당시 세태를 그는 힐난하고 있다.[11]

7) 동상.
8) 동상.
9) 동상.
10) 『척암집』, 별집, 권1, 「與鄉道士林文」.
11) 동상.

척암은 또 이렇게 말하였다. 즉 "차라리 한 사람의 손에 죽을지언정 만인의 입에 오르내려 매장되고 싶지 않으며, 지금 사람의 쇠망치에 맞아 쓰러질지언정 어찌 차마 평안히 죽어 뒷사람의 필주(筆誅)에 죽을 것이랴!"라고 하였다.[12] 이는 그의 마음을 잘 표현한 것이다. 척암의 의리 정신은 당시 입으로는 대의명분을 외치면서 실제로는 명철보신이나 조명기세(釣名欺世)하려는 속유들이 가련하였던 것이다.

척암은 당시 문장가[13]로서 또한 성리학자로서 영남유림의 태두로서 추앙받는 걸출한 존재였다.[14] 그의 문집을 보면 사제간의 왕래 서간문에는 「태극도설」이나 성리설, 또는 예설(禮說)에 관한 질의응답이 많은 것을 볼 수 있다.[15] 또 문집 권 9에 실려 있는 잡저편에는 스승 유정재(유치명)에게 수학할 때의 문답인 「기문록記聞錄」이 있는데, 그 내용에도 역시 경의(經義), 리기성정(理氣性情), 함양(涵養; 수양)에 관한 내용이 많다. 또한 같은 잡저류 속에 있는 「독서쇄의讀書瑣義」는 「태극도설」, 「서명西銘」, 「옥산강의」(주자의 仁說)에 관한 주석이다. 이것 역시 모두 성리학에 관한 저술들이다. 그는 또 리기설에 있어서는 그의 학문연원이 말해주듯 퇴계의 '리기호발설'을 계승하였다.[16]

1905년 을사년 11월 을사보호조약이 강압적으로 맺어지자 척암은 의분을 참지 못하여 탄식하기를, "이는 임금이 욕을 당한 것만 아니다. 군주 보다 중한 것이 사직이요, 사직 보다 중한 것이 백성인데, 백성이 장차 오랑캐의 노예가 되려 한다."고 지적하고, 결연히 붓을 들어 「청파오조약소請罷五條約疏」를 초하였다.[17] 이때 그의 나이 81세였다. 그는 매

12) 『척암집』, 별집, 권1, 「檄告鄉道文」.
13) 한말의 문장가 영재 이건창, 운양 김윤식, 창강 김택영, 매천 황현에 필적할 정도로 그의 시문이 당시에 회자하였다. 특히 그는 도연명의 시를 좋아했고, 그의 고결한 인품마저 애호하였다.
14) 그의 문집을 보면, 序文이 150여편, 記文이 60여편, 비명 · 묘갈명 등이 200여편, 행장 및 敍傳 · 遺事가 70여편인 것을 보면 당시 경상도 사대부가의 금석문자를 독점하다시피 한 것을 알 수 있다. 이완재, 「척암집 해제」, 『척암전집』 상(출판지 미상: 척암선생문집간행회, 1983) p.21 참조.
15) 전게 『척암전집』 상 · 하 2권 참조.
16) 그의 증조 구와공이 대산 이상정의 제자요, 대산은 퇴계의 적전이니 집안의 학통도 퇴계요, 또 그의 스승 정재 유치명은 퇴계 적전인 대산의 문하였던 損齋 南漢朝에게 집지했으므로 학통상으로도 퇴계 학통이다. 그의 「四七理發氣發說」은 그의 문집 권10(策)에 실려 있다.
17) 같은 책, 별집, 권1, 「請罷五條約疏」.

국대신을 질타하기를 "저 오적이란 자는 짐승도 더러워서 먹지 않을 것이다."라고 하며, "그들을 용서하지 못할 죄가 셋이 있으니, 첫째가 나라를 팔아먹은 죄요, 둘째가 외적과 은밀히 통한 죄요, 셋째가 군부(君父)를 협박한 죄이다."라고 하였다.[18)]

또한 그는 "개화의 협약에 한 나라가 위약했을 때는 만국이 합공하기로 되어 있다는데, 오늘날 오랑캐가 이 나라에 뛰어들어 임금을 위협하고 나라의 기물을 옮겨가고 그 땅덩이마저 빼앗아가니 이것이 과연 협약의 본의이옵니까?"하고는 이어서 "각국 공사에게 포고하여 일본이 위약했음을 성토하지 않을 수 없다는 것을 알려야 합니다."라고 하였다.[19)] 국제정세는 이미 일본에게 조선 침략의 권한을 준 마당이라고 하지만, 그것을 모르는 소박한 유림의 이러한 주장은 애절하게 보일지라도 바르고 정당한 외침이었다.

『척암집』 별집 제1권에 1895년(을미)에 고종이 내린 '애통조(哀痛詔)'가 실려 있는데,어떤 경로로 척암에게 전달되었는지는 알 수 없으나, 이로써 그가 조야에 명망과 비중이 컸음을 알 수 있다.

1910년 합방이 되자 척암은 「청물합방소請勿合邦疏」를 올리고, 통감 이토 히로부미(伊藤博文)에게는 「격고통감문檄告統監文」을 보내었다. 합방 직후 일본 문학사 다카하시 도루(高橋亨)가 총독의 명으로 그를 방문하여 사문(斯文)의 진작을 부탁하였으나 한마디로 거절하고, 청에 못이겨 시률 2편을 적어주었다.

그는 '합방대반대지가(合邦大反對之家)'라고 문에 크게 써 붙이고 망국의 한을 품은 채 1912년 88세를 일기로 고종하였다. 그는 한말의 풍운 속에서 늙은 노구를 이끌고 구국의 일념으로 의거를 도모한 영남학파의 마지막 학자요 양심이었다.

18) 동상.
19) 동상.

03 벽산 김도현의 의병활동

김도현(金道鉉; 1852-1914)의 자는 명옥(明玉)이고, 벽산(碧山)은 그의 호이며, 관향은 금녕(金寧)이다. 그는 1852년 경북 영양군 청초면 소청리(현 청기면 상청동)에서 부 김성하와 모 한양 조씨 사이에서 3남3녀 중 장남으로 태어났다. 세조 때 단종복위를 꾀하다가 순절한 충의공 김문기의 14세손이며, 충의공의 손자 광필이 어릴 때 영양으로 피난옴으로써 입향시조가 되었다. 광필 이후 벽산에 이르기까지 관직이 없는 것으로 보아 가세는 떨치지 못했던 것 같다.[20] 다만 조부 하술이 학문을 조금하여 유고를 남기고 있다.[21]

영·정조 때 김문기의 신원이 이루어져 광필의 다른 형제들은 중앙정계에 진출하였으나 광필계는 계속 영양에서 향반에도 들지 못하고 한미한 집안을 유지하였으나 부·조 양대에 걸쳐 천석의 살림을 마련하게 되자 가세를 만회할 수 있었고, 그 재산은 나중에 벽산이 의거하는 데 요긴하게 쓰였다.[22] 또한 집성촌이라 을미의병 때는 12종반이 의병에 참여하였고, 지리적으로 상청동 일대가 진을 치기에 좋은 곳이라 가장 전투적으로 오랫동안 항쟁을 할 수 있었다.[23]

벽산은 유년시에는 조부 괴암 김하술(1808-1864)에게서 배웠다.[24] 자라서는 과거를 보려 하였으나 국사가 날로 잘못되는지라 과거를 단념하고, 주자와 퇴계의 글을 읽었고, 그 중에서도 소차·봉사와 같은 상소문 등에 더욱 관심을 많이 가졌다.[25] 또 임오군란 후에는 군사·지리·천문 등에 관심을 갖게 되었다고 한다.[26] 뚜렷한 사승관계는 없으나

---

20) 『金寧金氏大同譜』; 金康壽, 「벽산 김도현의 의병활동」, 국민대학교 대학원 석사논문, 1986, pp.6-7 참조. 『벽산선생문집』을 보더라도 서간문이 적은 것은 향반으로서 가세가 크게 떨치지 못했음을 말하여 준다.

21) 동상.

22) 같은 논문, pp.7-9.

23) 동상, p.9.

24) 『碧山先生文集』 권4, 「遺事」.

25) 동상.

26) 동상.

경술국치를 당하여 당시 안동의 퇴계학통인 향산 이만도가 단식 순절하자 심상 3년을 한 것으로 보아 퇴계학통에 속한 것으로 볼 수 있다.[27] 그의 유생으로서의 모습은 몇편의 시문이 대변하고 있다.[28] 그러나 그의 창의 항쟁은 영남에서 특기할 만하다.

벽산이 창의를 결심하게 된 것은 을미년 11월 종제 한현으로부터 을미사변과 단발령으로 주상과 신민들이 머리를 깎으려 한다는 급보를 받으면서였다.[29] 동년 12월 읍으로 나아가 통문을 띄우고 향유들과 기의를 의논하였다.[30] 이 때 안동과 예안을 다녀온 후 거의하기로 하여 그는 안동과 예안으로 가 안동진의 대장 권세연과 의논하였다.[31] 그의 눈에는 안동진이 매우 허술하게 보였다. 그리하여 벽산의진은 산포수를 중심으로 의진을 구성하였다.[32]

벽산의진의 또 하나 특기할 만한 사실은 1894년 벽산의 생가 뒷편에 검산성(검각산성)을 쌓음으로써 다른 의진과는 달리 효과적이고 장기적인 전투를 수행할 수 있었다는 것이다. 또 그의 부·조 대에 이룬 천석의 경제력이 의진을 장기간 유지하는 데 큰 도움이 되었을 것이다.

벽산이 이만도 의진을 둘러본 후 그는 거의에 앞서 청량산 지형을 10여일 답사하였는데, 그후 1896년 정월 유시연과 함께 청량산에서 거병하였다. 을미의거는 유림이 주도한 관계로 대개 서원이나 향교에서 거의하였으나, 벽산은 산에서 거의하였다.[33] 즉 벽산은 기병시부터 전투의진의 태세를 갖추고 일군과 대적하기 위하여 산을 택한 것으로 볼 수 있다. 이 점이 벽산의진의 또 하나의 특징이라고 할 수 있다. 또한 그의 의진은

---

27) 동상.

28) 그의 시문집은 모두 4권으로 되어 있는데, 권1에는 시 50여수, 頌 1편, 疏 2편, 書4통, 通文 9건, 기타 識·記·제문 약간이고, 권2에는 倡義顚末과 부록으로 蹈海日記, 권3에는 부록으로 그에 대한 제문 등, 권4 역시 부록으로 遺事, 행장, 蹈海碑誌 등이다.

29) 『벽산선생문집』 권3, 「창의전말」.

30) 동상.

31) 동상.

32) 『대한매일신보』 1906년 2월 10일자 雜報에 보면 벽산이 私砲 50-60명을 거느리고 영양에 들어갔다는 기사가 있다. 영양군에는 산이 많아 포수로 생활하는 이가 많았다. 그런데 벽산의 을사의병은 을미의병에 비해 미약하였으므로 을미의병시는 포수수가 이보다 많았던 것을 알 수 있다. 김강수, 전게 논문, p.15 참조.

33) 김강수, 전게 논문, p.17.

문중 종반이 다수 참여함으로써 조직이 매우 공고하고 전투성이 강하였다. 이 점도 역시 특기할 만하다.

청량산에서 창의한 벽산의진은 조직을 정비한 후 먼저 봉화군을 점령하고 군수의 지원을 받아 동헌에 진을 쳤다. 벽산진이 안동에 도착했을 때 안동에는 김도화 의병이 진을 치고 있었다. 당시 영주에는 김우창, 영양에는 조승기, 진보에는 허 훈이 진을 형성하고 있었는데, 이때 선성(예안)진의 중군장 김석교가 제천진으로 옮겨감에 따라 벽산은 그 후임으로 취임하고 진을 합쳤다. 그리하여 7군과 연합작전을 계획하였다.[34] 벽산은 당초부터 연합의진을 결성할 것을 구상하였는데, 이 점 또한 벽산의진의 한 특색이라고 할 수 있다. 이 연합의진은 함창의 태봉에 주둔하고 있던 일군을 공격하기로 작전을 세웠다.[35] 그러나 선성진이 고립되는 상황이 벌어지고, 일군은 대구 수비대의 지원을 받아 준비하고 있었으므로 치열한 공방전 끝에 패전하고 말았다.[36]

벽산은 재기의 준비를 하던 중 강릉의진 민용호의 초청을 받게 되어 60여명의 의병을 데리고 강릉으로 갔다. 민용호 의진과 합한 벽산의진은 경군(京軍)과 대공산성에서 일대 접전을 벌였다.[37] 화력이 우세한 관군을 당해낼 수 없어 의병은 사방으로 흩어졌다. 그후 진을 정비하여 보현산성과 삼척에서 다시 관군과 접전을 벌였으나 화력 부족으로 퇴각하여 군사 10여명을 이끌고 영양으로 돌아왔다.[38] 전국의 의병은 1986년 여름 거의 해산하였는데, 벽산은 검각산성을 보수하고 군영을 차린 다음 이곳을 중심으로 영양·안동·청송·영덕 일대에서 유격전을 펼쳤다.[39]

벽산은 마을에서 의병활동 중 잠시 집에 들렀는데, 일군의 방화로 괴암서당과 민가는 소각 당하였으며, 부친은 아우의 집에 피신하고 있는 참담한 상황이었다. 이 무렵 선유사로 부터 해산을 종용하는 글도 받게

34) 『벽산선생문집』 권3, 「창의전말」.
35) 동상.
36) 동상.
37) 동상.
38) 동상.
39) 동상.

된다. 그리하여 중양절인 음력 9월 9일(양력 10월 15일) 의병을 해산하였다.[40)]

벽산은 의병을 해산한 후 1903년을 전후하여 당시 경상북도 관찰사로부터 오읍도집강(五邑都執綱)을 위촉받아 영양 · 청송 · 진보 · 영덕 · 영해 다섯 고을의 화적 토벌에 힘을 쏟았다.[41)]을미의병 해산 후 갈 곳 없는 의병들이 토비로 화하여 각지에서 탐관오리나 부호들을 약탈하고 교통을 두절시키고 하였는데, 특히 경상북도 북부와 강원도 소백산맥 일대가 심하였다. 그러나 1905년 을사의병이 일어나 이들이 의병과 합류하게 되자 벽산의 처지는 곤란하게 되었다. 특히 영덕 · 영양 지방에서 평민의병장으로서 이름이 높았던 신돌석 휘하에는 많은 영학당(英學黨) · 활빈당이 모였기 때문에 더욱 벽산의 처지가 난감하였다. 그러므로 을사의병 때는 고종으로부터 거의의 권유를 받고서도 벽산의 의병활동은 을사의병 때 보다 규모에서 훨씬 적을 수 밖에 없었다.

벽산은 을사보호조약 체결 후 서울에 올라와 상소를 올리는 한편 서양 각국에도 포고문을 보내어 을사조약의 무효를 주장하였다.[42)] 그는 이 포고문에서, "엎드려 원하옵건대 각국의 공사들께서 너그러운 도량으로 공법을 엄히 밝혀 저 일본국의 전횡을 책하시어 우리 대한 땅의 유생을 불쌍히 여기시고 42년 동안 지켜온 우리 임금의 지위를 보호하여 우리 2천만 민중의 피맺힌 원한을 풀어주소서."라고 하였다.

벽산은 안동을 거쳐 귀가하여 1906년 1월 자신이 집강소 시절 양성한 포수 5, 60명을 이끌고 기의하였다.[43)] 그러나 안동 관군에게 진압되고, 벽산은 체포되어 대구 감옥에 갇히고 말았다.[44)] 뿐만 아니라 김씨가 노소 여러 사람이 잡혀가고, 가축과 재물 등을 모조리 빼겼다.[45)] 출옥 후 고종의 기의 밀조를 받고 삼남 각군에 격문을 보내 기의를 독촉하였

40) 동상.

41) 『대한매일신문』 1906년 2월 14일자 잡보 및 이만도, 『향산일기』(서울: 국편위, 한국사료총서 31) 1903년 11월 12일자; 김강수 전게 논문, pp.32-33 참조.

42) 전게 『벽산선생문집』 권1, 「擬請討賊復讐疏」, 「布告西洋各國文」.

43) 『조선폭도토벌지』(서울: 독립운동사편찬위원회, 『독립운동사자료집』 제3집), p.678.

44) 『대한매일신보』 광무 10년 2월 7일-14일 및 5월 2일, 6일, 7일; 6월 21일자 잡보.

45) 『대한매일신보』 광무 10년 2월 14일자 잡보.

다.[46] 그러나 자신은 기의하지는 않았다. 그에게는 다시 기의할 수 없는 객관적 상황이 있었다. 집강소 토벌 전역이 농민을 모으기에는 어려웠고, 일본 헌병대에 감금된 바 있어 감시가 심했을 것으로 생각된다.

의병운동이 여의치 않고, 또 을사조약 이후 상경했을 때 신문물에 접할 수 있었을 뿐만 아니라 깊은 교우관계를 맺고 있었던 조병희를 통하여 새로운 정보를 얻게 되었다. 석농 조병희는 영양 주곡 출신으로 위암 장지연과 가까이 지내던 인물로 국민교육회, 대한자강회 등의 회원으로 애국계몽운동을 전개했던 혁신유림이었다. 그리하여 1908년 영양에서 '영흥학교'를 세우고 계몽운동을 펴나갔다. 그러나 그 규모는 서당 정도로 작은 것이었고, 1911년 폐교된 것으로 보아 그 활동도 여의치 않았던 모양이다.[47]

벽산은 경술국치를 당하면서 모든 것을 단념하고 순절을 결심했던 것으로 보인다. 다만 부친이 살아계시므로 죽지 못하고 있다가 부친 사망 후 결행되었다. 1914년 12월 18일(음력 11월 2일) 손자에게 남겨준 시에 심정이 잘 나타나 있다. 즉 그는 "늦게 죽는 몸이 어디에서 죽겠는가, 허나 나라는 망하여 남은 땅이 없구나. 노중련(魯仲連)이 죽은 지 천년이나 명월은 아직도 밝도다."라고 읊었다.[48] 노중련은 전국시대 제나라 변사로서 고절의 선비였다. 그는 조 나라 평원군을 설복하여 진나라를 황제로서 섬기지 못하게 하였다. 그러자 진 나라가 급히 조 나라를 포위하였으나 중련은 진이 마음대로 황제라 하는 것은 옳지 않으니 나는 동해 바다를 밟고 가다 죽겠다(빠져 죽겠다)고 하였다. 그러자 진 나라가 물러갔고, 그 후 제왕에게 누가 권하여 벼슬을 내리려 하자 중련은 바다에 숨어 생을 마쳤다고 한다. 이와 같이 벽산은 도해(蹈海)의 길을 가기로 작정하였다. 이는 땅을 모두 더러운 왜에게 빼앗겼으니 남은 깨끗한 바다에 몸을 의탁하겠다는 의미일 것이다. 12월 22일(음력 11월 6일) 국내동포에게 고하는 글과 절명시(絶命詩)를 남기고,[49] 12월 23일

---

46) 그가 출옥한 것은 그해 8월초였던 것 같으므로 약 6개월 옥에 있었다. 김강수, 전게 논문, p.39 참조. 그 때 보낸 격문이 「擬檄告三南各郡文」(『벽산선생문집』, 권1 소수)이다.

47) 같은 논문, p.45 참조.

48) 전게 『벽산선생문집』 권1, 「遺訣孫兒礪來」(갑인 11월 초2일 저녁).

(음력 11월 7일) 대진(大津; 寧海) 앞 바다로 걸어들어가 생을 마쳤다. 그의 절명시는 다음과 같다: "조선 왕조말에 태어나, 붉은 피 온 창자에 가득하다. 중년의 독립운동 19년에, 머리와 수염 서리와 같네. 나라가 망하니 눈물이 그치지 않고, 어버이 여의니 마음 더욱 아프네. 머나먼 바다가 보고팠는데, 이레가 마침 동지이더라. 홀로 서니 옛 산만 푸르고, 아무리 헤아려도 방도가 없네. 희고 흰 저 천길 물 속만이, 족히 내 한 몸 감출 만하네."50)

04 왕산 허위의 의병활동

왕산(旺山) 허위(許蔿; 1855-1908)는 자가 계형(季馨), 왕산은 그의 호이다. 부 청추헌(廳秋軒) 조(祚)와 모 정부인 진성 이씨 사이에서 훈(薰; 호 舫山), 진(藎; 호 露州), 겸(蒹; 일명 魯, 또는 煥, 호 性山)을 형으로 4형제 막내로 태어났다.51) 증조부의 휘는 돈인데, 증 부제학이었고, 호는 불고헌이다. 이 불고헌부터 김해에서 선산 임은으로 옮겨와 살게 되었다. 초취는 순천 박씨이며, 계배는 평산신씨였고, 슬하에 4형제와 딸 넷을 두었다. 왕산의 집안은 형제와 부자, 숙질들이 모두 의병 항쟁과 독립운동에 헌신한 그야말로 양반 독립유공자 집안이다.

왕산은 형 방산에게서 배웠는데, 방산은 왕산의 종조부인 태초당 허임(1782-1855)에게서 배웠다(나중에 그 앞으로 양자를 갔다). 방산은 가학에서 출발하여 계당 유주목, 성재 허전에게 집지함으로써 미수, 성호의 적전을 이어받아 사림의 대표가 되었다. 방산은 시국이 암담해지자 고향의 토지를 팔아 동생들의 독립운동으로 대주고 자기는 청송으로

49) 같은 책, 권1(書), 「與國內同胞書」: 권1(詩), 「到大津汕水巖」.

50) 같은 책, 권1(詩), 「到大津汕水巖」.

51) 『旺山先生文集』(이하 『旺山集』이라 약함), 권2(부록), 「행장」(이하 「행장」이라 약함) 및 이동영, 「왕산 허위의 생애와 사상」, 『왕산 허위의 사상과 국국의병 항쟁』, 구미: 금오공대 선주문화연구소, 1995), p.15. 이하 가계와 생애에 관한 것은 이 논문을 참고하였다. 『왕산집』은 『왕산 허위의 사상과 구국의병투쟁』(금오공대 선주문화연구소, 1995) 뒷 부분에 합본되어 있다. 왕산의 의병에 관한 것은 「행장」, 「연보」 외에 許馥이 편찬한 『왕산 허위선생 擧義事實大略』(『독립운동사자료집』2, 동 편찬위, 1971에 수록되어 있음)이 있다.

들어갔다. 문하에 종유한 사람이 많았으나 기록이 남아 있지 않아 자세한 것을 알 수 없다. 저명한 이로는 동생과 위암 장지연, 박상진 등을 들 수 있다.[52)]

그는 여느 선비 처럼 유교 경전을 배웠지만, 남 다르게 『춘추』나 『통감강목』과 같은 역사서와 『육도삼략』과 같은 병서를 좋아하였다고 한다.[53)] 한편 그는 1899년 관로에 나아간 이후로는 구학문에 집착하지 않고 신학문에 접함으로써 생각에 큰 변화를 가져왔다.[54)] 이것은 장지연을 만나게 된 것이 계기가 되었다.[55)] 그리하여 그의 의병활동도 초기에는 척사의 의병장이었으나 1905년 이후로는 애국계몽사상까지 수용하였다. 그는 유학의 전통을 지키면서 개화를 받아들이려고 한 진보적인 유학자였다.[56)] 이러한 그의 사상은 1904년 의정부참찬으로서 올린 10개조의 국정개혁안에 잘 나타나 있다.

허왕산은 진사 이은찬·조동호·이기하 등과 밀의한 후 1896년 2월 10일 금산(오늘날의 김천) 장날 수백명의 의병을 모집한 후 이기찬을 대장으로 추대하여 3월 10일 기의하였다.[57)] 왕산은 참모장을 맡았는데, 이 부대는 규모와 사기면에서 괄목할 만한 부대였다. 병법에 일가견을 가진 허왕산이 참모장을 맡았는데다 추풍령 요새를 장악하고 있었기 때문이었다. 우선 금산군 금릉에 있는 무기고를 습격하여 그 무기로 무장을 한 후 금산과 성주에 진을 치고 격문을 띄어 모병을 하였다.

왕산의 작전 계획은 추풍령과 합천 지방을 장악하면서 영남의 중심인 대구부를 협공하여 서울·부산 사이를 대구·김천 근방에서 차단하려는 것이었다. 그러나 정보를 입수한 대구 관군이 완전한 진용을 갖추지 못한 성주진을 급습하여 진을 와해시키고, 이어 서울과 공주의 관군이 출동하여 금산 부대를 공격하므로 두 부대는 패퇴하고 말았다. 이

52) 『왕산집』, 「행장」 및 이동영, 전게 논문, pp.19-21.
53) 『왕산집』, 「행장」.
54) 오세창, 「민족운동사에서 본 왕산 허위의 위치」, 『왕산 허위의 사상과 국국의병 항쟁』(금오공대 선주문화연구소, 1995), p.73.
55) 동상.
56) 동상.
57) 『왕산집』, 「행장」.

전투에서 이은찬·조동호가 포로가 되고 많은 희생을 당하였다.[58]

왕산은 패퇴한 의병 중 포군 1백여명과 유생 7-80여명을 재집결시켜 직지사에서 의병을 재편성하였다.[59] 그리하여 1진은 왕산이 지휘하여 진천으로 진군하였고, 이기찬이 지휘하는 1진은 영동·황간·문경으로 진출하였는데, 관군이나 일군과의 전투는 없었다.[60] 그러나 이 때 의병을 속히 해산하라는 왕의 조칙이 근신(近臣) 전경운을 통하여 왕산에게 전달되었다.[61] 충군애국의 입장에서 거의했던 허왕산에게 있어서 임금의 조칙을 거역할 수는 없었다. 또한 당시 고종의 아관파천으로 친일내각이 무너지고 단발령도 취소된 상태라 근왕의거를 했던 유림의병은 대부분 해산령에 동조하였다.

거의 실패 후 형 방산을 따라 진보 집에 돌아가 약 3년 동안 보내던 중 1899년 신기선의 추천으로 45세의 나이로 뒤늦게 관직에 나가게 되었다. 원구단(圜丘壇) 참봉에서 시작하여 여러 벼슬을 거친 후, 평리원(評理院) 수반판사(首班判事)를 거쳐 마침내 평리원 서리재판장(署理裁判長)에 올랐다.[62] 이즈음 장지연과도 친교를 맺으면서 신학문에도 식견을 넓혀갔다.[63] 관직은 빨리 승직되어 1904년 8월에는 의정부 참찬, 10월에는 이정소(釐正所) 의정관(議定官)이 되었고, 다음해에는 비서원승(秘書院丞)이 되었다.[64] 이러한 관직에 있으면서 그는 항일 운동을 전개하여 일제를 당황케 하였고, 전국민을 고무시켰다.

1904년 음력 5월 왕산은 평리원 판사로 있으면서 몇몇 동지들과 협의하여 일제의 침략성을 폭로하는 '배일격문(排日檄文)'을 전국에 발송하였다.[65] 또 한편으로는 일진회의 매국적 망동이 날로 심해지자 신기

58) 『왕산집』, 「행장」과 같은 책, 권2(부록), 「연보」 및 오세창, 전게 논문, p.76.
59) 동상.
60) 동상.
61) 같은 책, 「연보」.
62) 같은 책, 「행장」.
63) 오세창, 전게 논문, p.78.
64) 『왕산집』, 「행장」.
65) 「주한일본공사관기록」(1904)(이하 『공사관기록』이라 약함); 오세창, 전게 논문, p.79에서 재인용. 일본은 노일 전쟁 중에 '韓日暫定合同條款', '韓日議政書'를 강제로 체결하였다. 또 그 구체적 방안으로 '對韓施設綱領'을 입안하고, '外國人傭聘에 관한 협정'을 체결하여 재정·외교·군사 등에 顧問을 파견하였다.

선 등과 협의하여 일진회 타파 계획을 세우고 성토문66)을 전국에 배포하였다. 또한 일본의 재정 및 관리 임면에 대한 부당한 간섭을 통박하기도 하였다.67)

왕산의 이러한 상소와 배일격문의 배포에 대해 일제는 부심하지 않을 수 없었다. 그러나 그는 우리의 독립을 위하여 하는 일이므로 당연하다고 하며 중지 요청을 거절하였다.68) 이때 왕산은 판서 김학진 등과 상의하여 경성주재 각국공사에게 회문을 발송하여 한국의 독립을 각국이 보호해 줄 것을 요청하였다. 마침내 그는 찬정 최익현, 판서 김학진과 함께 일본 헌병대에 구금되었다.69) 두 사람은 곧 석방되었으나 그는 4개월만에 석방되었다.70) 석방 직후 사직소를 올렸는데, 그 속에서 폐정(弊政) 개혁 10개조를 건의하였다.71)

10개조의 내용을 보면, 학교를 세울 것, 군정을 닦아 불시의 변에 대비할 것, 철도, 전기를 시설할 것, 연탄을 사용하여 산림을 보호할 것, 건답에 수차 사용, 잠업과 목축 장려, 세금을 공평하게 할 것, 은행 설치, 노비해방과 적서 차별의 철폐, 관직에 차명하는 일을 없앨 것 등 시무에 절실한 것이었다.

관직을 사임한 후 집에 돌아갈 뜻이 없어 경북 지례 삼도봉 아래 두대동에 은거하고 있었다.72) 1905년 11월 을사보호조약이 체결되었다. 왕산은 이 소식을 접하자 경상도·전라도·강원도·경상도를 돌며 유인석·곽종석 등 유림과 현상건·이학균과 같은 동지관료들과 의논하였다.73) 을미의병 때의 일을 거울 삼아 신중하게 대처하기로 하였다.

1907년 7월에 왕으로부터 '기의(起義)' 두 글자의 의대조(衣帶詔)를 받았다.74) 그는 우선 정환직에게 군자금 2만량을 조달하고 산남의진을

66) 『왕산집』 권1, 「聲討一進會書」.
67) 같은 책, '排日檄文'; 오세창, 전게 논문, p.80 참조.
68) 『공사관기록』(1904년 7월 2일자); 오세창 전게 논문, p.81에서 재인용.
69) 『왕산집』, 「행장」.
70) 동상.
71) 동상.
72) 『왕산집』, 「행장」 및 『대한매일신보』(이하 『신보』라 약함) 광무 9년 7월 21일자 '許氏去矣'.
73) 동상.
74) 『왕산집』, 「행장」 및 「연보」.

조직하도록 하였다.[75] 자신은 2개월 뒤 군대해산을 계기로 기의하였다. 경기 · 연산 · 적성 등지를 근거로 창의의 기치를 올렸다.[76] 5백여명으로 의진을 조직하고, 이인영, 이강년 부대 등과도 연락하여 서울을 위협하는 포위진을 구성하였는데, 9-11월 사이 많은 전과를 올렸다.[77]

이 때에 지평 지방의 연합의병 부대인 관동창의대가 서울 진공을 구상하면서 연합진영의 구성을 계획하고 있었다.[78] 특히 이러한 계획에 왕산의 인품과 지략에 큰 기대를 걸면서 그에게 권유하여 왔다.[79] 이에 왕산은 관동창의대 중군장이 된 전동지 이은찬의 주도하에 13도 창의대진소(倡義大陣所)를 설치한 후 지휘부서인 원수부(元帥府)를 구성하고 이인영을 총대장으로 추대하기로 하였다.[80]

한편 서울의 각국 영사관에도 일본의 불법 행위를 성토하는 격문을 돌려 한국이 처한 입장을 알리고, 의병이 폭도나 비도가 아니고 국제법상 전쟁단체로 인정하고 성원해 줄 것을 요청하였다.[81] 또 각국의 해외동포에게 보내는 격문이 보내졌다.[82] 물론 이인영의 명의로 보내졌지만, 그 내용으로 보아 군사장이었던 왕산이 작성한 것으로 보인다.[83]

왕산은 13도의병 연합진영의 편성과 함께 곧 서울진공 작전계획을 수립하였다. 그러나 1908년 1월 28일(음 12월 25일) 대장 이인영은 부친 사망으로 군무 일체를 군사장 왕산에게 맡기고 귀향하였다.[84] 왕산은 원수부 병력 300명을 선발대로 이끌고 양주를 출발, 수택리로 남하하여 그곳에 지휘소를 설치하고 주력부대들이 집결하기를 기다렸다.[85]

---

75) 동상.
76) 『왕산집』, 「행장」.
77) 『폭도사편집자료』(『독립운동사자료집』 3, 동 편찬위, 1971에 수록), 융희 2년 11월 18일, 강원도 관찰사 이규완 보고; 『신보』 1907년 10월 1일자 잡보, '지방 形情', 10월 3일자 '지방소식', 11월 12일자 '지방소식'; 오세창 전게 논문, p.85 참조.
78) 오세창, 전게 논문, p.86.
79) 동상.
80) 『왕산집』, 「행장」.
81) 『신보』 1909년 7월 30일자, 의병총대장 이인영씨 약사.
82) 『일본외교문서』, 제41권 1책, p.819.; 오세창, 전게 논문, p.87에서 재인용.
83) 오세창, 전게 논문, p.87.
84) 『왕산집』, 「행장」.
85) 동상.

이러한 진공작전에 대한 정보를 사전에 입수한 일군은 왕산의 선발대에 먼저 공격을 하였다. 급습을 받은 왕산의 부대는 고전하면서 주력부대의 도착을 고대하였으나 도착이 늦었고, 그 사이 부장이 부상을 입는 등 사상자가 속출하였다. 부대는 양주로 철수하고, 결국 원대한 꿈은 이루어지지 못하고 말았다.[86)]

13도 창의대의 서울 진공작전의 실패는 의병항쟁의 한계를 들어내어 전의병에게 큰 교훈을 주었다. 그 후 왕산은 1908년 2월 임진강 유역으로 다시 북상하였다.[87)] 그리하여 그곳에서 창의원수부의 대장으로서 그곳에서 활약 중인 의병들을 통합 지휘하였다.[88)] 이완용이 회유하기도 하고, 신기선이 투항을 권유하였으나 모두 거절하였다.[89)] 한편 왕산은 화약을 구하기 위하여 사람을 서울로 파견하기도 하고,[90)] 휘하의 경현수에게 밀서를 주어 청국 혁명당에게 무기원조를 요청하기도 하였다.[91)] 이렇게 의병의 전투력을 배양하면서 왕산은 다시 한번 서울 진공을 계획하였다.

4월 21일 왕산은 이강년·이인영·유인석·박정빈 등과의 연명으로 전국 의병의 재궐기를 호소하는 통문을 발송하였으며,[92)] 5월에는 박노천·이기학 등을 서울에 보내어 태황제의 복위, 외교권의 반환, 통감부의 폐지 등 30개 항목의 요구조건을 제시하였다.[93)]

그러나 서울 진공 작전은 6월 11일 영평에서 은신 중이던 왕산이 일본 헌병대의 기습을 받아 체포됨으로써 끝내 실현을 보지 못하였다.[94)]

---

86) 동상.

87) 『조선폭도토벌지』, 제5편, 제2장; 오세창, 전게 논문, p.91.

88) 동상.

89) 『왕산집』, 「행장」 및 『공사관기록』 융희2년 6월 4일, 警秘發, 제786호; 오세창, 전게 논문, p.91에서 재인용.

90) 『경비에 관한 서류 편책』(일문) 제22호, 警備 제124호, 융희 2년 3월 20일; 오세창, 전게 논문, p.92에서 재인용.

91) 『왕산집』, 「행장」 및 『공사관기록』 융희 2년 3월 22일, 警視廳 探報員 報告; 오세창, 전게 논문, p.92에서 재인용.

92) 『왕산집』, 「행장」 및 『신보』 1908년 4월 30일자, 잡보, '義兵發通'; 오세창, 전게 논문, p.92에서 재인용.

93) 『공사관기록』, 경비 제186호, 융희 2년 5월 19일, 警視總監報告, 賊魁의 復權운동; 오세창, 전게 논문, p.92에서 재인용.

94) 『왕산집』, 「행장」.

곧 서울로 압송되어 일본 헌병사령관 아카이시 겐지로(明石元二郞)의 심문을 받았다.[95] 그는 한국이 독립되어야 동양의 평화가 유지된다 하면서 일본의 침략성을 경고하였다. 그의 이러한 동양평화론은 안중근 의사의 그것과 함께 유명하다.[96]

안중근 의사는 "2천만 동포에게 허위 선생과 같이 충을 다하는 용맹의 기상이 있다면 오늘날과 같은 나라의 욕은 받지 않았을 것이라고 왜경에게 말하였던 것이다."[97] 왕산은 일제에 의해 억울하게도 1908년 9월 18일 사형 선고를 받고 10월 21일 교수형을 당했다.[98] 그의 의병 활동은 13년 동안으로 의병장 중 최장에 속한다. 그는 초기에는 척사 의병장이었으나 1905년 이후에는 애국계몽사상까지 수용한 특이한 의병장이었다.[99] 헌병사령관 명석도 그를 '국사(國士)'라고 존경하였다.[100] 그러나 일제의 군인이 칭찬한들 그에게는 오히려 욕이 될 뿐이었다.

왕산의 유문(遺文)을 통하여 그의 사상, 즉 구국론의 일단을 살펴본다. 그의 구국론은 자강혁신론, 동양평화론, 무력항쟁론 세가지로 요약할 수 있다.[101] 무력항쟁은 그의 의병활동으로 나타났으므로 앞의 두가지에 대해 설명하면 다음과 같다.

왕산은 기본적으로 일반 유림과 마찬가지로 우리나라를 '소중화'로 인식하였다. 그런데 우리가 외국의 침략에 무너지게 된 이유는 땅이 좁거나 인민이 적거나 재력이 없기 때문이 아니고 정치가 바로 서지 못한 까닭이라고 하였다.[102] 그리고 정치가 바로 서지 못한 이유는 소인들에게 정치를 맡겼기 때문이라는 것이다.[103] 그리하여 뇌물이 공공연히 건네지고, 벼슬도 사고팔고 하고, 옥사도 돈에 의해 좌지우지되어 죄가 있

95) 동상.
96) 동상 및 「이등박문에게 보낸 서한」 융희 2년 1월 17일; 오세창 전게 논문, p.93에서 재인용.
97) 『공사관기록』, 1908년 12월 2일, 제5회 안의사의 供述기록; 오세창, 전게 논문, p.93에서 재인용.
98) 『왕산집』, 「행장」.
99) 오세창, 전게 논문, p.95.
100) 『明石元二郞』 상, 「폭도의 거괴 허위의 체포」; 오세창, 전게 논문, p.94에서 재인용.
101) 권영배, 「'遺文'을 통해본 허위의 救國論과 의병항쟁」, 전게, 『왕산 허위의 사상과 구국의병항쟁』, p.113.
102) 『왕산집』, 권1(疏), 「論時事疏」.
103) 같은 책, 「再疏」.

어도 징계되지 않고 원통함이 있어도 풀지 못하는 지경이 되었다고 비판하였다.[104] 또 일진회라는 친일 단체가 외세에 아부하여 조정을 어지럽히는 것도 큰 문제라고 보았다.[105] 공정한 정치, 이것이 왕산의 자강혁신론의 핵심이었고, 그가 참찬을 사직하면서 올린 「폐정개혁 10개조」는 척사위정 사상의 범위를 넘은 상당히 진보적인 것으로서 그의 자강혁신론의 구체적 내용이라고 할 수 있다.[106]

왕산은 일본을 '동린(東隣)', 러시아를 '북린(北隣)'이라 칭하며 우리나라의 위기를 노·일의 대립구도 속에서 파악하였다. 북린은 우리나라가 제대로 자기 나라를 지키지 못하여 강한 나라에 먹힐 것이니 자기들이 대신 맡아 세력을 부식하자는 욕심이고, 동린은 우리 토지가 탐이나 우리가 이미 약하여 제 나라를 지키지 못하니 자기들이 원조하여 나쁜 강국으로 부터 지키자고 하는 의도라 분석하였다.[107] 왕산은 아관파천에서 러시아를 탐폭한 나라라 규정하고, 일본이 동양평화를 지킨다고 보았으나,[108] 일본이 점점 강제조약을 맺는 것을 보고는 오히려 러시아가 우리에게 세력을 뻗쳤다고 해도 이 지경에는 이르지 않았을 것이라고 일본을 다시 규탄하였다.[109]

그러나 일본의 잘못은 일본 정부의 잘못이 아니라 일본에서 보낸 사신이, 또는 조선에 들어온 일본인이 잘못하여 우리나라가 이 지경이 되었다고 하였다.[110] 그러므로 일본이 군대를 거두어 가고 옛날 맺은 우호조약을 다시 수복하면 두 나라가 편안할 수 있다는 것이다.[111] 그는 일본 사령부에 잡혀가 있을 때 이렇게 시를 읊었다: "덧없는 생과 사는 말하지 말라. 하늘과 땅 사이에 있는 몸이라. 칼을 뽑아 싸우다가 칼을 던지면 웃을 것을. 돌아보면 바로 한 집안 사람이라."[112]

---

104) 같은 책, 「自日兵司令部放還卽日上疏」.
105) 같은 책, 「上叔兄書」.
106) 같은 책, 권2, 「행장」.
107) 같은 책, 권1(소), 「論時事疏」.
108) 동상.
109) 같은 책, 권1(격), 「排日檄文」.
110) 같은 책, 권1(격), 「배일격문」.
111) 같은 책, 권1(소), 「又 聲討一進會書 戊申」.
112) 같은 책, 권1(詩), '被囚日本憲兵使令部'.

적어도 이 시에 한하여 볼 때 그는 기본적으로 적대적인 반일의식은 가지지 않고, 동양평화론의 구상 아래 일본을 달래려는 입장을 견지하고 있었던 것 같다. 그가 제2기 의병에서 기의하지 않았던 것도 이러한 대일인식과 유관하다고 볼 수 있다.[113)]

원래 노·일전쟁 초에 일본 외무대신 고무라 쥬타로(小村壽太郎)가 일로교섭시말(日露交涉始末)을 각국에 발표하여 한국의 독립과 영토보전을 유지하겠다 하였고, 일황(日皇)의 선전조칙(宣戰詔勅)에도 한국의 독립에 대해 언급하였다.[114)] 이러한 것을 왕산은 믿고 일본의 동양평화에의 기여를 의심하지 않았다. 또 당시 국제적으로 공법이 있어, 일본이 이 공법을 어기고 우리나라를 침략하지는 못할 것으로 생각했다.[115)] 또한 왕산은 일본이 만약 우리나라를 병탄하면 중국이 시기할 것이니 중·일 관계를 보아서라도 일본이 그렇게 하지 못할 것이라고 보았다.[116)]

이러한 것을 종합해 보면, 왕산은 일본이 침략의도를 감추고 내세운 위장된 동양평화론(소위 大東亞共榮)을 액면 그대로 믿었던 것이다.[117)] 또한 당시의 국제공법을 진지하게 받아들이고, 그 위에서 동양평화를 제창한 것임을 알 수 있다. 이는 위정척사의 '화이인수지별(華夷人獸之別)'의 대외인식에서 크게 나아간 국제인식이었지만, 자본주의 침략전쟁의 속성이나 당시 국제정세의 냉혹함, 일본의 정한론이나 대륙침략 야욕에 대한 정확한 인식이 부족한 데서 나온 것이었다. 다만 한반도의 안보를 동양평화론의 틀 속에서 구상한 것이 특색이라면 특색이라고 할 수 있겠다.[118)] 후일 안중근 의사도 그와 같은 사상을 피력한 바 있다.

113) 권영배, 전게 논문, p.125.
114) 같은 책, 권1(소), 「辭參贊疏」.
115) 동상.
116) 小林德郎, 『明石元二郎』상, 소화3년, pp.428-429; 권영배, 전게 논문 p.126에서 재인용.
117) 같은 논문, p.127.
118) 동상.

05 운강 이강년의 의병활동

운강(雲崗) 이강년(李康秊; 1861-1908)의 자는 낙인(樂仁)이며, 운강은 그의 호이다. 본관은 전주로서 1861년 문경군 도태리에서 이기태의 아들로 태어났다.[119] 그는 기골이 장대하고, 담이 크며 위엄이 있어 무리를 압도하였다 한다.[120] 그의 집안은 김자점의 외척이었던 까닭에 화를 피하여 안동 감천으로 낙향하여 대대로 벼슬길에 나가지는 못하였고, 운강도 일찍부터 벼슬을 구할 마음이 없었고, 다만 유학에 뜻을 두고 학문을 닦으며 어린 시절을 보내었다.[121] 그는 특히 의암 유인석에게 10년 정도 사사하였다.[122]

20여세에 무과에 급제하여 절충장군 행 용양위 부사과로 선전관에 임명되었다.[123] 그러나 4년 뒤인 1884년 갑신정변이 일어나자 일제의 침략과 친일파의 행동에 분개하여 벼슬을 버리고 고향으로 돌아갔다.[124] 10년 후 1894년 동학군에 투신할 때까지 그는 산속에 깊이 묻혀 독서하며 민족의 울분을 달래었다.[125] 1894년 동학 농민전쟁이 일어나자 그는 농민군이 내세운 척왜는 민족의 사활에 관계되는 중대사로 생각하여 동학에 뛰어들었다.[126]

그 후 청일전쟁이 일본의 승리로 끝나고, 이어 을미년 왕후시해 사건이 일어나고, 곧 이어 단발령이 내려지자 운강은 1896년 2월 23일(음력 1월11일) 문경에서 기의하였다.[127] 수백명의 의병을 거느리고 안동관찰사 김석중과 순검 2인을 잡아 농암 시장에 효수하였다.[128] 이어 안동

119) 김의환, 『항일의병장열전』, 서울: 정음사, 1975, p.116 및 이민수, 『독립운동가 30인전』, 서울: 서문당, 1976, p.60.
120) 이민수, 전게 『독립운동가 30인전』, p.60.
121) 동상.
122) 을미의병 해산 후 1907년 다시 기의할 때까지 약 10년간 의암에게 사사하였다. 『雲崗先生倡義日錄』(『독립운동사자료집』 1, 동 편찬위원회, 1971, 이하 『日錄』이라 약함), p.210.
123) 김의환, 전게서, p.116.
124) 동상.
125) 동상.
126) 동상.
127) 『일록』, pp.211-212.

에서 권세연이 거의했다는 소식을 듣고 거의를 모의하였다.[129)]

1월 29일에는 제천으로 의암 유인석을 찾아가 사제(師弟)의 의를 맺었다.[130)] 3월 14일(음력 2월 1일)에는 의암의 지시를 받아 유격장이 되어 6초(약 1백명)를 거느리고 수안보의 적 병참을 공격하고, 또 9초를 거느리고 중군 윤기영과 함께 문경 평천에 진군하여 조령의 삼관요로를 끊는 등 주로 충북 일대에서 활약했다.[131)]

1896년 4월 장기렴이 거느리는 관군에게 제천에서 패한 후 의병을 거느리고 단양에서 풍기를 거쳐 정선으로 들어가 거수지계(去守之計)를 정하였다.[132)] 다시 압록강을 거쳐 요동으로 가고자 하다가 영월에서 더 전진할 수 없어 소백산으로 들어가 8월에 의병을 해산하였다.[133)]

운강은 다음해 5월 요동으로 건너가 의암을 만나고, 8월에 단양 금채동으로 돌아왔다.[134)] 이로부터 1907년 다시 의병을 일으켜 본격적인 의병 활동을 할 때까지 약 10년간은 의암 밑에서 유학 공부에 전념하였다.[135)]

1907년 재기의한 후로부터 1908년 7월 2일(음력 6월 4일) 충북 청풍 까치성[鵲城] 싸움에서 부상으로 체포될 때까지의 활약과 전과를 『일록』에 따라 살펴보면 1907년에 27회, 1908년에 13회, 도합 크고 작은 전투가 40회에 이르고 있다.[136)]

운강과 민긍호는 강원도·충청도·경북 일대에 걸쳐 의병 세력을 주름잡아 활약하던 명장들로서 일군경들도 이들을 크게 두려워하였다.[137)] 이들이 체포된 후 이 일대의 의병활동이 갑자기 쇠해진 것을 보아도 잘

128) 김의환, 전게서, p.118.
129) 『일록』, p.213.
130) 같은 책, p.214.
131) 동상.
132) 같은 책, p.218.
133) 동상.
134) 같은 책, p.218.
135) 동상. 운강은 호남·영남 지방을 돌아다니며 선비 친구들을 찾아 性理·典故·禮樂 등의 학설을 토론하였다. 또한 華西文集 편찬에도 많은 노력을 기울였다.
136) 『독립운동사』 제1권, 「의병항쟁사」, 독립운동사편찬위원회, 1970, pp.544-545 및 김의환, 전게서, pp.120-121.
137) 전게, 『독립운동사』 제1권, p.545.

알 수 있다.[138] 운강은 팔도동지에게 고하는 고별문에서 "큰 전투 30여회에 죽여서 얻은 적의 머리가 1백여개이다."라고 한 데서 알 수 있듯이 역전노장으로서 의병 투쟁상의 전과는 실로 위대하였다.[139]

운강의 전투 중 가장 빛나는 전과를 거둔 전투로는 인제 백담사의 전투(음력 3월 12일), 안동의 서벽 전투와 봉화의 내성 전투(음력 4월 6일), 안동의 재산 전투(음력 4월 8일)를 들 수 있다(모두 1908년도).[140] 『운강선생창의일록』을 보면 그는 능숙하고 담대한 유도 게릴라전으로 적에게 결정적인 타격을 주어 개가를 올렸던 것이다. 그러나 1908년 7월 2일(음력 6월 4일) 까치성 전투에서 발목에 부상을 입고 적에게 체포되었다. 이때 그는 심정을 이렇게 읊었다: "탄환이여 너무나 무정하도다. 발목을 상하여 더 나아갈 수가 없구나. 차라리 심장에나 맞았더라면, 욕보지 않고 하늘나라에 갈 것을."[141]

그 후 운강은 10월 13일 교수형에 처해졌다. 향년 51세였다. 동지에게 보내는 고별문을 남겼다. 운강 의병부대의 장임록(將任錄)[142]을 보면 경북·충북·강원도 등 넓은 범위의 지역인으로 구성되어 있어 그 지역의 지리에도 밝아 게릴라전을 용이하게 수행할 수 있었다. 이로 인하여 운강 의병부대는 많은 전과를 올린, 의병사상 자랑할 만한 막강한 부대였다.[143]

06 결 어

한말 의병항쟁의 정신적 바탕은 열강의 식민지적 침략에 대해 민족의 원초적이고 본능적인 '척양척왜' 라는 배타의식(배외의식)에서 출발하였다. 이것은 또 조선조 주자학의 주자학적 민족주의가 가지고 있던

138) 동상.
139) 같은 책, p.546.
140) 『일록』 및 같은 책, pp.546-549.
141) 전게, 『독립운동사』 제1권, p.549.
142) 같은 책, pp.549-552.
143) 김의환, 전게서, p.132.

배타적 민족의식에 기초를 두고 있는 것이다. 이 주자학적 민족의식은 멀리 공자의 '춘추의리'라고 하는 역사의식에서 시작되는 것이고, 그것의 원류는 어느 민족이나 고대부터 가지고 있던 '민족우월의식'이라고 할 수 있다.

중국인이 보인 이 민족우월의식은 특히 문화우월주의로 변형되어 나타났으며, 또한 그것은 예에 의해 국제관계도 계층적으로 질서지우는 '성리학'의 보편철학으로 포장된 것이었다. 그러므로 그 문화적 우월주의로 합리화된 민족적 배타의식은 군사적 침략 대신에 정치적 종속주의를 강요하는 방식이었고, 정치적 종속은 또한 문화적 종속을 통하여 일층 공고화되는 식이었다.

조선조의 문화적 사대주의라 할 수 있는 '소중화주의'는 임란시의 명의 군사적 원조에 대한 감사에서 '재조번방의 은'이라는 독특한 한·중관계에서 시작되었지만, 명청교체기라는 국제적 변화에서 결국 소중화주의라는 선택의 여지가 없는, 매우 관념적이고 자기완결적인 길로 가고 말았다. 왜냐하면 현실적으로는 그러한 소중화주의가 청의 군사적 강압 앞에서는 다시 사대주의로 돌아갔기 때문이다. 그럼에도 관념적으로는 조선조 유림의 정신 속에는 여전히 '존명(尊明)'이라는 명분 아래 우리 민족 나름의 문화적 우월의식이 잠재해 내려왔다. 그러한 잠재의식이 한말의 구미열강 및 일본의 식민지 침략을 당하여 일차적으로 '척양척왜'의 배외의식으로 나타났고, 차차 열강 및 왜의 군사적 침략을 전후하여는 소위 민족의식으로 나타나기 시작하였다.

그리하여 한말 일본의 군사적 침략에 맞선 의병의 항쟁은 현실적으로는 한 나라의 침략에 대항하는 전쟁과 같은 것이었지만, 그 항쟁의 이념은 여전히 공자의 춘추의리요, 주자학적 민족주의였던 것이다. 그러므로 한말 유림의 항일항쟁이 매우 허약하고 무모하고 승산없는 전쟁의 양상을 보여주었던 것이다(특히 초기 유림이 주도한 의병항쟁이 그러하였다). 열강의 침략이 자본주의적 침략의 속성을 가지고 있다는 것을 다소 알았다고 하더라도 이미 쇠약해진 조선의 국력 앞에서 유림의 유교적 의리론으로는 어찌 할 수가 없었다.

그러나 침략에 대한 한 민족의 항쟁의지는 역사적으로 매우 중요하다. 그것은 식민지적 침략에 대한 약소국의 독립으로 점철된 현대사가 말하여 주는 바이다. 이런 관점에서 볼 때 한말의 항일의식은 우리 민족에게 있어서는 매우 소중한 것이라고 할 수 있다. 다만 당시의 국제사회의 열강들이 일본의 조선 침략을 묵인하기로 담합을 함으로써 항일항쟁이 본격적인 전쟁(게릴라전)으로 발전하지 못하고 만 것은 약소국으로서의 비운이랄 수 밖에 없다. 특히 일본의 침략은 조선에 있어 청조에 대한 굴복 이후 또 하나의 문화적 열등국으로부터 군사적 침략을 당하는 굴욕이었으므로 유림의 항일의식은 비장할 수밖에 없었고, 그 결과 합리적 전략도 갖추기 전에 정신주의적 대항도 불사하는 그러한 항쟁 양상을 보여주었다.

의병운동을 을미, 을사, 정미 의병으로 단계적으로 고찰해 볼 때 초기 유림의 항쟁에서 차차 평민, 즉 농민, 병사, 빈민 등을 중심으로 한 대중적 성격을 띄게 되었고, 그 결과 의병운동이 민중운동으로 정착되어 가는 가운데 민족의식이 성장되어 간 것이 의병운동의 큰 역사적 의의라고 할 수 있다. 또 당시 실제로 이러한 의병항쟁으로 인하여 일본의 침략이 다소 늦추어지고 조선에서의 식민지 경략에 경제적 차질을 많이 가져오게 한 것이 민족의 저력을 선양한 소득이라고 할 만하다.

영남지방은 조선조 유학의 메카로 퇴계 이후 수많은 인재들이 나왔으므로 일본의 침략에 대해 유교적 의리론을 가지고 항일에 나서는 것은 너무도 당연한 일이었다. 그리하여 안동의 척암 김도화, 영양의 벽산 김도현, 김천(금산)의 왕산 허위, 문경의 운강 이강년 등이 그 대표적 인물들이었다. 그들은 비록 무기도 없이 전술도 없이 대중적 힘의 결집도 부족한 상황에서 오직 기개만으로 거의하였다. 그들에게 도움을 준 것이 있다면 몰락 양반이나 하층 농민 및 평민의 반봉건적 저항의식과 결부된 항일구국 정신과 험준한 산악의 이점이 있을 뿐이었다. 그것은 당초부터 승산 없는 전쟁이었다. 그러기에 그들의 애국심과 용기는 역사적 의미가 있는 것이다.

이 의병항쟁이 힘의 배양과 근대사상의 고취, 민족국가의식의 각성에 중요한 촉진요소가 되어 민족세력을 결집하여 문화운동, 교육운동을 전개하게 하였으며, 훗날 3.1운동의 모태가 되었다. 더 나아가 치국의 국권상실 이후에는 해외에 독립기지를 만들어 본격적인 독립운동으로 나아가게 한 밑거름이 되었던 것이다.

4

현대 한국과 유교 전통

제 9 장

전통윤리와 현대의 가족윤리 문제

01 서 언

오늘날 가족이 갖는 의미는 저점 희박해지고 있다. 그러나 사회 발전에 따라 가족 제도가 변한다 하더라도 인간이 다른 어떤 조직을 만들 것 같지는 않다.

우리나라의 과거 전통 사회에서 가족이 차지한 중요성은 두말할 필요가 없다. 즉 효도를 통하여 사회 전반의 안정성을 도모하였고, 조상숭배를 통하여 가족 체제를 강화시켜 나갔다. 그리하여 가족은 조상과 자손이 연결되는 매개체로서 인식되어 강한 가족 관념을 낳았다. 이러한 전통은 16세기 중반을 기점으로 『주자가례』의 강력한 시행과 더불어 형성되어 갔다.[1] 지금도 이 가족 관념과 가족 제도의 전통은 강하게

1) 여기 대해서는 최재석, 『한국가족제도사연구』, 서울: 일지사, 1983 참조.

남아 있다.

서구 사회 역시 이 가족 문제는 매우 커다란 문제가 되고 있다. 독신 가족, 동성 가족, 계약 가족 등 자연에 역행하는 비정상적인 현상이 점차 허용되는 추세에 있을 정도이며, 이혼률 역시 매우 높아 미국 경우에는 우려하는 목소리가 높다.[2)]

동양과 서양의 두 이질적인 문화의 혼재에서 우리는 가치관의 갈등을 많이 겪고 있다. 전통으로의 복귀도 불가능할 뿐만 아니라 전통과의 단절도 가능하지도 않고 바람직하지도 않다. 서구적인 가치관 역시 모두 옳은 것도 아니고 또 좋은 것도 아니다. 물론 새로운 가족 윤리의 정립이 사회 발전에 따라 이루어지겠지만, 위와 같은 제반 상황 아래에서 바람직한(현재 우리에게 공감이 가고 실천할 수 있는) 가족 윤리관을 말한다는 것은 쉬운 일이 아니다.

오늘날의 우리의 부정적 생활 태도를 비판할 때 윤리학자들은 전통 윤리로서의 '가족주의적' 사고방식[3)]이나 습관과 많이 연관시키고 있다. 이 가족주의적인 생활 태도는 전통 유습으로서 사실 그밖의 생활 영역에서 여러 형태로 나타나고 있다.[4)] 이것은 소위 서구 근대적인 공도덕(근대 시민윤리)의 결여가 가져온 결과이다.

오늘날의 사회는 개인간의 법률적 계약관계에 의해 성립된 산업사회이다. 그럼에도 가족을 어떠한 사회집단 보다 중시하고, 인간관계 역시 수직적 상하 서열에 의해 규정짓고, 개인이 가족에서 독립하지 못하며, 또한 이러한 가족적 인간관계를 외부 사회에까지 확대시키려는 소위 '가족주의적' 윤리 의식이 아직 우리 사회에 강하게 잔존해 있다. 이것은 유교의 영향이라고 할 수 있는데, 물론 유교의 이념이 원래 그러한 점도 있지만, 조선조 유교사회의 역사적 결과로서 우리에게 윤리적 전통으로 남은 것이다.

그러나 유교는 동아시아의 오래된 종교, 도덕형이상학으로서 오늘날

2) 고병익, 「현대사회와 가족 --가족윤리의 새로운 정립--」, 『현대사회와 가족』, 서울: 아산 사회복지사업재단, 1986, p.26.

3) 최재석, 『한국인의 사회적 성격』, 서울: 개문사, 1976, p.23; 김태길, 『한국인의 가치관 연구』, 서울: 문음사, 1982, pp.164-165.

4) 김태길 외, 『윤리와 이념』, 서울: 박영사, 1989, pp.99-102.

도 그곳에서 사상적 영감이나 생활의 지혜를 이끌어 낼 만한 고유의 세계관(자연관 또는 우주관)과 그것과 연관된 비교적 합리적인 도덕원리를 가지고 있다. 그렇다고 유교 윤리의 원리만으로 산업사회의 윤리나 가치관 문제를 바로 해결할 수 있다는 것은 아니다. 유교에서 장점을 찾으려면 우선 유교의 세계관에 대한 근원적인 이해가 필요하다. 아울러 또 현대문명을 가져온 서구 근대의 세계관이나 가치관에 대한 비판적 고찰도 병행해야 한다. 과학 기술과 맞물려 있는 현대 산업사회는 지나친 분화와 개체화로 말미암아 공동체의 유대와 소속감, 정의적 안정감을 치명적으로 약화시키고 있다.[5)]

원래 인간 사회나 자연계를 막론하고 이 세계는 복잡하게 분화되어 있기도 하지만, 실은 상호 긴밀히 유기적으로 통합되어 있다. 그러므로 현대 문명의 위기는 이러한 존재의 실상을 어느 한쪽으로만 보는 편향된 가치관에서 온 것이다. 다시 말하면 현대문명은 인간 개인이나 집단, 또는 자연을 포함하여 이 세계에 존재하고 있는 모든 사물에 대하여 그 내재적인 가치를 간과하는 한편, 다만 인간의 이기주의적인 목적이나 관점에 의거하여 수단적으로 접근해 왔다. 이것을 '도구주의'라고 말할 수 있는데, 이 도구주의는 한 인간과 다른 인간을 범주적으로 구분하고, 인간과 자연을 또 범주적으로 구분하는 '개체주의' 사고방식이다.

이와 반대되는 것이 '유기체적' 세계관이요, 자연관이다. 이러한 세계관은 자연과의 화해를 역설하고, 인간 공동체의 유기적 화합을 중시한다. 이런 자연 화해주의나 공동체 의식의 중시는 일찌기 동양에서도 발달되어 온 자연관이요 윤리관이다.[6)] 유교 윤리의 '예'에 의한 '계층적 공동체'(인륜 공동체) 의식도 유기체주의의 반영이라고 할 수 있다. 이러한 유기체적 세계관에서 전통윤리로서의 유교 윤리의 본질(원리)에 대해 새로이 접근할 수 있다.

유교 윤리 전통의 장점이 이러하다고 하여 그것을 바로 현대 문명의 대안으로 그대로 가져다 쓸 수는 물론 없다. 여기에 사실 전통의 재창조

---

5) 한국국민윤리학회 편, 「인류의 미래와 세계시민 윤리」, 동 학회 편, 『사상과 윤리』, 서울: 형설출판사, 1991, p.300.
6) J. 니담, 이석호 외 역, 『중국의 과학과 문명』(3권), 서울: 을유문화사, 1988-90 참조.

라는 딜래머가 있는 것이다. 왜냐하면 우리의 경우에는 아직 과학 기술 문명을 더욱 발전시켜야 하고, 그 바탕으로서의 '과학적 합리주의' 정신이나 '개인주의' 가치관이 아직 더 필요하기 때문이다.

한편으로 우리에게 윤리 전통으로 강하게 남아 있는 이러한 가족주의적 가치를 사회학자들은 '가족주의적 이기주의'[7])로 부르기도 하면서 그 부정적 측면은 권위주의, 서열의식, 시비를 가리지 않는 온정주의, 배타주의의 온상 등으로 비판한다. 사회학자들은 가족집단은 물질적이고 단기적인 이익을 극대화하려는 매우 공리적인 행동성향을 가진다고 분석하고, 그것을 '부도덕한 가족주의'[8])라고 표현하기도 한다. 이들의 주장의 요점은 '가족주의적' 가치가 현대 사회의 중심가치인 '개인주의'와 상치되고, 가족집단을 최우선으로 생각한 나머지 더 큰 공통체 차원에서의 협력을 저해한다는 것 두가지이다.[9])

우리는 오늘날 가족 윤리를 말하면서 사회학자들의 지적대로 오늘날의 가족주의가 사회불안정에 기여한다는 점과 이제는 가족의 변화를 통해서 사회 문제를 해결하는 방향으로 가야 한다는 그들의 주장에 귀를 기울일 필요가 있다.

그러면서 앞에서 말한대로 세기말의 거대한 가치관 변혁 운동이 제시하는 '유기체적 세계관'에 의하여 인간과 공동체의 진정한 유대와 결합에 대해서도 생각해 보아야 한다. 그 경우에 우리에게 가까이 있고 우리의 전통으로서 내재화된 유교 전통 윤리의 '보편 정신'을 새로이 조명하는 '문명사적' 노력이 필요한 것이다.

구체적으로 말하면 한편으로는 유교 윤리의 역사적 폐단과 그 바탕으로서의 '가족주의'를 극복해야 하며, 다른 한편으로는 핵가족의 단점을 보완하기 위하여 우리의 전통적 가족제도를 절충하여 '직계가족'[10]),

---

7) 조혜정, 「가족윤리(2)--공리적 가족집단주의와 도덕적 개인주의--」, 전게 『현대사회와 가족』, p.167.

8) 동상.

9) 조혜정, 전게 논문, p.168.

10) 전통적인 가족제도로서 혼인한 장자부부와 그 부모가 동거하면서 가족단위를 구성하는 부계적 직계가족 형태이다. 다만 여기서는 이것에 약간의 수정을 가한 형태---예를 들면, 처부모(장인, 장모)와도 동거한다든가 또는 장자부부가 아닌 다른 자녀와 동거한다든가---도 포함하여 말하였다. 최홍기, 「현대 한국의 가족제도와 가족의식」, 『국민의식의 현재적 진단』, 서울:

또는 '수정확대가족'11) 제도를 하나의 대안으로 제시해 볼 수 있다. 왜냐하면 현재의 산업화에 따른 외형적 변화로서의 핵가족 제도에서는 극복해야 할 가족주의가 오히려 '가족적 이기주의'로 고착되어 더 악화될 수도 있기 때문이다.

요는 가족주의의 온상이었던 과거 대가족 제도와 유사한 이러한 수정 가족 제도로서 거꾸로 가족주의를 치료해 보고자 하는 것이다. 여기에는 물론 중요한 조건이 붙는다. 그 조건이란 비록 직계가족, 또는 수정확대가족 제도라고 하지만 거기서의 인간관계는 과거의 전통사회에서와 같은 인간관계가 되어서는 안된다는 점이다. 그러므로 이 제도 속에는 현재 남아 있는 전통과 미래에 지향해야 할 목표가 동시에 들어있다. 그런 점에서 이 대안은 매우 현실성이 있다고 하겠다.

결국 현대 산업사회에 적응되는 '개인주의' 이념을 성장시키고, 더 나아가 가족 윤리도 이제 가정에만 안주하지 않고 오히려 사회 개혁을 지향하는 민주적 시민을 양성할 수 있는 민주적 가족, 또한 가족애를 뛰어넘어 비혈연적 '공동체 가족'12)에까지 나아가는 개방적 가족으로 그 이념이 바뀌어야 한다. 그러나 이러한 개인주의의 바탕인 서구의 근대 '개체주의'가 현대의 문명적 위기 속에서 자본주의의 경제적 이기주의와 맞물려 '이기주의'적 속성을 강하게 보이고 있으므로 동양적 '유기체주의'와 그 사회적 적용인 '인륜공동체'의 윤리를 새롭게 조명해야 하는 것이다.

그러나 이러한 동양적 유교 윤리의 전통은 '가부장적' 대가족윤리의 유습이 강하게 잔존하고 있으므로 그대로 그것을 긍정할 수는 없다. 그

한국정신문화연구원, 1983, pp.165-167. 최홍기는 동거하지 않는 경우도 포함하여 말하였으나 여기서는 동거하는 경우에만 '직계가족'이라 하고, 동거하지 않는 경우는 '수정 확대 가족'이라 고 하였다.

11) 부모, 자녀 가족이 각기 별개의 가구를 마련하지만, 근거리에 살면서 실제로는 한 집과 같은 왕래와 협조를 하며 사는 가족 형태를 말한다. 김태현, 「다양한 가족 생활 유형」, 한국가족학연구회, 『가족학』, 서울: 하우. 1993, p.148.

12) 현대사회에서 직면하는 문제를 가족이나 개인이 아닌 광범위한 조직체로서 협동적으로 해결하기 위하여 이룩된 가족에 대신할 공동체적 사회. 이미 19세기에 사회학자들이 주창하였다. 오네이더 공동체(1849-1880), 러시안 실험가족, 키브츠(1910-), 우리나라의 풀무원(1975-), 복음자리 마을 (1977-) 등. 김태현, 「다양한 가족생활 유형」, 한국가족학연구회, 전게 『가족학』, pp.150-153.

러므로 그 인륜 공동체의 원리를 재조명해야 하고, 그 공동체 윤리의 원리와 서구의 개인주의 윤리를 절충하여 인간관계를 새롭게 정립하는 것이 바람직한 가족 윤리의 모색이 될 것이다. 그러한 인간관계의 정립을 돕기 위해서 현실적으로 자연스럽게 남아 있는 가족 형태에 약간의 수정을 가한 '직계가족', 또는 '수정확대가족' 제도를 강조하는 것이다.

우리의 윤리 전통 속의 원리를 새롭게 조명하고, 또 서구의 개인주의를 도덕적으로 성숙시키기 위해 가족 형태는 현실적으로 이와 같이 하면서 바람직한 가족 윤리를 위하여 첫째, 개인적으로는 인간 사회는 자연과 마찬가지로 유기체적 성격을 가지고 있고, 인간의 본성도 공동체를 영위하려는 욕구가 있다는 사실을 이해해야 하고, 더 나아가 인간의 자율성과 개방성이 개인의 정체성을 확립할 수 있는 것과 마찬가지로 인간 공동체에 대한 참여와 봉사도 인간다움을 회복하는 중요한 도덕적 덕목이라는 것을 잘 깨달아야 한다. 그렇게 할 때만이 우리 전통의 혈연적 공동체의 장점을 취하면서 도덕적 개인주의를 다음 세대에게 교육할 수 있는 것이다. 그때는 젊은 새대는 이 도덕적 개인주의 바탕 위에서 전통적 인륜공동체의 덕목을 중요한 윤리적 가치로 새롭게 선택할 수 있게 될 것이다.

둘째, 국가의 가족정책도 뒷받침이 되어야 한다. 예를 들면, 노후 연금 제도 확대, 교육 개혁, 부부 맞벌이 지원책, 탁아 시설의 확대, 남녀평등 고용과 같은 제반 국가의 가족 (복지)정책이 점차 확대되어야 한다. 더욱 중요한 것은 국가의 가족 정책에서 이러한 직계가족 제도나 수정 확대가족 제도가 바람직한 가족 제도라는 것을 인식하고, 그것이 잘 정착될 수 있도록 청책 방향을 세워나가는 일이라고 하겠다.

02 유교 윤리의 특성과 한계

오늘날의 우리의 생활 태도를 윤리적 측면에서 고찰해 보면, 가족주의적인 사고 방식이 강하게 남아 있다.

이 가족주의적인 생활 태도는 전통 유습으로서 그밖의 생활 영역에서 여러 형태로 나타나고 있다. 동향의식, 동문의식도 그러한 유에 속하며, 온정주의적 태도, 또는 수직적 인간관계도 다 거기에서 파생되어 나온 것이다. 대인 관계의 윤리에서 친소에 따라 윤리규범이 다르게 적용되는 것도 모두 이 여파라 할 수 있다. 우리의 사고와 행동에 있어 이성에 비해 감정이 차지하는 비중이 큰 것이라든가 객관적 합리적 원칙을 따르는 공정무사한 처사가 요청되는 경우에도 정실에 이끌려 공사혼동하는 경우가 많은 것도 그 때문이다. 소위 근대적인 공도덕(근대 시민윤리)의 결여가 가져온 결과이다.

이러한 도덕적 상황은 보는 사람에 따라 평가가 다르게 나타나므로 달리 말할 수도 있다. 그러나 대체로 여러가지 부정적 생활 태도의 대부분이 전통적 가족윤리와 깊은 연관이 있다는 데는 이의가 없을 것이다.

이러한 것이 모두 유교 윤리의 영향이라고 하지만, 자세히 생각해 보면 유교의 참다운 이념을 잘 실현하지 못함으로써 생긴 우리 역사의 과오의 흔적이 더 많다고 할 수 있다. 그러나 이러한 역사적 과오가 유교 이론과 전혀 무관한 것은 또 아니므로 유교 윤리의 특성과 한계를 우선 냉철히 비판해 보아야 할 것이다. 다음에 유교 윤리의 특성과 한계를 몇조목으로 나누어 설명해 본다.[13] 유교 윤리의 특성을 비판적 관점에서 보면 그 한계가 되는 것이다.

첫째, 유교는 비교적 합리주의적인 종교(사상)이나, 도덕적, 정치적 영역에 한정되었다. 막스 베버는 도교에 비해 유교는 지성적 엘리트의 종교, 인문 교양에 의해 계몽되고 미신으로부터 해방된 합리적 교양인의 종교라고 높이 평가하였다.[14] 공·맹의 유교의 특성은 고대 중국의 실천 중시의 사상을 계승하면서도 정치도덕의 지적 재조직을 이룩하였으며, 그 전통은 송대 성리학에서도 '의리(義理)'를 존중하는 정치사상으로 계승되었다.

이러한 유교의 합리주의는 그러나 도덕적, 정치적 영역에 한정되었

13) 이하 유교의 특성과 한계 4조목에 대해서 신옥희, 「조선시대의 윤리관 --조선시대 유교 윤리의 특성과 한계--」를 참고하여 필자가 재구성한 것이다. 『한국인의 윤리관』, 서울: 한국정신문화연구원, 1983, pp.125-179 참조.

14) 막스 베버, 이상률 역, 『유교와 도교』, 서울: 문예출판사, 1990 참조.

고, 따라서 이성의 사고 활동이 윤리적 실천 활동에 봉사하는 수단으로서만 의의를 가지는 것이었다. 유교정치의 한 예로서 조선조 당쟁을 보더라도 사실은 당쟁이 먼저고, 거기에 얽힌 학술적인 대립은 명분으로 빌려온 것에 지나지 않는다. 또 유교의 합리주의는 서구 근대의 '이성적 합리주의'와는 다른 것이다.

유교가 동양 종교들 중에서 가장 역사 의식이 투철하고 변화와 발전의 논리를 적극적으로 전개하는 우주관, 역사관을 가지고 있지만, 그러나 윤리에 대한 이성의 종속적 관계 때문에 주자학 이후 근세 유교에서는 특히 자기 초월을 하지 못하고 교조주의에 빠지는 한계를 노정하게 된 것이다.

둘째, 유교의 세계관은 자연법칙과 도덕법칙을 동일시하는 자연법적 사고방식을 가지고 있어서 범신론적이고 유기체주의적이나, 부정에 의한 자기 반성의 결핍으로 인간 주체의식이 미약하다. 자연법적 사고는 신·인간·자연을 동일선상에서 보는 일종의 범신론적 사고방식이다.[15] 다시 말하면 신·인간·자연을 자기충족적인 유기적인 우주 총체성 속에 함께 통합시키는 일원론적 세계관(자연관 또는 우주관)이요, 유기체적 우주관이다. 이 세계관에서는 자연과 인간, 신과 세계는 불가분의 공생 관계(유기적 관계)를 가진다.

이러한 세계관에 바탕을 둔 유교 윤리는 현세주의 경향을 가지지 않을 수 없다. 그것은 현세에서 이상세계를 실현할 수 있다는 강한 낙관주의를 나타낸다. 이러한 현세 긍정적 낙관주의는 역사를 순환론적으로 보는 정체사관을 자연 가지게 된다. 유교의 이러한 세계관을 대표하는 『주역』의 세계관 역시 부정의 변증법이라기 보다는 융화를 겨냥하는 조화의 변증법이라고 할 수 있다. 그러므로 부정에 의한 자기 반성의 결핍이 『주역』이 가지는 합리성의 한계이며, 또한 유교 윤리 합리성이 가지는 한계이기도 한 것이다. 이러한 세계관에서는 서구의 자연과 인간, 신과 자연의 분리에서 볼 수 있는 인간 주체 의식은 유교의 현세주의에도 불구하고 오히려 훨씬 미약하다.

15) 森三樹三郎, 임병덕 역, 『중국사상사』, 서울: 온누리, 1986, pp.25-29.

셋째, 유교 윤리는 본체론적이어서 인간을 매우 도덕적으로 보지만, 현실적 인간의 모습을 놓치고, 공동체와의 조화를 강조하지만, 자율성이 저해된다. 유교는 행위의 주체성을 매우 강조하고 있으나 인간 해석이 본체론적이며, 행위 규범도 예로서 주어져 있다고 보므로 그 윤리설은 소위 '절대론적 윤리설'이라고 할 수 있다.[16] 인간의 본성은 네가지 덕이 선험적으로 갖추어져 착하고(선하고), 또 따라야 할 규범도 이미 주어져 있다고 봄으로써 유교의 윤리에서는 개체의 특수성이 사상되어 있다. 따라서 행위의 주체성을 강조하더라도 인간 보편의 주체성을 강조함으로써 진정한 실존적 결단이나 자율성이 오히려 살려지지 못할 가능성이 있는 것이다. 다시 말하면 인간의 진정한 개성은 사회적 신분과 인륜이라는 인간 관계 속에서 충분한 발전을 할 기회가 없고, 궁극적으로 사회 전체의 조화 속에서만 공헌하도록 되어 있다.

따라서 유교의 본체론적 인성론은 인간의 자연적 성향, 즉 감정, 욕망에 대해서 매우 억압적이다. 유교에서 개인의 윤리적 성숙은 양심과 수치에 맡겨진다. 이는 유교에서 인간의 욕망은 너무나 자연적이어서 권장할 필요가 없는 것으로 보았기 때문인데, 지나친 도덕적 억압은 오히려 현실적 인간 존재를 놓치는 결과를 가져왔다. 그리하여 이중인격에 빠지거나, 체면을 차리다가 허례허식에 빠지거나, 또는 심리적 갈등을 겪기도 한다. 유교는 이러한 현실적 인간의 갈등을 해결할 방법에 대해서는 대안을 별로 가지고 있지 않다.

넷째, 유교의 정치이념은 가족주의적이어서 인륜 공동체를 지향하지만, 통치의 무규범성이 나타날 수 있다. 원래 공자가 생각한 이상적 공동체는 가족 공동체를 모델로 하는 것이었다. 즉 유교 사회는 가족제도에 기초한 것이며, 가족이 사회 구조의 원형이었다. 그러므로 어떤 학자는 유교를 '가족주의적 종교'[17]라고 정의 하기도 하고, 또 어떤 학자는 '가족형적 정치체제'[18]라고 규정짓기도 하였다.

사회의 구성단위가 가족인 유교의 공동체에 있어서는 정치 역시 가

16) 김태길 외, 전게서, pp.45-49.
17) 신옥희, 전게 논문, p.167.
18) 동상.

족질서의 연장으로 보았다. 그러므로 가족관계에 기초하는 유교의 정치 이념은 애정으로 연결되는 인간관계의 실현을 지향하므로 객관적인 규범이나 형식적인 법의 규정을 넘어서 각 개인의 주체적 내면성에 호소하는 정치 윤리를 기본으로 삼고 있다. 이러한 도덕적 내면주의는 도덕적 인격 완성에 따라 덕치를 실현할 수도 있지만, 그 반대로 객관적인 법률적, 제도적 장치의 소홀이나 그 운영의 경직성, 보수성을 띨 수 있다. 그럴 경우 가장 도덕적인 유교 정권이 가장 부패한 체제가 될 수 있을 만큼 무규범성과 준법정신의 결여를 초래할 수 있다. 물론 왕권을 제약하는 각종 제도가 있지만 그러나 통치자의 인격에 크게 의존하기 때문에 편협한 족벌주의에 쉽게 좌지우지되어 부패해지기 쉬운 것이다.

서구 근대의 개체적 자아 발견과 비교해 보면 유교 사회의 개체는 앞에서도 말한 바와 같이 유기체로서의 전체 사회의 예적 질서에 의한 계층구조 속에 해소되어 버린다. 따라서 유교 정치채재에서는 왕권의 비대, 또는 족벌정치의 등장이라는 위험이 항상 도사리고 있고, 민중에게는 민본사상에도 불구하고 비합리적인 횡포가 항상 자행될 소지가 있는 것이다. 조선조의 유교정치 역시 유교의 본래 취지와는 다른 모순된 정치행태를 낳았다. 이러한 정치행태는 오늘날 민주사회에서도 여전히 잔존하여 국민들의 윤리의식에도 심대한 영향을 미치고 있는 것이다.

유교의 이러한 한계에도 불구하고 유교는 동아시아의 오래된 종교, 도덕형이상학으로서 오늘날도 그곳에서 사상적 영감이나 생활의 지혜를 이끌어 낼 만한 고유의 세계관(자연관 또는 우주관)과 그것과 연관된 비교적 합리적인 도덕이론을 가지고 있는 것이 사실이다.

그러므로 우리는 유교의 한계와 역사적 병폐에 대해 직시하고, 그것을 제거하도록 일면 노력하면서 다른 일면으로는 현재의 우리와 깊은 연관이 있다는 점에서도 유교의 특성 그곳에서 어떤 지혜를 얻도록 노력해야 하리라 본다. 이를 위해서는 유교의 세계관(자연관 또는 우주관)에 대한 근원적인 이해가 필요한 것이다.

03 현대의 가치관 변혁운동과 유교의 세계관

과학 기술에 의한 현대 문명은 현재 생명체의 존속을 위협할 만한 지구상의 생태계 변화를 초래하고 있다. 또 이 과학 기술과 맞물려 있는 현대 산업사회는 지나친 분화와 개체화로 말미암아 공동체의 유대와 소속감, 정의적 안정감을 치명적으로 약화시키고 있다.

인간 사회나 자연계를 막론하고 이 세계는 복잡하게 분화되어 있기도 하지만, 상호 긴밀히 유기적으로 통합되어 있다. 그러므로 현대 문명의 위기는 이러한 존재의 실상을 어느 한쪽으로만 보는 편향된 가치관에서 온 것이다. 즉 현대문명의 가치관은 인간 개인이나 집단, 또는 자연을 포함하여 이 세계에 존재하고 있는 모든 사물에 대하여 그 내재적인 가치를 간과하는 한편, 다만 인간의 이기주의적인 목적이나 관점에 의거하여 수단적으로 접근해 왔다.[19] 이것을 도구주의라고 말할 수 있겠다. 이 도구주의는 한 인간과 다른 인간을 범주적으로 구분하고, 인간과 자연을 또 범주적으로 구분하는 개체주의 사고방식과 밀접한 관련이 있다.

이 도구주의, 개체주의는 우리가 개인주의라고 많이 부르는 것인데, 이것이 서구 문명의 기조임은 다 아는 사실이다. 이 개인주의는 데카르트의 사유하는 주체의 철학적 보증을 거쳐 내가 우리와 구분되는 존재의 최종 근거로서의 실체, 즉 개체를 말하는 것이다. 이러한 개체 개념은 개인의 자율성과 독립성에 정당성을 부여해 주었으나 경제적 인간과 연결되면서 노골적인 이기주의적 속성을 나타내었다. 또 뉴턴의 역학의 법칙을 통하여 마치 물리적 분자의 운동 처럼 개체의 자율성과 독립성은 설명되었다. 이러한 개인주의는 공동체의 유기적 성격을 가볍게 처리할 소지를 안고 있었다.[20]

이러한 데카르트-뉴턴적인 근대 서구의 실체론적, 이분법적 사고방식인 개인주의, 도구주의는 현대 자연과학의 새로운 발전, 즉 상대성 이론, 양자론, 불확정성 원리 등에 의하여 이제 그 실효성이 상실되고 있

19) 국민윤리학회 편, 전게서, p.307.
20) 같은 책, p.322.

다고 한다. 현대 철학자 화이트헤드(A. N. Whitehead; 1861-1947)도 이러한 현대 자연과학적 성과를 토대로 새로운 형이상학, 즉 '유기체 철학(organism)'(과정철학process philosophy이라고도 한다)을 수립한 것이다. 이런 상황에서 바야흐로 새로운 문명적 대안이 제시되어야 하는 시점에 우리 인류는 와 있는 것이다.[21)]

새로운 문명의 대안은 우선 유기체적 사고방식에 대한 올바른 인식에서 출발한다. 이 유기체적 사고방식이란 사물은 상호 연관되어 있으면서 상호 작용을 거듭하고 있으며, 또한 부분은 전체를 구성하되 부분의 단순한 집합이 전체를 이루는 것이 아니고, 이 전체는 끊임없이 더 큰 전체를 지향하여 나가고 있다는 생각이다.[22)]

이 세계에서 고립과 분리란 불가능한 것이다. 인간은 윤리적이고 삶을 살아간다는 이유 때문에 사회에서 광범위한 유대를 인정하지 않을 수 없다. 즉 개체성과 상호관계성은 상호 보완적이다.

이러한 사고방식(가치관)은 사물의 다원주의적 가치를 인정하여 사물에 내재하는 자족적인 가치를 인정할 것을 요구한다. 또 인류가 하나라는 사실과 인간과 자연의 화해와 일치를 강조하고, 개인중심주의, 인간중심주의를 벗어날 것을 요구한다. 그리하여 이 새로운 가치관은 실천적 지혜(윤리)로서 인간과 자연과의 화해, 개인과 공동체와의 화해를 제시하고 있다.[23)]

이런 자연 화해주의나 공동체 의식의 중시는 일찌기 동양에서도 발달되어 온 자연관이요 윤리관이다.[24)] 서양의 계몽철학 이후 현대의 니담(J.Needham) 및 현대물리학자에 이르기까지 많은 중국 연구가들이 이구동성으로 말하고 있다. 『주역』 역시 유기체 우주관을 도식화한 것이며, 도가 사상의 자연관 역시 유기체주의이다.[25)] 도가의 자연관과 도교의 영향을 받은 송대 성리학 역시 유기체적 자연관임은 물론이다. 유

21) 같은 책, pp.328-336 및 신과학연구회 편, 『신과학운동』, 서울: 범양사, 1986 참조.
22) 동상.
23) 동상.
24) 이석호 외 역, 전게서 참조.
25) 동상.

교 윤리의 '예(禮)'에 의한 '계층적 공동체' 질서도 유기체주의의 반영이라고 할 수 있다. 다만 거기에 상호유기적 인륜 공동체를 실현하기 위한 조건으로서 인간의 사랑(仁)이 요구되고 있는 것은 물론이다. 만일 사랑이 결여되거나 개인의 자의성을 제재할 제도적 결함이 있을 때 현실적으로는 그것이 지배의 논리로 화하였던 것이다.

이러한 유기체적 세계관에서 전통윤리로서의 유교 윤리의 본질(원리)에 대해 새로이 접근할 수 있다. 앞에서 유교 윤리의 한계를 말했지만, 그것은 반대로 유교 윤리의 특성이기도 한 것이다.

산업화가 진행될수록 개인주의가 발달하고, 따라서 가족이 해체 위협을 받고 있으나 인간 생존의 기초와 보금자리로서 가족은 앞으로도 중요한 공동체로 살려나가야 한다는 데는 대체로 다수가 공감하고 있다. 특히 후기 산업사회에서는 직장과 가정의 벽이 허물어지면 가족의 중요성이 새로이 부각될 것이라고 말하는 사람도 있다. 전통의 가족 윤리에 비민주적 요소가 많았던 것은 사실이지만, 인간 사회에 있어서의 공동체의 중요성과 인간과 공동체의 관계성에 대해 전통 가족 윤리는 우리에게 시사해주는 바도 있다. 물론 성숙된 개인의 자아의식이 형성되고, 그 위에서 공동체의 의미를 진정으로 자각해야 하는 것이다.

유교 윤리가 이성적 합리주의가 결여되어 있지만, 오늘날 도구적 이성주의가 가지고 있는 폐단을 생각하면 유교의 윤리성을 강조하는 합리주의는 인간성의 발로라는 면에서 시사하는 바가 있다. 또 인간 주체의식의 미약은 유교 윤리가 항상 공동체의 윤리를 앞세웠기 때문에 그러하였던 것인데, 공동체 윤리의 부정은 이기적 개인주의의를 초래한다는 사실도 고려해야 한다.

그리고 인간의 자연적(본능적) 성향으로서의 욕망의 부정, 본체론적 인간 규정이 유교 윤리의 한계로서 현실적인 인간 갈등을 해결할 대안을 별로 갖고 있지 않지만, 인간 욕망의 무한한 긍정은 유기체로서의 공동체의 통합을 해치는 요인이 된다는 점도 고려해야 한다. 근대는 인간 욕망의 긍정을 넘어 해방으로까지 나아갔으며, 소위 개인주의도 이러한 욕망 긍정의 토대 위에 서 있다는 점을 인정한다면 개인주의 성숙을 위해서도 도덕적 금욕이 가지는 사회적 의미를 전통 윤리에서 그 일단을 배울 수 있다.

이러한 특성과 한계를 동시에 가진 유교 윤리의 올바른 이해를 위해서는 그 근거로서 이러한 화해의 세계관, 유기체적 세계관에 대한 이해가 먼저 필요하다. 그러나 유교 윤리의 이러한 본질적 장점이 역사적으로 제도적으로 남은 유교의 발자취, 즉 유교 문화와 무관하게 취급될 수는 물론 없을 뿐만 아니라 전통의 장점이 이러하다고 하여 그것을 곧바로 현대 문명의 대안으로 단순하게 긍정할 수도 없다. 여기에 사실 전통의 재창조라는 딜레머가 있는 것이다.

우리의 경우에는 아직 과학 기술문명을 더욱 발전시켜야 하면서 세기말의 현대 문명의 위기를 또한 극복해 가야 하는 처지에 있다. 따라서 우리는 서구 근대의 '과학적 합리주의' 정신을 가지고 단기적으로는 전통의 부정적인 관습을 제거해 가면서 장기적으로는 문명사적 관점에서 전통을 새로 조명해야 하는 어려움이 있는 것이다.

이제 이러한 문제 의식을 가지고 유교 윤리의 영향이 가장 강하게 잔존하여 있는 우리의 가족윤리에 대해 논의해 보기로 한다.

04 가족 이기주의와 도덕적 개인주의

현재 한국의 가족 윤리를 논함에 있어 먼저 사회학적 시각에서 보는 매우 래디칼한 입장과 전통 윤리를 다소 참작하면서 산업사회의 핵가족 윤리를 반성하려는 절충주의적 입장을 우리는 동시에 살펴볼 필요가 있다. 사회학자들의 연구는 사회 현상으로 나타난 가족의 여러 문제를 직시하도록 해준다는 점에서 가치가 있고, 절충주의적 입장은 현상에 만족하지 않고, 지향할 가치를 모색하면서, 현실의 문제를 개량주의적으로 개선해 가려하는 데 장점이 있다. 이 절충적, 개량주의적 입장에서는 전통 윤리의 원리도 고려하면서 현대 산업문명 자체에 대한 문명사적 비판도 아울러 하고자 한다. 여기서는 먼저 사회학적 입장을 살펴보고, 다음 장에서 절충론적 입장을 살피고자 한다.

우리가 일반적으로 아무 비판 없이 가족에 대해 생각하고 있는 것은 '가족'은 혈연에 의해 성립되므로 '사적(私的)'이고, 이해타산이 없는 사랑을 주고 받을 수 있는 매우 '정의적'인 관계로써 성립된다고 하는 사실이다. 그런데 가족이 원초적으로 성립되는 것을 생각하면, 남·여가 결합함으로써 가족이 생긴다는 것을 알 수 있다. 이때 남·여가 자의적으로 가정을 이루지 않을 때 전통적 사회 통념으로는 가족은 성립되지 않는다. 그러나 사회학자들은 독신가구도 가족의 한 형태로 보고 있다.[26] 뿐만 아니라 자의적인 무자녀 가족, 즉 부부만의 가족이 성립될 수도 있고, 타성의 자녀를 입양하여 기를 수도 있다고 한다. 또 이혼의 증가는 전통가족의 붕괴를 의미하지 가족의 붕괴를 의미하는 것이 아니라고 하며, 일종의 과도기적 현상으로 보아야 한다고 말하고 있다.[27]

역사적으로 고찰해 보면 가족 형태는 다양하였다. 이러한 역사적 고찰을 통하여 사회학자들은 가족은 자연적 집단, 즉 인간의 본능적 욕구에 의해 성립된 집합체가 아니라 문화의 산물이라고 한다.[28]

인류 역사상 농업경제에서 근대 산업혁명을 거쳐 자본주의적 생산체제로 바뀐 것은 인류 역사에서 일찌기 없었던 '격변'으로서 이로 말미암아 모든 문화 양식, 생활 양식 자체의 변화를 가져왔다. 가족의 변화도 예외는 아니다.

영(Young)과 윌모트(Willmott)는 농경사회에서 공업사회로 이행하는 과정에서의 가족을 세 단계로 나누었는데, 그 첫단계가 농경적 생산양식의 단계이다.[29] 여기서는 가족이 개인의 경제적, 사회적 생존에 절대적이었고, 상대적으로 개인의 선택 여지는 극히 적었다.

두번째 단계는[30] 초기 산업사회로서 경제생산과 자녀의 사회화 기능의 대부분은 '사회'라는 영역에서 행해지고, 반면에 가정은 소비와 휴식과 정서적 안정의 장소로 그 역할이 나누어진다. 직업 선택에 의한 공간적 이동을 위해서 소규모 핵가족화로 가족 형태가 급속히 바뀐다. 가족윤리도 이에 맞추어 수평적 부부관계가 이루어지고, 남편은 벌어오는

26) 조혜정, 전게 논문, p.180.
27) 동상.
28) 조혜정, 전게 논문, p.164.
29) 같은 논문, p.165에서 재인용.
30) 동상.

사람, 아내는 살림을 사는 현모양처의 역할 분담과 상호 보완이 이루어진다. 우리나라 초기의 공업화(현대화)의 사회 상황을 이와 비교하여 상상할 수 있다.

세번째 단계는[31] 가족내적 변화로서는 가족형태의 다양화와 가족내 관계의 민주화라는 중요한 가족 이념의 변화를 겪고 있고, 가족 외적으로는 가족과 사회가 유기적 연결로 상호 작용하는 관계가 성립하는 단계이다. 앞의 두번째 단계가 공업화에 따른 외형적 변화라면, 이 단계는 가족 이념의 변화와 그에 따른 역할과 관계의 변화이다. 이 단계는 현재 진행 중에 있다고 한다.

이 단계에서의 가족 형태는 부부 중심의 핵가족이 이상적 모델이 되지 않고 수정된 확대가족, 개방된 가족 등이 출현하며, 또 혈연성의 비중이 적어지고 비혈연적 공동체가 대안적 가족 형태로 대두된다. 이러한 가족은 인간성의 회복을 촉진하며 인간 위주의 사회를 만드는 원동력이 된다고 한다.[32]

우리의 경우는 공업화 단계로 보면 두번째 단계에서 세번째 단계로 변화해 가는 과정에 있으면서 우리의 관행과 의식은 아직 첫단계의 '가족주의적' 가치가 강하게 잔존한 두번째 단계에서 별 진전 없이 지체하고 있는 상태라고 할 수 있다.

'가족주의'(또는 가족주의적 가치)는 가족에 대한 관심 내지 애착이 다른 의욕과 동기를 압도하는 사고 방식이다. 다시 말하면, 사회구성 단위는 가족이라고 생각하며, 이 가족은 어떤 다른 집단 보다 중요하다고 생각하며, 일개인은 가족을 떠나 독립하지 못한다고 생각하며, 가족내 인간관계는 상하 서열에 의해 이루어진다고 보며, 이러한 인간관계를 외부사회에 까지 연장시키려고 하는 사고 방식이다.[33]

이러한 가족주의적 가치는 '가족주의적 이기주의'로 부르기도 하는데, 그 부정적 측면은 권위주의, 서열의식, 시비를 가리지 않는 온정주의, 배타주의의 온상 등으로 사회학자들은 비판하고 있다. 그들은 가족

---

31) 조혜정, 전게 논문, p.166에서 재인용.
32) 동상.
33) 최재석, 전게『한국인의 사회적 성격』참조.

집단은 물질적이고 단기적인 이익을 극대화하려는 매우 공리적인 행동성향을 가진다고 분석하고, 그것을 '부도덕한 가족주의'라고 표현하기도 한다. 결국 이러한 연구의 요점은 '가족주의적' 가치가 현대 사회의 중심가치인 '개인주의'와 상치된다는 것과 그리고 가족집단을 최우선으로 생각한 나머지 더 큰 공통체 차원에서의 협력을 저해한다는 것 두가지로 요약된다.

중국과 일본에 비해 우리나라는 '유교적 가족주의' 의식이 더 강하였다. 조선조 선비들의 처신에 있어서도 나라에 대한 '충'을 실현해야 될 위치에 있는 신하가 집안의 부모상을 위해 낙향하는 것을 '효'라고 여겼으며, 그것이 또한 사회적으로도 미덕으로 공인되었다. 병자호란시의 미촌 윤선거나 한말의 의병대장 이인영의 처신 등은 대표적인 예이다.[34)]

'효' 중심의 가족 윤리는 조선조의 생산양식과 그 사회에 적합한 순기능을 가지고 있었지만, 산업화와 더불어 '계약 사회', 즉 제2차 집단의 등장으로 그 기능을 다할 수 없게 되었다. 그것은 효의 윤리 원칙만으로는 해결할 수 없는 것이 오늘날의 복잡한 사회 조직이고, 가족도 그러한 사회와 상관 관계에 있기 때문이다. 이러한 변화에도 불구하고 가족주의적 윤리 의식은 현재 도시의 교육수준이 높은 젊은층에도 강하게 남아 오히려 역기능을 나타내고 있다.[35)]

과거의 가족은 전통적 생산양식을 바탕으로 하였으므로 경제적 이해타산이 별로 심각하지 않았지만, 오늘날의 가족관계에 있어서는 개인의 경제적 이해타산이 가족간에 중요한 요소로 작용하고 있다. 그것은 자본주의적 생산양식하에서는 개인주의가 인간관계에 깊이 침투되어 있기 때문이다. 뿐만 아니라 핵가족의 가족 윤리도 점점 '가족이기주의'로 가고 있다.

사회학자들은 '가족적 이기주의'를 극복하기 위해서는 '도덕적 개인주의'가 실현되어야 한다고 말한다.[36)] 뒤르껭은 복합적 분업을 기반으로 하는 현대사회는 각자의 본분을 다하는 것이 사회적 결속을 가져오

---

34) 금장태, 「유학과 가정윤리」, 『유교사상연구』, 서울: 유교학회, 1994 제7집, p.136.
35) 조혜정, 전게 논문, p.168.
36) 같은 논문, pp.173-174.

는 것이 되므로 결국 개인은 '개인주의적' 인간이 되어야 한다고 말한다.[37] 물론 여기서의 '개인주의'는 자기의 성향을 추구하는 것이 권리요 의무가 되어서 자신을 위해 어떠한 선택을 할 충분한 자유가 주어져야 하고 그 자유에 대한 책임을 지는 것을 말하므로 '이기주의'와는 다른 것이라고 한다.[38] 뒤르껭은 개인주의는 인간 본능이 아닌 사회에 기원을 둔 것으로 협동의 도덕이며 인간 고통에 연민하여 평등과 정의를 바라는 전제에서 출발하는 것이라고 한다.[39] 다시 말하면 그것은 고도로 분화된 현대 산업사회에서 가능한 유일한 도덕적 통제장치이며, '개인의 종파'라는 것이다. 그런데 이 개인주의는 '종교적 도덕적 가치의 내재화', 즉 '인간성의 성숙'에 바탕을 두고 있다고 한다.[40]

뒤르껭이 말한 현대사회에 적합한 개인주의의 입장에 서면 '가족주의'는 그 '집단주의적' 성격 때문에 분명 개인의 자율성이 무시되는 측면이 있다. 사회학자는 뒤르껭의 이 이론에 근거하여 가족이 개인의 존엄을 억합하는 제도로 규정하기도 한다.[41]

이러한 가족적 이기주의의 극복과 도덕적 개인주의의 실현을 통해서 사회학자들은 바람직한 가족윤리로서 가족을 중시하는 의식을 지속시키면서 그것이 본질적으로 가족성원의 개성을 억압하지 않고 오히려 사회개혁의 온상이 되게 할 수 있도록 하는 데 있다고 한다.[42] 구체적으로 말하면 가족의 구성원리가 자율성과 개방성에 근거해야 한다고 한다. 이것은 결혼 선택, 배우자 선택, 자녀 출산 여부의 선택, 가족 성원간의 민주적 인간 관계 유지, 이혼의 자유 등을 포함한다. 더 나아가 이러한 가족 성원들의 자율성과 개방성은 가족 이기주의에 빠지지 않고, 가족보다 더 높은 공동체의 선을 위해 양보, 타협할 수도 있고, 또 비인간적 사회제도를 비판하고 시정해 갈 책임의식을 가져야 된다는 것이다.

그리하여 이제 가족은 더 이상 사회의 종속적 기구가 아니라 인간 위

37) 같은 논문 p.174에서 재인용.
38) 동상.
39) 동상.
40) 동상.
41) 조혜정, 전게 논문, p.173.
42) 같은 논문, p.178.

주의 사회를 만들어가는 독립된 기구로서 사회우선주의에 따른 경직된 사회조직을 변화시켜나가야 된다고 한다.[43] 이를 위해서 전통적 윤리의 핵심인 가족 이기주의와 초기 산업사회의 산물인 '사회우선주의'의 극복이 요구된다는 것이다.

우리는 사회학자들의 지적대로 오늘날의 가족주의가 사회 불안정에 기여한다는 점과 이제는 가족의 변화를 통해서 사회 문제를 해결하는 방향으로 가야 한다는 주장에 귀를 기울일 필요가 있다. 그러면서 앞에서 말한대로 세기말의 거대한 가치관 변혁 운동이 제시하는 '유기체적 세계관'에 의하여 인간과 공동체의 진정한 유대와 결합에 대해 생각해 보아야 한다. 그 경우에 우리에게 가까이 있고 우리의 전통으로서 내재화된 유교 전통 윤리의 보편 정신을 새로이 조명하는 문명사적인 노력이 필요한 것이다.

구체적으로 말하면 한편으로는 유교 윤리의 역사적 폐단과 그 바탕으로서의 '가족주의'를 극복해야 하며, 다른 한편으로는 핵가족의 단점을 보완하기 위하여 우리의 전통적 가족제도를 절충하여 '직계가족', 또는 '수정확대가족' 제도[44]를 권장해 나가야 한다. 왜냐하면 현재의 산업화에 따른 외형적 변화로서의 핵가족 제도에서는 극복해야 할 '가족주의'가 오히려 '가족적 이기주의'로 고착되어 더 악화될 수도 있기 때문이다. 여기에는 물론 중요한 조건이 붙는다. 그 조건이란 비록 그러한 가족 제도라고 하지만 거기서의 인간관계는 과거의 전통사회에서와 같은 인간관계가 되어서는 안된다는 점이다.

05 바람직한 가족윤리와 가족 형태

사회학자들은 가족은 남녀의 결혼 선택의 자유에 의해 성립된다고 한다. 또 사회학자들은 결혼에 대한 선택이 개인의사에 따라 이루어지므로 다양한 가족형태가 나타날 수 있고, 독신 가구도 있을 수 있다고

43) 같은 논문, p.179.
44) 주 10), 11) 참조.

한다.[45)]

그러나 오늘날 개인주의의 신장, 국가 복지정책의 확대 등으로 전통적 가족 의의가 감소하고, 다양한 가족 형태가 출현하고 있는 것은 사실이지만, 이것은 바람직한 사회 현상이라고 볼 수는 없다. 국가의 복지정책도 이러한 것을 방임하는 쪽 보다 가족의 정상적인 모습으로 돌아가도록 하는 방향에 정책의 촛점이 맞춰져야 한다.

그리고 본질적으로 인간의 생리적 욕구와 문화적, 도덕적 규범과의 결합으로 이루어진 것이 가족이라고 보아야 한다. 문제는 현대 산업사회에서 실제로 사람들이 인간의 본능적, 정의적 욕구를 가정에서 만족시키려는 경향이 보편적이라는 것이다. 오늘날 가족의 기능이 물론 바뀌었지만, 아직도 남은 가정의 중요한 기능은 '심리적 안식처'를 제공해준다는 점이다.[46)]

뿐만 아니라 가족의 이러한 '사적' 기능을 국가공동체는 기본적으로 살릴 필요가 있다. 물론 역사적으로 볼 때(특히 동아시아 유교 정치 체제에서) 국가공동체는 체제 유지를 위하여 이러한 가족의 사적 기능, 즉 가족 체제(가부장제)를 적극 보호하였다.[47)] 이러한 가족제도에서 나온 것이 바람직하지 못한 가족주의 사고 방식이지만, 가족의 특성상 인간의 심리적 안식처로서의 기능을 전혀 무시할 수가 없다.

인간은 사회적 동물로서 무리를 지어 살려고 하면서도 본능적으로는 계체존속의 욕구가 있고, 그것의 실현을 사회적 인지와 지지를 통해 도덕적으로 확보하려는 윤리적(문화적) 욕구도 있는 다층의 욕구 체계와 심리구조를 가지고 있는 생물이라고 보아야 할 것이다. 그러므로 가정에서 안식처를 구하려는 경향은 '인간의 본성'에 기초한 것으로 사회현상으로서도 매우 본질적이라 하지 않을 수 없다.

사회학자들은 개인주의의 입장에서 가족이 그 집단주의적 성격 때문

---

45) 주 26) 참조.

46) 고병익, 전게 논문, p.22. 여기에서 고병익은 사회학자 머도크(P. Murdock)의 가족 기능 네가지에 '심리적 연대감'이 빠졌다고 하면서, 이 '정신적 공동의식'이 가족을 인간통합의 기초적인 조직으로 만드는 주요 요소라고 하였다.

47) 여기에 대해서는 최홍기, 「유교와 가족」, 한국가족학회 편, 『현대가족과 사회』, 서울: 교육과학사, 1994, pp.67-91 참조.

에 개인의 존엄을 억압하는 제도라고 한다.[48] 그런데 공산주의의 이론을 빌리지 않더라도 국가가 개인을 억압하는 측면이 있는 것은 사실이지만, 그러나 국가를 그렇게만 볼 수 없듯이 가족 역시 개인의 존엄을 억압하는 제도로 치부할 수는 없다. 비록 그렇다 하더라도 인간은 사회적 동물이기 때문에 국가나 가족의 공동체를 떠날 수가 없다. 뿐만 아니라 국가나 가족 모두 인간 모둠살이의 자연발생적 공동체로서의 성격을 무시할 수 없다.

또한 사회학자들이 개인주의의 원만한 발휘를 위해서는 전제 조건으로서 개인의 도덕적 성숙이 요청된다고 하는데,[49] 이 때의 도덕은 물론 개인의 권리와 의무를 자각하고 자율적이고, 합리적이고, 이성적인 판단을 하는 인간이 되는 것이겠으나, 인간은 문화적 환경에서 사회화가 이루어지므로 전통 문화의 전승이 가지고 있는 도덕 교육의 기능을 전적으로 무가치하다고 할 수 없다. 뿐만 아니라 개인주의가 현대사회에의 적응을 위해서 적합하다고 하지만, 원래 개인주의는 실존의 '피투된 운명'의 측면은 사상하고 말한 것이기 때문에 추상성이 강한 것이다.

또 개인주의가 극단적으로 나아가면 '파편주의'가 되어 개인의 공동체와의 유기적 관련성이 전연 인정되지 않는 방향으로 간다. 인간의 이기성은 개인주의가 파편주의로 나아갈 위험성을 충분히 안고 있다. 현대의 새로운 가치관으로 대두되고 있는 '유기체주의'는 모래알과 같은 부분(파편)이 집합하여 전체를 이루는 것이 아니라고 보고 있다. 이것을 인간 사회에 적용시켜 보면 인간 관계에서도 개인주의가 파편주의가 되어서는 안된다는 것을 알 수 있다. 즉 진정한 개인주의는 공동체를 전제로 한 것이어야 하고, 참다운 실존은 타인을 전제로 한 것이어야 한다.

또한 가족은 인간 본능에 기초하고 있으므로 그 사랑이 매우 폐쇄적이고 배타적인 것이어서 사회학적 입장에서는 '개인주의'의 성숙에 바탕을 둔 진정한 인류애, 즉 보편애로의 사랑의 초월을 이루기 위해서는 극복되어야 할 것으로 본다.[50] 그런데 본능에 기초한 사랑을 무시하고 보편

48) 주 41) 참조.
49) 주 40), 42) 참조.
50) 조혜정의 전게 논문의 주조가 '가족적 이기주의'의 극복이다.

애를 실현한다는 것도 자칫하면 추상성에 떨어지기 쉽다. 개인주의의 자각에는 도덕적 이성이 강하게 요청되므로 개인주의가 매우 작위적이고 도구주의적일 수가 있어서 오히려 본능에 기초한 매우 '자연스러운' 인간성을 다시 억압할 수도 있고, 또 그 작위성 때문에 자연스럽지 못하고, 따라서 오래 지속되지 못할 수도 있다는 점을 유의해야 한다.[51)]

사회학자는 결혼을 문화적 산물로 보고, 독신, 무자녀 등의 선택을 비윤리적이라고 비난해서는 안되고, 가족 형태도 다양하게 선택되어야 한다고 하지만, 모둠살이를 지향하는 인간의 본성의 측면에서 보면 오히려 '비인간적인' 선택이 될 수가 있다. 또 인간의 자율성과 개방성을 너무 신뢰하여 개인주의에 수반되는 자의성이나 작위성을 너무 간과하고, 가족의 자연발생적 성격이나 가족의 심리적 기능을 과소평가하였다.

그러나 사회학자가 말하는 '가족 이기주의'의 극복과 '도덕적 개인주의'의 실현이라는 대안은 가족 윤리 방향 설정에 큰 이정표가 된다고 하겠다. 그리하여 이것을 주요 지침으로 하면서 우리의 현 사회 발전단계를 고려하고, 우리의 내재화된 전통 윤리의 장점을 살리고, 또 현재의 국민의 심성에 어느정도 공감이 가는 선에서 상호 접합되는 방안을 찾아야 하는데, 그 중의 하나로 '직계가족', 또는 '수정확대가족'의 가족 형태를 제안하고자 한다.[52)]

현재 우리나라의 가족 형태를 살펴보면, 순수한 핵가족이라고는 보기 어렵다. 그동안 공업화에 따라 급격하게 부부와 소수의 자녀 중심의 소위 핵가족이 보편화되었다고 하지만, 실제는 이러한 핵가족 우선의 가치 지향을 하면서도 부모 세대(간혹 조부모 세대 까지) 및 친족집단(가까운 친·처·외가의 혈연 관계)과 매우 깊은 혈연적 유대를 아직도 소중하게 가지고 있다.[53)] 그리하여 현재 우리의 가족 형태는 대개 '수정

51) 중국 고대의 사상 중에서 예를 찾으면, 유가와 묵가의 사랑의 종류의 차이에서 단적으로 볼 수 있다. 유가의 '가족애'는 '차별애'이고, 묵가의 '겸애'는 박애, 즉 사랑의 보편이었다. 서로 입장이 다르므로 싸웠는데, 결국 두가지 사랑은 모순된다기 보다 인간의 삶에 있어 나타나는 사랑의 두 양상이라 하겠다. 즉, 인간은 두 사랑의 방식을 가족 생활과 사회 생활을 통해서 적절히 조화시키고 있다.

52) 여기에 대해서는 최홍기, 전게 논문 참조(최홍기는 '직계가족'을 이념적 모델로 설명하고 있다).

53) 명절때 고향을 찾는 행렬로 교통체증이 생기고 있는 것이 그 증거이다.

확대 가족'이라고 해도 과언이 아닐 정도로 아직도 가족을 중심으로 하는 혈연 집단 체제를 유지하고 있다. '직계가족'과 같이 3대가 한 집에서 노부모(또는 노처부모)를 봉양하면서 사는 경우도 아직 많다.

이것은 광복 이후 급격한 산업화가 짧은 시기에 이루어졌기 때문에 (따라서 농업 인구 및 농촌 가족의 점진적 감소로 인하여) 우리의 가족 구성은 아직도 여러 세대가 공존하고 있다. 또한 조선 후기 양반수의 증가와 한말의 신분 해방, 그로 인한 양반 규범으로서의 유교 윤리의 확산도 한 몫을 하였다고 볼 수 있다.

직계가족, 또는 수정확대 가족 제도는 세대별로 핵가족을 기본적인 가족 형태로 하면서 자기와 부모 세대 및 자식 세대가 긴밀히 가족적 유대를 유지해 나가는 제도이다. 이때 각 가족은 동거할 수도 있고, 동거하지 않을 수도 있는 융통성이 여기에는 주어져 있다. 이 제도가 오늘날 핵가족에서 직면하고 있는 부부 문제, 자녀의 사회화 문제, 노인 복지 문제 등을 완전히 해결하는 것은 물론 아니다. 또한 여기에는 과거 유교 윤리의 가부장제적 비민주성이 남아 역작용을 일으킬 우려도 있는 것이 사실이다. 따라서 이러한 가족 형태 속에서 가족의 비민주성을 해결하는 동시에 핵가족의 결함도 보충할 수 있는 가족 성원의 자각과 노력이 있어야 된다. 그렇지 못하면 오히려 비혈연적 공동체 가족 보다 못할 수도 있다. 그러므로 '수정확대가족'과 같이 직접 동거하지 않으면서 노력에 따라서는 유대를 더 강화할 수 있는 매우 지혜로운 방법을 좀 더 잘 활용해야 한다.

이러한 가족 형태에서 과거와 같이 반드시 장자 위주의 가계 상속이나 가산 상속을 할 필요는 없다.[54] 따라서 '직계가족' 제도에서도 장자만이 부모를 모시는 방식을 꼭 취할 필요는 없다.[55] 여기에도 남녀평등의 사회적 공감대가 형성되어야 할 뿐만 아니라 법적 뒷받침도 마련되

54) 조선조 17세기 이전에는 재산 상속은 균분제였다. 최재석, 「조선시대의 가족. 친족제」, 『한국의 사회와 문화』 제16집, 서울: 한국정신문화연구원, 1991, pp.23-29. 전통주의자들은 우리의 전통이라는 것도 조선조 17세기 중엽 이후부터 종법제의 확립과 더불어 성립되었다는 사실과 전통도 가변적이라는 인식을 해야 한다.

55) 조선조 17세기 이전에는 제사도 자녀들이 윤번제로 지내다가 그후 장자봉사로 바뀌어졌다. 최재석, 전게 논문, p.33.

어야 한다. 그리하여 부모를 봉양하는 경우도 그 집안 형편에 맞게, 그리고 가족 성원의 개인의 의사도 존중하여 융통성을 발휘해야 할 것이다.[56] 아들 없는 집안의 제사 문제도 이것을 참고하여 가족 성원간에 합의를 이룬다면 마찬가지로 지혜롭게 해결할 수 있다.

과거의 가족생활은 외부사회, 특히 친족공동체와 지역공동체(향촌사회)에 비교적 널리 공개되어 어느 정도 공공적인 성격을 띠고 있었다. 그리하여 외부사회가 가족내의 규범적 행위를 통제하기도 하고 뒷받침하기도 하였다. 오늘날 핵가족에서 보면 이것은 개인의 사적인 생활에 해당된다. 그러나 여기에 사적 생활의 침해라는 부정적인 면만 있는 것이 아니다. 오늘날 산업사회가 합리성과 효율성을 이념으로 하기 때문에 개인주의에 바탕을 두고 있지만, 지나친(성숙되지 못한) 개인주의는 이기주의로, 가족에 있어서는 가족 이기주의로, 더 나아가 집단 이기주의로 발전하여 폐쇄성과 배타성을 노정하여 사회 통합을 해칠 수도 있는 것이다. 그러나 직계가족, 또는 수정확대 가족 제도의 가족 관계에서는 핵가족의 정서적 긴장을 복합적 인간 관계에 의해 분산 처리할 수 있으며, 가족내의 규범적 생활을 제삼자를 통하여 통제도 하고 뒷받침도 해줄 수 있는 장점이 있다.

오늘날 국가나 사회적 차원에서 가족내의 규범적 생활을 통제하거나 혹은 뒷받침할 필요가 점증하고 있다. 예를 들면 아동의 안전에 대한 부모의 보호 책임, 미성년자 학대에 대한 사회의 감시, 부녀자의 가정내 폭력으로부터의 보호, 노인의 학대, 유기에 대한 보호자의 처벌 강화 등 국가사회가 가족 복지의 일환으로 이러한 삶의 안전을 보호하는 역할이 점점 강하게 요청되고 있다. 이것은 과거의 친족공동체나 지역공동체가 했던 (물론 완벽하게는 안되었지만) 일을 이제는 국가 사회가 대신하는 것이다. 그러나 이런 것을 국가가 맡아서 완전하게 하기는 어렵다. 여기에서 직계가족, 또는 수정확대 가족 제도가 많은 예방적 기능을 할 수 있는 것이다.

---

56) 노부모들이 자식과 동거하면서 가지는 만족도를 보면 딸 부부와의 동거가 가장 만족스럽고, 그 다음이 장남 아닌 아들 부부와의 동거, 그 다음이 장남 부부와의 동거, 마지막으로 노인 단독 세대라고 한다. 그러나 동거 상황은 위 차례대로 3.5%, 18%, 47%, 20% 로 나타나 있다. 김태현, 「한국에 있어서의 노인 부양에 관한 연구」, 고려대 박사학위논문, 1982, p.59. 최신덕, 「현대사회의 가족」, 전게 『현대사회와 가족』, p.49에서 재인용.

오늘날의 가족은 경제적, 교육적, 기타 여러 기능을 사회 제도에 이양함으로써 가족내 인간적 유대를 유지하는 계기가 그만큼 줄어들어 버렸다.57) 거기다 핵가족화는 인간적 유대를 더욱 약화시키고 있다. 사회학자는 가족의 변화가 제 3단계로 접어들고 도덕적 개인주의가 성숙되면, 비혈연적 공동체 가족이 혈연 집단을 대신하게 될 것이라고 한다. 그러나 그것은 선택적으로 실험될 것이고 우리 국민의 심성과 문화에 비춰볼 때 보편화하기는 어렵다. 따라서 지금 단계에서 가족의 기능을 통한 인간 소외 방지의 여러가지 보완책을 생각해야 한다.

우선 국가시책으로는 교육 제도를 혁신하여 아이들이 입시 위주의 갇힌 생활에서 해방되도록 해주어야 한다. 또 부부도 남편은 바깥에서 국가사회를 위해 일하여 가족 생계를 책임지고, 부인은 가정주부로서 안에서 가사와 육아를 책임지는 식으로 고정화, 패턴화된 가족 의식, 즉 사회우선주의적 가족 의식을 깨고 좀더 많은 시간을 가정에 쏟도록 해야 한다.

여기에 직계가족, 또는 수정확대 가족 제도를 통하여 인간적 관계의 폭을 좀 더 넓혀주는 것도 가정의 역할을 높이는 하나의 방법이다. 그리하여 이러한 가족 제도의 장점이 살려진다면, 가족 성원으로 하여금 인간 공동체의 중요성을 이해시킴은 물론, 공동체의 질서를 배우게 하고, 세대간의 문화적 전승도 가능하게 할 수 있는 것이다. 특히 국가 사회적 입장에서는 청소년의 사회화나 사회적 통제, 그리고 더 나아가 사회적 통합을 이루는 데 많은 도움을 얻을 수 있다.

그러나 이러한 가족 제도가 오늘날 산업사회가 요구하는 인간상으로서의 '개인주의'를 발전시키는 것을 저해해서는 물론 안된다. 이 점에 있어서 우리는 아직 세대간의 윤리 의식의 차이가 있어 갈등이 예상된다. 근대 사상을 수용한 역사가 짧고, 또 그동안 사회 변동이 극심하여 세대간, 계층간 합의를 자연스럽게 도출해 내지 못한 것이 우리의 상황이다. 또한 이러한 수정 확대가족이 제 역할을 다하려면 과거 전통가족

57) 미국의 정치학자 에찌오니(A. Etzioni)는 현재 지나친 개인주의가 지닌 병리의 치유책으로 상호성(mutuality)과 예의(civility)를 조성해야 된다고 하면서 그 수단으로 네가지의 조직, 즉 가족, 학교, 이웃, 자발적 조직을 이용할 것을 제안하고 있다. 그는 전통적인 구성을 가진 가족이 전체의 6% 뿐인 미국의 경우 가족이 더욱 중요하다고 말하고 있다. 고병익, 전게 논문, p.26에서 재인용.

과 같이 부모는 자식을 위해 희생하고 자녀는 성장하여 부모를 위해 희생하는 식의 인간 관계가 되어서는 안되고, 민주화된 인간 관계가 성립되어야 한다. 이를 도우는 중요한 요소가 부모나 자녀나 정신적 자아의식은 물론이지만 경제적 독립인 것이다.

바람직한 가족 윤리의 정립을 위해서는 첫째, 개인적으로는 인간 사회는 자연과 마찬가지로 유기체적 성격을 가지고 있고, 인간의 본성도 공동체를 영위하려는 욕구가 있다는 사실을 이해하고, 더 나아가 인간의 자율성과 개방성이 개인의 정체성을 확립할 수 있는 것과 마찬가지로 인간 공동체에 대한 참여와 봉사도 인간다움을 회복하는 중요한 도덕적 덕목이라는 것을 잘 깨달아야 한다.

그렇게 할 때만이 우리 전통의 혈연적 공동체의 장점을 취하면서 도덕적 개인주의를 다음 세대에게 교육할 수 있는 것이다. 그때에는 젊은 새대는 이 도덕적 개인주의 바탕 위에서 전통적 덕목을 중요한 윤리적 가치로 새롭게 선택할 수 있게 될 것이다.

두 번째는, 국가의 가족정책으로는 노후 연금 제도 확대, 교육 개혁, 부부 맞벌이 지원책, 탁아 시설의 확대, 남녀 평등 고용과 같은 제반 국가의 가족 (복지)정책이 점차 확대되어야 한다. 더욱 중요한 것은 국가의 가족 정책에서 이러한 '직계가족' 제도나 '수정확대가족' 제도가 바람직한 가족 제도라는 것을 인식하고, 그것이 잘 정착될 수 있도록 정책 방향을 세워나가는 일이다.

06 결 어

가족은 공동사회의 전형이다. 거기에서는 인간관계가 전체성으로 관계되며, 정의적인 융합을 겨냥하며, 아울러 혈연집단으로서 타 공동체에 대해 폐쇄성을 유지하려 한다. 그러므로 공동 사회 일반과 다른 가족의 윤리적 특성은 '가(집)'와 '혈연'에 의해 한정되는 '직접성'에 있다. 이 직접성 때문에 가족 윤리는 인간의 인격의 핵심에 깊은 영향을 준다. 부부를 비롯한 가족 성원간에 성립하는 화합, 신의, 자기희생적 사랑,

우애, 존경, 봉사, 상호부조, 협동 등의 덕은 혈연사회, 지역사회, 국가, 국제사회, 종교적 공동체, 그밖의 인륜공동체 및 초월적 존재자와 인간과의 관계에 있어서까지 영향을 주는 인간 모습의 원형이다.

그러나 가족 윤리는 합리성의 의식, 개성의 확립, 타인에 대한 개방성 등에 있어 결함을 가지고 있다. 그러므로 가족 윤리는 가(집), 혈연 등의 직접성에 의한 폐쇄성을 지양하여 밖으로 다른 공동사회에 대해 부단한 자기 개방을 하지 않으면 안된다. 즉 '가족이기주의'를 극복해 나가야 한다.

오늘날 사회구조의 분화가 진전됨에 따라 사회제도로서의 가족의 비중은 점차 감퇴되고 있다. 그러나 가족의 기능의 축소가 가족의 중요성의 감퇴를 의미하는 것은 아니다.

가족의 구조와 기능이 변한 것은 이미 자본주의 사회 속에서 개인중심의 사고 방식, 경쟁의 원리와 성취우선주의가 가정에 이미 깊이 침투하였기 때문이다. 그러므로 여기에서 우리는 가족의 중요성을 살리기 위하여는 이러한 상황을 우선 직시해야 한다. 더우기 공업화의 진전에 따라 가족 구조의 변화 단계는 앞으로 제3의 단계, 즉 가족 형태의 변화가 아니라 가족의 이념이 변하는 단계로 갈 것도 예상해야 한다. 이 때에는 가족내의 민주적 인간관계는 물론이려니와 사회를 개혁해 나가는 인간을 산출할 수 있는 가족이 되어야 하고, 따라서 가족 형태도 사회학자들의 예상과 같이 혈연성에 전적으로 의존한 부부 중심의 핵가족을 지양하고 다양한 가족, 비혈연적 가족의 출현을 기대해야 한다.

이러한 가족 이념의 변화와 그에 따른 가족 역할의 변화는 '가족 이기주의'의 극복과 '도덕적 개인주의'의 성숙을 성취하는 것과 비례해서 가능한 것이다. 뿐만 아니라 이것은 서구 사회의 문화적 전통과 윤리의식 등과 맞물려 있다. 예를 들면 기독교의 박애정신이나 근대 이후 지속적으로 추진해온 철저한 개인주의 정신, 그리고 그러한 개인주의를 수용하는 사회의 법적체계와 사회통념이 뒷받침하고 있다.

우리 사회도 산업화의 진전에 따라 그러한 개인주의 윤리의식이 점차 확산될 것이며, 그에 맞추어 법제도 변할 것이다. 그러나 서구 근대의 개인주의는 개체주의적이고 도구주의적이며, 따라서 이기주의적 속성을 다분히 가지고 있어서 공동체의 유기적 성격을 가볍게 처리할 소지를 안고 있다. 따라서 우리는 동양의 '유기체주의적' 가치관을 고려하면서 가족 윤리를 생각해 보아야 한다.

가족은 인간공동체로서 유기체적 성격을 갖고 있다. 그러므로 우리는 전통적인 가족형태의 장점을 잘 이용하는 방안으로 '직계가족', 또는 '수정 확대가족'의 형태를 바람직한 가족 제도로 선택하여 가족 윤리 및 국가의 가족정책의 방향으로 제시해야 한다. 다만 거기에는 몇가지 조건이 있어야 된다.

첫째, 가족 성원은 인간은 공동체와 유기적 관계를 맺고 있으므로 가족간에는 봉사와 협조가 필요하다는 인식을 먼저 해야 하고, 둘째, 참다운 봉사와 협조는 자아의 자율성에 바탕을 두어야 하므로 가족도 '개인주의'를 도덕적으로 성숙시키는 장이 되어야 한다는 인식을 해야 하고, 셋째, 이러한 가족 윤리의 정립을 위해서는 인습적인 전통적 윤리의 부정적인 면을 과감히 제거하면서 좋은 덕목은 개인의 판단에 따라 윤리적 가치로 새롭게 선택되어져야 하고, 넷째, 그러한 가족 형태 속에 과거 전통적인 가족주의의 속성을 잔존시키지 않기 위해서는 세대별 경제적 독립과 이를 지원할 국가 정책이 수반되어야 하고, 그리고 마지막으로 다섯째, 이러한 형태의 가족이 혈연가족으로만 만족할 것이 아니라 비혈연적 공동체 가족으로 개방되어야 한다.

직계가족이나 수정 확대가족이 과거 전통의 가족주의적 속성을 가지고 있을 여지가 많은 반면, 개인주의에 바탕을 둔 가족 의식에는 다양한 가족 형태의 인정이라든가 가족 무용 등으로 이기주의적 속성이 있고, 비혈연적 공동체 가족은 인간 본성에 비추어 보아 아직은 이상적이다. 전통 가족 윤리든 서양의 개인주의적 가족 윤리든 어디에나 문제점은 있다. 직계가족이나 수정 확대가족 제도에 가족주의의 위험은 있지만, 우리가 보편적 목표로 하는 도덕적 개인주의와 인간의 사회화를 도와줄 수 있는 긍정적 기능도 있다. 다만 이 제도는 우리의 문화적 전통과 현실적 특수성을 고려한 가족 형태이므로 반드시 가족애에서 인류애로 나아간다고 하는 보편성을 방향으로 가짐으로써 바람직한 가족윤리를 창조할 수 있다고 하겠다.

제 10 장

공자 비판과 그 반론: 한국 사회의 유교 담론

01 서 언

올해 1999년, 세기말의 마지막 해, 근대 한국의 고난의 역사가 시작된 지 1세기가 마감되는 해, 이러한 의미 있는 시점에서 수필집 『공자가 죽어야 나라가 산다』(김경일, 바다출판사, 1999. 5)라는 책이 나와 세인의 관심을 불러 일으켰다(한동안 전국 종합베스트셀러 2위, 인문분야 1위를 기록). 이후 이러한 문투가 유행이 되어 『대학이 망해야 나라가 산다』(김동훈, 바다출판사, 1999)까지 나오게 되었다. 젊은 전후 세대들의 톡톡 튀는(조금은 제멋대로) 글쓰기는 이 외에도 많이 출판되었고, 앞으로도 계속될 것이다. 이러한 논리는 '너 죽고 나 산다'는 논리로서 강한 비판의지를 담고 있으나 일면을 과장하는 흑백논리로 별로 점

잖은 말이 아니다(다만 한글세대에 의한 한글식 글쓰기의 시대적 유행으로 보아야 할 면도 있다).

이 책이 출판된 이후 즉각 유림단체인 성균관에서 '유교신보'를 통하여 이 책을 '요서'(요망한 책)이라고 규정하면서 저자를 신랄하게 공박하였다.[1] 마치 왕조시대 절대권력을 가진 왕이 죄인을 성토하듯이 과격한 유교 경전 용어를 빌어 성토하였을 뿐만 아니라 '聲討大聖侮辱'을 시제로 제7회 한시 백일장을 개최한다고 하였다.[2] 또 저자를 상대로 '출판물에 의한 명예훼손' 혐의로 소송을 냈고, 해당출판사에 대해서도 '출판물 배포 및 판매금지 처분' 신청을 법원에 제출하였다.[3] 뿐만 아니라 성균관에서는 저자가 재직하고 있는 학교(상명여대) 당국을 방문하여 총장에게 파면을 요청하기도 하였다.[4] 민주주의 사회에서 바람직한 일은 아니지만, 성균관은 일종의 종교단체이므로 종교적 이단(이교)에 대한 성토와 배척이라 보면 그들의 입장을 이해할 수 있다. 그러나 다종교 사회인 우리나라에서 이러한 물리적 대응은 바람직하지 못한 것 같다. 과거 왕조시대 유교사회에서 정통과 이단의 갈등이 없었던 것은 아니지만, 오늘날 재현할 필요는 없을 것이다. 이 책의 출판을 계기로 이러한 공방이 있자 이것이 사회적 핫 이슈가 되어 방송사에서도 몇차례 토론 프로그램을 만들기도 했다.

그리고 곧 이어 그 반론으로서 『공자가 살아야 나라가 산다』(최병철, 시아출판사, 1999. 8)라는 책이 또 출판되었다. 두 책을 각각 읽으면 단편적으로 수필(에세이) 형식으로 썼기 때문에 어느 책, 어느 말이 옳은지(?) 일반인은 구분하기 어렵다. 두 책이 다루는 주제가 한국의 근대화와 유교, IMF와 아시아적 가치, 세계화 시대의 생존과 유교 전통, 21세기 인류문명의 과제와 동아시아 전통의 기여, 문화의 개방성과 주체성 등 굵직한 주제들이므로 수필 형식으로 단선적으로 말하기 어렵다. 그

1) 「매일경제신문」 1999년 8월 11일 (31)면.

2) 「국민일보」 1999년 8월 9일 (14)면.

3) 전게 「매일경제신문」 및 「국민일보」.

4) 1999년 5월 1일 이 책이 출판된 이후, 5월 4일과 20일 두차례 향교 임원단이 학교에 항의 방문하였고, 6월 15일 특별위원회에서 '김가(김교수-필자)의 교수직 파면과 학계에서의 추방운동 전개'를 결의하였다. 「유교신문」 1999년 8월 1일 (8)면.

러므로 일반인들이 이해하기 쉽게 썼다고 하나, 오히려 오해를 일으켜 두 사람이 말하고자 하는 중요 메시지가 왜곡될 위험도 있다. 그러므로 두 책의 내용을 자세히 분석하여 그들의 입장을 이해하는 한편 그들이 빠지고 있는 일면의 논리를 비판하고, 아울러 두 입장이 절충될 수 있는지 모색하며, 나아가 이러한 논의가 현재의 한국 사회에 어떤 의미를 던지는지 살펴볼 필요가 있다.5) 기독교가 문제라고 예수가 죽어야 한다고 한다면 어떻게 되겠는가? 다만 기독교의 험난한 고난의 역사와 자기 갱신의 전력과는 반대로 왕조에 어용된 유교--그 때문에 자기혁신을 못하고 지배이념으로서 불변의 지위를 유지해온 유교--를 이제 냉정하게 혹평해보자는 의도는 특히 우리나라의 경우에는 있을 수 있다고 본다. 그러나 너무 단순한 논리는 자극은 될지언정 오해를 불러일으켜 부작용이 있을 수도 있다. 여기에 전통과 현대 문제는 접근하는 방법론이 필요한 것이다.6)

이를 위해서는 우리는 '유교'라는 특정 종교에 휘말리지 말고 두 책의 내용을 객관적으로 이해할 필요가 있는데, 여기에는 종교학이나 사회학, 또는 문화인류학적 성과를 이용하는 것이 유효할 것으로 생각된다. 그전에도 학술적으로 한국의 근대화 문제와 관련하여 유교 내지 유교 전통이 많이 다루어졌다. 오늘날 이 문제가 일반화된 것은 그 책의 스타일이 대중적 기호에 맞게 쓰여졌기 때문인데, 중국과 일본에 비해

---

5) 영남대 최재목교수는 우리가 그동안 유교를 비판적으로 성찰할 우리 자신의 주체적 반성이 없었기 때문에 공자를 죽이고 살리고 하는 것은 감정적 대립에 지나지 않고, 유교 이외의 다른 차원에서 고려해야 할 의식체계나 문화까지 모조리 공자 탓으로 돌리는 것도 잘못된 것이고, 반대로 교조적인 주자학 허상만 붙들고 공자를 들먹이면 전통문화가 흔들리고 도덕이 땅에 떨어지는 줄 알고 있는 것도 문제라고 하였다. 「교수신문」 1999년 9월 6일 (13)면, '學而思' 칼럼. 한신대 신광철 교수는 "공자 죽이기와 공자 살리기-담론의 표면과 이면"(한국종교학회)이라는 논문에서 이 논쟁은 사실은 닮은 꼴이라고 하였다. 그러면서 이 논쟁은 한국사회의 정체성과 미래를 해명하는 키워드로 바꾸어 바라볼 때 생산적 논의가 가능하다고 하였다. 「중앙일보」 1999년 11월 8일 (21)면.

6) 김경동 교수는 "유교는 영웅도 악한도 아니다. 최근 유행하는 '공자 죽이기식' 저서가 단적으로 보여주듯, 단순논법으로 유교를 극찬하거나 매도하는 것은 쉽게 오류를 자아낸다"라고 하고, 유교는 중립적인 것이며, 사람들의 동기와 욕심에 따라 이용과 악용의 소지가 있으므로 선별적 접근을 해서는 안된다고 경고하고 있다. 이어서 그는 이 시점에서 유교를 언급하는 것은 전인류적 신문명 건설에 기여할 수 있는 점이 있기 때문이지만, 이를 위해서는 철저한 자기 성찰과 엄격하고도 체계적인 재창조의 노력을 통하여 보편성을 확보하도록 해야 한다고 말하고 있다. 김경동, '유교에 대한 오해와 이해', 민족문화추진회, 「민족문화추진회보」 1999 가을, 제55호.

우리의 경우 그동안 전통 문제에 대해 국민적 관심사로 진지하게 다루지 못했으므로 이제 문제는 시작이고, 더 논의가 치열하게 전개될 수도 있을 것이다.7) 그럴수록 우리는 중국과 일본의 예를 모방할 것이 아니라 우리 사회의 특수성 아래 일정한 방법론을 가지고 신중하게 논의해야 할 것이다. 이러한 논의의 태도 자체가 우리 문화의 주체성을 이루기 때문이다.

먼저 우리는 '유교'와 '역사 속의 유교'를 구분할 필요가 있다. '유교'는 '유교의 본질'을 말하고, '역사 속의 유교'는 역사와 더불어 형성된 그 나라의 '유교문화'를 말한다. 물론 지역에 따라 유교문화가 다르게 전개되었으므로 각 나라는 자기가 이해하는 유교를 유교 본질로 잘못 이해할 수도 있다. 왜냐하면 유교 본질은 개별 문화 특수성 속에 또한 공통적으로 들어 있기 때문이다. 이와 같이 양자의 관계는 뗄 수 없는 관계이지만, 방법상 구분하여 논의하는 것이 효과적이다. 이러한 관점에 서면 우리가 흔히 말하는 유교의 병폐는 조선조 유교를 말하는 경우가 많으며, 유교를 긍정적으로 말할 때는 유교 본질을 말하는 경우가 많다는 사실을 우리는 알 수 있다.

02 공자가 죽어야 나라가 산다(?)

김경일은 『공자가 죽어야 나라가 산다』라는 책의 저자인데, 어려서 한문과 붓글씨를 배우고,8) 대학에서도 한문학을 전공하고, 박사학위도

7) 우리나라의 경우 일본과 중국에 비해 주체적으로 근대화하지 못했다. 조선후기 봉건사회의 모순은 국력의 쇠약을 가져왔고, 이로 인해 식민지 침략을 당했다. 해방 후에는 잠복되었던 봉건사회 모순이 폭발되었고, 그 결과 남북분단과 6.25전쟁을 가져왔다. 그후로도 근대화는 제대로 이루지 못했다. 5.16 후 산업화, 공업화는 시작되었지만, 정치와 사회 전 분야에 걸쳐 자각적 근대화는 제도화되지 못했다. 오히려 정치는 전통시대의 관행이 계속 되었고, 정경유착이 사회 합리화의 장애가 되었다. 국민의식과 생활태도에도 근대적 합리화가 이루어지지 못했다. 10월 유신, 5, 6공화국도 사회개혁은 정치문제로 관심 밖으로 밀려났다. 문민 정부도 개혁을 외쳤지만, 전국민의 인식 부족으로 이것을 제도화하고 실천하여 생활상의 체험화를 이루지 못했다. 국민의 정부 2년이 되었지만, 아직 민족적 가치를 창출하여 국민적 합의를 이끌어내지 못하고 있고, 근대화를 위한 제도화도 정쟁에 의해 지체되고 있다. 그러므로 문제는 시작인 셈이다.

8) 그의 저서에서 한 말을 인용한 것인데, 그의 나이로 보아서 어떻게 배웠는지 알 수 없으나,

중국에서 갑골학으로 받았으며, 현재에도 한학과 유관한 상명대학교 중어중문학과에서 교수로 재직하고 있다. 그의 전력으로 보아서는 한학과 유교에 대해 조예가 깊고, 따라서 유교를 옹호하는 보수주의의 입장을 취할 것 같은데, 유교에 대해 신랄하게 비판을 하는 것을 보면 매우 흥미있는 일이다.

학자라고 수필집(에세이집)을 쓰지 말라는 법이 없고, 자기는 전공지식을 토대로 이 수필집을 썼다고 하니 오히려 전공의 대중화라는 의미에서 바람직한 일이라고도 할 수 있다. 특히 오늘날 정보화시대에 한글 전용 스타일로 대중을 대상으로 한 다양한 글쓰기가 유행이므로 이 책이 인기 있는 것도 무리가 아니다. 이는 빠른 생각과 글쓰기, 그리고 빠른 정보의 전달이라는 시대의 추세와 맞물려 있다. 에세이체는 그런 점에서 유용한 것이며, 출판사도 영상매체에 밀리는 인쇄매체의 살아남기를 위해서 이런 책 출판을 선호했는지도 모른다. 그러므로 이 책을 분석하기에 앞서서 보수적 입장에 있는 사람들은 우선 이러한 책이 출판된 오늘날의 대중 문화의 흐름에 대해 먼저 이해할 필요가 있겠다. 다만 그의 학문 경력으로 보아 그가 한국사회의 여러 병폐를 다루는 데 있어 사회학적, 종교학적, 또는 문화인류학적 성과를 원용하지 않고, 단순하게 병폐의 원인을 유교 내지 유교전통에 돌리는 편벽된 논리를 전개하는 것이 아닌가 생각한다. 또한 수필집이라는 쉬운 글 때문에 일반인은 너무 가볍고 피상적인 지식을 얻게 될 위험이 있다. 대중은 어려운 것은 싫어하는 데 비해 사상과 이념, 종교와 문화가 얽힌 유교전통은 그렇게 단순하게 말할 수 없기 때문이다.

이 책의 성격은 표지의 부제가 말하는 대로 “한국인의 내면을 지배해온 유교문화의 권위와 위선에 대한 600년만의 자유 선언”이라고 할 수 있다. 그리하여 이 책의 문제의식은 서문에서 밝힌 대로 “1910년 한일합방, 1950년 6·25, 1997년 IMF. 100년도 안되는 세월 동안 우리 민족은 세 번을 죽다 살아났다.”라는 데서 출발하였다.[9] 즉 근대 한국의 비

과거 ‘서당식’ 공부(유교적 사유방식이나 가치관 형성까지 포함)는 아닌 것으로 짐작된다.

9) 김경일, 『공자가 죽어야 나라가 산다』(서울: 바다출판사, 1999)의 머리말.

극에서 문제를 제기하였다. 그리고 이어 그것은 "한일합방을 부른 무기력한 정부와 위선적 지식인들, 6·25를 부른 우리 문화 속의 분열 본질, 그리고 IMF를 부르고 만 자기 기만과 허세"라는 것이다. 한일합방과 6·25, 그리고 IMF의 외재적 요인도 있지만,[10] 내부적 요인을 더 중요시하여 우리 스스로를 반성하자는 시각이다. 이러한 자아 반성론은 누구나 동의할 수 있다. 그리하여 저자는 세 가지 시련의 원인, 즉 무기력한 정부 등의 원인을 다시 "그것들은 도덕의 가면을 쓴 유교 문화 속의 원질들과 본질적으로 같은 것이었다."고 하여 유교 본질 자체에 두었다. 그러나 한일합방 등은 우리나라의 사건이므로 엄밀하게 말하면 '유교 원질의 문제'라기 보다 '조선조 역사 속의 유교 문제'라고 할 수 있다. 그러나 저자는 조선조 유교문화 속에도 유교의 원질이 들어 있으므로 결국 모든 원인은 유교 자체에 있고, 더 나아가면 유교의 창시자 '공자'의 잘못에 있다는 논리를 전개하고 있다.

그리하여 저자는 공자의 잘못을 이렇게 말하였다: "갑골문에 의해 최근에 밝혀진 바에 의하면 조갑이라는 사내가 기원전 1300년 전에 쿠데타를 일으켜 왕권을 찬탈했는데, 그것을 도덕으로 위장하였고, 이 도덕을 공자라는 한 사나이에 의해 후대에 전해졌다. 그러므로 공자의 잘못은 이러한 정치적 내막을 잘 모르고 도덕만 순진하게 외쳐대었다."라고.[11] 이는 역사적인 사실을 너무 단순화하여 말한 것이다. 인류의 문명사를 보면 지성의 발달은 매우 완만하며, 지성의 산물인 사상도 시대적 제약을 많이 받고 있음을 알 수 있다. 공자 사상 역시 시대적 제약 아래 탄생한 것이다. 공자는 주 나라 봉건제도를 이상적인 것으로 생각하고, 그 완성자인 주공을 흠모하였다. 이 역시 시대적 제약을 받고 있는 증거이다. 그러나 공자의 역사적 역할은 은 나라 종교문화를 인문문화로 바꾸어 인간의 도덕적 각성의 능력을 알게 한 데 있다.

10) 「국제유학연합회보」는 1997년의 아시아 금융위기의 원인에 대하여 다양한 시각을 정리한 바 있는데, 서양에서 보는 아시아적 가치, 곧 유교적 가치에 대한 비판과는 다른 시각을 소개하고 있다. 즉 유교적 가치가 아시아 경제위기를 불러온 것이 아니라는 것이다. 오히려 아시아적 모델과 서양 모델의 공동 책임이며, 또한 소로스 펀드와 같은 국제 투기자본을 적절히 제어하지 못한 것이 주요 원인이라고 지적하고 있다. 「유교신문」 1999년 9월 1일 (5)면.

11) 김경일, 전게서, 머리말 및 pp. 95-101.

공자가 조갑의 쿠데타와 같은 정치적 내막을 모르고 도덕만 외쳤다고 비판하지만, 그렇다고 하여 공자의 역사적 위상이 바뀌는 것은 아니다. 또 역사적으로 공자 이후 유자 집단이 형성된 것은 주 나라 말기 전통 문화 교육을 담당한 관리가 지방에 흩어지면서 시작되었는데, 이 당시 전통문화의 전승은 교육적으로 매우 중요한 것이었다. 유교의 이러한 학적 성격으로 인하여 그후 왕조에 통치이념으로 어용되었는데, 유교의 경전과 예법이 왕조의 유지와 관련되는 면이 농후하였던 것은 사실이다. 그러나 그렇다고 하여 역사적으로 왜곡되어 온 유교의 부정적 측면을 공자 한 사람의 탓으로 돌릴 수는 없으며, 공자의 인문주의 정신은 전근대에 있어서 일정한 문화적 역할을 담당하였다. 역대 왕조에서 유교 이외의 다른 제자백가 사상의 채택이 없었던 것이 중국 문화의 불행이라면 불행이지 유교문화의 잘못의 원인을 공자에게 돌리는 것은 너무 단순한 논리이다. 또한 우리가 한가지 더 알아야 할 것은 역대 왕조가 유교로 다스린다고 하였지만, 실제는 법가 사상을 많이 채택하여 가혹한 정치를 일삼았던 것이다. 이런 왕권 정치에 대해 반대편에 섰던 것은 오히려 공자 사상을 계승한 학자들이었다. 그러므로 기독교, 불교도 마찬가지지만, 차축(車軸)시대를 대표하는 공자의 사상은 '원형합리성'(protorationality)[12]이 있는 것이다.

근대는 인류 역사에 있어서 미증유의 사건으로서 수공업에서 공장제 공업으로 그 생산양식에 있어 큰 변화를 가져온 사건이다. 과학과 산업기술의 발달, 항해술의 발달, 시민혁명 등으로 시민사회라는 새로운 사회체제가 등장하였다. 현대에 와서는 이 근대 문명에 핵, 환경, 인구, 전쟁과 테러 문제 등이 새로 등장하면서 더욱 복잡한 사회로 가고 있다. 유교는 '전근대 사상'이므로 현대에 맞지 않는 점이 많다. 그러나 인류문화는 '퇴적되어야' 하는 것이지 무엇을 빼고 무엇을 대신 바꾸어 넣는 것은 아니다. 그 자체 '유기적 생명성'이 있기 때문이다.

12) 유교가 유구한 역사 속에서 시대 사상으로서 기능을 해왔으므로 본질적으로 원형합리성이 있는 것이다. 박이문 교수는 "합리성은 근거성, 기저성을 의미하는데, 전통의 합리성은 보편적이 아니고, 특수성, 개별성, 단편성, 가변성 등의 성격을 갖고 있다. 이러한 제한된 합리성을 원형합리성, 또는 전합리적 합리성이라고 할 수 있다."라고 하였다. 박이문, 「21세기의 문화: 전망과 희망」, 한국철학회 편, 『문화철학』, 서울: 철학과 현실사, 1995, pp.299-300.

특히 그 문화의 정신은 국민이나 민족의 무의식에 심층적으로 잠재되어 내려오므로 더욱 유기적 생명성이 강하다. 즉 현대에 있어서 전근대의 사상은 생산방식이라는 하부구조의 변화로 자연히 많이 걸러지지만, 가치관이라든가 무의식의 영향을 많이 받는 관행적인 문화 양식으로는 전통이 잔존하고 있다. 그러므로 우리나라 현재의 위기 문제와 결부시켜 논하려면 조선조의 역사 속의 유교를 비판하는 것이 일차적이어야 한다. 그리고 현대에서 전근대를 보는 시각은 항상 두 가지, 즉 보수주의와 진보주의가 존재하고 있다. 저자는 물론 극단적 진보주의자인데, '사내'라든가 '사나이'라든가 하는 용어가 극단적 보수주의자의 신경을 건드리는 것 같다.[13)]

저자는 유교가 남성을 위한 도덕, 어른을 위한 도덕, 기득권자를 위한 도덕, 그리고 주검을 위한 도덕이라고 규정하였다. 그리하여 조선조의 신분사회, 가부장적 사회, 혈연적 폐쇄성과 분열성, 위선을 부추기는 군자의 논리, 스승의 권위로 인한 창의성 말살 교육의 문제점을 야기하였다고 한다.[14)] 이것은 유교 자체에 문제가 있기 때문이며, 그것은 중국과 조선의 왕조 실패가 증명한다고 한다.[15)] 그리하여 저자는 현재의 한국의 우스꽝스러운 현상들은 공자의 유교 문화에 있다고 한다.[16)] 현대문명은 서구의 근대문명의 연장이며(그러므로 근대성을 현대성이라 하기도 한다), 그리하여 근대화는 서구에서 시작되어 서세동점(西勢東漸; 서구의 식민지 침략) 이후 동양은 타의에 의해 서구화, 즉 근대화를 하게 된 것은 주지의 사실이다.

이 서구 근대 문명이, 특히 그 사회체제(민주주의)와 경제체제(산업화) 면에서는 오늘날 동서 구분 없이 전지구적으로 보편화되었다. 그리하여 이 서구 근대 문명이 20세기 후반에 들어와 인류 생존에 관련된 여러 가지 문제를 야기하고 있다. 그렇더라도 현재는 서구 문명이 주도하고 있고, 전지구적으로 산업화를 하지 않을 수 없으므로 근대성과 전

13) 김경일, 전게서, 머리말 및 p. 127 등 여러 곳에서 저속어가 나온다.
14) 동서, 머리말 및 제2부.
15) 동상.
16) 동상.

통의 갈등은 보편적으로 일어나고 있다. 근대성은 기든스(A. Giddens)에 의하면 자본주의, 산업주의, 군사적 힘, 감시체계 네가지 제도를 들고 있다.[17] 우리가 일반적으로 말하기는 개인주의, 민주주의, 산업화, 도구적 이성의 확장 등을 들고 있다. 이러한 것은 동양 전통에는 없던 것들이다. 앞에서 말한 대로 근대는 서구에서 시작되었고, 이것은 인류 미증유의 큰 변화라는 것을 상기하면 더 설명이 필요 없다. 저자가 비판하는 것은 이 점에서 보면 매우 타당하다. 이런 논의는 이미 사회학자들이 조선조 유교의 특성과 한계라든가, 한국의 권위주의와 가족주의 문제라든가, 페미니스트들에 의한 한국 가족주의와 여성 문제 등을 통하여 많이 언급되었다.[18] 중국도 19세기 말 서구와의 문화적 충격을 겪을 때 이미 '전반서화(全般西化)'란 이름으로 전통을 부정하였으며, 모택동 정권에서의 '문화대혁명'은 전통 말살의 대표적인 사례이다. 우리와 다른 점은 시대적, 민족적 과제로 전통에 대해 진지하게 논의하였다는 점이 다를 뿐이다. 이러한 것은 한마디로 서구적 문화와 민족적 문화가 접합되는 이른바 문화적 혼융에서의 갈등이다.[19]

그러나 이 근대성(modernity; 현대성)[20]도 이중적이다. 즉 근대성은 그 이전의 어떤 사회체계 보다 안정성을 가져왔지만, 동시에 환경파괴, 전체주의의 가능성, 핵전쟁과 군사분쟁의 위험 등 중대한 위협의 측면을 지니고 있다.[21] 오늘날 논의되고 있는 탈근대성(post-modernity; 탈현대성)이 바로 이 근대성의 위험에 대한 반성이다. 우리나라도 1980년

17) 김호기, 『한국의 현대성과 사회변동』, 서울: 나남출판사, 1999, p.25.

18) 조선조 유교의 특성과 한계에 대해서는 신옥희, 「조선시대의 윤리관-조선시대 유교윤리의 특성과 한계-」, 『한국인의 윤리관』, 한국정신문화연구원, 1983 참조. 그외 유교의 가족주의 문제, 여성의 문제 등은 사회학의 가족사회학 분야에서 여러 논문이 나와 있다. 김호기, 전게서, pp.35-43 및 pp.205-222도 참조. 한편 전통사상으로서 유교를 긍정적 측면에서 논한 논문은 국민윤리 분야에서 많이 다루어졌다. 이에 대해서는 졸고, 「전통윤리와 현대의 가족윤리 문제」, 『철학연구』 제54집, 대한철학회, 1995 및 「유교의 전통과 21세기 한국의 '민족문화' 문제」, 『유교사상연구』 제11집, 한국유교학회, 1999 참조.

19) 김호기, 전게서, p.33.

20) modernity/post-modernity는 현재 보편적으로 '근대성/탈근대성', '현대성/탈현대성'으로 번역되고 있다. 근대의 연장으로서의 현대이므로 이를 전제로 현대의 문제를 논의하면서 '근대'라고 하기에는 시대적 간격이 너무 멀다고 생각된 나머지 '현대'라고 번역한 것이다. 그러므로 같은 뜻으로 보고 병기하였다. 김호기, 전게서, p.23 참조.

21) 김호기, 전게서, p.52.

대 후반 민주적 개방 이후 환경, 평화, 여성 등 새로운 쟁점들이 부각되면서 탈근대적 문화 및 가치지향이 등장하고 있다.[22] 또한 탈근대적 시각에서 전통을 재조명하는 작업도 나오고 있다.[23] '비동시성의 동시성'(근대성과 탈근대성의 병존)이라 부를 수 있는 이러한 다양한 문화들의 공존에서 전통문화와 윤리를 부정적으로만 평가할 필요는 없다.[24] 개인주의, 자유주의, 경쟁주의가 한편으로 소외를 증대시키고 생활세계의 식민화를 촉진시키며 정치적 무관심을 확산시켜왔음은 많은 서구의 사회학자들에 의해 지적된 바이기도 하다.[25] 그러나 이러한 서구 문화의 부정적 측면이 전통문화의 온존을 옹호할 수 있는 것은 또 아니다.

이와 같이 근대성을 19세기 서세동점의 시점이 아니라 현재의 시점에서 좀 더 객관적으로, 즉 탈근대성(문화면에서는 포스트 모더니즘이라 할 수 있다)의 관점에서 보면 굳이 유교와 공자를 말살하는 식으로 볼 필요는 없다. 앞으로 후기 공업사회에서 생산체제와 사회제도 면에서는 근대성의 영향이 여전히 크겠지만, 문화 면에서는 동서고금의 문화가 폭넓게 교류될 것이다.

제1부 「한국인으로 사는 열가지 괴로움」에서 '이제 지도는 찢어졌다' '나는 신토불이가 싫다' '찬호와 세리가 미국으로 간 까닭은' 등은 세계화 시대에 있어서 문화의 폐쇄성을 지적한 것이다. 외래문화에 대해 개방적인 자세를 취할 때 민족문화는 유연한 생명력을 가질 수 있다. 옳은 이야기이다. 그러나 문화는 외래문화와 자국문화의 끊임없는 혼융 속에서 형성된다는 점도 고려해야 한다. '술 한잔이 망친 나라'(공돈이 나라 망친다는 뜻), '억울하면 출세하라'(과정을 무시한 결과주의/실력이 없는 정신주의), '법치가 되지 않는 이유'(우리 사회의 무질서), '역시 핏줄 뿐입니다요'(혈연 등 연고주의 폐해), '모두가 왕손인 나라'(동이족, 단군 자랑 등 문화 폐쇄주의) 등 소위 한국병의 면모를 지적한

22) 동서, p.220.

23) 함재봉, 『탈근대와 유교』, 서울: 나남출판사, 1998. 이에 대한 서평은 이상호, 「포스트모더니즘과 유교의 어설픈 만남」, 동아시아 문화포럼, 『동아시아 문화와 사상』 제2호(서울: 열화당, 1999. 4)에 실려 있음. 이러한 비교는 매우 어려우므로 서평도 참조할 것.

24) 김호기, 전게서, pp.111-131.

25) 동상.

것들이다. 이러한 현 한국사회의 병폐와 어글리 코리언을 지적한 책은 현재도 여러 권 나와 있다.[26] 외국인의 개관적 고찰에는 수긍이 가는 점도 많다.[27]

제2부 「공자가 죽어야 나라가 산다」의 '유교의 유효기간은 끝났다'에서는 KBS와 일본의 마이니치 신문이 실시한 한중일 국민의식 조사에서 나타난 한국의 유교적 문화의 부정적 잔영을 말하고 있다(이혼, 남아 선호, 장남의 부모 모심). 한국의 근대화에 유교가 방해가 되고 있는 점이 잘 지적되었다. '유교문화가 어떻게 나라를 망치는가' '공자 바이러스' '유교 속의 여자, 유교 밖의 여자' 등도 대략 같은 내용이다.

'중국과 일본이 유교를 버린 이유'에서는 중·일이 근대초 유교에 대한 일정한 평가를 하여 근대화로 방향을 잡았으나(중국은 먼저 마르크스주의로 유교를 재평가), 우리는 그러한 기회를 갖지 못했다는 것이다. 그것은 하나의 타산지석으로 우리는 해방 후 일제 청산도 제대로 하지 못하고, 근자에도 '역사 바로잡기'를 한다면서 정권에 따라 왔다 갔다 하고 있는 실정이다. 이는 정치적 지체일 뿐만 아니라 문화적 지체이기도 하다. '유교의 그릇된 출발-역사의 왜곡, 왜곡의 역사'는 『서경』의 자료가 힘 있는 주 나라에 의해 힘 있는 자의 역사로 왜곡되었다는 사실을 지적하고 있다. 이는 중국 고증학자들이 이미 지적한 바이다. 요는 우리도 이제는 유교 경전을 도그마로 받아들이지 말자는 뜻으로 일리 있는 주장이다. '공자는 왜 거짓말을 했나' '효도가 사람 잡는다' '주자학, 그 위대한 사기극' 등은 앞에서 말한 대로 문화의 유기체적 성격, 퇴적되는 문화의 형성성 등을 무시하고 일방적으로 근대의 입장에서만 유교전통을 비판한 것이다. 그러므로 일면의 진리만 담고 있다.

그리고 '우리는 영원한 중국의 속국인가'에서는 한 나라 때의 동중서의 미신적인 '천인감응설'을 비판한 것이다. 유교 문화의 한계는 청말에

26) 예를 들면, 김용운, 『무너지는 한국, 추락하는 한국인』, 서울: 고려원, 1995 및 허명환, 『관료가 바뀌어야 나라가 바로 선다』(서울: 한국세정신문사, 1999), 그리고 서언에서 언급한 김동훈, 『대학이 망해야 나라가 산다』(서울: 바다출판사, 1999) 등이 있다.

27) 예를 들면, 일본인 이께하라 마모루(池原衛)가 최근에 써서 항간에 회자되는 『맞아죽을 각오로 쓴 한국, 한국인 비판』(서울: 중앙 M&B, 1999)이나 재중교포 3세 찐원쉐(金文學)가 쓴 『한국인이여 상놈이 되라』(서울: 우석, 1999) 등이 있다.

이르기까지 '음양오행설'로써 자연을 설명함으로써 자연과학적 발상을 하지 못했다는 데 있다. 그러므로 유교옹호론자들도 역사적으로 진행되어온 미완의 유교사에 대해서 모조리 유교 전통이라고 해서는 안 될 것이다. 또한 주자학만이 유교이고 양명학은 이단이라고 하거나[28] 조선조 후기 주자학파의 소중화 사상을 민족주의적 입장에서 비판 극복한 실학사상은 유교 전통이 아니라고 한다면, 유교옹호론자들의 유교 보는 시각은 협소함을 면치 못한다. 이런 점에서 유림(유교 종단)에서는 유교를 어떻게 보는가에 대한 입장 정리가 있어야 할 것이다. 즉 현재 우리의 유교적 삶의 관행을 뭉뚱그려 유교라고 하는가, 아니면 공자를 종교의 시조 처럼 모시는 의례나 한시 짓기, 서예 등을 유교라고 보는가, 자문자답해 보면 간단치 않음을 알게 될 것이다.

제3부 「일본이여 들어오라! 중국이여 기다려라」에서 '일본을 용서한다' '일본 만화에서 배운다' 등에서는 한일의 역사적 감정을 씻고 현실적으로 교류와 협력을 해야 한다는 것을 말하고, '왜 일본 문화에는 폭력과 성이 난무하는가'에서 그것은 기후와 풍토 때문에 그것만으로 문화의 우열을 논하는 문화의 폐쇄성을 가져서는 안된다는 것을 말하였다. 그리고 '중국을 이기려면 먼저 철저한 장사꾼이 되라'에서는 우리의 양반 의식을 버리고 장사꾼 기질을 키워야 살아갈 수 있다는 제안이다. 유교의 잔재를 한마디로 요약하면 '양반의식'이라고 할 수 있는데, 이는 수긍이 가는 말이다.[29] 일본의 근대화 성공과 경제대국의 성취는 강한 제조업과 철저한 상인의 서비스 정신이 그 바탕이다. 이에 비해 우리의

28) 전게 최재목의 칼럼을 보면, 자신이 양명학을 전공하면서 겪은 주자학 대 양명학, 즉 정통 대 이단의 곱지 않은 시선을 느꼈다고 말하고 있다. 성균관과 같은 유교 종단에서는 우리나라 문묘에 왕양명이나 우리나라 양명학자는 배향되어 있지 않으므로 주자학만을 유교정통이라고 할지 모르지만, 현재 자신이 전통 유교인(?)이라고 하더라도 이런 시각을 갖지는 않을 것이다.

29) 찐원쉐의 전게서 참조. 그의 책 제목이 양반에 대립되는 '상놈'이라는 말을 썼다. 한국인의 병폐는 바로 '양반의식' 때문이라는 것이다. 18-19세기 전국민의 양반화(당시 국민의 50%)는 오히려 고급문화 형성을 방해했을 뿐만 아니라 사회 부조리(공무원 부패, 뇌물관행, 연고주의, 서비스 정신 부재, 장인 정신 부재 등)의 원인이 되고 있다. 이런 양반 지향성은 곳곳에서 다른 행태로도 나타나고 있다(학벌주의, 고시열광, 국회의원병, 한탕주의 등으로). 어느 나라에서나 전통사회에서 산업사회로 바뀌는 과정에서 나타날 수 있는 현상이나, 우리의 경우 정도가 심하고, 더욱이 전국민이 이 병폐에 물들어 있어서 치료할 의원이 없고 감시할 사람이 없다는 데 문제가 있다. 가장 효과적인 방법은 감시할 사람을 전연 낯선 사람으로 외국에서 수입해 오는 길이다.

양반의식은 근대 산업화와 맞지 않는 점이 많고, 조선 후기 이후 오늘날에 이르기까지 전국민이 '양반 지향성'을 버리지 못하고 있다. 이러한 국민의식이 자본주의 발달에 장애가 되고 있음은 사실이다.

그리고 '한자가 아니라 Asia Sign입니다'에서는 앞으로 정보화 사회에서 한글전용을 기본 정책으로 하되 이웃 나라와의 교류라는 특수한 목적을 가지고 한자 교육의 효율성을 높여야 된다는 주장인데, 수긍이 가는 주장이다. 일본이 제조업에 강하고 한문 혼용으로 인쇄문화를 이루었지만, 앞으로 정보화 사회에서는 알파벳이나 한글과 같은 문자가 아니면 경쟁이 안되므로 우리의 앞날은 밝다고 할 수 있다.[30] 한자 교육을 강조하면 그 속의 유교와 공자 사상을 결국 긍정하는 것이 되어 자가모순이 되는데,[31] 여기서 저자가 주장하는 것은 기호로서의 한자이므로 그런 취지는 아닌 것 같다. 그리하여 결론적으로 저자는 '유교는 어떻게 우리의 상상력을 죽였나'에서 유교가 21세기 세계화 시대에 적절하지 못하고, 남아 있는 유교적 잔재를 없애야 한다는 것을 강하게 주장하고 있다.

그리하여 필자는 중국이나 일본은 국가 경영의 기본 방침은 서구화하는 데 두었고, 전통 문제에 대해서는 주체적으로 치열하게 논전을 벌여 개방적으로 문제를 다 들어낸 데 비하여, 주체적으로 근대화를 받아들이지 못한 우리는 전통의 문제를 시대적 과제로 진지하게 다루지 못하였다 하고,[32] 오히려 전통을 그동안 '민족문화 되살리기 운동'에 편

30) 일찍이 일본의 대표적 지성 마루야마 마사오(丸山眞男)도 지적하기를, "한자는 유럽 언어와 달리 말로 직접 뜻을 전달하지 못하고 상징을 매개로 하는데, 이는 구체적, 감각적(시각적)인 것에 말글(언어)을 결부시킴으로써 추상적 사유를 방해한다. 그러므로 말글에서 문학적, 상징적 뉘앙스의 탈각이야말로 과학적 사고방식의 전제가 된다."라고 하였다. 마루야마, 『自己內對話』(みすず書房), 1998, p.12; 한상범, 『한자 숭배, 나라 망친다』, 서울: 푸른 세상, 1999, p.177에서 재인용.

31) 전게 신광철 교수의 논문에서도 한자를 아시아의 기호라 하여 그 교육을 강조하게 되면 공자 죽이기는 아시아적 가치의 실재성과 힘을 인정하게 된다고 지적하고 있다. 전게 「중아일보」 신문. 최근 일본은 21세기에는 영어를 일본의 제2공용어로 할 계획이라고 발표하였다. 국제화의 측면도 있지만, 역시 일본어는 그 한자의 짐 때문에 21세기 정보화에 뒤처질 수 밖에 없음을 인식한 결과일 것이다. 우리가 한글전용을 하면서 일본식 한자(혹은 한문식 조어)를 무분별하게 사용하는 것부터 반성해야 할 것이다. 예를 들면 '速進制' '秀越性' 등이다. 우리에게 이미 익은 말로 표현해야 한다.

32) 일본은 '명치유신'이라는 혁명을 통해서 서구적 근대국가의 치국이념을 세우면서 전통문제에

승하여 옹호하기까지 한 잘못된 길을 걸었다고 하였다.[33] 그러므로 우리는 이제 진지한 논의를 시작하는 것이라고 말하였다. 그런데 19세기 말 서세동점의 시기와 지금 탈근대성을 아울러 논하는 시점과는 상당한 시대적 차이가 있음을 고려해야 한다. 또 문화는 싹 쓸어버릴 수 있는 것이 아니고, 퇴적되면서 그 가운데서 새로운 가치를 끄집어내기도 하고 민족의 원기로서 의지처 역할도 하는 그런 것이다. 또한 기원전 4-5백년 전의 소위 차축시대의 인류 스승의 정신적 유산은 '원형합리성'이 있기 때문에 그 본질 자체를 무의미하다고 말할 수는 없다. 그러므로 저자의 유교 비판은 '근대-전근대의 상대론', '세계화 시대의 생존전략'이라는 시각에서는 일리가 충분히 있으면서도 보완적 논의가 따라야 하는 일면의 논리라고 할 수 있다.

03 공자가 살아야 나라가 산다(?)

이 책은 유도회 총본부 사무부총장(청주대학교 사범대학 한문교육학과 겸임교수)으로 있는 최병철의 『공자가 죽어야…』라는 앞의 책에 대한 반론으로 쓴 책이다. 저자의 현직으로 보아 유림 인텔리로서 유림을 대표하여 유교를 옹호하는 주장이라고 볼 수 있다. 문투도 앞의 책 처럼 너무 튀지 않고 평이하게 집필하였지만, 그 나름대로의 공격 논리는 갖추고 있다.

이 책이 취하고 있는 시각은 탈근대성의 입장에서 근대성을 비판하는 시각이며, 미국 중심의 세계화에 대한 경계로서의 민족주의적 시각

대해 객관적으로 연구할 수 있는 자세를 갖추었고, 중국의 경우는 마르크시즘이라는 체계적인 역사철학을 가지고 전통을 재평가함으로써 전통 사상에 대한 이해를 도왔다(물론 유물론적인 시각에 편중되었지만). 우리의 경우는 주체적 근대의식을 형성하지 못하였기 때문에 전통 사상에 대한 객관적인 냉엄한 비판이 없었다.

33) 1970년대부터 시작된 박정희 정부의 '전통문화 살리기'를 말하는 것 같다. 경제개발에 걸맞는 주체의식의 강조라는 측면에서 긍정적인 면도 있었다. 그러나 정치이념이나 생활철학이 근대성을 살리지 못하는 수준에서 주창되었기 때문에 결국 국수주의적 문화운동으로 빠지고 말았다. 전통문화는 장단점을 동시에 고찰해야 하고, 장점을 현대 시민윤리와 비교하여 실천규범까지 끌어내고, 이것을 전국민이 체험화하지 않으면 안되는 문제이다.

이라고 할 수 있다. 그러므로 저자는 공자를 죽이는 책은 '공자를 죽임으로써 신자유주의를 높이고, 전통문화를 파괴함으로써 미국식 세계화를 추구하자는 논리'라고 비판하고 있다.[34] 그리하여 그 책은 미국이 주도하는 신자유주의 세계질서에 편승하여 잘 살아보자는 신사대주의적 발상이 아닐 수 없다는 것이다.[35] 그러므로 그 책은 '왜곡된 공자'상을 가지고 빗나간 화살로 공자를 죽이려는 잘못된 발상의 책이라고 말하고 있다.[36] 이러한 시각에서 그는 말하기를 "오히려 공자가 살아야 나라가 산다. 그래야 핵더미 속에 살고 있는 인류도 살 수 있다."라고 하고 있다.[37] 저자는 또 IMF 경제 파탄의 원인이 일부 유교에도 있겠지만, 유교가 주범은 아니라고 한다. 정경유착, 사치성 소비문화, 그리고 지하 경제 등이 오히려 주범이라고 한다.[38]

그리고 마지막으로 저자는 21세기는 정보화 사회로 갈 것인데, 그 때는 산업사회가 해체한 가족이 더욱 결속되고, 개인사회는 공동체주의 사회로 갈 것이라고 볼 때 유교적 가족주의가 오히려 장점이 될 것이라고 한다.[39] 또 앞으로 인류 문명사에서 서구적인 대립적 변증법적 사고방식이나 기계론적 자연관으로는 인류를 구원하지 못하며, 개체와 공동체의 유기적 화합을 강조하는 유교의 '유기체적 조화이론'이 중요하다고 말한다.[40] 그리고 또한 서구 근대성의 기반인 합리성과 과학문명 역시 생명공학에서 그 극치에 달하여 인류를 파멸시킬지도 모를 것이므로 도덕성에 바탕한 생명윤리를 회복해야 되고, 그것을 위해서는 서구의 합리성과 유교의 도덕적 합리성이 화합되어야 한다고 말한다.[41] 그리하여 저자는 결론적으로 "우리도 이제는 서양문화에 대해서 알 만큼은 다 안다. 따라서 서구 과학주의와 아시아적 가치의 핵심인 유교와의 조화를 모색해야 된다."라고 말하고 있다.[42]

---

34) 최병철, 『공자가 살아야 나라가 산다』(서울: 시아출판사, 1999)의 머리말.
35) 동상.
36) 동상.
37) 동상.
38) 동상.
39) 동상.
40) 동상.
41) 동상.

앞의 책 『공자가 죽어야...』가 세계화 시대의 개방논리로써 한국 사회와 그 원인으로서의 유교 전통 문화를 비판한 공격적인 책이라면 이 책은 일부 한국 사회의 잘못과 그 병폐의 원인으로서 유교 전통을 인정하면서 세계화 시대에 대두할 제국주의와 패권주의에 대항하기 위해서, 또 문명사적으로 서구 근대성(현대성)을 극복할 새로운 패러다임을 찾기 위해서도 아시아적 가치, 한국의 유교 전통을 재해석해야 한다는 방어적인 논리를 펴고 있다.

제1부 「선무당이 사람 잡는다」의 '유교의 왜곡, 왜곡의 시작'에서 현재의 유교가 쇠퇴한 가장 큰 이유는 우리 민족의 정신을 말살하기 위한 일제의 만행에 의한 것이라고 하고 있다. 그러나 이것은 옳은 주장이 아니다. 일제의 식민지학의 왜곡이 다소 있었겠지만, 조선 시대의 유교는(특히 조선 후기) 이미 부패하여 사회 지도 이념으로서의 역할을 제대로 못하고 있었다(이는 역사 속의 유교를 말하는 것이지 유교 본질을 말하는 것이 아니다). 이미 당시 선비 사회에서 유교는 '행세유교'로 전락하고,[43] 모든 국민이 수단과 방법을 가리지 않고 양반으로 지위 상승을 모색하고 있었다. 그리하여 조선 후기 말에 오면 양반 수가 전 국민의 반을 상회하기에 이른다.[44] 조선조의 사회체제는 이와 같이 동요하고 있었고, 유교는 그 속에서 이미 통제력을 제대로 발휘할 수 없었다. 이와 같이 보면 일제에 책임을 돌리는 것은 자칫하면 앞의 책이 현재의 한국의 위기의 원인을 단선적으로 유교와 공자에 돌리는 것과 같은 논리가 되고 만다.

이 책도 앞의 책과 마찬가지로 한국 사회는 총체적 부패에 빠져 있어 단순하게 말할 수 없다고 한다('한국병의 근원이 유교라고'). 앞의 책, 『공자가 죽어야...』에서 한국 부패의 원인이 유교에 있는데, 그 원인은 유

---

42) 동상.

43) 여기서의 '行世유교'는 유교를 사회적 명예를 낚기 위해서 이용하는 경향을 말한다. 고 성락훈은 한국유교의 역사적 전개를 서술하면서 조선초 文學유교에서 시작하여, 敎化유교, 士類유교, 道學유교, 性理유교, 黨爭유교, 空論유교, 行世유교, 實用유교로 전개되었다고 하였다. 성락훈, 「한국 유교사상사」, 『한국문화사대계』 12, 서울: 고대민족문화연구소, 1970, p.948.

44) 강만길, 『한국근대사』, 서울: 창작과 비평사, 1985, pp.114-123와 미야지마 히로시(宮島博史), 노영구 옮김, 『양반』, 서울: 강, 1996 및 졸고, 전게 「유교의 전통과 21세기 한국의 '민족문화' 문제」 참조.

교가 다음 세가지 특징이 있기 때문이라고 하였다.45) 첫째, 유교는 인문의식이 강하기 때문에 법치가 되지 않는다. 둘째 공자의 온고지신 때문에 과거에 묻혀 산다. 셋째, 유교의 조상숭배 의식은 주검을 숭배하는 의식이다. 여기에 대해 최병철 교수는 이 모두가 한나라 때 악용된 유교, 그것이 조선시대까지 연결된 잘못된 유교를 보고 한 비판이라고 한다. 우리가 근대와 전근대를 구분하여 말한다면 전근대의 이념은 분명 그 소박한 휴머니즘 정신에도 불구하고 근대와 맞지 않는 점이 많다. 이미 생산 관계가 바뀌었기 때문이다. 여기서 말하는 '법치'는 시민사회의 법과 준법정신을 말한다. 유교가 출발부터 전통문화를 계승하는 학자군에서 출발하였고, 유교의 특징이 인문주의, 교양주의, 예법주의, 도덕주의이기 때문에 전통 의례를 존중하는 보수주의 입장을 취하는 것은 숨길 수 없는 사실이다. 그러므로 유교는 자연히 복고성이 강하다. 이는 유교만 그런 것이 아니고 전근대의 서구 종교(유대교와 기독교)에도 해당된다. 주검 숭배는 유교의 조상숭배 의식에서 나온 것인데, 이는 유교가 동아시아에서 종교의 역할을 해온 것을 고려하면 유교를 이해해야 한다. 조상숭배와 가계의 장자 계승은 유교의 생사관과도 관련 있는 것으로 종교적 신앙에 버금간다. 이런 것이 산업화, 도시화의 현대 사회 효율면에서 적절하지 못한 점 또한 사실이다. 그러므로 근대-전근대 도식에서 이러한 논의는 얼마든지 성립될 수 있다. 그러나 탈근대의 시각이나 문화 퇴적론(문화 영속성)에서 보면 반대의 논리도 펼 수 있다.

저자는 '좋은 이념이 좋은 사회를 만든다'에서 말하기를 "우리 사회는 동양식 사고방식을 버린 지 이미 오래되었다. 조선시대처럼 사서오경을 교과목으로 채택한 곳은 단 한 곳도 없다.....그런데 아직도 유학과 유교가 이 사회를 지배하는 이념이기 때문에 사라져야 하고, 그 죄의 대표자인 공자가 죽어야 한다니 우습지 않은가?"라고 하였다. 이것은 핀트가 약간 맞지 않는다. 현재 유교를 한국 사회 위기의 원인으로 말하는 것은 현재도 남아 있는 조선조 유교 사회의 의식이나 관행의 잔재를 말하는 것이다. 현재도 유교는 삶의 의식과 관행으로 남아 있다. 우리가

45) 최병철, 전게서, p.35.

종교 통계를 낼 때 종교 단체에 맡기면 종교 인구가 전체인구의 1.5배에 달하지만, 통계 기법을 달리하여 종교적 소속감 보다 '종교적인 행위 양식이나 삶의 현장에서 비롯되는 특정한 관념'을 기준으로 통계를 내면, 한국인 가운데 실천적 유교인은 91%, 실천적 불교인은 49%, 실천적 기독교인은 36%를 차지한다고 한다.46)

'나는 신토불이가 좋다'는 앞의 책의 '나는 신토불이가 싫다'에 대한 반론인데, 서로 핀트가 맞지 않는다(수필집은 원래 제목과 내용이 좀 맞지 않는 법이다). '싫다'는 우리 음식 문화 자랑의 부도덕성과 그 속에 감춰진 문화적 폐쇄성을 언급한 것인데, '좋다'는 자연과 인간의 일체성을 논한 것으로 상호 핀트가 맞지 않는다. 그러므로 둘 다 긍정될 수 있다. '유교는 되돌아보기 문화가 아니다'라고 한 것은 인간이 문화 전통 속에서 '사회화'되는 것을 말하므로 이는 원론적으로 옳은 이야기이다. 그러나 앞의 책에서 유교가 발목을 잡는다는 것은 유교의 사회적 역기능을 말한 것이다. 그러므로 두 의견이 역시 핀트가 서로 맞지 않는다. 그 외에 '체면에 죽고 체면에 산다'는 것과 '효도가 사람 잡는다고!'라는 것도 자세히 보면 앞의 책과 서로 대화가 가능한 내용이다. 다만 우리 사회를 보는 각도가 다르므로 생긴 차이일 뿐이다.

제2부 「유교는 불타고 있는가?」의 '안 되면 조상 탓인가?'에서는 IMF 위기의 원인은 '양심 부재 탓'이고, 공자는 정치에서 백성의 신뢰를 얻는 것이 죽음 보다 더 중요하다고 했으므로 공자나 유교 탓이 아니라고 한다. 이러한 논리는 오늘날 근대성 강조와 탈근대성의 주장 사이의 논쟁과 같다. 즉 현대의 위기는 근대성 자체에 있다기 보다 근대성을 잘 실현하지 못한 데 원인이 있다고 보는 것이다. 유교의 본질, 즉 공자 사상은 그렇지 않고 오히려 공자 사상을 잘 실현하지 못해서 그렇다는 것이다. 두 주장 다 일리가 있다. 사실 우리 나라의 지도자가 유교의 애민사상만 가졌다면 오늘날의 이러한 위기가 왔겠는가? 그러나 탈근대를 이야기 할 때는 근대성 자체의 한계를 지적하는 것이다. 마찬가

46) 한국갤럽에서 1998년에 낸 「한국인의 종교와 종교의식」, 『종교 다시 읽기』, 서울: 청년사, 1999, p.65에서 재인용.

지로 현재의 위기가 일반적으로 말하면 양심의 부재에 있지만, 그 원인을 더 찾으면 근대성과 배치되는 전근대의 전통에 있다는 것이다. 이는 우리나라만의 문제가 아니고 서양 등 어느 사회나 마찬가지이다. 그러므로 전통의 핵심인 유교 원인론을 언급하는 것이다. 양심 원인론이나 유교 본질론이 틀린 것은 아니지만 논의의 핀트가 맞지 않는다. 앞의 책이 논하는 것은 유교 사회의 시스템 문제이지 유교 원리가 틀렸다는 것은 아니다(다만 포괄적으로 모든 것을 유교와 공자에게 원인을 돌렸으므로 오해의 소지가 있게 된 것이다). 그러나 그 단순논리를 따라 다시 그것을 비판하고자 하면 같은 논리에 빠지게 되는 것이다.

그리고 '오륜은 수직윤리가 아니다'에서 오늘날 비판 받는 유교는 조선시대 만들어진 '칠거지악'과 같은 '변형된 유교'라고 하면서 오륜은 상호윤리라고 주장한다. 물론 오륜은 원래 인간의 상호 관계성을 논한 것이므로 쌍무적이라고 할 수 있다. 그러나 한 나라의 '삼강'의 윤리를 거쳐 오는 동안 오륜은 역사적으로 일방적 의무의 윤리로 변질되었다. 우리는 일반적으로 역사 속의 유교를 포괄적으로 유교라고 비판하고 있는데, 그렇다고 비판자에게 유교 본질을 말하며 반론을 펴는 것은 어색하다. 예를 들면 오륜 중의 부부 윤리를 오늘날 유교옹호론자는 전근대에도 부부간은 평등하였다고 흔히 주장하는데, 과거 사회는 신분제 사회였으며, 중인과 종이 양반 생활을 떠받치고 있었으며, 첩과 서얼은 동등한 대우를 받지 못한 사회였음을 망각한 주장이다. 양반이 아내에게 존대말을 쓰고 경제권을 맡긴다고 남녀평등을 논할 수는 없다. 근대에서 전근대의 불평등을 비판하는 것은 그런 각도에서 하는 것이 아니고, 시민법 앞에서의 인권의 평등을 말하는 것이다.

제3부 「공자, 그는 누구인가」에서는 공자 사상의 본질을 논한 것이다. 이는 기독교나 불교의 교리를 논하는 것과 같이 사상 본질을 논하는 것이다. 어떤 사상이든지 소위 '원형합리성', 즉 그 시대 요구에 부응하는 가장 합리적인 해답을 담고 있는 것이다. 이런 관점에서 보면 앞의 공자를 죽이는 책은 이 원형합리성을 특수한 목적, 즉 오늘날 우리가 세계화 시대에 생존하기 위해서라는 목적에 맞춤으로써 이 원형합리성

을 지나치게 도외시한 것이다. 이 점에서 유림의 감정적 비판을 자아낸 것이다. 그러나 우리가 계속 원론만 논할 수는 또 없다. 서구 근대의 도구적 이성으로 필요에 따라 특수한 목적 아래 구체적으로(특히 '생존 윤리'는 생물체의 본능이므로 매우 중요하다) 전통을 비판 대상으로 삼을 수 있는 것이다. 우리가 만일 원형합리성에만 충실하다면 그것은 바로 종교의 도그마인 것이며, 그것을 비판하지 않는다면 인류 역사에서 진보는 없을 것이다.

제4부 「서구문명과의 충돌」에서는 이 책의 후반부에 해당되는데, 여기서 부터는 저자의 동서 문명론이 전개되고, 이 위에서 앞의 책이 입각한 '세계화 시대의 생존을 위해서'라는 논리에 맞서고 있다. '서양문화의 기반은 전쟁문화다' '모든 것은 음에서 양으로' '서양 정치이론은 힘의 논리이다' 등에서 이러한 문명론을 전개하고 있다. 저자는 이 시각에서서 우리의 전통을 옹호하고 아시아적 가치인 유교를 옹호하려고 한다. 동·서 문명은 분명 차이가 있다. 그러므로 결론적으로 말하면 상호보완되어야 한다고 일반적으로 말할 수 있다.

그러나 이 점도 생각해야 한다. 한국의 전통사회는 유교의 나라, 선비의 나라, 붓의 나라로서 서양이나, 유목민, 또는 가까운 일본에 비해 '힘의 논리'에 대한 인식이 약하다. 현재 세계화 이면에는 미국 중심의 정치 경제적 패권주의 의도가 숨어 있는 것은 사실이다. 그러나 여기에 대해 힘의 논리로 대응해야지 붓의 논리로 대응할 수는 없다. 우리의 과거 역사가 이를 증명하고도 남음이 있다. 우리는 원형합리성을 잠시 접어두고 또 다른 차원에서 냉엄한 국제사회의 현실과 생존의 윤리가 모든 가치에 우선한다는 사실을 중시해야 할 것이다.

제5부 「아시아적 가치는 살아 있다」의 '중국은 공자를 다시 사랑하고 있다'에서 중국의 근대 서세동점 이후 소위 '문화열'(서구문화와 전통문화의 비교 열기), 모택동 정권의 문화대혁명기의 전통 파괴, 근자의 개방 이후 전통문화의 복원 상황 등을 말하고 있다. 여기서 우리가 참고로 해야 할 것은 중국은 마르크시즘에 의한 것이긴 하나 한번 진지하게 전통을 비판하고 넘어왔다는 것이다. 그만큼 시대적 과제로 전통과 서

구 문제를 자신의 근대화(사실은 공산주의화) 목적에 맞춰 주체적으로 생각해 보았다는 점이다. 이에 비해 우리의 경우는 치열한 반성의 기회가 없었다. 다른 또 하나의 유의점은 중국에서 근자의 전통문화 복원은 세계화 시대에 문화대국으로서의 등장 및 관광산업을 위한 실용적 측면이 많다는 점이다. 우리도 박정희 정권 시절에 그런 적이 있었는데, 유사한 발상이라고 할 수 있다.

'눈먼 사회여, 눈을 뜨자'에서는 앞의 공자를 죽이자는 책과 절충될 수 있는 논리를 보인다. 저자는 말하기를 "근현대로 접어들면서 유교문화가 적합하지 못한 것으로 비난되기 시작한 것은 시대흐름에 유교가 적응하지 못했기 때문이다."라고 하고, 또 "유교는 이론 보완의 과정을 거친다."라고 하고 있다. 또 이어서 필자는 말하기를 "유교문화가 비판되는 초점은 현대 산업사회의 경제 논리에 맞지 않는다는 지적에 맞춰져 있는데, 이 말은 유교문화의 기본 노선상 틀리지 않는다. 그러나 현대적 안목에서 유교문화의 흐름을 재조명하면 반드시 그렇게만 볼 수도 없다."라고 하여 유교의 현대사회에 맞지 않는 점을 인정하면서 유교 본질은 그렇지 않다는 것이다. 그러므로 저자는 마지막에 가서 "다양한 분야의 토론이 자유스럽게 이루어져야 한다. 획일적인 문화로써는 병들어가는 사회를 치유할 수 없다....유교문화가 때로는 비현실적인 측면이 있더라도 그 장점을 취한다면 더 없이 훌륭한 결과를 낳을 것이다. 유교문화의 현재적 가치는 마구잡이로 앞만 보고 달리는 사회에 자신과 가족과 사회를 돌아보게 하는 제동장치로서의 역할에서 찾아야 할 것이다."라고 하였다. 이것은 유교의 원형합리성을 말한 것으로 앞의 책의 한국 사회 비판의 관점과는 핀트가 안 맞지만, '다양한 논의'를 제안한 것은 서로 타협할 수 있는 여지가 있다. 그리고 유교가 현재 한국 사회에서 할 수 있는 일로 가족과 사회 중시라는 '공동체주의'의 장점을 들고 있으나, 이미 사회학자들에 의해 시민사회에서의 '가족이기주의'는 문제로 논의된지 오래이므로 전통적 가족주의만으로는 설득력이 없다.[47)]

47) 오늘날 동아시아의 전통문화 중에서 '가족적 유대'는 현대 산업사회에서 기여할 점이 있다고

'유교문화는 경제발전을 방해하였는가?'에서는 유교자본주의론을 거론하며 유교가 결코 경제발전을 방해한 것은 아니라고 한다. 이 말은 일면의 진리가 있다. 원래 유교자본주의론은 서양과 비교하여 일본의 전후 부흥의 원인에 대해 말한 것이다. 그후 대만, 싱가포르, 그리고 한국의 경우를 보아도 확대 적용이 가능하다고 여겼다. 그러나 자세히 논하면 일본의 경제적 부흥은 과거 명치유신과 관련이 있고, 또 근본적으로 일본의 경우는 대륙문화와 해양문화의 요소를 다 가지고 있어서 원래부터 중국과 한국에 비해 서구적 요소가 많았다는 사실이다.[48] 또한 유교도 중국과 한국 처럼 사회체제로서 견고하지 못하였다. 그 뿐만 아니라 대미 관계에서 당시는 국제 무역이 그렇게 일본에 대해 각박하지 않았다는 대외적 요인도 있었다.[49]

그리고 한국의 경우 초기 공업화의 성공은 물론 유교 사회의 여러 장점, 예를 들면 교육 받은 인재, 성취열, 저축열, 가족이라는 공동체를 위한 희생정신, 그것의 연장으로서의 회사 사랑 정신과 노사안정, 그리고 개발독재 등이 어우러진 결과였다. 여기에 서구 근대정신인 개인주의, 시민윤리, 준법정신, 민주의식, 합리적 정신 등이 구현된 경제발전이 아니었다. 그러므로 유교가 경제발전에는 추진력이 되었지만, 소위 '근대화'에는 유교가 순기능만 한 것이 아니다. 그것은 초기 공업화의 임가공 수출 위주의 경제발전에는 유교가 도움이 되었지만, 고부가가치를 창출해야 하는 후기 공업화 단계인 오늘날에 와서는 경제위기를 겪는 등 오히려 발목을 잡고 있는 사실에서 증명된다(물론 IMF 위기에 대외 요인도 있지만 이것이 주요인이다). 저자도 "근대화란 선물은 서구로부터 주어졌어도 의식 내면에는 유교문화의 전통이 자리하고 있었다"라고 하고, 또 "80년대 들어 일부 부도덕한 기업인과 정치인들이 문제였다."

볼 수 있다. 다만 거기에는 전통적 가족주의가 시민윤리와 접합되지 못하고 가족이기주의와 습합되고 연고주의를 동반하여 사회 합리화를 저해할 소지 또한 많은 것이다. 일면적으로 말하기 매우 어렵다.

48) 최영진은 일본은 역사적으로 대륙문화의 영향을 많이 받았으나, 일본 열도의 지리적 여건은 해양성을 띠도록 하여 서양과 비슷한 해양문화의 활력을 갖도록 만들었다고 하였다. 최영진, 『동양과 서양-두 세계의 사상 문화적 거리-』, 서울: 지식산업사, 1993, pp.63-72.

49) 여기에 대해서는 졸고, 「유교, 개화기의 갈등과 모색-政爭 및 外壓과 관련하여-」, 『공자학』 제3집, 한국공자학회, 1997 참조.

라고 말하고 있다. 그런데 여기서 부도덕한 기업인과 정치인의 의식과 행동을 지배한 것은 무엇이겠는가? 유교적 전통 아니라고 하지는 못할 것이다.

'위기의 시작과 끝'에서는 중국이 동아시아를 기반으로 패권국으로 부상하기 위해서 유교문화를 반드시 필요한 요소로 생각하고 있다는 점을 말하고 있다. 그러나 오늘날 중국이 유교를 필요로 하는 목적과 우리가 오늘날 유교(특히 한국의 유교)를 전통으로 재해석하는 경우가 꼭 같을 필요는 없다. 오히려 과거 문화 사대주의의 경험이 있는 우리의 경우는 이제는 주체적으로 유교문화를 논해야 할 시점이다.

저자는 현재 한국에 유교적 가치가 많이 남아 있다고 볼 수 없다고 하면서 오히려 다종교 상황이며, 1970년대 이후 기독교의 확산이 민주화와 경제발전으로 이어지는 문화적 변화를 체험했다는 헌팅턴(S. Huntington)의 글을 인용하고 있다. 그리하여 저자는 "그러므로 이런 한국 사회에서 공자 사상이 옳다느니 그르다느니 하는 논쟁은 의미가 없다"고 한다.[50] 유교도 이론 보완의 역사를 가지고 있으며 유교의 사회적 폐단도 있지만, 유교는 우리 사회의 오래된 종교로서 본질적 가치가 있으므로 비판적 계승은 될지 언정 죽일 수는 없는 것이라고 말하고 있다. 저자의 논조가 약간 후퇴하고 있는 느낌인데, 사회변동에 따른 종교변동을 인정하고 있는 것이다. 또한 역시 유교의 본질만 논의해서는 변동하는 한국사회의 문제를 논할 수 없기 때문일 것이고, 여기에서 앞의 책과 대화가 가능하다고 보겠다.

제6부 「공자가 살아야 나라가 산다」의 '가장 한국적인 것이 가장 세계적이다'에서는 현재 세계는 근대과학의 기계론적 우주론을 비판하고 '유기체 우주론'을 받아들이고, 이를 토대로 문명의 패러다임을 바꾸려 하고 있다고 말하고, 이 때에 한국정신을 살리고, 그 바탕의 대부분을 차지하고 있는 유교에 대해 일방적으로 말살한다는 논의 보다 그 가치

---

50) 이 저자의 이러한 논조의 후퇴는 왜 왔는가? 이것은 아마 앞의 공자 비판의 책이 우리사회 비판을 하면서 너무나 많은 사실을 체계 없이(수필 형식이므로) 나열함으로 인하여 논쟁할 주제를 명확히 잡지 못했거나, 아니면 모든 책임을 공자에 돌렸으니 결론이 너무 단순하면서도 현재 어찌할 수 없는 결말이 되고 말았기 때문이거나 둘 중의 하나였을 것으로 생각된다.

를 재발견하는 것이 필요하다고 역설하고 있다. 이 문제에 대해 자세히 논의하지는 않고 있지만 이러한 문명사적 관점은 탈근대의 시각과 같은 맥락으로서 이 입장에서는 유교적 전통의 가치가 재해석될 수 있다.[51] 그러나 그것이 바로 전통의 재등장하고는 물론 다르다는 점을 유의해야 한다.[52]

04 죽일 수도 살릴 수도 없다 - 결어에 대신하여

이상에서 두 책이 주장하는 바를 그들의 문장 스타일을 떠나서 내용을 중심으로 다시 요약하면, 공자 죽이기(유교 비판)의 입장은 세계화 시대의 한국의 생존 시각에서 문제를 제기하였고, 공자 살리기(유교 옹호)의 입장은 고대 사상의 원형합리론 이론과 문명사론(자세히 말하지는 않았지만)을 원용하여 말하였다. 또한 한 쪽은 문화의 개방성을, 다른 한 쪽은 문화의 주체성을 강조하고 있다고 대비할 수 있다. 결론부터 말하면 두 주장은 특수한 목적과 시각에서 나온 것이므로 서로 절충될 수 있고 서로 보완될 수 있는 주장이다. 원래 이런 큰 사회적 이슈를 수필(에세이)로써 다 말할 수는 없는 법인데, 유교 비판 입장은 대중성에 너무 치중한 나머지 논리가 비약하고 극단적으로 간 데 문제가 있다. 그리고 유교 비판이 자기가 처음인 것 처럼 자만한 것은 더욱 이 책의 가치를 떨어뜨리고 있다. 유교 옹호 입장은 서구 근대성과 전통문화의 사회 원리가 서로 맞지 않는다는 일반화된 정설을 유교 본질을 가지고 부정을 하자니 무리가 따르고, 그 결과 현대 한국사회의 문화에 유교가 전부는 아니라든가, 죽이고 살리는 이런 논의는 필요 없다고까지 하게 되었다. 이제 두 의견이 공존할 수 있는 이유를 들어 보겠다.

현대 한국의 시민문화는 가족주의와 권위주의로 요약할 수 있다. 가족주의는 근대화 과정 속에서 약화된 것이 아니라 오히려 강화되었다.

51) 여기에 대해서는 함재봉, 전게서, 김호기 전게서, 그리고 전게 졸고 등 참조.
52) 이는 양자택일 논리로는 되지 않는다는 뜻이다. 전통을 긍정하더라도 사실 오늘날의 문맥으로 바꾸거나 전통사상의 본질을 다시 재창조하는 과정을 한번 거쳐야 한다는 것이다.

조선후기 이후 신분제 붕괴, 일제의 식민지 지배, 한국전쟁, 급속한 산업화에 따라 국가, 문벌, 공식적 사회집단 등이 기존의 권위를 담당할 수 없게 되면서 개인들은 생존을 위해 직계가족을 중심으로 가족지상주의를 도모해 왔다. 각종 연고주의와 공사혼동, 부정부패 등으로 파생되기도 하였다. 유교가 이 가족주의를 통해 강력한 영향을 행사하였던 것이다.[53] 권위주의는 전통적인 유교윤리와 이와 연관된 왕조체제의 가산관료제로부터 큰 영향을 받았다. 역대 정권의 속성을 보면 이 잔재를 잘 알 수 있다. 이것은 또한 성차별, 신분의식, 위계의식을 정당화하는 가치체계로 작용하였다.[54] 1980년대 후반 민주적 개방 이후 환경, 평화, 여성 등 새로운 쟁점들이 부각되면서 이른바 탈근대적 문화 및 가치지향이 등장하고 있다. 그러므로 현재의 한국의 시민문화는 전통문화, 서구문화(서구 근대성), 그리고 탈근대(탈현대)의 문화가 복합적이고 중층적인 양상을 보이고 있다. 소위 '비동시성의 동시성'이라고 할 수 있는 이러한 다양한 문화의 공존에서 전통문화와 윤리를 부정적으로만 평가할 필요는 없다.[55] 개인주의, 자유주의, 경쟁주의가 한편으로 소외를 증대시키고 생활세계의 식민화를 촉진시키며 정치적 무관심을 확산시켜 온 것도 주목해야 한다. 그렇다고 하여 서구 문화의 부정적 측면이 전통문화의 온존을 옹호할 수 있는 것은 아니다.[56]

원래 가족주의와 개인주의는 자율성과 엄격한 책임의식을 강조하는 근대적 개인주의 및 민주주의와 양립할 수 없는 것이다. 1960년대 시작된 성장 중심의 근대화 전략은 우리 사회에서 천민적 자본주의, 권위적 정치구조, 이기적 시민사회로 구체화되었고, 이러한 사회구조는 우리 사회의 근대성의 왜곡을 단적으로 상징하고 있다. 요컨대 정치 및 경제

53) 김호기, 전게서, pp.214-217.

54) 동서, pp.217-220.

55) 동서, pp.220-221.

56) 서동만은 말하기를 "최근 현대(=근대-필자) 극복방안의 하나로 전통의 문제가 재검토되고 있다. 서구 현대성(=근대성-필자)에 내장된 개인주의의 폐해를 고려해볼 때 유교적 전통의 부활이 의미가 없는 것은 아니지만, 이러한 전통의 부활을 과대평가하기는 어렵다. 해방 이후 남북한 사회에서 유교 담론이 정권의 지배 이데올로기로 어떻게 악용되었는가는 이를 잘 보여주고 있다."라고 하였다. 서동만, 「북한 사회주의에서 근대와 전통」, 역사문제연구소 편, 『한국의 '근대'와 '근대성' 비판』, 서울: 역사비평사, 1996. 김호기, 전게서, pp.41-42에서 재인용.

영역에서 보다 합리적 절차가 제도화되고, 시민사회에서 자율과 책임에 입각한 개인주의가 정착되어야 한다는 점에서 우리 사회의 근대성은 여전히 미완의 과제라 할 수 있다.[57)]

우리 사회에서 근대성이 미완의 과제라면 그 완성되어야 할 근대성이 기존의 서구의 근대성일 필요는 없다. 근대성의 다른 측면들, 즉 정치적 억압, 경제적 불평등, 문화적 소외는 오히려 극복되어야 할 것들이다. 그러므로 우리 사회의 경우 '근대성의 완성과 극복'의 이중적 과제가 중첩되어 있다고 말할 수 있다. 바로 여기에 탈근대성 담론이 실천적 대안을 모색하는 데 있어서 기여할 수 있는 것이다. 기존의 근대성 담론에 체계중심주의, 국가중심주의, 서구중심주의적 특징이 내재되어 있다면, 그것을 극복할 수 있는 체계와 생활세계의 공존, 국가와 시민사회의 긴장, 문화제국주의의 극복은 새로운 근대성의 지향으로서 설정되어야 한다.[58)]

이와 같이 우리 사회의 근대성과 탈근대성의 담론에서 볼 때 위의 두 입장은 다 일리가 있다고 할 수 있고, 어느 면을 치중해서 지나치게 단순화해서는 곤란하다는 것을 쉽게 알 수 있다. 또 다른 하나의 문제로서 두 책의 저변에 깔린 논리로서 문화의 개방성과 문화의 주체성 문제가 있다. 문화의 세계화는 자본주의의 구조변동과 밀접하게 연관되어 있다. 선진 자본주의의 문화 패턴이 표준화되는 현상이 우리 사회에서도 이제 본격화되고 있다. 여기에 대한 바람직한 전략은 개방적 민족주의와 문화적 민주주의로 구체화될 수 있다. 원래 역사적으로 볼 때 민족문화는 외래문화와의 끊임없는 접촉 속에서 형성된 것이므로 외래문화에 대한 개방적 자세를 취할 때 민족문화는 오히려 유연한 생명력을 가질 수 있다.

그러나 문화의 세계화는 자유, 민주, 평등주의의 보편적인 인간계몽을 함축하고 있는 해방담론의 성격도 있지만, 문화 식민지화라는 권력관계(패권주의)가 은폐되어 있기도 하다. 그러므로 소비자본주의 문화

---

57) 김호기, 전게서, p.38.
58) 동서, p.41.

생산의 집중과 독점을 제어하는 문화적 민주주의의 공간을 확보하는 전략 또한 필요하다. 이 때 민족문화도 다양한 대안적 문화 생산에 일조를 할 수 있음은 물론이다.[59] 이제 탈산업사회의 도래가 시작되었으므로 앞으로 사람들은 노동 보다 문화 공간에서 많은 시간을 보낼 것이므로 주체적이고 민주적인 문화적 실천이 활발하게 이루어져야 할 것이다.[60] 이렇게 보면 앞의 두 책이 취하고 있는 상반된 문화적 시각은 상호보완적으로 교정될 수 있는 것이다.

결론적으로 말하여 위의 두 주장은 각각 취하고 있는 입장의 상이에서 온 것이므로 일면의 진리는 담고 있다. 이는 현재 우리 사회의 근대성 담론의 중층성, 복잡성을 대변하고 있는 것이다. 다만 그것이 에세이라는 가벼운 형식의 글에 담아 너무 지나치게 자기 주장만을 선동적으로 부각시킨 데서 대중을 오도할 위험성을 안고 있으므로 독자는 균형 있는 시각을 필요로 한다고 할 수 있다.

59) 동서, pp.128-131.
60) 동상.

제 11 장

분단시대의 윤리의식 개혁

01 서 언

한반도 통일 문제는 정치 문제이고, 윤리의식과는 아무런 관련이 없는 것 같지만, 그렇지 않다. 한 시대의 국민의식은 당시 당면한 현실적 난제를 해결하는 과정에서 형성된다. 그러므로 여기서 한반도 통일과 윤리의식을 결부시키는 것은 '통일'이라는 문제 의식을 가지고 민족적 내지 국가적 차원에서 이를 보아야 된다는 것을 말하고자 하는 것이다. 한반도 분단 문제는 내외적 요인이 결부된 것이므로 그 해결인 통일에 있어서도 내외 요인이 성숙해야 되는 것은 당연하다. 윤리 문제도 마찬가지로 한국사회의 당면한 윤리의식 변화이지만, 그것은 세계화 시대의 생존이라는 대외적 시각, 또 한편 세계화 시대에 있어서의 문화의 주체성과 개방성의 문제가 개재되어 있다.

한반도의 분단 문제는 세계화 시대에 있어서 생존 문제와 걸려 있고, 윤리의식 개혁 문제도 역시 세계화 시대의 생존에 맞추어 논한다면 같은 시각에서 결부시켜 논의가 가능하다. 통일의 계기에 있어서 비록 내외적 요인이 있다 하더라도 국가의 경제적 부강이 토대가 되지 않을 수 없다. 이 경제적 부강은 자원이 빈약한 한국의 경우 결국 자본주의적 생산력 향상과 무역의 확대의 길 밖에 없다고 할 수 있다. 이것을 한마디로 말하면 '경제적 효율성'이라고 할 수 있는데, 자본주의의 토대로서의 '근대성', 즉 '근대적 합리성'이 사회윤리의식으로, 생활지침으로 정착되지 않으면 이 효율성을 달성하기 어렵다. 물론 이를 위해서는 국민적 공감대와 저변 확대가 필수적이다.

윤리의식 개혁 문제는 '시민사회' 건설이 목표가 되어야 하는데, 이는 다른 말로 하면 '근대화'라고 할 수 있다. 한국의 경우 비극적인 근대사에 있어서 주체적 근대화를 이루지 못했다. 일본의 경우 명치유신으로 근대화를 이루었고, 중국의 경우 식민화의 길을 걸었으나, 모택동에 의해 통일국가를 형성하는 한편 마르크시즘에 의해 전통과 서구화에 대한 주체적 반성을 철저히 하였다. 그러나 우리의 경우 그럴 사이도 없이 분단과 전쟁, 내전과 휴전, 그리고 분단 고착으로 귀결되고 말았다. 그리하여 남북 어느 쪽이든 주체적 역량이 그만큼 줄어들었으며, 주체적 근대화 작업도 거의 불가능하였다. 거기다 북쪽은 부자세습의 기형적 공산주의를 만들었고, 남한은 민주주의 정치제도를 형식적으로 도입하여 정치적 불안과 삶의 태도의 분열을 가져왔다.

이런 결말은 거슬러 올라가면 조선후기 봉건제의 모순의 누적과 외적의 침입, 지나친 명분주의 이념 등으로 인한 국력의 약화에 가 닿는다. 그러나 무엇 보다 중요한 것은 봉건제의 모순에 의한 혼란(내적 분열과 싸움)에 있다. 그 사이에 개혁을 외친 자들이 많았지만, 한가지도 올바르게 이루어지지 못했고, 조선후기에 오면 자체의 힘으로 해결이 거의 불가능할 지경에 이르고 말았다. 이러한 내분이 일제 침략 시기에는 잠복해 있다가 해방 후 거의 내전의 양상으로까지 갔다가 결국은 외세의 간섭이 끼어들어서는 내부 전쟁(6. 26 전쟁)으로까지 비화되었다.

5. 16 혁명도 정치적 혁명에 그쳤을 뿐 진정으로 근대국가로 가는 근대화 체제 개혁은 효과적으로 이루지 못했다. 근대화 문제에서 보면 5, 6 공화국도 정권 주체의 변동에 불과했다고 할 수 있다. 민주주의적 정치 개혁의 후퇴는 경제 등 많은 부분에서 잃은 것도 많았다. 강권 통치가 할 수 있는 의식개혁이나 제도개혁도 민족의 숙원인 주체적 근대화에 크게 기여하지 못했다. 물론 '민주화'라는 정치적 장애물과 씨름하기 바빴고, 이 와중에서 국민적 합의를 도출할 수 없었다. 또한 정치행위 행태도 그 집권방식에서부터 지극히 한국적이었다(연고주의). 그러나 여하튼 근대화 문제에서는 별로 진전이 없었다고 해도 과언이 아니다. 강고한 보수주의자의 기득권 옹호와 국민의 전통적 생활관행은 강권 통치자에게도 현실안주의 유혹을 떨쳐버리지 못하게 하였다. 결국 정권 주체만 바뀐 상태에서 전통적 정치행태는 계속되었다.

이어 문민 정부, 국민의 정부가 이어졌지만, 아직 지도자이든 일반 국민이든 이 근대화 문제에 대해 별로 자각하지 못하고, 통치권 행사에만 머물고 있는 것 같다. 민주적 선거제도하에서 이러한 민족적 숙원인 주체적 근대화를 위한 사회개혁, 그 제도화, 생활의식과 행태의 혁신 등이 이루어질지 의문이기도 하다. 여기에서 우리의 시각을 통일이라는 차원 -국가의 생존과 부강(경제적 선진국), 주체역량의 강화, 그리고 주체적 통일이라는 차원-에서 윤리의식을 논해야 할 필요성이 있는 것이다.

윤리의식 개혁을 위해서는 약간의 방법론이 필요하다. 왜냐하면 현재 근대성의 실현과 함께 '탈근대성'도 운위되고 있기 때문이다. 그리하여 이 탈근대의 시점에서 우리가 추구해야 할 근대성이 반드시 서구적 근대성일 필요가 없다고 말해지고 있기도 하다. 더 나아가 근대성 실현과 탈근대성 추구가 동시에 이루어져야 할 것이라고 주장되고 있기도 하다. 즉 '동시성의 비동시성', '근대성의 중층성' 등으로 말해지는 것이 바로 그것이다. 그러나 산업화를 통해 근대 부강한 국가건설을 위해서는 이 근대성 실현은 필수불가결하다고 하지 않을 수 없다.

현대 한국의 윤리의식을 말하기 위해서는 당면한 윤리적 상황을 먼저 거론하여 문제제기를 해야 할 것이다. 그리고 마지막에 현상 분석에 그치지 말고 그 대안을 제시해야 하는데, 그것은 다른 분야와 학제적으로 연구되어야 할 문제이어서 한 분야에서만 구체적으로 말하기는 매우 어렵다. 그러나 사회윤리 내지 철학의 시각에서 간단하게 대안을 제시해 보고자 하였다.

서론에서 언급한 통일문제는 문제제기의 차원에서 거론하였지만, 정치학자의 보편적인 이론을 원용하였을 뿐이다. 요는 이것이 문제가 아니고, 한반도의 분단과 통일 문제는 국가적 생존과 부강, 즉 경제적 선진국 달성이 문제가 되지 않을 수 없고, 그것을 위해서는 주체적 근대화가 필수적이고, 다시 그것을 위해서는 윤리의식의 개혁이 필요하다는 연결점을 말하기 위하여 서두에 언급하였음을 다시 강조하고자 한다.

02 한반도 통일을 위한 우리의 준비

한반도 통일에는 우리의 노력과 준비 뿐만 아니라 통일의 상대역인 북한의 변화가 기대되고, 아울러 주변 사강(사대강국)의 적극적인 협조가 있어야 한다. 그러나 무엇보다 중요한 것은 우리의 자세와 준비가 첫째라는 데 이의가 없을 것이다.

통일에 대한 준비는 먼저 그 의지가 확고해야 하고 목표가 분명해야 한다. 우리의 통일 목표는 평화통일이고, 이는 모든 국민이 공감하는 바다. 우리는 북한의 무력 남침과 같은 것이나 혹은 주변 사강의 이해 충돌 과정에서의 무력사용을 절대 반대함은 물론이다.

이와 같은 평화통일을 위해서는 단계별로 첫째 남과 북이 통일의 당위성과 통일에의 의지가 있어야 하고, 둘째 평화정착을 이루어야 하고, 셋째 신뢰를 회복해야 한다. 그리하여 마지막으로 이념과 체제 문제를 극복하고 민족적 통일을 이루는 것이다. 남북한은 오래동안 이질적인 이념과 사회 속에서 살았으므로 평화정착을 통하여 인적 물적 교류를 적극적으로 하여 이질감을 해소하고 화해와 공존의 분위기를 조성해야 한다.[1)]

이를 위해서 다음과 같은 쌍방이 이행해야 할 선행조건이 있을 것이다.

첫째 남한의 정치체제의 개혁이 필요하다. 남한은 지역등권론[2]에 따라 전라도 태통령이 나왔으므로 어느 정도 지역감정을 해소할 계기가 마련되었다. 거기다 김 대통령이 오랫동안 민주화 투쟁을 해온 이미지로 보아 한국의 민주주의라는 근대국가 이념을 창출하는 데 공헌할 수 있는 자격이 갖추어졌다. 그러므로 민족적 자긍심이 솟아날 수 있도록 새로운 민족적 가치를 창출하기 위하여 김 대통령은 새로운 지도자상을 보이는 것이 매우 중요하다.[3] 여기에서 세부적인 모든 정치개혁의 방향이 잡힐 것이다. 구체적인 정치개혁은 뒤에 논하겠다.

둘째 북한의 리더십은 어려운 경제적 난관을 극복하기 위한 정치 체제로 점차 나아가야 한다. 북한은 자급자족이 불가능하고, 그동안 기대었던 공산국가가 해체된 이 마당에 국제적 협력 없이 경제를 살릴 수 없는 것은 자명하다. 이것이 더욱 폐쇄적 주민 통제의 빌미가 될지는 몰라도 거꾸로 주민의 생활 향상을 위해서 정치체제를 변화시키고, 사회통제를 완화하는 일이 필요하다. 우리가 북한의 정치체제를 좌우할 수는 없지만, 통일을 위해서는 남북한 정치체제 자체가 근접하지 않으면 안된다고 볼 때 변화시킬 수 있는 환경을 남한에서 조성하는 수밖에 없다. 이를 위해서는 남한의 정치개혁과 발전이 이루어져야 함은 물론이다.

셋째 남북한 지도자는 대내적 안정을 확립하여 남북간의 다각적인 교류와 협력이 가능하도록 해야 한다. 이는 다시 말하면 정치체제야 어떻든 남북한 정부가 민족통일의 추진 주체로서 권위를 인정 받음을 의미한다. 그래야만 교류와 협력이 내정교란이나 혁명수출의 공작수단이 아니라 상호신뢰를 조성하는 것이 된다. 그러기 위해서는 상대방을 한

1) 한국국민윤리학회 편, 『사상과 윤리』, 서울: 형설출판사, p.597 이하 '민족공동체 형성과 통일의 미래상' 참조.

2) 현 김대중 대통령이 1997년 대선 전 한 말이다. 5. 16 혁명 후 김영삼 대통령까지 줄곧 경상도에서 대통령이 나왔으므로 그 외의 지역도 대통령이 나와야 공평한데, 자기가 전라도 출신이므로 대통령이 되어야 한다는 뜻이다.

3) 다만 근자 대선을 앞두고 자신을 재판한 정권에 대해 너무 쉽게 용서하고, 또 최근에는 화해를 목적으로 김영삼 대통령 때에 이미 역사 심판의 입장에서 처벌을 내린 전직 대통령을 너무 조기에 사면한 것 등에 대해서는 식자들의 우려도 있다. 동아일보사, 「뉴스플러스」 1998. 8. 13 일자 '귀하신 몸들 청와대 만찬' 기사 참조. 남미의 군사 쿠데타에 대한 역사적 심판을 그대로 모방할 수는 없지만, 이런 문제는 정치적 처리 보다는 역사철학적으로 대처하는 것이 민족구심점(민족적 가치)을 모은다는 취지에서 더 바람직하지 않을까 한다.

국가로서 인정하고 민족 통일문제를 정치전략적으로 악용하지 않아야 한다. 남한의 경우 북한을 한 국가로 인정하면서 무력침략에 대비하는 이중적 태도를 당분간 유지해야 하는 것이 불가피하다.

넷째 남북의 역사, 교육, 문화, 문예, 정보 각 분야의 전문가나 종사자들이 공동연구를 통해 남북간의 문화적 이질성을 확인하고 이를 인정하는 과정이 있어야 한다. 남북간의 여러 차이점을 비판할 것이 아니라 현실로서 인정하는 것이다. 이는 통일 방식과도 관련되는데, 현실적으로 남북한은 비록 여건에 따라 흡수통일이 되더라도 우선은 같은 민족의 또 하나의 다른 나라로 인정하고 국가연합을 목표로 상호 교류와 지원을 통하여 경제적 수준을 비슷하게 해 나가는 것이 급선무일 것이다.[4] 이런 점에서 국민정부의 정경분리의 햇볕정책은 적절한 정책이라고 볼 수 있다.[5]

이와 같이 하여 형성되는 문화적 공동체는 민족분단 이전의 상태로의 복귀가 아니라 북한의 사회주의 문화와 남한의 개인주의(자본주의)와 시민정치문화의 조화를 의미하기도 한다. 결국 남한은 국민적 합의에 기초하여 민주화와 더불어 사회적 갈등의 평화적 해결의 메커니즘을 갖춤과 동시에 자유민주주의 체제를 '민주복지사회' 체제로 전환하는 비전을 가지고 북한을 가능한한 도우는 방법이 좋을 것이다. 북한은 예상컨대 김정일 체제를 출범시키면서 사회주의 체제 범위내에서 경제적 실익을 위해서 남한과 교류를 할 것으로 예상된다.[6]

앞으로의 예상되는 이러한 변화에도 불구하고 북한은 여전히 경계의 대상임을 망각해서는 안된다. 그러므로 우리의 대북정책은 이중적이 되

4) 한반도 통일은 국제역학 관계나 또는 남북한의 급격한 어떤 변화에 의해서 통일이 될 것이지만, 그 기회를 맞이할 수 있는 것은 역시 남북한 모두 정치 경제적으로 더 발전하고 국민의식 역시 국제적 수준에 이르지 않으면 안된다. 왜냐하면 한반도 통일에 사강의 역할을 전연 배제할 수 없기 때문이다. 우리나라는 아직 독일식 통일 모델을 적용하기에는 이르다고 보인다. 또 중국이 북한을 자기네 藩邦으로 생각하는 한 통일은 어렵다. 과거 역사가 말해준다.

5) 그러나 북한은 개방은 곧 정권 붕괴를 의미하기 때문에 이 '햇볕정책'을 매우 경계하고, 정치적으로 대응할 것이 분명하다.

6) 북한문제 전문가인 미국의 퀴노네스(아시아재단 대표)도 최근 인터뷰에서 "개혁 개방을 서두르지 않으면 동유럽 같이 서서히 기울어갈 것이다."라고 하면서 정치와 경제의 딜레머를 어떻게든 해결하지 않을 수 없을 것이라고 조심스럽게 전망하였다. 「중앙일보」 1998년 9월 14일자 13면. 중국이 최소한의 원조를 해 주고 있는 것이 개방에 오히려 방해가 되고 있다.

지 않을 수 없다. 그러나 통일의 여건은 주어지는 것도 있지만, 우리가 만들어 가야 하는 것도 분명 있다. 이를 위하여 남한은 우선 경제적으로 선진국이 되어야 한다는 당위성이 있다.

오늘날 경제위기에서 보듯이 경제 발전을 위해서는 그 운영 주체인 국민의 '의식구조'가 선진화되지 않으면 안된다. 어느 나라든지 전통적 의식과 관행이 있는 법이지만, 선진국이 되기 위해서는 전통을 부단히 개혁해 왔다. 유형 문화재 처럼 일부 보존되는 전통도 있겠지만, 그러나 자본주의와 민주주의라는 현대 산업사회의 모델을 버리거나 쇄국정책을 쓰지 않는 한 국가 전체의 방향과 국민의식은 여기에 맞추어 바꾸지 않을 수 없다.

선진국이 된다는 것은 경제에서 '국제 경쟁력'을 갖춘다는 의미이고, 이를 위해서는 과학기술의 발달을 보아야 하는데, 여기에 과학적 사고방식과 합리적 삶의 태도가 절대적으로 요청된다. 이러한 과학성과 합리성 없이는 기초과학은 물론 정교한 산업기술의 개발이 불가능하고, 시스템적 거대 프로젝터의 수행도 불가능하다. 여기에 광범위한 의미에서 우리의 '윤리의식'[7]을 반성해보지 않을 수 없는 것이다. 오늘날 경제위기에 대한 경제 전문가의 처방을 보더라도 결국은 국민의 의식개혁으로 귀결됨을 볼 수 있다. 예를 들면 오늘날의 경제위기 처방에 있어서 가장 핵심적인 것은 구조조정을 하여 외국투자를 유치하는 것이다. 그런데 여기에서 복지정책 없는 상황에서 실업 문제를 해결해야 하는 난관에 봉착한다. 이 난관을 해결하려면 근본적으로는 국민이 장사를 하고 기업을 해서 먹고 살아야 하는데, 그렇게 하기 위해서는 기업과 장사에 대한 전통적 인식에 일대 전환이 일어나야 한다. 더욱이 여기에는 기업과 장사를 가로막는 관료적 행태나 정치논리가 없어져 '시장경제질서'를 또 확립해야 한다. 결국 전통 유교적 사고방식인 상공업 천시의 의식을 바꾸지 않으면 우리는 살아남지 못한다. 이러한 경제 마인드(자본주의 정신)를 갖는 데도 '나라 전체를 살린다'는 의식, 즉 상당한 수준의 윤리의식이 절실히 요청되는 것이다.[8]

---

7) 여기서 말하는 윤리의식은 국민의식으로서 말하는 것이므로 삶의 태도와 행동양식을 결정짓는 '가치관'이라고 할 수 있다.

8) 장종현, "구조조정은 속기바둑 두듯이 해야", 「월간조선」 10월호 p.196 이하 참조.

03 현대 한국의 윤리적 상황

현대 한국의 윤리적 상황의 토대는 경제개발이 시작된 60년대 생산력의 근대화와 정치의 역근대화에서 출발하였다. 경제발전을 위한 권위주의 정치체제가 용인된 것이 다름아닌 정치의 역근대화인데, 이것의 뿌리는 역시 전통적 가치체계라고 보지 않을 수 없는 것이다. 이와 같이 경영과 행정에 도입된 근대성은 이 전통적 가치체계의 완강한 저항에 부딪치게 되었다. 말하자면 문화적 모순에 빠진 셈이다.[9)]

이 결과 눈부신 경제성장에도 불구하고 시민사회에서 요구되는 자아의식은 성숙되지 않았고, 쾌락에 젖은 이기심이 경제행위 동기가 되어 버렸다. 이 현세적 쾌락추구의 자기중심주의는 전래의 무속적 기복신앙과 결합되어 국민의 윤리의식의 저변을 강고하게 형성해 버리고 말았다.[10)] 불교는 말할 것도 없고 기독교도 이 무속신앙의 기반 위에서 수용되고 있다. 성스러운 것은 없고, 이 세상이 내세고, 죽는 것이 사는 것이고 하는 식으로 범신론적인 신앙행태를 보이고 있다. 여기에 자본주의는 물신숭배를 낳지 않을 수 없다. 이는 지식의 유무, 빈부의 귀천, 전통적 의미의 양반 상놈을 가릴 것 없이 평등하게 집단 무의식을 이루고 있다고 하여도 과언이 아니다.

원시 무속신앙의 물신숭배는 현대 자본주의의 상업주의와 일치하는 것으로서 이것이 그동안의 경제성장의 정신적 요인이 되어온 것이다. 소위 말하는 '유교자본주의'의 한국의 현주소인 셈이다. 그러나 그 기능은 한계가 있다. 자본주의 시장경제의 지속은 개인들의 창의력과 자발성을 필요로 하는데, 단순한 물욕이나 소유욕으로 고도의 생산성이 유지될 수 없다. 무속신앙의 정신적 기저가 궁극적으로 선진 경제구조가 요구하는 합리성의 원리에 배치되기 때문이다. 무속은 인간의 노동 없이도 재물의 획득이 가능하다고 여기며, 잡신의 은총으로 복이 찾아오고 재앙이 사라진다는 비합리적 사고로 고도의 생산성을 도모하기 위해

9) 차인석, 「탈전통의 문화」, 한국철학회 편, 『문화철학』, 서울: 철학과 현실사, 1995, p.14.
10) 동상.

동원되는 지적, 물적 자원을 조직하는 합리성의 원리와는 상충된다.[11)]

한국적 자본주의에는 이 합리성과 비합리성이 모순됨에도 불구하고 공존하고 있다. 하나의 예를 들어보자.[12)] 자동차 공장의 숙련공은 정밀한 청사진에 따라 차를 조립하고, 경리사원은 경영과 회계 원칙에 따라 계산업무를 본다. 그러나 그들의 사생활에서는 미신에 따라 인간관계를 맺거나 행동의 방향을 결정한다. 다시 말하면 그들은 비합리적인 무속의 틀로써 행동한다. 생산력의 형식적 합리성과 개인생활의 실천적 비합리성 사이에서 유유히 삶을 영위해 나간다. 각종 사회 부정과 부패 및 부조리 역시 이 예를 벗어나지 않는다. 이러한 모순은 선진 공업사회가 안고 있는 보편적인 갈등이지만, 우리 경우는 도가 너무 심하다는 데 문제가 있다.

외국에 나가서는 훌륭한 건축물을 세우면서 국내에서는 부실한 다리를 시공하는 일, 중요한 입시 시험문제를 유출하는 일, 백화점을 무단 개축하여 수많은 인명을 앗아가는 일, 분양 받은 아파트를 이웃 사람의 안전은 생각지도 않고 뜯어고치는 일, 안전 불감증과 비합리적 일 처리로 일어나는 각종 재해, 온 국민이 각종 이권과 뇌물 없이는 생활비를 마련할 수 없는 사회구조적 뜯어먹기 경제학, 지도자는 하나같이 정치자금에 연루되어 줄줄이 감옥행, 사회 지도층에 있으면서도 그 명예를 지킬 수 없도록 만드는 각종 무고와 여론재판,[13)] 앉으면 화투놀음 서면 부동산 투기, 엄청난 지하경제와 불로소득, 불합리한 조세제도, 기득권 옹호를 위한 입법활동, 법 보다는 권력이 앞서는 사회적 관행, 이를 위한 줄타기와 연고주의, 정치적 성격의 경조사, 일류대입시병, 고시열풍—일일이 열거하기조차 어렵다.[14)] 이 모든 것의 의식의 근저에는 언제나

11) 동서, p.15.

12) 동서, p.16.

13) 한국인의 무고로 인한 민사사건은 선진국에 비해 매우 많은 양이다. 근자 고액과외 사건도 실제 학원장과 교사들이 벌인 사기행각인데, 그 피해자인 대학총장에게 명예죄를 씌우는 것은 우리 사회의 잘못된 관행 중의 하나이다. 고액과외 자금출처가 무엇인가, 또는 학교교사가 왜 사기군에게 포섭되었는가, 또 이런 사건이 일어날 수 있는 학교교육과 입시제도, 나아가 사회 환경에 대한 점검과 반성—이런 식으로 문제에 접근해야 한다.

14) 여기에 대해서는 김용운, 『무너지는 한국, 추락하는 한국인』(서울: 고려원, 1995), 허명환, 『관료가 바뀌어야 나라가 바로 선다』(서울: 한국세정신문사, 1999), 김동훈, 『대학이 망해야 나라

비합리적인 전통적 의식과 관행이 도사리고 있다. 근대화의 짧은 역사에서 나타난 이러한 병폐는 어느 국가든지 갖고 있지만, 우리 한국의 경우 병폐의 뿌리가 구조적으로 지나치게 강고하고, 이를 해결할 지도층이 없다는 데 비극이 있다. 그동안 국민들은 수많은 인명이 희생된다는 데 대하여 경악을 금하지 못하였지만, 그 원인에 대해 근본적으로 개혁할 용기가 없었다.

일반적으로 한국인의 병폐, 즉 한국병으로 이기주의, 연고주의, 편법주의를 든다. 그러나 이기주의는 현대 자본주의 사회, 또 시민사회에서 부정적인 것만은 아니다.15) 시민사회는 자율적 개인의 출현과 더불어 생겨난 인위적 이해집단이라 할 수 있으므로 여기서는 이기주의가 오히려 권리의 실질적 내용이 되고 시민적 덕성이 된다. 다만 이기주의가 법과 계약을 통해서 남과의 페어 플레이를 하도록 잘 길들여지지 않으면 안될 뿐이다. 그러므로 이기주의가 나쁜 것이 아니고 '준법정신'의 확립이 더 근본적인 것이 된다.16)

연고주의 역시 올바로 보아야 한다. 연고는 산업사회의 소외문제를 치유할 수 있는 긍적적 기능도 없잖아 있다. 법 체제가 합리적이지 못하고, 공권력의 집행이 공정하지 못할 때 사람은 연고를 찾게 된다. 그렇다고 제도개혁만을 주장해서는 안된다. 우리가 법이 없어서 사회가 잘못된 것이 아니고, 법 운영을 잘못하여 법 따로 관행 따로 살아왔기 때문이다. 그러므로 연고의식을 버리는 작업이 병행되어야 한다. 젊은 대학생도 동창회를 지나치게 찾고 있고, 중요 일간지에도 1면에 동창회 광고를 싣고 있다. 그것이 인간적 소외 방지를 위한 인간적 교분이 목적이 아니라면 정치적인 연고주의로 흘러 사회 악폐의 온상을 만드는 것이 될 것이다. 관혼상제의 허례허식의 대표격인 부조관행도 마찬가지이다. 바른 지성을 가진 사람, 특히 지도층이 악순환의 고리를 솔선하여 끊어야 할 것이다. 요즈음은 또 종교연(교회연)도 있다. 이는 기독교 정

가 산다』(서울: 바다출판사, 1999), 이께하라 마모루(池原衛), 『맞아죽을 각오로 쓴 한국, 한국인 비판』(서울: 중앙M&B, 1999), 찐원쉐(金文學), 『한국인이여 상놈이 되라』(서울: 우석, 1999) 등을 참조.

15) 황경식, 『시민공동체를 향하여』, 서울: 민음사, 1997, p.13.

16) 동서, pp.13-14.

신과도 물론 어긋난다. 연고와 연고주의는 잘 구분하여 사회 합리화에 온 국민이 하나의 시민운동으로 나서지 않으면 안 될 시점에 이르렀다.

현재 한국의 심각한 윤리의식의 문제 가운데 하나는 법 따로 관행 따로의 이중인격 구조의 문제이다. 이는 법 지배를 확립하지 못한 결과임은 물론이다. 과거부터 민중들이 관의 착취와 학대에 시달려온 경험이 이러한 삶의 요령을 만들었는지도 모른다. 지식층은 지식층 대로 높은 성리학적 도덕에 따라 살도록 의식적으로 교육을 받아온 결과, 욕망 추구의 현대 자본주의 흐름 앞에서 결국 이중인격을 갖지 않을 수 없게 되었다. 이러한 것은 어느 정도 다른 사회에도 있지만, 우리 사회 처럼 돈이 귀족을 만들고 바람직한 귀족 문화와 계층이 없는 사회는 건전한 선진 사회라고 보기 어렵다. 이러한 혼란한 평등사회17) 에서는 오히려 우수한 도덕적 자원이 낭비되고 만다. 이를 해결하기 위해서는 법 질서의 확립이 중요하고, 아울러 사회적 지도 계층 (건전한 중산층이라 해도 좋다) 이 자리를 잡을 수 있고, 또 그들의 도덕 문화가 보호되는 분위기를 만들어 가는 것이 중요하다. 왜냐하면 우리나라는 개인의 소중한 도덕적 자산이 사회조직의 잘못으로 묻혀버리기 때문이다. 여기에는 윤리의식의 하드웨어로서 경제 정의 실현, 부의 공정한 분배 같은 삶의 조건들도 물론 함께 개혁되어야 한다.

04 바람직한 윤리의식 – 시민윤리의 확립

한반도 통일을 촉진하기 위하여는 남한이 우선 선진국가가 되어야 하는 것이 필연적인 과제인데, 그렇게 되기 위해서는 정신적 측면에서 윤리의식의 개혁이 필요하다고 하였다. 이제 개혁의 방향과 내용을 한번 살펴보자.

근대 서구의 합리주의는 과학과 산업의 발전, 계약에 의한 시민사회

17) 김용운은 한국인은 잘못된 평등의식을 가지고 있다고 말한다. 즉 자신에 대한 내성이 따르지 못하고 무턱대고 남과 같은 처지가 되려고 한다는 것이다. 전통의 恨 의식에서 '당할 수만은 없다'는 피해의식이 굴절된 평등의식으로 발산된다는 것이다. 김용운, 전게서, pp.146-147.

의 성립 등에서 보듯이 유기체적이 아니고 이분법적인 사고방식에서 나온 인위적, 도구적 합리주의의 기초 위에 서 있다. 예를 들면 환경파괴의 경우도 가치관의 전환 보다(물론 이런 노력도 있지만) 우선 기술개발을 통해서 해결하려고 한다. 오늘날의 이런 상황에서 과학과 산업기술을 떠나서 경제적 부를 말할 수 없게 되었다. 과학기술은 이제 동도서기와 같은 동서대립의 사고방식으로 볼 수 있는 것이 아니다. 그러므로 산업화, 근대화를 통해서 국제경쟁력을 갖추어야 할 남한의 경우 근대적 합리성을–그 약점에도 불구하고–추구하지 않을 수 없고, 또 그것을 실현할 사회구조로서 '시민사회'를 가꾸지 않을 수 없다.

우리는 서구의 시민계급도 탄생시키지 못했고, 시민사회의 윤리규범을 한 번도 경험하지 못했다. 다만 서구적인 근대화, 산업화의 추진에 따라 밖으로부터 수용하고 있는 입장이므로 전통과의 괴리를 겪는 것은 어찌 보면 너무나 당연한 일인지도 모른다. 그런데 시민윤리와 전통윤리는 본질에서 전연 상반된다는 데 수용의 어려움이 있다. 더우기 조선의 멸망과 함께 지도적인 양심적 계급이 허물어짐으로써 사회구성에 있어서 무질서와 혼란을 겪었던 것이 이러한 서구적 규범을 주체적으로 수용하는 데 어려움을 가중시켰다. 그러나 여하튼 우리의 목표는 건전한 시민사회를 건설하고 시민윤리를 확립하는 일임에는 틀림없다.[18)]

이 목표에 접근하는 데 있어서는 제도개혁과 의식개혁 양 방향으로 나아가지 않으면 안된다. 왜냐하면 두가지 방법은 변증법적이어서 상호보완적이기 때문이다.

앞에서 한국병의 세가지로 이기주의, 연고주의, 편법주의를 열거하였는데, 실은 세가지 중 편법주의가 제도개혁과 관련되는 것으로서 가장 시급하다고 할 수 있다. 이기주의, 연고주의는 하나는 인간 본능이면서 자본주의의 기초란 점에서, 또 다른 하나는 우리의 생활관행이면서 전통이라는 점에서 완전히 없앨 수 있다기 보다, 다만 어떻게 조절할 수 있느냐 하는 데 해결의 관건이 놓여져 있기 때문이다. 이런 것이 다만 조절되어야 할 것이라면 역시 '사회 합리화'를 통해서 해결하지 않을

---

18) 황경식, 전게서 참조.

수 없을 것이다. 즉 이기주의가 '페어 플레이 정신'으로, 연고주의가 공적 영역에서 불필요하도록 만드는 것이다. 그것을 위해서는 법의 정비와 법의 엄정한 집행이 이루어져 편법주의가 통하지 않도록 해야 한다. 이것이 사회의 합리화이다. 그런데 이러한 법의 정비와 집행이 역시 사람에 의해 이루어지므로 의식개혁이 병행되지 않을 수 없다.

자본주의 사회에서 모든 것을 시장경제 원리에 맡기는 것이 매우 중요하다. 그리하여 민간의 자율성을 높이고, 관의 이권을 노린 부당한 간섭을 배제하고, 공정한 조세제도와 그 엄정한 집행으로 불노소득을 차단하고-하는 식으로 한다면 인간 이기심의 순치를 상당 수준 가능하게 할 것이다. 그리고 연고주의는 전통적 관행이므로 없애기 매우 어렵지만, 이것 역시 행정 서비스가 강화되고, 법률의 서비스화가 하루빨리 촉진되고, 모든 행정사무 자동화가 폭넓게 이루어지고(특히 광통신에 의한 정보 네트워크 구축에 많은 기대를 걸 수 있다), 또한 여기도 관의 부당한 간섭이 배제된다면 각종 연고적 이기주의가 많이 감소될 것이다. 그 때에는 연고가 인간 소외 치료의 본래 기능을 하는 데 그칠 것이다. 과거의 담배값 뇌물이 이제는 큰 뇌물로 바뀌었을 뿐 부정부패는 여전하고, 그 속에서 연고주의는 독버섯 처럼 돋아나고, 그러한 사회의 분위기는 생산성을 떨어뜨리고 만다. 이렇게 보면 모든 것이 연관되고 얽혀 있다. 그러므로 이것을 돌파하기 위해서는 제도개혁부터 착수하지 않으면 안된다.

제도개혁에서 가장 중요한 것은 정치개혁이다. 사회의 모든 부정부패는 결국 정경유착에서 비롯된다. 그 하부에 있어서는 행정적 이권을 통한 부정부패다. 예로부터 자기 주인과 그 밑의 가신간에도 주인이 이익을 챙기면 그것을 지켜 본 가신도 따라하게 되고, 나중에는 주인의 몫까지 차지하려 하고, 그리하여 결국에는 하극상을 저지르게까지 되는 법이다. 그러므로 옛날 맹자는 인군이 이익을 탐하면 그 아래 신하, 또 그 아래 선비와 백성들에 이르기까지 서로 이익을 챙기게 된다고 하였다.[19] 이런 것을 볼 때 먼저 돈 안드는 정치를 하도록 정치개혁을 과감히 하여 정경유착을 차제에 없애야 하는 것이 사회개혁의 첫걸음이다.

19) 『맹자』, 「양혜왕 상」-1.

우리나라 정당운영은 영, 미 처럼 선거정당 체제가 아니고, 상시체제로서 방대한 중앙당 및 지구당 조직을 갖고 있고, 그 운영에 정당 보조금만으로 부족하므로 막대한 정치자금이 들어가고, 결국 그것이 관치금융, 정경유착, 이권개입 등을 불러온다.

그다음 중요한 것은 돈의 흐름을 정직하게 하는 경제개혁이다. 모든 부정부패는 불노소득에서 나오므로 이 불노소득을 차단하는 것이 사회개혁에 중요한 경제정책이다. 이 불노소득이 경제윤리를 해치는 주범이다. 그동안의 경제개발전략은 권력에 의해 경제적 분배의 비윤리성을 조장하여 왔다고 해도 과언이 아니다.[20] 그다음에는 재벌의 개혁이 가장 중요하다. 근자 책임경영을 위한 갖가지 제도, 즉 소액주주 소송제도, 결합 재무제표 작성, 상호지급보증의 금지, 은행의 자율 책임경영 등도 일찍 시행했어야 할 자본주의의 원칙일 뿐이다. 아울러 공정한 조세정책도 병행되어야 하며, 그리고 경제 범죄(수뢰 배임 등)를 엄정하게 수사해야 한다. 그리하여 일반 서민들이 상대적 빈곤을 느끼지 않도록 해 주어야 한다. 실제 우리나라 삶의 조건에서 평균소득(월 150-180 만원)으로 매우 절약하지 않으면 살기 어려운 것이 사실이다. 정직한 사람이 이 돈으로 절약 생활을 하도록 만들려면 이와 같은 것이 제도로서 확립되어야 한다. 월소득 100만원 내외의 소시민의 생활을 한 번 들여다 보자. 식생활비, 주택비, 자동차 유지비, 자녀 과외비, 집안 경조사비 등만 해도 평균 월급을 초과하기 일쑤다. 그러므로 항상 본인의 잡비는 뇌물로 충당하지 않을 수 없게 만든다. 이것이 소시민의 생활상이다. 절약 이전에 삶의 조건이 악화되고 있는 것이다. 조그만 단위의 기관이나 직장도 항상 경조사비와 회식비가 부족하여 결국 주변에서 뜯어서 충당할 수 밖에 없다고 한다. 이러한 조건에서는 뇌물이 없어지지 않는다. 여기에는 국민의식의 개혁이 중요하지만, 전체적으로 경제 개혁이 이루어지지 않으면 소용이 없다.

그런데 법치사회를 유지하는 데는 좋은 법만 있다고 해서는 안되고,

---

20) 이근식, 「한국경제윤리의 현황과 당면과제」, 아산사회복지사업재단, 『현대한국의 사회윤리』, 1990.

그 운용을 위한 여러 가지 사회적 조건과 분위기가 조성되어야 하고, 또 집행하는 사람들의 의식이 정직해야 한다. 그러나 우리나라는 무엇보다도 법 집행의 조건인 '감시와 감독'이 원활히 이루어지지 못하는 것이 문제이다. 그리하여 그동안 '법 따로 관행 따로'가 일상사 처럼 되어온 것이다. 우리는 오래동안 좁은 지역에서 폐쇄적으로 혈연집단을 형성하여 단일민족으로 살아왔으므로 온국민이 사돈의 팔촌식으로 연고에 얽히고 얽혀 있다. 누가 누구를 감시하고 감독한단 말인가? 더욱이 고발을 한다는 것은 생각할 수도 없을 정도로 우리에게는 정서상 맞지 않다. 이는 개혁의 원초적 제약, 즉 운명적 요소라고 할 수 있다. 이러한 연고주의 삶의 관행은 뿌리가 깊어 완전히 없애기는 어렵다. 그러므로 우리는 시각을 달리하여 일대일의 전환과 대치 보다는 전통과 현대의 발란스의 문제로 보는 것이 현명하다. 그러므로 제도개혁을 통하여 삶의 조건과 사회 분위기를 바꾸어 이런 연고주의가 소용 없도록 만드는 것이 중요하다.

사회제도의 개혁이 정치개혁부터 시작되어야 한다면 대통령을 비롯 정치 지도자들이 나서야 한다. 사실 우리나라는 해방 이후 훌륭한 지도자를 모시지 못했다. 동양인의 심성으로는 왕조 시대의 향수가 남아 민족적 지도자를 요구하고, 카리스마적 지도력에 일임하려고 하는 마음이 강하다. 그것은 거꾸로 민족의 구심점이 될 수 있는 민족 지도자가 있다면 국민들이 더욱 분발할 수 있고, 통합할 수 있음을 반증하는 것이기도 하다. 그러나 민주주의 사회에서 선출되는 대통령이라면 대선 과정에서 정치자금 의혹이 없을 수 없고, 따라서 항상 도덕성으로 인하여 이미지를 훼손시킬 것이 뻔하다. 여기에 정치개혁의 당위성이 있다. 그러나 오늘날 대중민주주의 사회에서 정치 지도자에게 무엇을 기대한다는 것은 연목구어나 다름 없다. 그러므로 시민사회를 만들려면 시민이 나서지 않으면 안된다.[21)] 곧 사회 개혁에 시민운동이 매우 중요한 역할을 할 수

21) 울리히 벡은 서구 근대화를 특징지웠던 민족국가가 소멸되고 오직 이익만을 추구하는 다국적 기업이 기세를 떨치고, 거기에 훼손되어가는 생태계와 이익집단간의 충돌을 풀어가는 열쇠로서 기존의 정당정치 대신에 시민참여의 정치 중요성을 말하고 있다. 울리히 벡, 문순홍 역, 『정치의 재발견』, 서울: 거름, 1998.

밖에 없다는 것이다. 시민 단체는 단순한 단체로 그쳐서는 안되고 공익을 위한 하나의 압력단체로 활동해야 소기의 목적을 이룰 수 있다.[22)]

그다음 중요한 것은 재벌회사의 개혁 동참이다. 비자금 조성을 통한 로비는 바로 정경유착이므로 이는 앞에서 말한 정치개혁과 맞물려 있다. 그밖에 재벌회사에서 할 중요한 일은 우리 사회의 삶의 태도와 관행의 개혁에 앞장서야 한다는 것이다. 우리나라 사회구조상 재벌회사는 엘리트 집단이고, 사회의 모범집단이며, 동시에 자본주의 경제행위가 대표적으로 이루어지는 곳이므로 사회의식과 관행의 개혁에 가장 큰 영향력을 행사할 수 있다는 것이다. 더욱이 우리나라 사람들은 회사가 생명줄이라고 여기므로 아직 회사에 봉사한다는 공동체 의식을 많이 가지고 있다.

이들이 나서야 할 것에는 첫째 관혼상제의 간소화에 있다. 그 중에서도 부조관행, 화환 증정의 낭비, 음식 낭비, 그리고 허례허식이다(이 허례허식 때문에 바가지 상혼이 있다). 이는 사회 합리화에 반드시 개선해야 될 사항이다. 여기에 엘리트 집단인 재벌회사가 집단의식을 이용해서 개혁에 나서지 않는다면 백년하청일 수 밖에 없다. 그 다음에는 화장문화의 보급이다. 일전에 최종현 선경그룹 회장이 자신을 화장하라 유언하고, 또 화장시설을 만들어 사회에 환원하겠다고 하였는데, 이와 같이 재벌이 나서는 것이 가장 빠르다. 현재 우리나라 종교단체는 이미 활력을 잃어버린지 오래되어 기대하기 어렵다.[23)] 정부가 서비스 차원에

---

22) 우리나라에서 잘 알려진 시민운동 단체는 YWCA, 소비자 고발 센터, 환경운동연합, 공선협, 경실연 등 많이 있다. 최근에는 국민들의 초미의 관심사인 언론개혁을 위해 나선 시민단체로 '언론개혁 시민연대 추진위원회'가 있다. 「샘이 깊은 물」 1998. 9월호 참조. 앞으로의 활약이 기대된다. 1999년 10월에는 세계 NGO 서울대회가 열렸다. 근자 NGO를 소개하는 책자도 나오기 시작했다. 예를 들면 『한국 NGO』(서울: 동명사, 1999), 『NGO, 시민의 힘이 세상을 바꾼다』(서울: 예담, 1999), 『세상을 바꾸는 세계의 시민단체』(서울: 홍익미디어 CNC, 1999) 등이 있다. 또한 금년 4월 13일의 총선을 앞두고, 400여개 각종 시민단체가 '2000년 총선 시민연대'를 결성하고 낙천, 낙선 운동에 나서 이미 '공천 부적격자 명단'을 100여명 발표하였다. 제도개혁에 앞장 서야 할 정치인의 물갈이를 하지 않고는 정치개혁 첫걸음부터 불가능하다고 판단했기 때문인데, 국민의 다수가 공감하고 있다. 이는 사회개혁에 있어 새로운 이정표가 될 만하다고 하겠는데, 우리 국민의 일시적 흥분에 그치지 않도록 국민의 지속적 참여를 위한 시민단체의 전략이 요청된다.

23) 실제 각 종교단체들이 시민운동 보다 먼저 나서야 했는데, 그렇지 못하였다. 물론 근자 화장문제에서 천주교가 화장을 찬성하고, 유교가 굳이 화장을 반대하지 않는다는 정도로 의견을 표명하였지만, 종교단체의 역할로서는 실천면에서 아직 미약하다고 할 수 밖에 없다.

서 나선다면 농협조직을 가동하면 물론 좋을 것이다.

05 결 어

경제적 선진을 위해서는 근대성에 바탕을 둔 건전한 시민윤리를 확립해야 하고, 이를 위해서는 윤리의식 개혁이 절실하다. 이와 같은 논의가 그동안 사회윤리 차원에서 많이 논의되었지만, 우리의 경우는 민족적 기본 조건인 남북분단을 되외시하고 논의한다면 자칫 피상적 일반론에 그칠 위험이 있다. 즉 이 윤리문제도 통일이라는 시각을 가지고 논의해야 된다는 것이다. 이를 위해서는 우선 세계화 시대의 국가 생존과 부강을 이루어야 하고, 이를 위해서는 건전한 시민사회를 목표로 근대화가 이루어져야 하는 것이다. 이를 위해서는 다시 현재의 불합리한 의식과 관행을 개혁하고 건전한 시민윤리를 정착시켜야 하는 것이다. 이는 이론에 그쳐서는 안되고 제도로 정착되어 국민의식의 변화와 생활상의 체험으로 내재화되어야 한다. 그 윤리의식 개혁의 구체적 내용을 적시하면 다음과 같다.

첫째 우리나라 대통령은 비록 민주주의 선거에 의해 선출되더라도 민족의 구심점이 되어야 한다는 생각으로 출마하고, 직무를 수행해야 한다. 둘째 사회개혁에 의식개혁, 제도개혁이 병행되어야 하지만, 시급한 것은 제도개혁이고, 그것은 정치개혁부터 시작되어야 한다. 셋째 제도개혁에 연고주의적 삶의 관행은 큰 장애요소이나 결국 제도개혁을 통하여 연고주의를 감소시켜 발란스를 이루도록 하는 수밖에 없다. 넷째 정치개혁이 중요하나 정치원리상 기대할 만한 효과를 거둘지 의문이므로 시민운동을 일으켜야 한다. 다섯째 우리의 경우 시민운동의 경험이 적으므로 한국인의 직장 공동체 제일주의의 심성을 이용하여 재벌회사를 중심으로 새로운 사회개혁의 축을 형성하는 것이 바람직하다.

이것은 내적인 문제이고 이와 연관된 외적인 문제를 한가지 부언하면, 이러한 우리의 노력을 근원적으로 제약하는 요인이 있다는 사실이다. 그것은 지정학적 특수성을 가진 우리나라에 숙명적으로 붙어 다니는 '사대주의' 굴레다. 과거 중국과의 관계에서도 우리는 주체성을 가질 수 없었고, 그것이 개항이나 대일외교에 부정적 영향을 주었을 뿐만 아니라 국내 국론분열에도 언제나 한몫을 하였다. 지금의 대미관계(북한은 대소, 대중 외교)에서도 여전히 반복되고 있다.[24] 이 점이 우리의 주체적 개혁 노력에 이중 부담을 주고 있다는 사실을 직시하고 현명한 지혜를 짜내지 않으면 안된다.

끝으로 한가지 덧붙여 말할 것은 오늘날 탈근대와 신과학운동을 유행 처럼 말하고 있지만, 이러한 것도 근대 합리성과 과학성 토대 위에서 말하지 않으면 안된다는 사실이다. 신과학 운동의 새로운 유기체적 자연관은 앞으로 지구 환경을 보전하고 환경친화적인 산업을 일으키는 데 문명적 차원에서 중요한 이념이 될 것은 틀림 없지만, 환경을 정화하고 환경친화적인 산업을 일으키는 것 자체가 근대적 과학기술이 아니면 안된다는 사실 또한 잊어서는 안된다. 탈근대도 마찬가지이다. 근대의 도구적 이성, 지나친 개인주의, 지나친 과학 편중, 국민국가의 횡포, 각종 소외와 인간성 파괴의 상업주의 등에 대한 비판이지만, 이것 역시 어디까지나 근대성 안에서 해결해야 될 부분이 많다. 즉 근대성을 왜곡하거나 아직 제대로 실현하지 못한 상태의 부정적인 면을 개선하자는 구호이기도 하다는 점을 간과해서는 안되겠다. 탈근대 지향이 유교의 이념이나 동양 중세 사상과 유사하다고 하여 우리에게 남아 있는 잘못된 유교의 역사 자체를 유교 본질이라 착각해서는 안되고, 신과학의 자연관이 동양의 그것과 상통한다고 하여 과학적 근대성의 개발을 등한히 한다면 본말이 전도된 것이다. 물론 정보사회, 세계화, 도구적 이성을 넘어서, 개인주의를 넘어 연대주의로 등 근대의 병폐를 불식하고 새로운 대안을 제시하려는 전세계적 인류 문명 차원의 노력을 무시할 수는 없지만, 우리의 시각과 논의는 항상 본말을 구분해야 할 것이며, 우리의 입장을 동시에 생각해야 할 것이다.

---

24) 하나의 예를 들면 우리는 최근 북한의 미사일 개발에도 불구하고 미사일 개발에 있어 사정 한도가 180킬로로 제한되어 있다. 박정희 정권 때 미사일 개발을 담당했던 '국방과학연구소'는 5공화국 출범과 함께 해체되었는데, 미국의 견제로 정권 인정과 맞바꾸었다고 한다. KBS 1, 「일요스페셜」 '충격, 북 위성발사 무엇을 노렸나?' 1998. 9. 20.

제 12 장

한국 유교의 현재적 위상과 과제

01 서 언

현대 한국사회에서 '유교(유학)'를 말하기는 쉬운 일이 아니다. 보는 시각과 입장에 따라 여러 갈래의 이야기가 모순되고 중첩되어 복잡하게 얽혀 나오기 때문이다. 또한 종교적 단체로서의 유교가 엄연히 존재하고 있기 때문에 문제를 객관적이라 하여 일방적으로만 말할 수도 없다. 거기다 유교는 한국의 전통 그 자체이므로 현재도 관습으로 남아 숨을 쉬고 있다. 한편 국가 발전과 사회 개혁의 제일의 타켓은 또한 언제나 유교가 된다. 국외로 눈을 돌리면 중국의 공자 되살리기의 국가적 프로젝트 추진, 국제유교학회의 구성 등 특정 국가의 문화선양이라는 정치적 목적과 함께 미래 문명의 새로운 모색이라는 국제학술적(정치적이기도 하다) 모티브도 드러내고 있다. 반면에 현대 한국의 여성운동은 이런 것과는 또한 전연 딴판이다. 과연 이야기하기가 쉽겠는가? 아무리 정치(현실)와 학문활동(이념)의 다른 영역에서 이루어지는 일이라 하더라도 학문, 특히 사회학은 현실과 밀접한 관련을 갖지 않을 수 없다. 이때 유교 처럼 전통이면서 사회적으로 직시하고 논의(비판)해야 할 대상이라고 한다면 위와 같은 한국사회에서의 유교 논의의 어려움은 누구나 다 인정할 것이다. 그러므로 이야기에는 일정한 입장과 시각을 먼저 설정하고 말하지 않으면 안된다고 생각한다. 그렇지 않으면 논의는 평행선을 긋고 결국 싸움으로 가게 된다. 특히 다종교 상황인 우리나라에서 어떤 종교적 입장까지 개입하여 이야기한다면 더욱 논의가 어렵게 된다. 그러므로 여기에서 필자는 논의의 3가지 전제를 먼저 이야기하고자 한다.

그다음 유교 논의에서 부딪치는 문제는 현 한국사회에서 유교의 위치와 주체의 문제이다. 종교통계에 의하면 대다수의 한국인이 유교적 생활과 사고 및 행동 패턴을 가지고 있다고 하지만, 자기확인의 자각적인 유교인의 수는 성균관과 향교 주변의 몇몇 관심자 뿐이다. 그것도 노년층이 대다수라 유교의 전승은 물론 현재 주체 문제에도 심각성을 던지고 있다. 특히 현대의 산업화로 인한 삶의 방식의 변화, 특히 여성의 사회 진출(그로 인한 가족 및 가정의 변화), 도시화가 그 반대의 토양에서 유지되어온 유교에 어려움을 가중시키고 있다. 여기에서 유교 담지자 문제, 즉 유교 종교의 주체가 문제가 된다. 대다수 유교적 패턴으로 사는 사람이 유교인이라면 유교 문제는 한국 지식인, 혹은 한국의 노블레스 오블리제 계층(소위 사회지도층)의 문제로 옮아가는 것이 더 논의하기가 쉬울 것 같다. 그렇게 되면 유교문제는 한국 사회의 윤리 문제로 넘어가서 전통의 문제로서가 아닌 보다 좀 더 진취적으로 한국 사회의 개혁과 국가 발전의 논의에 포함시켜(긍정이든 부정이든) 논의하거나 미래 문명사적 관점에서 논의할 수 있다. 예를 들면, 유교의 자존심인 양반이나 선비도 과거의 것의 재생이 아닌 전연 다른 각도에서 논의할 수 있다. 다만, 그러한 유교적 개념과 용어가 가진 과거의 시대적, 사회적 언어 맥락을 어떻게 버리고 새롭게 살릴 것인가 하는 중요 문제가 창조성을 기다리고 있다.

현재 한국사회 속의 유교를 논하는 데는 여러 가지 방법이 있을 수 있겠으나, 학문적 방법으로 한국의 전통윤리로서 유교를 연구한 학자의 비판적 고찰을 살펴보면서 아울러 전통 유교의 부정적인 점이 현대 한국 사회에 어떻게 표출되어 있는가를 살펴 보았다. 물론 사회현상에 대한 고찰은 피상적일 수가 있고, 또한 일면을 과대하게 해석할 위험이 없는 것이 아니다. 또한 다른 나라의 사회(문화)도 마찬가지라고 한다든가, 또는 잘 살게 되면 점차 개선될 수도 있는 것이 아니냐 하는 반론도 가능하므로 절대적인 것은 물론 아니다. 다만, 이론적으로 학문적으로 유교를 비판하는 경우 현실감이 부족하기 때문에 한국사회 윤리를 생각해 보는 목적에서 함께 거론하였다.

이러한 부정적인 시각에서 본 유교를 다른 차원에서 긍적적으로 볼 수는 없겠는가? 그것이 바로 서구문명 자체를 비판적으로 보고, 탈현대(탈근대)를 논하는 관점에서 유교를 보는 것이 한 방법이다. 그러나 이때도 탈근대가 바로 전통(전통적 자연과)과 유사 내지 같다고 하여 만병통치로 여긴다면 그것은 지나치게 비약하는 것이 된다. 오늘날의 포스트모던 사회(특히 제1차 세계대전 이후)는 브레이크 없는 현대 과학기술문명과 독점 자본주의 체제(소위 세계화)로 인하여 그렇게 간단하게 구호로써 전근대의 목가적 전원으로 되돌아갈 수 없는 상황이다. 중진국과 개발도상국은 현상 유지를 위해서도 자본주의 체제에 편입되어 산업화, 근대화를 하지 않을 수 없고, 선진국도 종류가 다르지만 마찬가지의 고민에 빠져 있다. 미국이 각종 국제협약에 싸인하지 않는 것은 자국의 이익에 매여 있기 때문이다. 포스트모던 사회는 고도의 관리사회가 이미 되었다. 환경오염을 제거하는 기술도 결국 자연을 파괴한 과학 기술에 의존하지 않을 수 없고, 대테러 진압 기술도 결국 전쟁 기술을 원용하지 않을 수 없게 되었다. 그러나 이러한 현대 문명에서도 유교가 창의적으로 논의될 수 있는 여지는 있다. 세계 각종 기성 종교가 오늘날 과학시대에도 휴머니즘 정신과 인문학적 위안으로서 인류에게 필요한 것 처럼 유교도 미래 문명을 겨냥하여 긍정적 요소를 창의적으로 논의할 수 있다.

이러한 논의에 발 맞추어 현대 한국의 유교인이 해야 할 일이 무엇인가 생각해 보았다. 이것도 여러 관점에서 말할 수 있고, 또 본말과 완급에 따라 얼마든지 다르게 말할 수 있다. 여기서는 사회윤리의 관점에서 말하였다. 즉 사회적으로 국민의 의식과 사회 개혁 내지 국가 발전이라는 측면에서 말하였다. 여기서 한가지 유념할 것은 오늘날은 개인의 도덕심의 앙양도 중요하지만, 사회가 복잡해지고 최소한의 준법을 요구하는 사회가 되었으므로 법과 제도가 국민을 계몽하고, 그리하여 도덕심을 이끌어가는 것이 매우 중요하게 되었다는 것이다. 전근대 도덕론의 핵심인 인격의 향상, 도덕심의 함양이 중요하지 않은 것이 아니라 그것을 보충해 줄 수 있는 환경으로서 법과 제도가 중요해졌다는 사실이다. 사실 소위 선진국과 후진국의 차이는 거기에 있다. 라인홀드 니버가 "도덕적 인간, 비도덕적 사회"를 말한 20세기 초의 미국사회가 바로 오늘날의 우리의 문명사회의 모습 그대로이기 때문이다.

02 논의의 몇가지 전제

'유교(유학)의 현대적 과제'를 논하려면 세가지 논의가 먼저 이루어져야 한다. 첫째, 유교의 본질이 무엇인가 하는 것이다. 둘째, 현대는 무엇인가 하는 것이다. 셋째, '과제'는 미래를 전망하고 있으므로 그에 따른 현재의 유교의 현황에 대한 반성이 있어야 한다는 것이다. 이 세 가지 문제를 좀 더 부연하면 다음과 같다.

유교(유학이라 해도 좋다)는 어떤 종교인가, 또는 어떤 사상인가? 원래 유교는 중국의 농경사회에서 발달한 대가족제도의 윤리, 즉 '가족윤리'이다. 부자관계를 기본축으로 하는 핵가족과 그것을 기반으로 확대되는 가까운 혈연관계에서 친척, 일가, 동족집단 -이런 식으로 혈연의식을 중심으로 모인 혈연공동체, 즉 (대)가족의 윤리 체계이다. 그러므로 유교의 인간상은 이 가족 속에서 어떻게 인간관계를 맺을까, 그것을 위해 나의 도덕적 의무는 무엇인가 하는 소위 도덕적 의무에 초점이 맞춰져 있다. 이 가정윤리의 핵심이 바로 '효제(孝悌)'이다. 그러므로 공자는 『논어』 첫권에서 "효제는 인을 행하는 그본이다."라고 한 것이다.

넓은 대륙의 농경사회는 집단 노동력이 절대적으로 필요하다. 서구의 해양 중심의 환경과는 다르다.[1] 그러므로 조상을 중심으로 가족이 단결하여 노동공동체를 이루는 것은 삶과 직결되었으므로 너무도 당연하다. 이러한 공동체를 단위로 하면서 그것을 통치하는 고대적 정치 행태가 '왕조체제'이다. 이것은 오늘날의 민주주의 '국가'와는 다른 절대권력 체제, 권력세습 체제, 왕권 천명(天命)의 이념을 그 기본 성격으로 하고 있다. 그러나 넓은 의미의 국가의 의미가 동일한 지배체제에 동일한 언어를 사용하고 동일한 지역에 산다는 조건이라고 한다면 '왕조' 역시 국가라고 할 수 있다. 뿐만 아니라 국가라는 것은 또 자연발생적인 성격이 있다. 그러므로 이 국가에 대한 충성은 왕조체제에서는 왕에의 충성과 표리관계에 있게 된다. 그러므로 가족윤리 효제가 국가윤리로 그대로 확대되어 '충'(忠)이 되었다. 그러나 효와 충은 반드시 일치하는 것이 아니다. 즉 개인주의와 집단주의의 충돌이 개재되어 있다. 다만 전근대는 개인의식이 발달하지 않았으므로 충·효가 일치라고 믿었을 뿐이다.

중국 한(漢) 나라 때 유교가 국가 통치 이데올로기가 됨으로써 왕권은 더욱 강화되고 유교의 충효 윤리는 '절대적 윤리'(절대론적 윤리설)가 되었다.[2] 유교가 학교 교육의 기본, 즉 '관학(官學)'이 되었고, 뿐만 아니라 과거(시험)의 표준이 되었다. 이는 유교 (경전) 속의 충효의 윤리가 보편화되는 계기가 되었다. 동시에 유교 가르침의 최고의 스승인 공자는 '성인'(聖人)이 되어 '만세의 사표'로 신격화되었고, [3] 유교 경

1) 여기에 대해서는 동서 문화를 비교하는 사람들이 일찍이 주장한 바 있는데, 최영진은 중앙아시아의 높은 산맥 때문에 중국과 서양의 문화 교섭이 어려웠던 점도 있지만, 중국이 대륙문화였던 점도 중요 원인이라고 지적하였다. 최영진, 『동양과 서양』, 서울: 지식산업사, 1988(8쇄) 참조. 평요우란도 그의 『중국철학소사』에서 지적하였다. 馮友蘭, 정인재 역, 『중국철학사』, 서울: 형성출판사, 1977 참조. 또 김필년도 서구에서 자연과학이 먼저 발달한 원인을 해양문화로 인한 항해술과 기하학의 발달 때문이라고 보았다. 김필년, 『동서문명과 자연과학』, 서울: 까치, 1992 참조.

2) 박원재, 『유학은 어떻게 현실과 만났는가: 선진유학과 한대 경학』, 서울: 예문서원, 2001 참조.

전은 더욱 신성시되어 송대에는 '오경(五經)'이라는 성전(聖典; 바이블)이 되었다. 현실적으로는 정치적 지배자인 왕이 경배의 대상이 되었고, 종교적 신앙(절대론적 윤리이므로 종교에 버금간다)의 대상은 공자가 된 것이다. 왕은 때때로 공자를 스스로 숭배하는 의식을 지냄으로써 자기를 낮추었다.[4] 그러나 그것은 오히려 현실적으로 왕권을 강화하는 효과를 가져온다는 것을 왕 자신이 잘 알고 있었다. 즉 정교분리가 왕권에 의해 '정교일치'의 방향으로 갔다. 그 이후로 역사적 유교의 역할은 두 갈래로 나누어졌다. 하나는 왕조에의 봉사(御用)요, 다른 하나는 왕조에의 비판이다. 그러나 후자는 매우 제한되었다.[5] 이는 절대 왕권 체제에서는 어쩔 수 없는 것이었다. 또한 유교의 모든 경전이 성립 당시부터 왕 개인에 초점이 맞춰져 있는 것도 한 몫을 하였다.[6] 이러한 점들이 우리가 과거의 유교를 살피는 데 반드시 유의해야 할 점이다.

유교는 보편 사랑인 인을 말하였지만, 역사적으로 왕조체제에 어용되는 과정에서 신분사회를 정당화해 주었다. 유교의 예(禮)가 그것에 이용되었다. 유교는 원래 자연발생적으로 사람들 사이에는 귀천(貴賤)이 있다고 생각했고, 그것을 규정하는 것이 '천리(天理)의 절문(節文)'인 예라고 보았다. 예는 구분하고 질서를 지우는 기능, 즉 인륜공동체를 유지하는 수단으로서 자연스럽고 필연적이라고 본 것이다. 이는 서양도 마찬가지며, 오늘날도 각국이 아직도 귀족사회를 가지고 있는 것에서 볼 수 있다. 그러므로 유교의 전통을 반드시 부정적으로만 볼 필요는 없다. 오히려 우리는 고급문화로서 '양반문화'를 가꾸어야 할 필요가 있다.[7]

---

3) 한 대 유가를 통치이념으로 삼은 이후부터 공자의 신격화 운동이 있었고, 사마천의 『사기』도 공자를 상당히 미화하였는데, 이것도 역시 공자 숭배의 한 사례이다. 성리학도 도통론을 세우고, 〈사서〉 편찬을 통하여 공자를 숭배 내지 거의 신격화하였다.

4) 청대 왕이 대성전에 나와 석전에 참여하고 공자를 칭송하는 각종 '편액'을 내렸는데, 그 내용이 하나같이 공자를 극히 칭송하는 말이다.

5) 조선조의 경우 왕을 교육 혹은 견제하기 위한 경연제도, 언로개방이라는 사간원 직제와 상소제도 등이 있었지만, '왕토천하'의 통치이념과 가산관료제 아래에서는 신하가 종속될 수 밖에 없었다.

6) 유교 경전은 사실 '군왕' 한 사람을 성군으로 만들기 위한 대본이라고 할 수 있다. 퇴계의 『성학십도』라든가 율곡의 『성학집요』 등이 모두 군주 1인을 위해 쓴 것이다. 군주가 성군이 되는 한도에서 신하의 '성인'이 되는 수양론이 종속적으로 성립된다. 그 중에 '충'이 성인이 되는 중요한 덕목임은 말할 것도 없다. 중국의 성리학도 마찬가지다.

그러나 이것은 또 다른 문제이다. 한편 유교의 사랑은 지나친 가족주의에 몰두해 있는 것이 문제이다. 묵자(墨子)의·겸애(兼愛)나 기독교의 박애(博愛) 처럼 보편 사랑으로 나아가지 못하고 있다.[8] 혈연 사랑이 인간의 자연스러운 심정이지만, 바람직한 공동체는 역시 사랑의 초월이 있어야 가능하다.

둘째 현대라는 시대의 성격 문제이다. 현대는 '근대'의 연장이다. 그러므로 영어의 'modern'은 '근대'라고 새기기도 하고 '현대'라고 새기기도 한다. 이는 현대 문명은 근대 문명의 연장선에 있다는 것이다. 또는 '현대의 후기'를 특별히 강조하여 '포스트 모던'(post-modern)이라고도 한다.[9] 이것도 역시 근대의 연장, 현대의 연장으로서 오늘날 인류문명을 보고 있으므로 넓게 보면 '현대'와 같은 맥락이다. 그렇다면 근대 정신은 무엇이며 근대 문명의 특징은 무엇인가? 근대는 인류 역사에 있어서의 미증유의 일대 사건으로 인류사에서 불의 사용, 농업혁명에 이어 세 번째 혁명적 변화를 초래한 시대이다. '과학혁명'을 계기로 시작된 근대사회는 생산방식에서 수공업에서 공장제 공업으로 전환되고(산업혁명), 이에 따라 사회조직, 법 체계, 이를 뒷받침하는 정치체제 등에 일대 변혁이 일어났다. 뿐만 아니라 사람들의 의식도 바뀌어 개인주의가 모든 삶의 기본이 되었고, 사회적으로는 민주시민 의식, 국제적으로는 국민의식(민족국가의식)이 형성되었다. 생활태도도 과학을 신뢰하는

---

7) 이런 측면에서 외국 학자가 한국의 전통 민속문화의 하나로 양반을 본 것은 참고가 된다. 미야지마 히로시(宮島博史), 노영구 옮김, 『양반』, 서울: 강, 1996.

8) 이에 대해서는 필자가 현대 사회학자들의 가족론(유교의 가족주의를 비판한다)과 유교의 가정윤리를 절충하여 바람직한 가족 형태와 윤리 문제를 다룬 바 있다. 졸고, 「전통윤리와 현대의 가족윤리 문제」, 『철학연구』 54집, 대한철학회, 1995.

9) 고범서, 『포스트모던 시대의 사회윤리』, 서울: 소화, 1998. 고범서는 '현대 후기'의 시작은 1918년 제1차 세계대전이 끝난 직후부터로 보고 있다. 20세기 초에 아인슈타인의 상대성 원리, 양자역학, 전자기장, 불확정정성 원리 등 과학적 발견이 있었고(그 기초로 후에 핵무기도 등장), 그외 석유의 에너지화, 에디슨의 발명 등 과학산업기술 방면에도 새로운 경지가 개척되었다. 이에 따라 사회·경제적으로는 더욱 예측 불가능하게 되어 미국의 대공황, 세계 식민지 전쟁, 제2차 세계대전 등이 있었고, 오늘날은 새로운 무역 체계와 자본의 세계화, 정보 및 교통 혁명에 의한 전지구화의 촉진, 환경문제와 전쟁 및 테러, 도시화, 노령화 등 더욱 어려운 문명사적 문제를 안게 되었다. 필자가 보기에 현대 후기를 특별히 '포스트모던 시대'라고 강조하는 것은 일종의 '고도 관리사회', 또는 심각한 문제를 안고 있지만 현실원칙으로 받아들이지 않을 수 없는 사회라는 뜻을 담고 있다고 생각한다.

합리적 정신이 숭상되었고, 개인과 개인의 관계도 법에 의한 계약, 산업사회 유지를 위한 각종 이익단체(제2차 집단)가 생겨나 이 관계가 사회생활의 주된 무대를 이루는 새로운 계약사회를 탄생시켰다. 따라서 윤리도 전통사회의 간단한 윤리원칙이나 규범으로는 감당하기 어렵게 되었다. 그리하여 다양한 이익집단의 조정은 물론 복잡한 사회적 문제를 해결하지 않으면 안되는 고도의 관리사회로 접어들었고, 따라서 윤리문제도 개인 윤리 보다 여러 사회적 문제를 조정하고 해결하는 데 필요한 사회윤리가 발달하게 되었다.[10] 이 근대 문명의 연장이 현대문명이며, 오늘날 전세계적으로 우리 삶의 기초를 이루고 있다.

이러한 근현대 사회에서 전통윤리는 중요한 도전을 받게 되었다. 삶의 방식과 사회조직이 달라졌으므로 현대생활에 맞지 않는 전통윤리가 많아지게 되었다. 물론 윤리의 원칙은 적용이 되지만, 구체적인 사회적 갈등에 있어서는 그 원칙이 아무런 해답을 제시해 주지 못하는 경우가 많아졌다. 특히 이 사회적 갈등이란 것이 이익다툼, 계급간의 갈등, 나아가 인권과 생존권 등에 이르면 더욱 심각해질 수 밖에 없다.[11] 동양의 여러 유교 문화권의 나라들은 이러한 근대 시민사회의 '공공 윤리'를 생각해 본 경험이 없기 때문에 전통과 현대의 갈등은 그만큼 클 수 밖에 없는 것이다. 따라서 우리 동양 유교 문화권에서는 전근대의 유교와 같은 윤리를 현대와 연관시킬 때는 이 점을 먼저 고려하지 않으면 안된다.

세 번째 유교의 현재와 미래, 유교의 현대적 과제를 논하려면 역시 현재와 미래에 대한 문명사적 조망이 전제되어야 한다. 여기에는 두가

---

10) '사회윤리'는 두가지 의미가 있다. 사회의 윤리적 제문제라는 의미가 있고, 오늘날 복잡한 이해 관계와 사회조직, 그리고 빠른 사회 변화로 인하여 개인의 양심에만 의존할 수가 없어서 사회제도(법)를 잘 운영하여 제도가 인간의 최소한의 준법정신(양심)을 이끌어가도록 법과 제도의 충실화가 필요하다는 두가지 의미가 있다. 고범서, 『사회유리학』, 서울: 나남, 1993 참조.

11) 고범서는 현대, 즉 포스트 모던사회의 제문제로서 세계화 등 10가지를 들었는데, 그것은 세계화, 지역화, 국경 없는 경제, 인구의 폭발적 증가, 고연령 인구의 증대, 도시세기의 도래, 자연의 오염과 파괴, 정보사회, 노동의 자유화, 인간화이다. 고범서는 이러한 것들이 해결되기 위해서는 법과 제도로써, 나아가 강제력을 동원한 정치적 방법으로써, 또 그것을 국제적 차원(범위)에서 행해져야 한다고 하고, 이것이 포스트 모던 사회 사회윤리의 특징이라고 말하였다. 고범서, 전게 『포스트모던 시대의 사회윤리』, pp.61-284.

지 관점에서 논해야 한다. 하나는 세계 자본주의 시장에서 생존해야 한다는 점과 다른 하나는 인류 문명사에 있어서 서구 현대 문명은 몇가지 극복해야 될 근본적인 결함이 있다는 것이다(어떤 문명이든지 다 그렇다). 첫 번째 문제. 오늘날 산업화, 공업화를 주축으로 한 근대 산업사회 형성은 어떤 나라이든지 피할 수 없는 국제적 삶의 모델이 이미 되었다. 소련 연방 붕괴 이후 더욱 자본주의 체제가 보편화된 것이다.[12] 더욱이 최근에는 통신과 교통의 발달로 다국적 기업활동이 강화되면서 금융 자본의 세계화 추세가 가속되고 있다. 이는 경제적으로는 자본주의, 정치적으로는 민주주의, 이념적으로는 다원주의 가치체계가 이미 보편화된 것이다. 이러한 국제 경제환경에서는 한 국가의 생존이 매우 절박할 수밖에 없다. 전통문화는 전승되는 중요한 문화적 자산이고 우리 삶의 환경이다. 이것은 주로 유형문화재일 경우 더욱 보존의 필요성이 있다. 그러나 의식의 경우, 잘못된 의식은 오늘날의 생존환경에서 우리들로 하여금 살아가기 어렵게 만든다.

그 다음 두 번째 문제. 서구에서 시작된 근대문명은 오늘날 현대문명에 와서는 근대 초기에서 예견하지 못했던 여러 가지 폐단을 낳고 있다. 가장 단적인 것이 자연파괴와 환경오염이다. 하나 뿐인 지구 생태계 자체가 위협을 받고 있다. 이것은 물론 자연을 정복 대상으로 삼은 서양 근대 자연관에서 초래된 것이다.[13] 이 외에도 현대문명은 심각한 위험을 안고 있다. 남북 문제(부국과 빈국의 격차 문제), 인구 문제, 핵 문제, 테러 문제, 마약 문제, 종교 분쟁, 전쟁과 인종 문제, 에이즈 질병 문제 등 국제적으로 해결해야 될 문제가 계속 대두되고 있다.[14] 심지어 오늘날의 과학기술(내지 산업기술)은 브레이크 없는 자동차와 같이 관성에

---

12) 프란시스 후쿠야마, 이상훈 역, 『역사의 종말』, 서울: 한마음사, 1997. 후쿠야마가 자본주의의 승리를 이야기하였지만, 그것은 생산성과 물질의 증가에 있어서 공산주의가 따라오지 못한다는 뜻이지, 자본주의 개선해야 할 여러 문제, 특히 인간성 회복 문제, 빈부 계층 갈등 문제, 그리고 생태계 문제 등은 여전히 해결하기 어려운 사회문제로 남아 있다.

13) 서양은 이분법적 사고가 기본이다. 신과 이 세계, 영-육의 갈등, 나와 타자(남), 기독교와 다른 종교, 문장 구조에서 주어-술어 구조 등이 그것이다. 그러므로 신과 피조물, 인간과 자연의 대립은 자연스러운 것이다.

14) 여기에 대해서는 현대사회의 가장 시급히 해결해야 될 문제로서 고범서가 제시한 10가지 사회윤리 문제를 참고하기 바란다. 주 11) 참조.

의해 움직이고 있으며, 그로 인한 인간성 상실과 인간소외 문제는 심각한 지경에 와 있다.

이와 같은 문제는 어떤 문명이든지 안고 있는 문제이지만, 앞에서 언급한 환경오염, 생태문제는 전지구적인 문제로 인류 생존과 직결되어 있다. 그것은 잘못된 서양 근대 자연관에서 연유하므로 동양 전통 사상에서 볼 때 이 환경과 생태문제에 대해 동양 문명의 장점을 살려 동서 문명의 융합을 이루어야 하는 과제를 안고 있다. 오늘날 서구에서 탈근대(脫近代)[15]를 말하는 이유가 여기에 있다. 이 탈근대는 동양의 전근대 사상과 근접되는 점이 많다. 그러나 동양의 그것을 그대로 가져온다고 하여 오늘날 후기 산업사회의 모든 문제와 환경문제를 해결할 수 있는 것은 아니다. 우리나라의 경우 '근대성'을 좀 더 충실히 실현하면서 탈근대의 과제도 아울러 실현해야 될 이중의 짐을 지고 있다.[16] 전통의 문제도 이러한 맥락에서 논의하지 않으면 안된다.

03 현재 한국사회 속의 유교

어느 나라든지 근대화에 따라 외형적 삶의 모습은 급변하지만 관습은 좀처럼 바뀌지 않는다. 그러므로 현재 한국사회에는 유교적 생활 관습이 아직 많이 남아 있다. 이것은 조선조라는 역사 속에서 형성된 한국적 문화풍토라고 보아야 한다. 여기에는 유교적 이념이 잘 실현된 것도 있고, 한국 풍토에 맞게 토착화된 것, 그러나 유교 이념과는 다소 거리

15) 고범서의 '포스트모던 시대의 사회윤리'의 시각에서 보면, '탈근대'(탈현대)는 '포스트모던 사회윤리'의 문제를 해결한다는 의미를 가지고 있다. 그러므로 '탈근대'는 포스트모던 시대의 하나의 당위적 목표요 이상인 셈이다. 포스트모던 사회는 더욱 심각해진(정치적으로 어려워진) 현대사회를 말하므로 그곳의 문제를 도덕적으로만 해결하는 것은 어렵고, 많은 것이 과학적, 정치적 방법으로 해결해야 된다. 고범서는 기독교 사회윤리학자로서 기독교와 같은 종교의 작용도 함께 병행되어야 한다고 말한다. 즉 정책의 방향, 가치판단, 윤리적 선택 등에서 종교와 철학이 기여해야 한다는 것이다. 동양의 정신문화의 중요성도 이와 같다고 볼 수 있다. 고범서, 전게 『포스트모던시대의 사회윤리』 참조.

16) 이 말은 근대 및 현대, 그리고 현대 후기 더욱 심각해진 포스트모던 사회에서 한국의 경우 근대성(합리성)이 아직 필요하면서 한편으로는 동양 전통 사상이나 종교에서 현대문제를 해결할 좋은 아이디어를 창출해야 한다는 것이다.

가 있는 문화도 있다. 뿐만 아니라 현대 산업사회와 잘 맞지 않는 점도 있어 이러한 유교 관습은 오히려 역기능을 초래하고 있다. 이러한 현재 한국의 유교 상황은 종교학자, 사회학자, 철학자의 연구 결과를 참고할 필요가 있다. 아울러 학술적인 연구는 아니지만 우리의 일상적인 삶을 직접 체험한 바를 수필 형식으로 낸 출판물도 살펴볼 필요가 있다. 특히 외국인의 눈에 비친 우리의 부정적인 모습, 즉 문화비교적 관점에서 나온 비판을 일별할 필요도 있다.

종교학자들의 연구에 의하면 우리나라 사람들의 대다수가 자신의 종교 신앙과 관계 없이 일상적인 의식과 행위에 있어서는 유교적 생활관습에 많이 젖어 있다고 한다.[17] 1995년 통계청의 조사(<`95주택인구총조사보고서>)에 의하면 불교 약 23%, 개신교 및 천주교 약 27%, 유교 0.4%, 기타 0.9%의 분포를 이루고 있는데, 이는 이제는 거의 일반화된 공론이다. 이는 종교집단에 대한 소속감을 기준으로 낸 통계이다. 그러나 이러한 소속감 보다 종교적인 행위양식이나 삶의 현장에서 비롯되는 특정한 관념을 기준으로 조사하면 통계수치가 달라진다. 역시 한국갤럽에서 1984년과 1989년, 그리고 1998년 세 차례에 걸쳐 펴낸 <한국인의 종교와 종교의식> 중 1984년의 경우 '자기확인' 방법에 의한 유교인은 0.5% 뿐이었으나, 성원등급(成員等級) 조사에 의하면 조사대상 전체의 91.7 %가 유교의 기본등급 성원이고, 그 중에 불교인의 100 %, 천주교인의 90 %, 개신교인의 76.4 %가 유교의 기본등급 성원으로 나타나는 사실을 확인한 바 있다.[18] 성원등급조사란 생활상의 종교적 관행을 유형별로 나눈 것이다. 1989년도의 통계를 보면 불교인 72%, 개신교 63%, 천주교 61%, 무종교 70%가 유교적인 성향을 지닌 것으로 나타났다.[19] 1998년

17) 현재 천주교에서는 유교식 제사를 인정하고 있다. 개신교에서는 제사를 우상숭배라고 하여 신주를 모시고 절을 하는 것을 반대하고 있다. 오늘날 교회는 한국의 연고사회에서 또 하나의 연고를 만들고 있다. 여기에는 다른 연고 처럼 긍정적인 면과 부정적인 면이 동시에 있다. 동아시아 범신론적 세계관이나 유기체적 자연관에서 기독교의 초월신(인격신) 숭배는 보완적인 종교로서 의미가 있다. 물론 지나친 물량주의, 권위주의, 세습주의, 배타주의, 종교적 연고 형성, 그리하여 영성의 후퇴 등의 부작용도 있다. 여기에 유교적인 관습이 저변에 가로 놓여 있다.

18) 한국갤럽조사연구소, 「한국의 종교와 종교의식」(서울: 한국갤럽, 1984); 금장태, 전게 『한국현대의 유교문화』, 서울: 서울대학교 출판부, 1999 p.113에서 재인용.

에 낸 자료에 의하면 약간 변화가 있어서 한국인 가운데 실천적 유교인은 91%, 실천적 불교인은 49%, 실천적 기독교인은 36%로 나타났다.[20] 이런 통계가 나온 것은 유교나 무속은 제도종교에의 귀속감 보다 가치관이나 생활관습의 성격이 강하기 때문이다.

이 통계에서 유교가 조금 줄어들었다는 점이 눈에 띈다. 이는 조사방법, 즉 질문을 어떻게 하느냐에 따라 달라지는 것을 말한다. 앞에서 말한 1998년 한국갤럽 조사는 유교가 91%에 이르고 있다는 것이 그것을 말해준다. 이것을 보면 우리나라 국민들의 종교성향이 유교와 제도종교는 겹치고 있다는 것을 알 수 있다. 이처럼 현재 한국 사회에서 유교는 종교 아닌 종교로서 즉 생활윤리로서 제도종교와 공존하면서 기초적인 의식과 생활관습의 큰 부분을 차지하고 있는 것을 볼 수 있다. 이는 유교가 가정윤리, 현세적 삶의 지표가 아직도 되고 있음을 말해준다. 기층문화로서의 무속신앙 역시 마찬가지일 것이다. 특히 무속신앙은 불교와 공존하는 비율이 클 것이다. 더욱 중요한 것은 기독교인이라도 유교적 의식과 관습을 버리지 못하고 있다는 점이다.[21]

사회학자는 산업화에 따른 사회변동에 대해 객관적으로 연구하는 방법을 취하고 있다. 특히 한국과 같이 산업화로 인한 급격한 사회변동과 의식 변화는 좋은 연구대상이 된다. 이러한 연구 성과는 유교를 연구하는 사람들에게 많은 참고가 된다. 그들의 연구 중 두가지가 참고가 된다. 차인석은 한국의 문화적 상황을 진단하기를 한국의 자본주의의 원동력은 서구 처럼 건전한 청교도 윤리가 아니고, '쾌락적 이기주의'라

19) 한국갤럽조사연구소, 『한국의 종교와 종교의식』, 서울: 한국갤럽, 1990.

20) 한국갤럽조사연구소, 『한국의 종교와 종교의식』, 서울: 한국갤럽, 1999.

21) 한국종교연구회에서 엮은 『종교 다시 읽기』(서울: 청년사, 1999)에 보면(「종교를 통계로 본다는 것에 대해」), 종교를 통계지표로 계량화하는 것은 문제가 있는데, 그 중에서도 무신론으로 대답할 가능성이 많은 유교와 무속의 경우가 더욱 그렇다는 것이고, 이러한 '종교에의 소속감' 보다 '종교적인 행위양식이나 삶의 방식'을 기준으로 물으면 기독교와 불교에서도 유교적인 성향이 많다는 것을 소개하고 있다. 불교와 무속, 혹은 무신앙의 경우 서로 사유방식이나 행위가 혼재된 경우가 많은 것은 물론이려니와 기독교의 경우도 기본적인 세계관과 생활방식이 유교적인 가치질서에 기반하고 있는 경우를 많이 볼 수 있다는 것이다. 이는 '한국종교의 중층성'이라고 할 수 있는데, 한국인은 많은 사람이 가정생활이나 인간관계에서는 유교적인 신념체계를, 학교와 직장생활에서는 서구적 합리주의에 바탕한 가치관을, 개인이나 집단의 위기에 직면해서는 무속적인 신앙을 적극적으로 추구하고 있다고 지적하고 있다.

단정하고, 그 토양은 '무속적 기복신앙'이라고 분석하였다.[22] 이는 우리나라의 근대화는 산업화 내지 공업화는 했을 뿐 정신은 건전한 자본주의 윤리 내지 근대적 합리주의 정신은 성숙되지 못하였다고 본 것이다. 다른 하나는 앞에서 말한 바 근현대의 '이성주의' 사고방식을 지양하고 새로운 문명의 형식을 위해 탈근대적 사고방식이 필요하다는 주장이다. 그리하여 탈근대성은 동양의 전근대의 세계관이나 사고방식과 비슷한 점이 많다고 보고 있다.

한편 철학자, 사회윤리학자의 의견을 한번 들어보자. 신옥희는 매우 강한 어조로 조선조 유교의 병폐를 지적하였다. 물론 유교의 본질적 이념만 가지고 보면 반론을 제기할 수 있다. 그러나 역사적 자취와 본질은 실제로 분명히 구분되지 않고 서로 섞인다고 보아야 한다. 역사적 흔적은 이미지를 주기도 하기 때문이다. 다음 네가지를 특성이면서 한계로 지적하였다.[23]

첫째, 유교는 비교적 합리주의적인 종교(사상)이나, 그 합리성이 도덕적, 정치적 영역에 한정되어 이성의 사고 활동이 윤리적 실천 활동에 봉사하는 수단으로서만 의의를 가지고 있었다. 유교가 동양 종교들 중에서 가장 역사 의식이 투철하고 변화와 발전의 논리를 적극적으로 전개하는 우주관, 역사관을 가지고 있지만, 이러한 윤리에 대한 이성의 종속적 관계 때문에 주자학 이후 근세 유교에서는 특히 자기 초월을 하지 못하고 교조주의에 빠지는 한계를 노정하게 된 것이다.

둘째, 유교의 세계관은 자연법칙과 도덕법칙을 동일시하는 자연법적 사고방식을 가지고 있어서 범신론적이고 유기체주의적이나, 부정에 의한 자기 반성의 결핍으로 인간 주체의식이 미약하다. 이러한 세계관에 바탕을 둔 유교 윤리는 현세주의 경향을 가지지 않을 수 없다. 이러한 세계관에서는 서구적인 인간 주체 의식은 유교의 현세주의에도 불구하

---

22) 차인석, 「탈전통의 문화: 그 방향에 대한 철학적 성찰」, 한국철학회 편, 『문화철학』, 서울: 철학과 현실사, 1995 참조.

23) 이하 유교의 특성과 한계 4조목에 대해서 신옥희, 「조선시대의 윤리관 —조선시대 유교 윤리의 특성과 한계—」를 참고하여 필자가 재구성한 것이다. 『한국인의 윤리관』, 서울: 한국정신문화연구원, 1983, pp.125-179 참조.

고 오히려 훨씬 미약하게 된다.

셋째, 유교 윤리는 본체론적이어서 인간을 매우 도덕적으로 보지만, 그 때문에 현실적 인간의 모습을 놓치고, 공동체와의 조화를 강조하지만, 자율성이 저해된다. 유교윤리에서는 인간의 본성은 네가지 덕이 선험적으로 갖추어져 있어 착하고(선하고), 또 따라야 할 규범도 이미 주어져 있다고 봄으로써 유교의 윤리에서는 개체의 특수성이 사상되어 있다. 따라서 유교의 본체론적 인성론은 인간의 자연적 성향, 즉 감정, 욕망에 대해서 매우 억압적이다. 지나친 도덕적 억압은 오히려 현실적 인간 존재를 놓치는 결과를 가져왔다. 그리하여 이중인격에 빠지거나, 체면을 차리다가 허례허식에 빠지거나, 또는 심리적 갈등을 겪기도 한다. 유교는 이러한 현실적 인간의 갈등을 해결할 방법에 대해서는 대안을 별로 가지고 있지 않다.

넷째, 유교의 정치이념은 가족주의적이어서 인륜 공동체를 지향하지만, 통치의 무규범성이 나타날 수 있다. 사회의 구성단위가 가족인 유교의 공동체에 있어서는 정치 역시 가족질서의 연장으로 보았다. 그러므로 객관적인 법률적, 제도적 장치가 소홀하고, 또 제도나 법의 운영에 있어서도 경직성, 보수성을 띨 수 있다. 그럴 경우 가장 도덕적인 유교 정권이 가장 부패한 체제가 될 수 있을 만큼 무규범성과 준법정신의 결여를 초래할 수 있다.

그러면서 신옥희는 유교의 이러한 한계에도 불구하고 유교는 동아시아의 오래된 종교, 도덕형이상학으로서 오늘날도 그곳에서 사상적 영감이나 생활의 지혜를 이끌어 낼 만한 고유의 세계관(자연관 또는 우주관)과 그것과 연관된 비교적 합리적인 도덕이론을 가지고 있다고 말한다.[24)]

한편 김태길은 전통윤리와 서구의 시민윤리를 비교하여 앞으로의 한국에서의 바람직한 윤리는 시민윤리라고 전제하고, 이 시민윤리와 반대되는 요소가 전통윤리에는 많다고 지적하였다. 수직적 윤리, 가부장적 윤리, 남녀차별 윤리, 보편적 윤리가 아닌 자기와의 친소에 따라 대우가

24) 동상.

달라지는 관계 중심의 윤리, 합리적 이성 보다 인간의 정에 의지하는 혈연 중심의 윤리 등 전근대의 부적합한 윤리 특성을 거론하였다.[25] 근대 이후 새로운 사회는 개인주의 사회, 사회계약적 사회, 민주 시민사회가 되었으므로 자연히 혈연중심의 과거 전근대의 개인 중심의 윤리덕목으로는 적응하지 못할 것이 많은 것이다. 그러면서 사회윤리학자는 서구 현대 시민윤리는 지나친 개인주의나 이성중심의 매마른 윤리이므로 동양의 원론적인 개인 덕목 중심의 윤리이지만 따뜻한 인간의 정과 신뢰를 바탕으로 한 이 동양 윤리와 상호 융합시켜야 한다고 주장하였다. 여기에도 역시 근대정신의 추구와 탈근대(탈현대)의 지향이라는 이중적 과제가 있음을 분명히 말하고 있다.

현재 한국의 윤리적 상황, 특히 사회적 병폐에 대해 말한다면 여기에도 역시 전통과 현대의 갈등이 나타난다. 현재 사회적 병폐는 전근대의 사고방식과 관습에 의한 것인데, 주로 유교윤리와 관계가 깊다고 할 수 있다.[26] 그러나 한 나라의 문화는 오랜 역사성과 풍토성을 가지고 있으므로 그 문화 전체를 부정할 수는 없다. 다만 세계화시대의 생존이라는 현대와 미래의 요구에 얼마나 적합한 것인가를 두고 말하는 것이다. 이때 전통윤리에는 오늘날 부적합한 내용이 많다는 것이다. 특히 외국인의 눈에 비친 것은 다소 표층적이고 일면적이라 하더라도 우리가 보지 못한 것이 많다. 근자 가장 여론을 들끓게 했던 것이 『공자가 죽어야 나라가 산다』라는 책이다.[27] 표현이 너무 극단적으로 간 책이라 예외로 보아야 할 것이다. 일본 문화와 우리 문화를 비교하면서 쉽게 쓴 책이 김용운의 『무너지는 한국, 추락하는 한국인』이다.[28] 그외 『관료가 바뀌

25) 김태길, 『유교적 전통과 현대 한국』, 서울: 철학과 현실사, 2001 참조.

26) 여기에 대한 연구는 매우 많다. 최근 자료로 참고할 만한 것은 이철우의 「유교전통과 한국의 규범문화」(『오늘의 동양사상』 제2호, 서울: 예문서원, 1999)와 「아시아적 가치와 한국의 법문화」(『계간 전통과 현대』 2000년 봄호; 통권 11호, 2000)가 있다.

27) 김경일, 『공자가 죽어야 나라가 산다』, 서울: 바다출판사, 1999. 이 책 제목은 출판사가 판매를 고려하여 붙인 것이고, 저자가 비판하고 있는 한국사회의 윤리 문제를 유교와 연관시켜 논하려 한 것이다. 그후 『공자가 살아야 나라가 산다』(최병철, 서울: 시아, 1999)도 나와 한때 사회적 이슈가 되었다. 이에 대해 필자는 「공자 비판과 그 반론에 대한 종합적 고찰」(『현대와 종교』 제22집, 현대종교문제연구소, 1999)이라는 제목으로 담론에 참가한 바 있다.

28) 김용운, 『무너지는 한국, 추락하는 한국인』, 서울: 고려원, 1995.

어야 나라가 바로 선다』[29], 『한국 엘리트들은 왜 교도소 담장 위를 걷나?』[30], 『아! 대한민국: 병든 조국에게 던지는 젊은 지식인의 통렬한 자아 비판서』[31] 등이 있다. 『아! 대한민국』은 기자의 눈으로 본 우리나라 현재의 사회제도와 우리의 삶의 방식이 잘못되었음을 선진 외국의 예와 비교하여 논하고 있는 책인데, 저자의 취향에 따라 특히 여성차별과 장애인 차별에 대해 많은 지면을 할애하고 있다. 그외의 책은 제목만 보면 그 내용을 곧 알수 있는 책들이다.

이밖에 외국인이 쓴 책은 『맞아죽을 각오로 쓴 한국, 한국인 비판』[32], 『한국인이여 상놈이 되라』[33]등을 들 수 있다. 『맞아죽을...』은 저자가 오래동안 한국에 살면서 체험한 한국인의 고쳐야 할 점을 적어놓은 것이고, 『한국인이여...』는 교포 3세 중국인인데, 한국인이 중국 보다 잘 살지만 인간적인 면에서 실망스럽다는 점을 들어 그 원인을 '양반의식'에서 들고 있다. 그 제목이 시사하는 바가 크다고 보인다. 즉 진정한 양반의 휴머니즘 정신은 어디로 가고 자본주의 시대에서 양반문화의 나쁜 점, 졸부 근성, 권위의식만 드러나고 있다는 것을 구체적인 예를 들어 설명하고 있다.

한 민족의 사회적 성격은 단점과 장점이 섞여 있다. 그러므로 일면으로만 볼 수 없다. 양반의식, 즉 선비의식이라는 것도 양면이 공존하고 있다. 양반문화의 장점은 역시 높은 윤리의식과 문화의식이다. 단점은 권위의식, 양민 착취 행태, 권력지향성, 허례허식 등이라고 할 수 있다. 위의 책 『한국 엘리트들은....』의 책명이 말해주는 바와 같이 오늘날 우리 사회에서는 양반의식이 잘 살려지지 못하고, 결국 범죄의 늪으로 빠져든다는 것이다.[34] 이것은 개인 도덕성만이 문제가 아니라 사회제도,

29) 허명환, 『관료가 바뀌어야 나라가 바로 선다』, 서울: 한국세정신문사, 1999.
30) 조성관, 『한국 엘리트들은 왜 교도소 담장 위를 걷나?』, 서울: 조선일보, 2000.
31) 조성관, 『아! 대한민국: 병든 조국에게 던지는 젊은 지식인의 통렬한 자아 비판서』, 서울: 자작나무, 1998.
32) 이께하라 마모루(池原守), 『맞아죽을 각오로 쓴 한국, 한국인 비판』, 서울: 중앙M&B, 1998.
33) 찐원쉐(金文學), 『한국인이여 상놈이 되라』, 서울: 도서출판 우석, 1999.
34) 사회지도층—재산등록을 하는 국회의원 및 1급 이상 공무원, 그외 그에 준하는 고급 인력—이 부동산 관계, 세금 관계 등 작은 문제로 지탄의 대상이 되어 중추 인력의 공백을 가져오는 경우가 많은데, 이는 과거 유교식 양반의식, 해방후 졸부의식과도 연관이 있겠지만, 무엇보다

정치문화와도 밀접한 관련이 있음은 물론이다.

이상에서 본 바와 같이 전통과 현대의 문제에서 유교윤리 내지 유교적 생활 관습이 현재의 한국인의 생활과 문화에 미치는 영향이 심대함을 알 수 있다. 그러므로 유교의 현대적 과제는 우선 유교문화가 남긴 영향 중 부정적인 면을 과감히 청산하는 일이 급선무가 될 것이다. 그러면서 장기적으로는 문명사적 관점에서 동양의 전통문화 중 우리가 가꾸고 보존해야 할 것은 그 의미를 명확히 하여 현대 시민윤리 속에서도 병존할 수 있도록 해야 할 것이다. 물론 전통 전부를 부정하는 일도 있을 수 있겠지만, 그것은 병을 고치기 위해 원기를 손상시켜 생명을 끊는 것과 같으므로 그 정도가 되어서는 안될 것이다. 그렇다면 구체적으로 유교문화의 장점으로 무엇을 살려야 할 것인가?

04 유교의 과제와 유교인의 역할

유교인의 과제를 말할 때 과연 누구를 유교인이라 보는가 하는 문제가 우선 해결되어야 한다. 앞의 종교통계에서 본 바와 같이 넓게 보면 전국민이 다 유교인인 셈이다. 물론 좁게 보면 유교인은 종교통계에서 본 바와 같이 0.4% (18만 명, 혹은 0.6% 27만명) 정도가 된다.[35] 주로 성균관과 지방 향교에 관여하는 분들, 여기에 문중회를 운영하는 양반 후예들이 여기에 속할 것이다. 그러나 무종교 중에도 유교적 사고와 행위(예를 들면 제사, 성묘, 문중회 참석 등)를 하는 사람들이 다수 있다고 보면 위 숫자 보다 다소 늘어날 것이다. 그러나 유교를 자각하고 유교적

이들이 사회지도층이 될 수 있도록 법과 제도를 잘 마련하는 것도 윤리의식 못잖게 중요하다. 즉 제도가 윤리를 이끌어 가도록 하는 것은 서민 뿐만 아니라 고급인력도 마찬가지이다. 특히 한국 사람은 심성적으로 상대적 박탈감에 민감하여, 터무니없이 하향 평준화 되더라도 평등을 요구하는 버릇이 있다.

35) 이 통계가 주는 시사점은 매우 크다. 자각적인(자기확인의) 유교인은 적은데, 유교적인 생활 관습을 행하는 사람이 많아 전국민이 유교인이라 한다면, 유교는 애매하게 된다. 전체가 다 그렇다면 특성이 없는 것이 되기 때문이다. 즉 그 생활관습이 종교적인 성격이 없다면 유교와 유교인은 없는 것이나 마찬가지가 된다. 조상숭배, 가정윤리, 전통명절 숭상, 그외 한국인의 관행 등만 가지고 종교적 초월성이나 종교적 행위를 말할 수 없기 때문이다. 그런 점에서 기독교인들은 유교가 종교가 아니라고 한다.

종교의례를 하고 유교적 이념을 갖고 생활하는 사람은 매우 적다고 할 수 있다.

이는 기성 종교집단과 달리 유교는 생활윤리, 인륜관계의 가르침이므로 '가족윤리' 외에 특이한 성격을 지적하기 어렵기 때문이다. 그러므로 요약하면 유교윤리의 현대적 역기능은 주로 이 가족윤리가 왜곡된 '가족이기주의'에서 연유한다고 볼 수 있다. 따라서 현재 한국인의 생활 태도에서 의식하든 의식하지 않든 유교윤리나 관습을 가지고 있다고 할 때, 다시 말하여 혈연의식이 필요 이상으로 확대되어 사회윤리를 해칠 정도로 가족이기주의가 팽배한다고 할 때, 이는 소수의 유교인만의 문제가 아니고 그러한 의식을 가진 국민 전체의 문제, 즉 현재 한국인의 사회윤리 문제가 된다. 그러나 필자는 극소수라도 유교인으로 자처하는 사람(유교기관의 지도자들, 혹은 학문적으로 연구하는 자 등)이 혹 있다면 역시 그들이 다른 종교 교역자 처럼 의식적으로 유교윤리 및 문화를 현대와 연관시켜 갱신해 주기를 바란다.

이러한 유교혁신의 문제는 거슬러 올라가면 성호(星湖) 이익(李瀷), 다산(茶山) 정약용(丁若鏞) 등 실학자들에서부터 시작하여 한말의 백암(白巖) 박은식(朴殷植), 위당(爲堂) 정인보(鄭寅普) 같은 훌륭한 유학자들에 의해서도 일찍이 제기되었다. 그때 보다 국가 생존의 어려움이 더 심하고, 과학의 발달 등 시대상황이 더욱 급변한 이때에 있어서 유교지도자들의 각성과 노력이 배가되어야 하지 않겠는가? 이제 몇가지 유교와 유교인이 하여야 할 과제를 언급해 본다.

첫째, 유교의 인은 보편사랑이지만, 역사적으로 가족이기주의, 혈연주의에 묶여 제대로 발휘되지 못하였다. 묵자의 겸애, 기독교의 박애 처럼 사랑의 초월도 효와 함께 반드시 병행되어야 한다. 사회적으로는 임금의 인(仁)의 사랑이 '애민(愛民)' 사상으로 발전해가듯 민주시민은 누구나 남을 먼저 생각하고, 정치인은 국민을 위해 봉사한다는 '공복(公僕)' 정신으로 승화되어야 한다.

둘째, 세계화시대에 생존하기 위해서는 우리나라의 기후와 풍토적 조건, 남북분단의 상황 등을 삶의 전제 조건으로 먼저 생각하지 않으면 안된다. 그러므로 장례문화(묘지제도) 등도 유교인이 앞장서서 개선해야 할 것이다.

셋째, 우리나라는 삼면이 바다로 둘러싸인 해양국가이나 그동안 유교문화에 짓눌려 해외로 뻗아나가는 기상이 부족하였다. 서양문화가 세계를 지배하게 된 중요원인이 서양의 해양문화에 있었다는 것, 일본이 근대화에 성공한 것도 이 해양성을 잘 살렸다는 점을 상기해야 한다. 장보고의 해양활동 정신 등을 선양해야 한다.

넷째, 유교인은 이제 중국문화에 대해 사대주의적 발상을 버리고 현재의 우리의 산업기술 등 경제선진국으로서의 자부심을 갖고, 이 위에서 민족문화를 주체적으로 창조적으로 만들어나가야 한다. 오늘날 중국이 유교와 공자를 높인다 해도 우리가 거기에 편승할 필요는 없다. 그들은 그들의 목적이 따로 있을 뿐만 아니라 우리는 조선조 유교문화의 전통이 있으므로 이것으로 충분하다. 앞으로 문화적 사대 문제는 한-미간에 있어서도 마찬가지이다. 오늘날은 유교인이 앞장 서서 신라의 화랑정신, 김유신의 애국심, 신라인의 국토방위 의식 등을 국가의 발전과 번영이라는 관점에서 강조해야 할 것이다.

다섯째, 오늘날 민주시민사회는 시민의 각성과 자발적 참여에 의해 이루어진다. 정부가 모든 일을 다 할 수 없다. 우리나라와 같이 전국민이 혈연집단으로 얽혀 한 집 건너 사돈의 팔촌이 되는 사회구조에서는 사회정의 실현이 매우 어렵다. 이 난관을 극복하려면 유교인도 적극적으로 '시민운동'을 하지 않으면 안된다. 유교는 어용화의 긴 역사를 가지고 있어 권력 앞에 매우 나약하고 의타적이다. 그러므로 역사적으로 귀족 유교였던 유교가 이제는 민중이나 시민의 수준으로 내려가서 그들과 같이 호흡하지 않으면 안된다.

여섯째, 유교인은 유교다운 교리와 이념이 무엇인지 그것을 확실히 하여 그 정체성을 확립해야 한다. 유교의 핵심으로 가장 많이 드는 것이 효도와 우애[孝悌]일 것이다. 그러나 이것은 '박애'의 사회윤리와 결합하지 않으면 생명이 길 수 없다. 즉 이것을 통하여 건전한 가정 지키기 운동, 결손 가정의 아이들에 대한 보호, 불평등 대우를 받아 온 여성에 대한 배려, 장애인에 대한 새로운 인식 등으로 사랑이 확대되어야 한다. 그리고 우리의 좋은 전통 중에 또 청백리 정신이 있다. 이것은 오늘날 군림하는 공무원의 태도가 아니라 공복의 대민 서비스 정신이나, 뇌물을 받지 않는 청백리 정신으로 발휘되어야 한다. 국가 제도도 공무원의 처우를 현실화하여 분위기를 조성해야 함은 물론이다.

요약하면 유교의 정체성은 보편사랑으로서의 인의 발휘, 건전한 가정 만들기(조상숭배 포함), 청백리 정신의 애민사상 실천, 그리고 양반문화와 같은 높은 문화의식의 발휘, 실학자들이 보여준 (민족)주체의식의 고취 등으로 말할 수 있다.

그러나 이 모든 것이 미래 세계화 시대에 있어서 민족의 생존이라는 관점을 결코 도외시하고는 이루어질 수 없다는 것을 명심해야 한다. 그러므로 유교인은 한편으로는 근대 합리주의 정신과도 통하는 『대학大學』에서 말한 '격물치지(格物致知)' 정신을 잘 발휘하여 누구 못지 않는 넓은 지식과 안목을 가지면서, 다른 한편으로는 유교의 인의 사랑의 정신과 유교문화권의 높은 도덕적 문화 의식을 가지고 세계화 속의 민족 주체성 확립, 세계문화 속의 민족문화의 창조라는 어려운 문제를 해결해 나가지 않으면 안된다.

05 결어에 대신하여

이상에서 유교를 논의하는 방법의 문제(시각과 입장의 문제)와 현 한국사회에서 유교의 위상과 모습, 그리고 유교 담지자(주체) 문제를 이야기하고, 아울러 유교(조선조 유교)의 단점과 폐단에 대해 논의하는 내용을 소개하였다. 이러한 한국사회의 유교에 대한 반성 위에서 유교인이 해야 할 일이 무엇인지 그 다음에 살펴보았다. 서언에서 유교 논의의 문제점을 포괄적으로 서술하였고, 마지막에 할 일을 조목화하여 말하였으므로 결어에서 다시 반복하지 않고, 좀 더 시급하고 구체적인 문제가 무엇인지 시론으로서 몇가지 첨언하고자 한다.[36)]

첫째, 성리학의 우주종교로서의 성격을 현대화하여 지성인에게 새로운 종교적 지혜로서 제공하는 문제. 이것은 일종의 '우주종교화 운동'(Reconstruction of Confucianism as Cosmological Religion)이라 할 수 있는데, 이는 기성종교와는 차원이 더 높고, 과학시대에 맞는 지성을 요구하는 종교운동이다.

둘째, 한국인의 주체성을 살리면서 현대와도 부합되는 내용을 추려 새로운 유교경전(실생활에서 바로 활용 가능한 유교의 지침과 지혜)을 편찬하는 문제. 청소년 한문, 한자, 윤리교육에도 활용 가능하다.

셋째, 여성들을 위해 현대에 맞는 간소한 제사법의 마련 문제.

넷째, 가족, 가문, 문중을 넘어서서 범국민적 유교 교단의 확충과 그에 따른 재정의 확보 문제. 가족, 가문 이기주의를 넘어서기 위하여 문중재산의 개인 사유화 방지 법안의 입법화가 필요하다. 이것이 되지 않으면 유교의 종교화, 사회 세력화는 불가능하다. 왜냐하면 종교는 '보편성'을 지향하기 때문이고, 또한 국가종교로서의 어용의 유교 역사를 벗어나려면 자율성을 키우지 않으면 안되기 때문이다.

여기에서 우리나라에 현재 남아 있는 유교의 제도와 조직에 대해 간단히 설명을 덧붙이고자 한다.

현재 남아 있는 유교 문화를 교단 조직과 유교의 의례의 측면에서 살펴보면, 먼저 중앙 유교 조직으로서는 성균관이 있고, 지방 조직으로서는 향교가 있다. 현재 남한에 남아 있는 향교의 수는 231개소이고, 전국적으로는 대략 350여개가 있다(분단 이전 통계). 성균관과 향교의 중요한 일은 공자를 모신 사당(대성전)에서 춘추로 석전(釋奠; 공자에 대한 제사)을 지내는 일이다. 이는 유교 교단으로서의 특성을 나타내는 종교의례라고 할 수 있다. 그외 각종 교화사업을 하고, 전통의례에 대한 교육이나 전통혼례를 주선하기도 한다. 유교가 교육을 통한 전도사업을 중요시한 역사를 보면 유교재단의 이러한 대민 교화사업은 그 정신을

36) 상세한 내용은 성균관 유도회 주최 학술발표회("21세기 유림의 사명과 역할", 2005. 10. 28)에서 발표한 필자의 논문 「유학의 현재와 미래－유림의 반성과 발전적 역할－」 참조.

계승한 것이라고 할 수 있다. 방학 때 청소년을 대상으로 한자와 예절 교육을 시키고, 성균관에서는 전통식 한문교육을 시켜 전통문화 전수자를 양성하기도 한다. 예절교육과 전통혼례 안내는 일종의 대민 전도사업이라고 할 수 있다.

그리고 유교 신도회의 모임으로 '유도회'라는 단체가 중앙과 지방에 각각 있는데, 여기서는 요즈음 문제가 되고 있는 '동성동본금혼법' 폐지에 대해 강력하게 반대시위를 하고 있다. 그러나 그외 활동은 별로 하고 있지 않아 사회정의를 고취하고 유교 본래의 이념을 고취할 수 있는 사회활동이 요청된다. 예를 들면 환경문제, 공무원 부정부패 문제, 정치개혁 입법 문제, 공명선거 문제, 남녀 평등고용의 문제, 학벌사회 문제, 과열입시 문제, 청소년 보호문제, 가정폭력의 문제, 이혼에 대한 교화선도 사업, 건전한 가족윤리의 보호운동, 건전한 가정의례 지키기 운동, 묘지제도의 개선 문제, 사회정의를 위한 고발운동, 대중교통 개선문제 등 제반 사회 합리화 문제에 개혁의 기수 및 파수군의 활동을 더욱 전개할 필요가 있다. 그것은 유교의 원래 교리는 사회 비판정신과 개혁의지를 많이 가지고 있었기 때문이다. 유교 신도회의 가장 큰 고민은 젊은 신도가 없다는 것이다. 그러므로 유교전도 사업도 적극적으로 진행하지 못하고 있는 데, 유교의 앞날은 이 젊은 유교신도의 결집 여하에 달렸다 해도 과언이 아니다.

유교를 선양하는 매스컴으로서는 성균관에서 격주로 발간하는 『유교신보』가 있다. 그리고 해방 이후 유교 이념에 기초하여 유림이 출자하여 만든 학교가 '성균관대학'이다. 유교의 전통으로 보면 이 학교의 역사는 고구려 소수림왕 2년(372) 국립대학으로 태학(태학)을 세운 때까지 거슬러 올라간다. 서양의 오래된 대학이라는 것도 중세 기독교 교육을 위한 신학대학의 역사에서 시작된 것을 생각하면 성균관대학의 역사도 372년부터 시작된다고 보아야 한다. 이것이 고려 시대에는 '국자감'(國子監)이라고 불려졌고, 현재 북한의 개성에 남아 있다. 유교를 학술로 연구하는 학회는 유교학회(1985년 창립)가 대표적이다. 그외 공자학회(1980년 창립), 동양철학연구회(1980년 창립) 등이 주로 유교를 연구하고 있다. 현재 유교 신도는 대략 80만명 정도로 추산하고 있다(1983년 정부의 상주인구 조사). 그 기준이 애매하여 오늘날 어떻게 하는 것이 유교신자인지 가름하기가 어렵고, 한편 생각하면 조선조 전 국민의 양반 지향성을 고려하면 유교적 사고방식과 생활관습이 다른 종교를 믿는다 해도 많이 잔존하여 있다고 할 수 있다(이 점에서 유교를 종교가 아니라고 하기도 한다).

사실 유교는 종주국인 중국이 근대에 와서 공산화를 거치면서 종교로서의 세력은 동아시아에서 단절되었다고 할 수 있다. 그럼에도 유교문화의 전통은 우리나라가 가장 많이 가지고 있다. 한국의 잔존하고 있는 유교는 근대화와 상치되는 면도 많다. 그러면서 한국적 가족제도 등은 앞으로도 살릴 만한 가치가 있다. 그러므로 유교인으로 자부하는 이들은 또한 기독교의 적극적 대사회 활동을 참조하여 유교의 본래 기능인 '치인'(治人), 즉 대민 교화사업과 사회정의 실천 운동에 앞장서야 할 것이다.

그리고 한 마디 덧붙이면, 중국은 개방화 이후 모택동 사상의 입장에서 부정하던 유교를 다시 자국의 문화 선양의 중요한 수단으로 국가에서 적극 연구를 장려하고 있다는 점이다. 나아가 중국은 미국 등 서구문화에 대항하는 하나의 문화전략으로 생각하고 유교를 연구하고 해외에 선양하고 있다(현재 중국인들이 유교적으로 살지는 않는다. 우리 보다 유교 잔재가 훨씬 적다). 유교자본주의론이라든지, 신유학론이라든지 하는 중국 근대의 유교문제를 많이 거론하고 있다. 한편으로는 근자에 와서는 중국의 근대화, 개방화와 유교의 역할이라는 주제로 국제학술대회를 자주 열기도 한다. 과거 문화사대주의의 피해자인 우리의 경우 유교에 의한 또 하나의 문화패권주의를 겨냥하는 중국의 문화정책에 대해 유교를 연구하는 학자나 유교인은 장기적인 통찰력이 요청된다고 하겠다.

각 장별 논문 원게재처

■ 제1부 유교의 원형과 그 이념

제 1 장 『논어』와 공자의 사상

계명교양총서4 『논어』「해설」, 계명대학교 출판부, 1997/2008.

제 2 장 맹자와 순자의 도덕론

「중국 고대 인간 이해의 일단면-성선·성악설 비교를 중심으로」, 『중국학지』 제3집, 계명대학교 중국학연구소, 1986.

■ 제2부 한국의 주자학과 유교사상

제 3 장 주자학이 한국철학 형성에 끼친 영향

「주자학이 한국철학 형성에 끼친 영향」, 『유교사상연구』 제4·5집, 유교학회, 1992.

제 4 장 한국 전통 사상의 주체성 탐색과 미래 전망

「한국 전통사상의 주체성 탐색과 미래 전망」, 『동양철학연구』 제40집, 동양철학연구회, 2004.

제 5 장 유교의 종교성과 한국 유교의 종교적 영성

「유교의 종교적 성격과 오늘날 종교적 수행에의 활용 방안 -퇴계 이황의 『성학십도』의 경우-」, 『유교사상연구』 제20집, 한국유교학회, 2004.

■ 제3부　한국 근대 국가적 위기와 유교의 대응

제6장　개화기의 갈등과 모색

「유교, 개화기의 갈등과 모색」, 『유교사상연구』 제9집, 유교학회, 1997.

제7장　의리 사상의 전개와 생존을 위한 윤리

「의리사상의 전개와 생존을 위한 윤리」, 『국민윤리연구』 제35호, 한국국민윤리학회, 1996.

제8장　한말 외세 침략에 대한 영남 유림의 의리학적 대응

「한말 외세 침략에 대한 영남 유림의 의리학적 대응」, 『철학논총』 제13집, 영남철학회, 1997.

■ 제4부　현대 한국과 유교 전통

제 9 장　전통윤리와 현대의 가족윤리 문제

「전통윤리와 현대의 가족윤리 문제」, 『철학연구』 제54집, 대한철학회, 1995.

제10장　공자 비판과 그 반론: 한국 사회의 유교 담론

「공자 비판과 그 반론에 대한 종합적 고찰」, 『현대와 종교』 제22집, 현대종교문화연구소, 1999.

제11장　분단시대의 윤리의식 개혁

「분단시대의 윤리의식 개혁」, 『현대와 종교』 제22집, 현대종교문화연구소, 1999.

제12장　한국 유교의 현재적 위상과 과제

「한국 유교의 현대적 과제」, 『유교사상연구』 제24집, 한국유교학회, 2005.

인용 참고문헌

*원전류는 생략.

加地信行(가지 노부유키), 김태준 역, 『유교란 무엇인가』, 서울: 지영사, 1996.
_____, 이근우 역, 『침묵의 유교』, 서울: 경당, 2002.
강만길, 『한국근대사』, 서울: 창작과 비평사, 1985.
강재언, 『근대한국사상사연구』, 서울: 한울, 1983.
_____, 『한국근대사연구』, 서울: 한울, 1982.
강정진, 『영원한 대자유인』, 서울: 궁리, 2003.
고범서, 『사회유리학』, 서울: 나남, 1993.
_____, 『포스트모던 시대의 사회윤리』, 서울: 소화, 1998.
고병익, 「현대사회와 가족 −가족윤리의 새로운 정립−」, 『현대사회와 가족』, 서울: 아산 사회복지사업재단, 1986.
宮島博史(미야지마 히로시), 노영구 옮김, 『양반』, 서울: 강, 1996.
金文學(찐원쉐), 『한국인이여 상놈이 되라』, 도서출판 우석, 1999.
금장태, 「송기식의 유교개혁사상」, 『퇴계학보』 112집, 서울: 퇴계학연구원, 2002.
_____, 「유학과 가정윤리」, 『유교사상연구』 제7집, 서울: 유교학회, 1994.
_____, 「한계 이승희의 생애와 사상」, 『대동문화연구』 제19집, 성대 대동문화연구원, 1985.
_____, 『한국현대의 유교문화』, 서울: 서울대학교 출판부, 1999.
금장태 · 고광직, 『유학근백년』, 서울: 박영사, 1984.

______, 『속유학근백년』, 서울: 박영사, 1989.
吉田賢抗(요시다 겐코) 著, 『論語』(新釋漢文大系1), 東京: 明治書院, 1960 초판/1974(30판).
김경일, 『공자가 죽어야 나라가 산다』, 서울: 바다출판사, 1999.
김도련 역, 『朱注今釋 論語』, 서울: 현음사, 1994.
김도형, 『대한제국기의 정치사상연구』, 서울: 지식산업사, 1994.
김동훈, 『대학이 망해야 나라가 산다』, 서울: 바다출판사, 1999.
김상일 외 편, 『과정철학과 과정신학』, 서울: 전망사, 1988.
김세규, 「한말 경북지방의 의병항쟁」, 『경주사학』 제4집, 경주사학회, 1985.
김영작, 『한말내셔널리즘 연구－사상과 현실』, 서울: 청계연구소, 1989.
김용운, 『무너지는 한국, 추락하는 한국인』, 서울: 고려원, 1995.
김은용, 「WHITEHEAD의 신관에 관한 연구」, 대전: 충남대학교 대학원 박사학위 논문, 1982.
김의환, 「의병운동(상)」, 『창작과 비평』, 9권 2호(32호), 서울: 창작과 비평사, 1974.
______, 「의병운동(하)」, 『창작과 비평』 9권 3호(33호), 서울: 창작과 비평사, 1974.
______, 「일제의 조선침략과 초기의병투쟁고」, 『동국사학』 제 9·10합집, 서울: 동국대학교사학회, 1966.
______, 『의병운동사』, 서울: 박영사, 1974.
______, 『항일의병장열전』, 서울: 정음사, 1975.
김태길 외, 『윤리와 이념』, 서울: 박영사, 1989.
______, 『유교적 전통과 현대 한국』, 서울: 철학과 현실사, 2001.
______, 『윤리학』, 서울: 박영사, 1978.
______, 『한국인의 가치관 연구』, 서울: 문음사, 1982.
김태현, 「다양한 가족 생활 유형」, 한국가족학연구회, 『가족학』, 서울: 하우, 1993.
김필년, 『동서문명과 자연과학』, 서울: 까치, 1992.

김하태, 『동서철학의 만남』, 서울: 종로서적, 1985.
김학주 역, 『논어』, 서울: 서울대학교 출판부, 1990.
_____, 『공자의 생애와 사상』, 서울: 태양문화사, 1981.
김형철, 『한국사회의 도덕개혁』, 서울: 철학과 현실사, 1996.
김형효, 『맹자와 순자의 철학사상』, 서울: 삼지원, 1990.
김호기, 『한국의 현대성과 사회변동』, 서울: 나남출판사, 1999.
니-담, 이석호 외 역, 『중국의 과학과 문명』Ⅱ, Ⅲ, 서울: 을유문화사, 1986, 1988.
독립운동사편찬위원회, 『독립운동사자료집 1(의병항쟁사)』, 서울: 교육도서출판사, 1971.
막스 베버, 이상률 역, 『유교와 도교』, 서울: 문예출판사, 1990.
牟宗三(머우쭝산), 정인재·정병석 공역, 『중국철학특강』, 서울: 형설출판사, 1985.
武內義雄(타케우찌 요시오), 이동희 역, 『중국사상사』, 서울: 여강출판사, 1987.
박명규, 「19세기 후반 동북아시아의 외압 구조: 한국과 일본의 비교」, 한국정치외교사학회, 『동북아 질서의 형성과 변동』, 서울: 과학정보사, 1994.
박성수, 「허위의 사상과 투쟁」, 『왕산 허위의 사상과 구국의병항쟁』, 구미: 금오공과대학교 선주문화연구소, 1995.
_____, 『독립운동사연구』, 서울: 창작과 비평사, 1980.
박원재, 『유학은 어떻게 현실과 만났는가: 선진유학과 한대 경학』, 서울: 예문서원, 2001.
박이문, 「21세기의 문화: 전망과 희망」, 한국철학회 편, 『문화철학』, 서울: 철학과 현실사, 1995.
박충석 · 유근호, 『조선조의 정치사상』, 서울: 평화출판사, 1982.
山田慶兒(야마타 게이지), 『朱子の 自然學』, 東京: 岩波書店, 1978 [김석근 역, 『주자의 자연학』, 서울: 통나무, 1992].
山井湧(야마노이 유), 「宋明哲學における の‘性卽理’と‘心卽理’」, 山井湧,

『明清思想史の研究』, 東京: 東京大學出版會, 1980.
森三樹三郎(모리미키 사부로), 임병덕 역, 『중국사상사』, 서울: 온누리, 1986.
_____, 『上古より漢代に至る性命觀の展開』, 東京: 創文社, 1971.
서동만, 「북한 사회주의에서 근대와 전통」, 역사문제연구소 편, 『한국의 '근대'와 '근대성' 비판』, 서울: 역사비평사, 1996.
성락훈, 「한국유교사상사」, 『한국문화사대계』 12, 서울: 고대민족문화연구소, 1970.
성백효 역, 『논어집주』, 서울: 전통문화연구회, 1992.
小川晴久(오가와 하루히사), 하우봉 역, 『한국실학과 일본』, 서울: 한울아카데미, 1995.
松田弘(마쓰다 히로시), 「조선조 양명학의 특질과 그 논리구조」, 『한국학보』 제25호, 서울: 일지사, 1981.
_____, 「조선조 양명학의 현상과 금후의 과제」, 『정신문화』 제10호, 서울: 한국정신문화연구원, 1981.
신과학연구회 편, 『신과학운동』, 서울: 범양사, 1986.
신옥희, 「조선시대의 윤리관 －조선시대 유교 윤리의 특성과 한계－」, 『한국인의 윤리관』, 서울: 한국정신문화연구원, 1983.
신용하, 「왕산 허위의 제2차 의병활동」, 『왕산 허위의 사상과 구국의병항쟁』, 구미: 금오공과대학교 선주문화연구소, 1995.
_____, 「허위의 의병활동」, 『왕산 허위의 사상과 구국의병항쟁』, 구미: 금오공과대학교 선주문화연구소, 1995.
_____, 『한국근대 민족주의의 형성과 전개』, 서울: 서울대학교 출판부, 1989.
아산 사회복지사업재단, 『현대사회와 가족』, 서울: 아산 사회복지사업재단, 1986.
아인슈타인(A. Einstein), 박상훈 역, 『나는 세상을 어떻게 보는가』, 서울: 한겨레, 1990.
楊伯峻(양보쥔), 『論語譯注』, 北京: 中華書局, 1990.

역사학연구소 지음, 『강좌 한국근현대사』, 서울: 풀빛, 1995.
오영환, 「화이트헤드의 신관」, 『기독교 사상』 18권 1호, 대한기독교서회, 1974.
友枝龍太郎(토모에다 류타로), 『朱子の思想形成』, 東京: 春秋社, 1979.
울리히 벡, 문순홍 역, 『정치의 재발견』, 서울: 거름, 1998.
유광열 편, 『항일선언 · 창의문집』, 서울: 서문당, 1976.
윤병석, 『의병과 독립군』, 서울: 세종대왕기념사업회, 1977.
이광린, 「민비와 대원군」, 이광린, 『개화기연구』, 서울: 일조각, 1996.
이근식, 「한국경제윤리의 현황과 당면과제」, 아산사회복지사업재단, 『현대한국의 사회윤리』, 1990.
이기동 역, 『논어강설』, 서울: 성균관대학교 출판부, 1993.
이동영, 「왕산 허위의 생애와 사상」, 『왕산 허위의 사상과 구국의병항쟁』, 구미: 금오공과대학교 선주문화연구소, 1995.
이동희, 「율곡 성리학과 사회 정책론－리기지묘론과 득중합의론」, 『동양철학연구』 제18집, 동양철학연구회, 1998.
______, 「조선 후기 '절충파'의 성리학설에 대한 연구」, 『동양철학연구』 제26집, 동양철학연구회, 2001.
______, 「조선조 주자학사에 있어서의 주리·주기 용어 사용의 문제점에 대하여」, 『동양철학 연구」 제12집, 동양철학연구회, 1991.
______, 「주자학의 철학적 특성과 그 전개양상에 관한 연구」, 성균관대학교 대학원 박사학위논문, 1990.
______, 『한국의 철학적 사유의 전통-화이트헤드와 성리학의 만남』, 대구: 계명대 출판부, 1999.
이민수 역, 『논어해설』, 서울: 일조각, 1985.
______, 『독립운동가 30인전』, 서울: 서문당, 1976.
이병천, 「개항기 외국상인의 침입과 한국상인의 대응」, 서울: 서울대학교 대학원 박사학위 논문, 1985.
이상호, 「포스트모더니즘과 유교의 어설픈 만남」, 동아시아 문화포럼, 『동아시아 문화와 사상』 제2호, 서울: 열화당, 1999.

이영호, 『변증법적 윤리학』, 서울: 자유사상사, 1994.
이이화, 「척시위정론의 비판적 검토」, 『한국사연구』 제18집, 한국사연구회, 1977.
______, 「한말 유생층의 현실인식과 의병투쟁」, 이이화, 『조선후기의 정치사상과 사회변동』, 서울: 한길사, 1995.
李長之(리창즈), 조명준 역, 『인간공자』, 서울: 한겨레, 1985.
이종우, 「한국유학사 분류방법으로서의 주리,주기 개념에 관한 비판적 연구 -이진상학파와 전우학파의 논쟁에 관련하여-」, 『동양철학연구』 제36집, 동양철학연구회, 2004.
이철우, 「아시아적 가치와 한국의 법문화」, 『계간 전통과 현대』 2000년 봄호(통권 11호), 2000.
______, 「유교전통과 한국의 규범문화」, 『오늘의 동양사상』 제2호, 서울: 예문서원, 1999.
林語堂(린위탕), 민병산 역, 『공자의 사상』, 서울: 현암사, 1972(초판).
임효선, 『삶의 정치사상』, 서울: 한길사, 1996.
張其昀(장치윤), 화강교우회 역, 『공자학설의 현대적 의의』, 서울: 형설출판사, 1981.
赤塚 忠(아카즈카 쭈) 외, 『중국문화총서 ②』(사상개론), 東京: 大修館書店, 1976.
錢穆(치엔무), 『論語要略』, 台北: 商務印書館, 1968 초판/1974 3쇄.
______, 『朱子新學案』, 台北: 三民書局, 1971.
鄭淵弘의 「A. N. Whitehead의 존재론에 관한 연구」, 영남대 대학원 박사학위 논문, 1981.
정재식, 『종교와 사회변동』, 서울: 연세대출판부, 1982.
정휘창, 『대구 · 경북 항일독립운동사』, 대구: 광복회대구 · 경북연합지부, 1991.
조관희, 『논어신해』, 서울: 청아출판사, 1991.
趙紀彬(자오지빈), 조남호 외 역, 『反논어』, 서울: 예문서원, 1996.
조동걸, 「독립운동사연구의 회고와 과제」, 『정신문화연구』 여름호, 한국정신문화연구원, 1985.
______, 「의병운동의 한국민족주의상의 위치(상)」, 『의병전쟁연구(상)』, 서울: 지식산업사, 1990.
______, 「의병운동의 한국민족주의상의 위치(하)」, 한국민족운동사연구회, 『의병전쟁연구』(상), 서울: 지식산업사, 1990.
조성관, 『아! 대한민국: 병든 조국에게 던지는 젊은 지식인의 통렬한 자아 비판서』, 서울: 자작나무, 1998.
______, 『한국 엘리트들은 왜 교도소 담장 위를 걷나?』, 서울: 조선일보, 2000.
조혜정, 「가족윤리(2) -공리적 가족집단주의와 도덕적 개인주의-」, 『현대사회와 가족』, 서울: 아산 사회복지사업재단, 1986.
竹田照夫(타케다 데라오), 이남희 역, 『동양철학의 이해』, 서울: 도서출판 까치, 1991.
池原衛(이께하라 마모루), 『맞아죽을 각오로 쓴 한국, 한국인 비판』, 서울: 중앙M&B, 1999.
진덕규, 「척사위정론의 민족주의적 비판의식」, 『한국문화연구원논총』 제31집, 서울: 이화여대, 1978.
陳榮捷(천룽치에), 「歐美の朱子學」, 『朱子學入門』, 東京: 明德出版社, 1974.
차인석, 「탈전통의 문화: 그 방향에 대한 철학적 성찰」, 한국철학회 편, 『문화철학』, 서울: 철학과 현실사, 1995.
차주환 역, 『논어』(문고판), 서울: 을유문화사, 1969.
蔡仁厚(차이런허우), 『孔孟荀哲學』, 台北: 學生書局, 1984.
______, 『宋明理學(南宋篇)』, 台北: 學生書局, 1980.
최근덕 역, 『한글논어』, 서울: 성균관 출판부, 1995.
최병철, 『공자가 살아야 나라가 산다』, 서울: 시아, 1999.
최신덕, 「현대사회의 가족」, 한국가족학회 편, 『현대가족과 사회』, 서울: 교육과학사, 1994.
최영진(a), 「조선조 유학사상사의 분류방식과 그 문제점— '주리'·'주기'의 문제를 중심으로」, 『한국사상사학』 제8집, 한국사상사학회, 1997.

최영진(b), 『동양과 서양-두 세계의 사상 문화적 거리-』, 서울: 지식산업사, 1988(8쇄).
최재목, 「유교는 철학인가 종교인가」, 『나의 유교읽기』, 서울: 소강, 1997.
최재석, 「조선시대의 가족, 친족제」, 『한국의 사회와 문화』 제16집, 서울: 한국정신문화연구원, 1991.
_____, 『한국가족제도사연구』, 서울: 일지사, 1983.
_____, 『한국인의 사회적 성격』, 서울: 개문사, 1976.
최창규 편, 『한말우국명상소문집』, 서울: 서문당, 1977.
_____, 『근대한국정치사상사』, 서울: 일조각, 1972.
최홍기, 「유교와 가족」, 한국가족학회 편, 『현대가족과 사회』, 서울: 교육과학사, 1994.
_____, 「현대 한국의 가족제도와 가족의식」, 『국민의식의 현재적 진단』, 서울: 한국정신문화연구원, 1983.
크릴(H. G. Creel), 이성규 역, 『공자 —인간과 신화』, 서울: 지식산업사, 1983.
板野長八(이다노 쪼하찌), 『中國古代における人間觀の展開』, 東京: 岩波書店, 1972.
貝塚茂樹(카이즈카 시게키), 박연호 역, 『공자 —생애와 사상』, 서울: 서광사, 1991.
平岡武夫(히라오카 타케오), 『論語』(全釋漢文大系1), 東京: 集英社, 1980 초판/1983 4쇄.
표문태 역, 『논어』, 서울: 현암사(초판, 1965/신역사서본), 서울: 수문서관(재인쇄), 1983.
馮友蘭(펑요우란), 곽신환 역, 『중국철학의 정신』, 서울: 숭실대 출판부, 1985; 서울: 서광사, 1993.
_____, 정인재 역, 『중국철학사』, 서울: 형설출판사, 1983.
_____, 『中國哲學史(上·下)』, 香港: 文蘭圖書公司, 1967 [박성규 역, 『중국철학사(상·하)』, 서울: 까치글방, 1999].

프란시스 후쿠야마, 이상훈 역, 『역사의 종말』, 서울: 한마음사, 1997.
핑가렛(H. Fingarette), 송영배 역, 『공자의 철학』, 서울: 서광사, 1993.
한국갤럽조사연구소, 『한국의 종교와 종교의식』, 서울: 한국갤럽조사연구소, 1984.
_____, 『한국의 종교와 종교의식』, 서울: 한국갤럽조사연구소, 1990.
_____, 『한국의 종교와 종교의식』, 서울: 한국갤럽조사연구소, 1999.
한국국민윤리학회 편, 『사상과 윤리』, 서울: 형설출판사, 1990.
한국종교연구회 엮음, 『종교 다시 읽기』, 서울: 청년사, 1999.
한상범, 『한자 숭배, 나라 망친다』, 서울: 푸른 세상, 1999.
함재봉, 『탈근대와 유교』, 서울: 나남출판사, 1998.
허명환, 『관료가 바뀌어야 나라가 바로 선다』, 서울: 한국세정신문사, 1999.
홍순창, 『한말의 민족사상』, 서울: 탐구당, 1975.
화이트헤드(A. N. Whitehead), 류기종 역, 『A.N. 화이트헤드 종교론』, 서울: 종로서적, 1986.
_____, 오영환 역, 『과정과 실재』, 서울: 민음사, 1991/2003(2판).
_____, 오영환 역, 『과학과 근대세계』, 서울: 서광사, 1991(3쇄).
丸山眞男(마루야마 마사오), 『日本政治思想史硏究』, 東京: 東京大學出版會, 1983[김석근 역, 『일본의 사상』, 한길사, 1998].
황경식, 『개방사회의 사회윤리』, 서울: 철학과 현실사, 1996.
_____, 『시민공동체를 향하여』, 서울: 민음사, 1997.
황필호, 『중국종교철학산책』, 서울: 청년사, 2001.

The Analects of Confucius, Arthur Waley, Allen and Unwin, London, 1938.
Cofucian Analects (The Chinese Classics Vol.1), James Legge, Reprint: Univ. of Hong Kong Press, Hong Kong, 1960.

장종현, "구조조정은 속기바둑 두듯이 해야", 「월간조선」 10월호, 1999,

김경동, "유교에 대한 오해와 이해", 민족문화추진회, 「민족문화추진회보」 1999 가을, 제55호.

신광철, "공자 죽이기와 공자 살리기-담론의 표면과 이면"(한국종교학회), 「중앙일보」 1999년 11월 8일 (21)면.

「교수신문」 1999년 9월 6일 (13)면, '學而思' 칼럼.

「국민일보」 1999년 8월 9일 (14)면.

「뉴스플러스」(동아일보사) 1998. 8. 13 일자 '귀하신 몸들 청와대 만찬' 기사

「매일경제신문」 1999년 8월 11일 (31)면.

「유교신문」 1999년 8월 1일 (8)면.

「유교신문」 1999년 9월 1일 (5)면.

「중앙일보」 1998년 9월 14일자 13면.

찾아보기

인 명

서 명

사 항

동아시아 전통문화와 현대한국

초판 인쇄 2008년 10월 1일
초판 발행 2008년 10월 10일

지은이 · 이 동 희
펴낸이 · 신 일 희
펴낸곳 · 계명대학교출판부
(704-701) 대구광역시 달서구 달구벌대로 2800
TEL: (053)580-6233
FAX: (053)583-5213
홈페이지: www.kmupress.com
출판등록: (제347-1998-1호)
편집 · 디자인 · ㈜이환D&B 02)2254-4301
인쇄 · 제본 · 삼진피앤씨㈜ 02)2271-0860

ISBN - 978-89-7585-426-2 93190 정가 16,000원
* 잘못된 책은 교환하여 드립니다.